Coleção
Direito Penal e Criminologia

Direção
Íñigo Ortiz de Urbina
Ramon Ragués
Luís Greco

CULPABILIDADE
E MEDIDA DA PENA

Uma contribuição à teoria de aplicação da pena proporcional ao fato

Tatiana Stoco

CULPABILIDADE E MEDIDA DA PENA

Uma contribuição à teoria de aplicação da pena proporcional ao fato

Marcial Pons

MADRI | BARCELONA | BUENOS AIRES | SÃO PAULO

Coleção
Direito Penal e Criminologia

Direção
Íñigo Ortiz de Urbina | Ramon Ragués | Luís Greco

Culpabilidade e medida da pena
Uma contribuição à teoria de aplicação da pena proporcional ao fato
Tatiana Stoco

Capa
Nacho Pons

Produção e editoração eletrônica
Ida Gouveia | HBLYZ | Oficina das Letras®

CIP-Brasil. Catalogação na Publicação

Stoco, Tatiana
Culpabilidade e medida da pena: uma contribuição à teoria de aplicação da pena proporcional ao fato / Tatiana Stoco. - 1. ed. - São Paulo : Marcial Pons, 2019.

ISBN 9788566722741

1. Direito penal. 2. Criminologia. I. Stoco, Tatiana. II. Título. III. Série.

CDU: 345

www.marcialpons.com.br

Impresso no Brasil

PREFÁCIO

O livro de Tatiana Stoco, que eu tenho a alegria de hoje prefaciar, é notável, o que se observa em três planos: em um primeiro, relativo à obra enquanto tal; em um segundo, que diz respeito à autora; e também em um terceiro, que tem a ver com o contexto mais amplo em que a obra e a autora podem ser situadas.

A *obra*, a tese de doutorado defendida na Faculdade de Direito da USP, escrita, em boa parte, em estadia de investigação na Universidade de Augsburg, onde eu então me encontrava como professor, cuida da teoria da aplicação da pena. Não passará despercebido ao leitor mais familiarizado com a temática que se trata do segundo livro da autora a esse respeito. Enquanto o primeiro trabalho, com o qual a autora obteve o título de mestre, tinha por objeto a personalidade do agente, o presente livro trata da culpabilidade, isto é, do coração da teoria da aplicação da pena. O trabalho discute as reflexões empenhadas no Brasil em torno desse conceito, passa pelos esforços mais destacados desenvolvidos no estrangeiro, para desembocar em uma concepção original e merecedora de debate, segundo a qual a culpabilidade do agente é também uma função das vantagens que o agir ilícito lhe proporciona. Não me parece que o prefácio seja o local adequado para proceder a esse debate; observo apenas o cuidado, a seriedade e a coragem com que a autora dialoga com seus predecessores e constrói cada uma de suas teses.

Porque essas três atitudes ela dirige, antes que a eles, em primeiro lugar, a si própria; com o que saio do plano da obra, e adentro o segundo, da *pessoa* de minha amiga *Tatiana Stoco*. Se é claro que nenhum autor pode ser reduzido aos livros que escreve, também o é que nossos melhores trabalhos sempre são uma imagem, ainda que parcial, de quem somos. A leitura do presente livro espelha aspectos da pessoa de Tatiana Stoco que, nos breves anos de convívio que tivemos, mais bem pude observar: o cuidado, a seriedade e a coragem dirigidos ao próprio perfil de jurista-cientista; o compromisso com o autoaperfeiçoamento, a rara capacidade de reinventar-se. De certa forma, Tatiana Stoco, ao retornar ao tema do mestrado, refaz-se a si mesma como investigadora; mostra a todos o quanto amadureceu, e quem a acompanhou de perto nos anos em que escreveu essa obra, sabe que tal se tratou de um longo e árduo processo, que nunca a intimidou. Recordo-me de nossas primeiras conversas, uma delas na casa do amigo comum Augusto Assis, em Munique, creio que em meados de 2014, quando perguntei a Tatiana por que não aprendia alemão e vinha concluir a tese comigo. Seis meses depois, ela se despedia do renomado escritório de advocacia em que havia, ao largo de muitos anos, conquistado seu espaço, para dedicar-se ao estudo da língua alemã, a que se dedicou durante um ano, para em seguida chegar em Augsburg, onde viveria mais um ano de luta diária, que ela soube vencer. É verdade que, especialmente para os que com ela conviveram durante esse período – entre os quais recordo apenas outros cujos trabalhos pude também publicar na presente coleção e mesmo prefaciar (Eduardo Viana, Flávia Siqueira, Heloísa Estellita e Lucas Montenegro), bem como uma criatura não-humana e peluda que se regozijava em cada reencontro –, não houve só luta, mas muitas alegrias.

Por fim, ao mencionar esses tantos outros, apenas uma pequena amostra de uma lista que poderia ser consideravelmente estendida, e que teve seu início com o grupo que convivia em Munique e que escreveu, em coautoria, o livro *Autoria como domínio do fato*, também publicado nesta coleção (Alaor Leite, Adriano Teixeira e Augusto Assis), acabei por inserir – mas, de novo, nunca reduzir – a autora e a obra em um *contexto* maior, que é daquilo que, já em outros prefácios, chamei de revolução silenciosa na ciência do direito penal brasileiro. Não descreverei aqui os traços desse fenômeno. O leitor, que, após a leitura do presente livro, quiçá enquanto aguarda o próximo trabalho de Tatiana Stoco, entre em contato com quaisquer dos autores que acabo de mencionar, perceberá que algo de diferente e notável está ocorrendo na discussão jurídico-penal brasileira.

Berlim, 24 de julho de 2019.

Luís Greco

Professor Catedrático de Direito Penal, Direito Processual Penal e Direito Penal Estrangeiro e Teoria do Direito Penal da Universidade Humboldt, de Berlim, Alemanha. Habilitação em direito penal na Universidade Ludwig Maximilian, de Munique, Alemanha; doutor em direito e LL.M. na mesma instituição.

APRESENTAÇÃO

Este livro é resultado da minha tese de doutorado, que escrevi inteiramente em uma pequena sala na biblioteca da Universidade de Augsburg, na Alemanha, sob a tutela do professor Luís Greco, hoje Professor Catedrático de Direito Penal, Direito Processual Penal, Direito Penal estrangeiro e Teoria do Direito Penal na Universidade Humbolt de Berlim.

Pouco foi modificado do original, de modo que o leitor recebe um trabalho bastante técnico e denso, mas que penso ser necessário para demonstrar os caminhos teóricos que percorri até chegar ao conceito de culpabilidade para a medida da pena que defendo e, principalmente, à forma de mensurar este critério de aplicação da pena, na prática judiciária.

Ofereço este trabalho ao leitor brasileiro com muita satisfação e espero que ele possa chegar não apenas às mãos de estudantes, juristas e estudiosos do Direito Penal, mas especialmente, às mãos de nossos *juízes*, os mais importantes aplicadores do Direito.

Novembro de 2018.

TATIANA STOCO

AGRADECIMENTOS

Escrever os agradecimentos que me cabem, neste trabalho, é algo realmente especial e prazeroso. Foram muitas pessoas queridas envolvidas neste longo processo, muitos momentos inesquecíveis, um aprendizado e experiência que enchem minha história pessoal de memórias para toda a vida.

Quero iniciá-los pelo meu orientador Professor Titular Dr. Renato de Mello Jorge Silveira. Fui acolhida por ele no meu doutoramento pela Universidade de São Paulo e tive o prazer do seu convívio, especialmente no primeiro ano da pós-graduação. Esse período foi muito valioso e ensinou-me muito, como aluna e como professora. Por esse tempo prazeroso, pelas valiosas sugestões ao meu trabalho, por sua dedicação e seu carinho, serei sempre grata.

Minha segunda fase de desenvolvimento deste trabalho contou com a ajuda essencial de muitas outras pessoas, a quem devo tanto a minha ida, como a minha estadia feliz na Alemanha. Agradeço, muito especialmente, à minha amiga Heloisa Estellita quem, antes mesmo do meu ingresso no doutorado, acolheu-me em Munique e colocou-me em contato com pessoas que se mostrariam fundamentais, no futuro. Heloisa não apenas abriu-me as portas, mas encorajou-me a entrar. E depois que entrei, ela esteve sempre ali – para minha alegria, nos melhores momentos. Por tudo isso, ofereço-lhe meu agradecimento mais carinhoso e minha eterna amizade.

Mas quem realmente foi responsável por minha evolução, crescimento e maturidade intelectual, que, por sua vez, possibilitaram o nascimento deste trabalho, foi Luís Greco. Luís convidou-se ainda em 2014 para estudar na Alemanha, quando eu sequer tinha tido qualquer contato com o idioma. Tomei tão a sério seu chamado que todos os meus passos dados em seguida foram na direção de atendê-lo. Foi um período tão difícil quanto incerto: eu tinha um objetivo a alcançar, mas não me julgava capaz de conseguir em tão pouco tempo. Foi graças ao acolhimento e incentivo de Luís Greco que, aos poucos, todas as dificuldades foram cedendo lugar a uma sede interminável por saber e por trabalho. Por isso, é sem exagero algum que posso afirmar que devo a ele minha própria tese e meu amadurecimento como pesquisadora. Obrigada por, além disso tudo, ser o grande amigo que é.

Agradeço especial e carinhosamente aos queridos Alaor Leite, Adriano Teixeira e Augusto Assis por todo incentivo e pela amizade incondicional. Sinto-me privilegiada por poder contar com seu apoio e amizade, a qualquer momento.

Também agradeço ao papel fundamental do meu amigo Eduardo Viana, meu esteio, desde que cheguei sozinha e cheia de incertezas na fria cidade de Augsburg. Por todas as vezes que copiosamente me disse que conseguiria, pelo carinho e amizade: muito obrigada.

Sou grata às minhas amigas queridas, irmãs de coração, Izabele Kazecker e Flavia Siqueira Cambraia, e aos amigos Ricardo Malta, Lucas Montenegro, Carlos Wehrs, Orlandino Gleizer, Guilherme Góes, Fernando Calix, Mario Jorge, Silvio Leite e Sérgio Valadão por serem minha pequena família na Alemanha. Ao amigo Ronan Rocha, agradeço pela leitura atenciosa do meu trabalho e por suas pertinentes observações.

Agradeço com imenso carinho a Kirsten Scheja, a quem devo, certamente, a superação de todas as dificuldades no aprendizado do idioma alemão. Graças à sua dedicação, incentivo e amizade, pude superar os meus próprios limites.

Agradeço também aos Professores Mariângela Gama de Magalhães Gomes e Víctor Gabriel Rodriguez pelas valiosas dicas e críticas, em minha banca de qualificação, e aos professores Davi Tangerino, Helena Lobo, Luciano Anderson e Marina Pinhão pela desafiadora banca de doutorado.

Aos meus pais Malu Stoco e Rui Stoco, agradeço por acreditarem em mim e pelo carinho e amor que enviaram para lá do outro lado do oceano. Sem eles eu também não teria conseguido.

A todos, muito obrigada.

ABREVIATURAS

Abs. – *Absatz* (parágrafo)
AC – Apelação Criminal
AgRESP – Agravo em Recurso Especial
AgRg – Agravo Regimental
AREsp – Agravo em Recurso Especial
Ap. – Apelação
STJ – Superior Tribunal de Justiça
art. – artigo
AT – *Allgemeiner Teil* (Parte Geral)
BGH – *Bundesgerichtshof* (Tribunal alemão equivalente ao STJ)
BGHSt. – *Entscheidungen des Bundesgerichtshofes in Strafsachen* (revista contendo as mais importantes decisões do BGH, em matéria penal)
Cap. – capítulo
Cf. – conferir
CP – Código Penal brasileiro
EInfrs. – Embargos Infringentes
EDcl. – Embargos de Declaração
HC – *Habeas Corpus*
Hrsg. – *Herausgeber* (Organizador/es)
IBCCRIM – Instituto Brasileiro de Ciências Criminais
loc. cit. – no lugar citado

n. – número

Op. cit. – Obra citada

Org. – Organizador/es

p. – página

pp. – páginas

REsp – Recurso Especial

RHC – Recurso em *Habeas Corpus*

Rn. – *Randnummer* (número de margem)

SK-StGB – *Systematischer Kommentar zum Strafgesetzbuch*

S. – *Satz* (designa a localização de determinado trecho de um parágrafo de artigo)

ss. – seguintes

SSW-StGB – *Strafgesetzbuch Kommentar*

StGB – *Strafgesetzbuch* (Código Penal alemão)

TJ – Tribunal de Justiça

TRF1 – Tribunal Regional da 1ª. Região

TRF4 – Tribunal Regional da 4ª. Região

u.a. – *und andere* (e outros)

v. – volume

SUMÁRIO

INTRODUÇÃO

Desde minha dissertação de mestrado, venho dedicando meus estudos acadêmicos ao tema da aplicação judicial da pena. Mais especificamente, voltei minha atenção ao artigo 59 do Código Penal e aos critérios de determinação da pena-base.

Confesso que talvez tenha dedicado tempo demais a um tema só, mas me pareceu impossível abandoná-lo depois da publicação do meu trabalho de mestrado.[1] Naquela primeira pesquisa, realizei um levantamento histórico dos projetos legislativos e do pensamento dominante nessa matéria, e concluí que, no processo de determinação judicial da pena, predomina o que é possível denominar *subjetivização do Direito Penal,* cujas raízes parecem remontar à Escola Criminológica Positivista italiana e ao pensamento ressocializador. Apontei, em conclusão, como caminho importante a ser tomado no sentido de conferir maior racionalidade a este processo, *estabelecer critérios objetivos mais claros de fixação da pena-base* e sustentei que um modelo de aplicação da pena mais adequado deveria procurar eliminar referências vagas a aspectos subjetivos do sentenciado – aqui entendidos como aqueles que dizem respeito à esfera íntima – e acentuar a ligação entre a gravidade da sanção e os aspectos objetivos relacionados ao delito.

Ocorre que aqueles primeiros apontamentos eram claramente insuficientes. Embora eles fossem capazes de apontam os aspectos deficientes do nosso modelo, não oferecia respostas a respeito de como o processo de aplicação da pena poderia, concretamente, ser aprimorado.

---

1. STOCO, Tatiana de Oliveira. *A personalidade do agente na fixação da pena.* Dissertação de mestrado apresentada à Faculdade de Direito da Universidade de São Paulo, 2013.

Foi diante dessa insuficiência que decidi investigar um segundo elemento presente no nosso modelo de aplicação de penas, cuja importância é bastante negligenciada pela doutrina brasileira: *o conceito de culpabilidade* previsto no artigo 59 do Código Penal.

Ao iniciar minha pesquisa neste tema, identifiquei que culpabilidade para a medida da pena, no sentido majoritariamente concebido por doutrina e jurisprudência, é um critério largamente utilizado para fundamentar toda espécie de argumento que possa ser útil a exasperações, mas a respeito do qual não há suficiente clareza sobre seu significado.

Esse manejo pouco refletido do conceito de culpabilidade previsto no artigo 59 do Código Penal brasileiro não faz jus à sua importância como critério de determinação judicial da sanção penal. A culpabilidade é, indubitavelmente, o elemento mais importante que serve de garantia do apenado contra penas arbitrárias. O que parece faltar, até o presente momento, tanto à doutrina como à jurisprudência nacionais, é um entendimento claro a respeito do seu sentido e o estabelecimento de critérios que possam servir à sua mensuração, sobretudo para a prática judiciária. Esclarecer estes dois fatores pareceu ser um primeiro passo, bastante decisivo, no sentido de um processo de determinação da pena mais racional e legítimo. Este é o objetivo central deste trabalho.

Mas há outras questões vinculadas ao tema da culpabilidade na determinação da pena que são igualmente relevantes e ainda mereciam ser enfrentadas com maior atenção. Com a Reforma da Parte Geral do Código Penal, em 1984, o artigo 59 do Código Penal passou a prever circunstâncias judiciais que devem ser consideradas pelo magistrado no momento de determinar a pena "que seja necessária e suficiente à repressão e prevenção do crime". Na redação dada ao dispositivo, observa-se, logo à primeira vista, uma série de problemas. O primeiro deles diz respeito às próprias circunstâncias judiciais elegidas pelo legislador da Reforma. Como é da tradição de nossa legislação nacional, foram privilegiados critérios pessoais relacionados ao agente, no rol do artigo 59, do CP (antecedentes, conduta social, motivos e personalidade do agente). Esta predileção do Código por critérios pessoais suscita um primeiro debate: se a tarefa do Direito Penal é a proteção de bens jurídicos e se o cidadão deve responder exclusivamente pelo seu fato delitivo, por que, na determinação de sua pena, devem ser (mais) relevantes estados anímicos e condições subjetivas? Por que, por exemplo, deve o agente ser apenado mais ou menos gravemente, de acordo com os motivos que o levaram a delinquir[2] ou segundo a formação da sua personalidade ou sua conduta social? De outro lado, critérios objetivos relacionados ao fato parecem estar em segundo plano de importância e, de todo modo, as circunstâncias judiciais elencadas pela lei pouco dizem a respeito do conteúdo de injusto de um delito (comportamento

2. Cf. item 3.3.1, no Capítulo 3.

da vítima, circunstâncias e consequências do crime):[3] nem sempre o papel da vítima será relevante; nem tudo que é decisivo para a valoração do conteúdo de injusto de um delito pode ser traduzido sob as referências "circunstâncias" e "consequências do crime". Portanto, parece que a própria redação do artigo 59 do Código Penal contribui com um significativo grau de discricionariedade que pode levar a arbitrariedades, já que aquilo que é relevante para a análise a respeito da gravidade de um delito acaba soterrado por referências ao que é inerente à esfera subjetiva do agente, levando a um inevitável afastamento do magistrado do fato concreto em julgamento.

Um segundo problema refere-se à relação existente entre o conceito de culpabilidade e as demais circunstâncias judiciais. Uma parte da doutrina nacional entende que as circunstâncias de caráter pessoal previstas no artigo 59 do Código Penal são subordinadas ou constituem os elementos que dão conteúdo ao conceito de culpabilidade para a medida da pena.[4] Tomar esta definição como correta e partir de um conceito de culpabilidade permeado por fatores subjetivos (motivos, personalidade do agente, antecedentes e conduta social) desafia a ideia de *culpabilidade pelo fato*, ou seja, implica também um problema de legitimidade. Era necessário entender, portanto, também a relação entre os critérios subjetivos previstos no artigo 59 do Código Penal e a culpabilidade.

Outro problema que mereceu enfrentamento refere-se às finalidades da pena anunciadas pelo legislador como diretrizes para a fixação de penas. Segundo a redação dada pela Reforma, o juiz deverá escolher a pena que seja necessária e suficiente para repressão e prevenção do crime. Uma questão importante que se coloca, neste contexto, diz respeito à real possibilidade de conciliar finalidades tradicionalmente tidas como conflitantes.[5] Entre o que se considera pena adequada à culpabilidade do autor e pena como reflexo de necessidades preventivas do Estado há uma reconhecida *antinomia*, que dificilmente poderá ser resolvida pelo magistrado, no caso concreto, sem que haja uma clara definição do que é uma e outra, e sem uma reflexão a respeito da legitimidade da imposição de penas com fins preventivos.

Em síntese, este trabalho tem como objetivo principal esclarecer o conceito da culpabilidade para a medida da pena e oferecer critérios de mensuração que possam ser utilizados na prática judiciária. Ao longo de seu desenvolvimento, os demais problemas apontados serão enfrentados e algumas soluções propostas, especialmente, com o fim de esclarecer a relevância e legitimidade das circunstâncias judiciais de caráter pessoal previstas no artigo 59 do Código Penal e sua relação com o conceito de culpabilidade. Uma proposta de conciliação entre pena

3. Cf. item 2.1.1, no Capítulo 2.
4. Cf. item 1.2.1, no Capítulo 1.
5. Cf. item 2.3.1, no Capítulo 2.

adequada à culpabilidade e pena orientada por finalidades preventivas também será indicada.

No primeiro capítulo será percorrida, inicialmente, uma trilha de reconhecimento. A partir da pergunta a respeito da identidade entre os conceitos de culpabilidade como categoria sistemática do delito e critério de aplicação da pena, pretendo analisar duas possibilidades para o conceito de culpabilidade previsto no artigo 59 do Código Penal: a que coincide com o entendimento majoritário na doutrina e jurisprudência brasileiras e a de um outro conceito, divergente. Seguirei na busca pela "pena adequada à culpabilidade", analisando os resultados a que as principais teorias de determinação da pena sustentadas na doutrina alemã conseguiram chegar, operando com um conceito de culpabilidade altamente influenciado por aspectos subjetivos, tal como na doutrina brasileira, e demonstrarei que o conceito de culpabilidade defendido pelo entendimento dominante é insuficiente, apontando as principais razões que sugerem a necessidade de uma mudança de paradigma.

No segundo capítulo, serão estruturados os fundamentos para uma nova interpretação do conceito de culpabilidade para a determinação da pena, que será colocada à prova quanto à sua compatibilidade com o Código Penal brasileiro. Aqui, serão analisadas outras teorias de determinação da pena que enfrentaram o problema da antinomia entre prevenção e culpabilidade, na determinação judicial da pena. Demonstrarei porque um *modelo de pena proporcional ao fato* deve ser tomado de forma definitiva no sistema brasileiro e como ele é compatível com as disposições do nosso código.

Fornecidos os fundamentos desta nova interpretação e analisada sua compatibilidade com o ordenamento jurídico brasileiro, no terceiro capítulo serão sugeridos, a partir do modelo de pena proporcional ao fato, os principais critérios admissíveis para a determinação da pena a serem considerados pelo juiz, quando tratar do conceito de culpabilidade. A partir de decisões da jurisprudência nacional apontarei algumas impropriedades na interpretação tradicional do conceito de culpabilidade e como elas podem ser afastadas quando se ampara o processo de aplicação da pena no sistema aqui proposto.

No quarto capítulo, oferecerei uma contribuição própria à teoria da pena proporcional ao fato, com a finalidade de solucionar sua principal deficiência: a limitação a crimes contra bens jurídicos individuais. Demonstrarei como um modelo de pena proporcional ao fato é possível para além dos limites dentro dos quais foi originalmente concebido, a partir do manejo de um critério complementar de determinação da pena que contemple, também, alguns delitos contra bens jurídicos supraindividuais.

CAPÍTULO 1

A PENA ADEQUADA À CULPABILIDADE

1.1 Delimitação do problema

O entendimento ainda majoritário na doutrina e jurisprudência brasileiras sobre o conceito de culpabilidade, previsto no artigo 59 do Código Penal, é o de um critério altamente subjetivo. Diferentemente do critério da personalidade do agente – muitas vezes reconhecida pelos juízes como impossível de ser aferida no caso concreto, além de reiteradamente criticada pela doutrina – a culpabilidade encontra um ambiente de pouca discussão doutrinária e ainda menor clareza a respeito do seu significado.[1]

Consenso entre os autores é que a culpabilidade é a medida graduável da reprovabilidade que se faz ao autor pelo seu fato; sobre o conteúdo dessa reprovabilidade, por outro lado, não há qualquer uniformidade.

Na jurisprudência são valorados neste âmbito, predominantemente, aspectos ligados ao agente (a crueldade do réu, a frieza com que agrediu a vítima, o desejo de vingança, o fim de obter ganho fácil, a violação de um dever de moralidade, o maior conhecimento do injusto em razão da ocupação de determinado cargo etc.) e, de forma minoritária, aspectos ligados à gravidade e às circunstâncias do crime.

---

1. A respeito da diversidade de significados atribuídos ao conceito de culpabilidade, refletindo a imprecisão do termo segundo a jurisprudência brasileira, veja-se a pesquisa conduzida por CARVALHO, Salo de. *Dos critérios de aplicação da pena no Brasil: análise doutrinária e jurisprudencial da conveniência da pena mínima.* Série Pensando o Direito: Ministério da Justiça, n. 02/2009, disponível em www.justica.gov.br e também tratada em CARVALHO, Salo de. *O papel dos atores do Sistema Penal na Era do Punitivismo (O exemplo privilegiado da aplicação da pena).* Rio de Janeiro: Editora Lumen Juris, 2010.

A ausência de critérios seguros ou diretrizes mínimas a respeito do conteúdo da reprovabilidade confere ampla liberdade ao magistrado para que qualquer fato ligado ao delito ou ao autor possa ser classificado como reprovável e justificar agravamentos de pena sob o fundamento de uma culpabilidade agravada. Maior reprovabilidade significa maior culpabilidade o que, invariavelmente, conduz a um maior merecimento de pena. Assim, segundo doutrina e jurisprudência dominantes, culpabilidade é um conceito amplamente agravável e conduz a recrudescimentos significativos de pena sempre que a reprovabilidade for considerada acentuada, apesar de não haver clareza a respeito do que pode ou não pode ser apontado como reprovável.

Este estado de coisas impõe examinar, em primeiro lugar, a ligação aparentemente indissociável entre *culpabilidade e reprovabilidade*, questionando se é correto o entendimento que identifica estes dois conceitos na determinação da pena. Isso implica obter uma resposta a respeito de quais elementos ligados ao fato e ao autor podem ser objeto da culpabilidade na medida da pena e justificar quantidades de pena com base em uma maior ou menor culpabilidade. Também exige analisar a forma de graduação da culpabilidade: é necessário comprovar se a ideia predominante na doutrina e jurisprudência sobre a ampla capacidade agravável da culpabilidade está justificada. A partir dessas respostas, será possível apontar critérios mais precisos para a graduação da pena que se considera adequada à medida da culpabilidade e formular uma alternativa possível de reinterpretação deste conceito.

1.2 O pensamento dominante sobre o conceito de culpabilidade como categoria sistemática e critério de aplicação da pena

Como ponto de partida pretendo explorar dois caminhos possíveis de conduzir a uma resposta à questão inicial: ou o conceito de culpabilidade do artigo 59 do Código Penal coincide com o conceito de culpabilidade como fundamento da pena ou é um outro conceito, com sentido próprio. A primeira possibilidade corresponde ao entendimento dominante na doutrina e jurisprudência brasileiras segundo o qual, para a medida da pena, "culpabilidade é reprovabilidade" que se dirige ao autor por não haver agido de modo diverso, quando podia fazê-lo.

Será útil para a análise desta concepção, primeiramente, um breve histórico da evolução do entendimento da categoria sistemática da culpabilidade na doutrina nacional e sobre como ela chegou à correspondência entre pena e graduabilidade da reprovabilidade; em seguida, devem ser objeto de consideração crítica as principais dificuldades deste entendimento para a prática judiciária.

1.2.1 A consagração do entendimento atual sobre a culpabilidade e a Reforma da Parte Geral do Código Penal de 1984

Sob a vigência do Código Penal de 1940 a doutrina majoritária brasileira adotou o chamado conceito psicológico de culpabilidade, até meados da década de 1950. Sob influência da doutrina estrangeira,[2] o entendimento que toma a culpabilidade como o vínculo subjetivo entre autor e fato, e que se esgotaria nas formas de dolo e culpa, progressivamente modifica-se para conceber o denominado conceito psicológico-normativo da culpabilidade,[3] traduzido na ideia de uma *vontade ilícita* que contraria a norma e se torna objeto de *reprovação* da ordem jurídica.[4]

A concepção psicológico-normativa difunde-se entre os penalistas brasileiros ainda sob a vigência da antiga Parte Geral do Código Penal e estabelece-se, finalmente, como uma visão puramente normativa a partir da Reforma da Parte Geral do Código Penal,[5] em 1984, e da progressiva difusão tardia do finalismo[6] na

---

2. Nesse sentido, *Aníbal Bruno*: "*A concepção normativa, que já hoje é a corrente na Alemanha e está progredindo na doutrina dos povos latinos, é provável que venha a ser, como já previra Frank, a dominante no Direito Penal do futuro imediato*". BRUNO, Aníbal. *Direito Penal. Parte Geral*, t. 2. Rio de Janeiro: Editora Nacional de Direito, 1956, pp. 412 e ss. Atribui-se a este autor ter influenciado e difundido, na doutrina brasileira, a concepção de culpabilidade consistente, essencialmente, em um juízo de reprovação. Cf. BATISTA, Nilo. *Cem anos de reprovação: uma contribuição transdisciplinar para a crise da culpabilidade*. Rio de Janeiro: Revan, 2011, p. 169.

3. MARQUES, José Frederico. *Curso de Direito Penal*, vol. II. São Paulo: Edição Saraiva, 1956, p. 161; BRUNO, Aníbal. *Direito Penal. Parte Geral... op. cit.*, pp. 412 e ss.; HUNGRIA, Nelson. *Um novo conceito de culpabilidade.* In: HUNGRIA, Nelson; FRAGOSO, Heleno Cláudio. *Comentários ao Código Penal*, vol. I, t. II. Forense: Rio de Janeiro, 1978, p. 479; GARCIA, Basileu. *Instituições de Direito Penal*, 4. ed. São Paulo: Max Limonad, 1959, p. 253.

4. "A ordem jurídica impõe o dever de obediência aos seus imperativos. Em princípio, é exigível de todos um comportamento de acordo com a norma. Se alguém, tendo ou podendo ter a consciência de que falta o dever e podendo agir em conformidade com este, atua de maneira contrária, faz-se objeto de reprovação. A vontade do agente dirigida à prática do fato punível torna-se uma vontade ilícita, uma vontade que o agente não deveria ter, porque viola o dever jurídico resultante da norma, e capaz, então, de provocar a reprovação da ordem jurídica. Culpabilidade é reprovabilidade. Reprovabilidade que vem recair sobre o agente, porque a este cumpria conformar o seu comportamento com o imperativo da ordem de Direito, porque tinha a possibilidade de fazê-lo e porque realmente não o fez, revelando no fato de não o ter feito uma vontade contrária àquele dever, isto é, no fato se exprime uma contradição entre a vontade do sujeito e vontade da norma". BRUNO, Aníbal. *Direito Penal. Parte Geral..., op. cit.*, p. 413.

5. Cf. DOTTI, René Ariel. Algumas notas sobre o oráculo da culpabilidade. In: BATISTA, Nilo; NASCIMENTO, André. *Cem anos de reprovação..., op. cit.*, p. 190; REALE JÚNIOR, Miguel. *Instituições de Direito Penal.* Rio de Janeiro: Forense, 2009, p. 406.

6. Segundo *Beatriz Correa Camargo*, foi a modificação legislativa que orientou a adoção do Finalismo pela doutrina, muito mais do que ele foi adotado como um sistema metodológico de forma refletida. Somente teriam passado a surgir registros doutrinários

doutrina brasileira,[7] constituindo um marco importante para uma nova concepção de culpabilidade como categoria sistemática.[8] Com a alteração dos artigos 29 e 59,[9] respectivamente, do Código Penal, a culpabilidade também assume o papel de principal critério de individualização judicial da pena, como é possível concluir de uma interpretação sistemática do texto da Reforma – embora a redação final do artigo 59 não tenha lhe conferido o devido destaque.[10] Observa-se que, ao tratar da concessão de determinados benefícios legais, o Código Penal faz referência conjunta à culpabilidade e às demais circunstâncias subjetivas do art. 59 (personalidade, antecedentes, conduta social e motivos) além das circunstâncias do crime, como forma de orientar o julgador, por exemplo, na decisão sobre a substituição de penas privativas de liberdade por restritivas de direitos e na suspensão condicional da pena (artigos 44, inciso III, e 77, inciso II). Nestes casos, trata-se de uma

filiados a esta corrente de pensamento a partir dos anos 2000, momento no qual se observa o surgimento progressivo de um movimento finalista mais bem estruturado. A autora excepciona as teses "Dos estados de necessidade" e "Antijuridicidade concreta", de *Miguel Reale Júnior*, defendidas antes da Reforma Penal da Parte Geral do Código Penal brasileiro, já adotando a teoria finalista da ação, ainda que com alguns distanciamentos pontuais do autor com relação à tese de *Hans Welzel*. Também *Heleno Claudio Fragoso* teria aderido ao conceito final de ação antes da Reforma, em 1976. Cf. CAMARGO, Beatriz Corrêa. *O finalismo no direito penal brasileiro: uma abordagem crítica da ciência jurídico-penal no Brasil*. In: SILVEIRA, Renato de Mello Jorge; SALVADOR NETTO, Alamiro Velludo; SOUZA, Luciano Anderson de. *Direito penal na pós-modernidade. Escritos em homenagem a Antônio Luis Chaves Camargo*. São Paulo: Quartier Latin, 2015, p. 105.

7. Cf. TANGERINO, David de Paiva Costa. *Apreciação crítica dos fundamentos da culpabilidade a partir da Criminologia: contribuições para um Direito Penal mais crítico*. Tese de doutorado apresentada à Faculdade de Direito da Universidade de São Paulo, 2009, p. 89.

8. Reconhecendo a adoção do conceito normativo de culpabilidade e a exigência da consciência da ilicitude como um dos mais importantes acontecimentos históricos na seara penal: TOLEDO. Francisco de Assis. *Princípios básicos de Direito Penal*. São Paulo: Saraiva, 2010, p. 256.

9. O *caput* do revogado artigo 42 do Código Penal estabelecia: "Compete ao juiz, atendendo aos antecedentes e à personalidade do agente, à intensidade do dolo ou grau da culpa, aos motivos, às circunstâncias e consequências do crime: I – determinar a pena aplicável, dentre as cominadas alternativamente; II – fixar dentro dos limites legais, a quantidade de pena aplicável".

10. CAMARGO, Antônio Luis Chaves. *Culpabilidade e reprovação penal*. Tese apresentada à Egrégia Congregação da Faculdade de Direito da Universidade de São Paulo, para o Concurso de Professor Titular da Cadeira de Direito Penal. São Paulo, 1993, p. 153; BOSCHI, José Antônio Paganella. *Das penas e seus critérios de aplicação*. Porto Alegre: Livraria do Advogado, 2000, p. 348; REALE JÚNIOR, Miguel. *Instituições de Direito Penal..., op. cit.*, p. 406; REALE JÚNIOR, Miguel *et alii*. *Penas e medidas de segurança no novo código*. Rio de Janeiro: Ed. Forense, 1985, p. 160; TAVARES, Juarez. *Culpabilidade e individualização da pena*. In: BATISTA, Nilo; NASCIMENTO, André. *Cem anos de reprovação...*, p. 129; TEIXEIRA, Adriano. *Teoria da aplicação da pena. Fundamentos de uma determinação judicial da pena proporcional ao fato*. São Paulo: Marcial Pons, 2015, p. 131; SOUZA, Luciano Anderson de. *Da aplicação da pena*. In: REALE JÚNIOR, Miguel (org.) *Código Penal comentado*. São Paulo: Saraiva, 2017, p. 195.

decisão relacionada à forma de execução da pena. Ao tratar, contudo, da quantificação da pena no caso de concurso de agentes, a nova redação do artigo 29 deixou claro o papel central da culpabilidade, ao prescrever que: "*Quem, de qualquer modo, concorre para o crime incide nas penas a este cominadas, na medida de sua culpabilidade*". Não fosse a culpabilidade o critério central de determinação da quantidade de pena, como bem observa *Adriano Teixeira*, o Código Penal teria elencado todas as demais circunstâncias previstas no artigo 59, inclusive as de natureza objetiva.[11]

No contexto dessas mudanças, a doutrina consolida a concepção da culpabilidade como categoria sistemática sob uma clara influência do pensamento finalista.[12] Prevalece a ideia de reprovabilidade da vontade que optou contrariamente à norma, quando presente a possibilidade de conformar-se a ela (poder agir de modo diverso).[13] Alguns autores sustentam mais enfaticamente uma valoração ética da opção do agente pela contrariedade à norma, afirmando que no juízo de culpabilidade o agente será mais ou menos reprovável segundo as más escolhas que marcam seu curso de vida, tomando a responsabilidade penal como uma espécie de responsabilidade ligada à condução de vida.[14] Outros, embora limitem essa responsabilidade ao plano da moral e não a toda a condução de vida ou à formação da personalidade, não se desvinculam da ideia de que no juízo de culpabilidade entram em jogo aspectos subjetivos do autor no sentido da escolha que optou contra o direito, desde os seus motivos, até a permeabilidade da sua personalidade para assimilar o valor da norma.[15] Neste sentido, o juízo de culpabilidade é tomado também como um juízo valorativo que incide sobre a formação da vontade da ação.[16]

O pensamento dominante desde então entende a culpabilidade como o *juízo de reprovabilidade pessoal* pelo comportamento que optou contrariamente à norma, quando era possível agir de modo diverso, ou seja, quando presentes

11. TEIXEIRA, Adriano. *Op. cit., loc. cit.*

12. Cf. DOTTI, René. Algumas notas sobre o oráculo da culpabilidade. In: BATISTA, Nilo; NASCIMENTO, André. *Cem anos de reprovação..., op. cit.*, p. 190.

13. FRAGOSO, Heleno Cláudio. *Lições de Direito Penal*. Rio de Janeiro: Forense, 1983, p. 201; MARQUES, José Frederico. Tratado de Direito Penal, vol. II. Campinas: Bookseller, 1997, p. 204; BRITO ALVES, Roque de. *Direito Penal. Parte Geral*. Recife: Intergraf Editora, 2004, p. 140; MIRABETE, Julio Fabrini; FABRINNI, Renato N. *Manual de Direito Penal. Parte Geral*. São Paulo: Atlas, 2011, p. 184; DOTTI, René Ariel. *Curso de Direito Penal. Parte Geral*. São Paulo: Editora Revista dos Tribunais, 2012, p. 428.

14. Nesse sentido: REALE JÚNIOR, Miguel. *Instituições de Direito Penal..., op. cit.*, pp. 406-407; *idem*, REALE JÚNIOR, Miguel *et alii*. *Penas e medidas de segurança no novo código..., op. cit.*, p. 160.

15. AZEVEDO, David Teixeira. *Dosimetria da pena. Causas de aumento e diminuição*. São Paulo: Malheiros, 1998, p. 76.

16. REALE JR., Miguel. *Teoria do delito*. São Paulo: Editora Revista dos Tribunais, 2000, p. 146; *idem*, *Penas e medidas de segurança..., op. cit.*, p. 162.

a imputabilidade, o potencial conhecimento da ilicitude e a inexigibilidade de conduta diversa.[17]

Já a culpabilidade como critério de medida da pena é interpretada pela doutrina seguindo a tradição desde sempre observada na legislação brasileira de conferir um papel relevante a traços da personalidade e à subjetividade do agente.[18] Essa tradição, aliada à concepção da culpabilidade como reprovabilidade da vontade ilícita, leva boa parte da doutrina a defender que as circunstâncias subjetivas do artigo 59 do Código Penal são critérios que indicam o conteúdo do elemento central culpabilidade.[19] A tendência subjetivista já enraizada na legislação penal brasileira parece ter sido um campo fértil para a consolidação de um conceito de culpabilidade para a medida da pena que considera relevantes os elementos ligados ao agente com implicações importantes na graduação da pena.[20] A culpabilidade como critério de determinação da pena é interpretada como a *graduação daquela mesma culpabilidade da categoria sistemática*[21] e cristaliza-se no pensamento majoritário a fórmula geral de que *culpabilidade é*

---

17. FRAGOSO, Heleno Cláudio. *Lições de Direito Penal...*, *op. cit.*, p. 202; SANTOS, Juarez Cirino. *Direito Penal – Parte Geral.* Florianópolis: Conceito Editorial, 2010, p. 274; PRADO, Luiz Regis. *Curso de Direito Penal brasileiro. Parte Geral e Parte Especial.* São Paulo: Editora Revista dos Tribunais, 2015, p. 341. Contra o entendimento dominante, veja-se: CARVALHO, Salo de. *Penas e medidas de segurança no Direito Penal brasileiro.* São Paulo: Saraiva, 2015, *op. cit.*, pp. 210 e ss.

18. Atualmente, críticos a este entendimento: ROIG, Rodrigo Duque Estrada. *Aplicação da pena: limites, princípios e novos parâmetros.* São Paulo: Saraiva, 2015, p. 142; TAVARES, Juarez. Culpabilidade e individualização da pena. In: BATISTA, Nilo; NASCIMENTO, André. *Cem anos de reprovação...*, *op. cit.*, pp. 134-135; TEIXEIRA, Adriano. *Teoria de aplicação pena...*, *op. cit.*, p. 126; SIQUEIRA, Leonardo. *Culpabilidade e pena: A trajetória do conceito material da culpabilidade e suas relações com a medida da pena.* Belo Horizonte: Editora D' Plácido, 2016, p. 66.

19. Neste sentido *Reale Júnior*, um dos autores do projeto de Reforma da Parte Geral do Código Penal, para quem os critérios subjetivos elencados pelo artigo 59, do Código Penal, são especificações do "termo genérico" culpabilidade. Cf. REALE JÚNIOR, Miguel. *Instituições de Direito Penal...*, *op. cit.*, pp. 406-407; *idem*, *Penas e medidas de segurança...*, *op. cit.*, p. 160. No mesmo sentido: NUCCI, Guilherme de Souza. *Individualização da pena.* São Paulo: Editora Revista dos Tribunais, 2013, p. 171; AGUIAR JÚNIOR, Ruy Rosado. *Aplicação da pena.* Porto Alegre: Livraria do Advogado: Editora AJURIS, 2013, p. 69.

20. Desde os projetos de Código Penal por Galdino Siqueira, em 1913; por Virgílio de Sá Pereira, em 1927; por Alcântara Machado, em 1938 e nos Códigos Penais de 1940 e 1969.

21. "A culpabilidade a que se refere o artigo 59 não é algo acidental e periférico, nem é 'outra culpabilidade' a ser considerada no cálculo da pena-base, mas sim a mesma culpabilidade reconhecida na fundamentação da sentença, legitimadora do juízo condenatório e que, na parte dispositiva da mesma sentença terá que ser graduada para que daí esse grau de reprovação possa projetar a pena-base em quantidade correspondente ao agente que livremente decidiu violar a norma, em desacordo com o dever jurídico que tinha que respeitá-la". Cf. BOSCHI, José Antônio Paganella. *Individualização e aplicação da pena...*, *op. cit.*, p. 347.

reprovabilidade da vontade ilícita e, quanto maior a reprovabilidade, maior a pena.[22]

1.2.2 O entendimento jurisprudencial brasileiro sobre a culpabilidade como critério de determinação da pena

A correspondência entre culpabilidade para a medida da pena e o "maior ou menor grau de reprovabilidade da conduta"[23] também pode ser considerada, atualmente, dominante na jurisprudência.[24] As variações interpretativas que são comumente identificadas dizem respeito ao conteúdo da reprovabilidade, ou seja, aos elementos relacionados ao fato ou ao autor que são tomados como reprováveis e relevantes para a determinação da pena com base na culpabilidade.

Os elementos que compõem a análise do grau de censura ou reprovabilidade são bastante variados, a depender do caso concreto. Há casos em que a reprovabilidade se afere a partir de elementos do próprio tipo penal ou baseia-se na descrição de figuras qualificadoras;[25] noutros, a partir da gravidade do crime que, por sua vez, se deduz, por exemplo, do grau de intensidade do sofrimento

---

22. JESUS, Damásio E. de. *Comentários ao Código Penal: Parte Geral.* vol. 2. São Paulo: Saraiva, 1986, p. 616; BOSCHI, José Paganella. *Das penas e seus critérios de aplicação.* Porto Alegre: Livraria do Advogado, 2000, p. 192; PRADO, Luiz Regis. *Tratado de Direito Penal brasileiro*, vol. 3, Parte Geral. São Paulo: Editora Revista dos Tribunais, 2014, p. 59. Mesmo aqueles que diferenciam a culpabilidade como critério de determinação da pena do conceito sistemático de culpabilidade, concebem-na como "o grau de reprovabilidade pessoal", portanto, como um conceito graduável, de acordo com a reprovabilidade. Cf. NUCCI, Guilherme de Souza. *Individualização da pena...op. cit*, pp. 157-158; MOTTA, André Guasti. *Concurso de agravantes e atenuantes: uma análise sobre a preponderância à luz da jurisprudência do STJ.* In: BEDÊ JUNIOR, Américo; CAMPOS, Gabriel Silveira de Queirós (org.). *Sentença criminal e aplicação da pena. Ensaios sobre discricionariedade, individualização e proporcionalidade.* Salvador: Editora Jus Podivm, 2017, p. 114.

23. "A culpabilidade, como medida de pena, nada mais é do que o maior ou o menor grau de reprovabilidade da conduta, justificada por meio de elementos concretos que, de fato, demonstrem merecer a conduta do recorrente maior reprovação" (STJ, HC 203.434/CE). No mesmo sentido, dentre inúmeros outros julgados: STJ, HC 417.432/PR; HC 396.749/SC; HC 405.512/ES; HC 410.715/MA; HC 405.524/SP; HC 395.522/SP; HC 401.139/SP; HC 306.407/RJ; HC 333.373/RS; HC 384.625/PE; HC 391.339/RJ; HC 377.677/SP; AgRg no AREsp 781.997/PE; HC 382.173/RJ; HC 363.948/SP; AgRg no REsp 1657845/ES; REsp 1655579/PA; HC 275.953/GO.

24. Optou-se pela pesquisa predominante de julgados do Superior Tribunal de Justiça por dois motivos: primeiro, porque nesta Corte há grande número de *habeas corpus* impetrados para a revisão da dosimetria das penas fixadas pelas instâncias inferiores, com fartas referências aos entendimentos externados nas decisões originárias. Em segundo lugar, porque é da recente jurisprudência do Superior Tribunal de Justiça que se extraem julgados conferindo à culpabilidade da medida da pena um tratamento, em certa medida, diferenciado, distinguindo-a da culpabilidade como elemento do delito.

25. STJ, HC 160.546/DF. A fundamentação para a elevação da pena em razão da culpabilidade é a própria descrição do tipo penal e das figuras qualificadoras do homicídio.

das vítimas, da revolta gerada na comunidade ou mesmo dos efeitos psicológicos danosos causados a terceiros.[26]

A posição ocupada pelo agente ou predicados ligados à profissão exercida também são considerados como elementos capazes de agravar a reprovabilidade, embora não se trate de uma questão uniforme na jurisprudência do Superior Tribunal de Justiça. Assim, por exemplo, a ocupação de cargo público no INSS foi considerada elemento indicativo de um "*acentuado conhecimento do ilícito*" em crime de apropriação indébita praticado contra aquele órgão público.[27] Noutro caso, o mesmo tribunal afastou o aumento fixado pelo juízo de primeira instância em razão de uma maior reprovabilidade justificada pelo exercício do cargo Prefeito Municipal em um caso de crime de responsabilidade, sob o argumento de tratar-se de "*elementos comuns a todo e qualquer tipo de crime de responsabilidade praticado por Prefeito Municipal*".[28]

Os fatores mais preponderantes na aferição do conteúdo da reprovabilidade, contudo, estão ligados à *subjetividade do réu*. A partir do comportamento do agente e da forma de execução do crime valoram-se como mais reprováveis sentimentos que se afirma terem sido manifestados no ato, como frieza, agressividade contra as vítimas,[29] crueldade[30] morbidez[31] ou sinais de periculosidade.[32] Em outros casos, sustenta-se a partir da forma de execução determinadas características do autor, como audácia ou ganância.[33] Também a premeditação do crime e a vingança são tidas, com grande frequência, como circunstâncias relevantes indicativas de uma acentuada reprovabilidade.[34] Igualmente, conclusões sobre a intensidade da vontade de praticar o crime, extraídas a partir da forma de execução, são consideradas fundamento idôneo para considerar presente uma maior reprovabilidade.[35]

A variedade de fatores tomados como reveladores da reprovabilidade demonstra que o grau de censura pode ser aferido tanto a partir de aspectos subjetivos ligados ao agente, como objetivos relacionados ao delito, além de outros referidos ao autor que parecem estar mais relacionados com os elementos que constituem o conceito sistemático de culpabilidade.[36] A falta de uma orientação

---

26. STJ, HC 180.941/RJ; REsp 1.493.789/MA.
27. STJ, AgRg no AREsp 463.494/RJ. Também: STJ, HC 194.326/RS
28. STJ, HC 163.714/MG. Em sentido contrário: HC 193.124/SP.
29. STJ, HC 231.363/SP.
30. STJ, HC 251.417/MG.
31. STJ, HC 297.904/RS.
32. STJ, AgRg no AREsp 877.187/PA.
33. STJ, AgRg no AREsp 734.265/DF.
34. STJ, AgRg no REsp 1529944/DF; HC 298.653/RJ HC 311.011/PE; HC 132.866/MS; HC 318.815/RS. Na doutrina: AGUIAR JÚNIOR, Ruy Rosado. *Aplicação da pena...*, *op. cit.*, p. 70.
35. STJ, HC 186.733/MS.
36. Como, por exemplo, o cargo ocupado pelo autor, circunstância que serve de fundamento para um agravamento com base em um suposto "maior conhecimento do

clara para a aferição do conteúdo da reprovabilidade confere uma grande discricionariedade aos magistrados na avaliação sobre o que pode ou deve ser objeto da censura de culpabilidade.

É importante notar que uma corrente minoritária mais recente na jurisprudência do Superior Tribunal passa a distinguir entre a culpabilidade como categoria sistemática e o critério da culpabilidade para a medida da pena – conceitos que, segundo se sustenta, *não devem ser tomados como sinônimos.*[37] Esta linha minoritária da jurisprudência afirma que as categorias pertencentes ao conceito sistemático de culpabilidade (potencial conhecimento do ilícito, imputabilidade e inexigibilidade de conduta diversa) *não poderiam ser novamente consideradas na aplicação da pena,* tampouco constituíram fatores idôneos a ensejar um agravamento da culpabilidade em razão de uma maior reprovabilidade. De todo modo, esta mesma linha jurisprudencial mantém-se alinhada com o entendimento geral de culpabilidade para a medida da pena como sinônimo de medida da reprovabilidade (graduável para mais ou para menos) e também não aponta critérios claros que delimitem o objeto de reprovação.

1.2.3 Considerações críticas sobre o entendimento dominante na doutrina e jurisprudência

Contra o entendimento dominante que concebe a culpabilidade como o juízo de censura, que busca o objeto da reprovação em aspectos da esfera interior do agente, é possível objetar, inicialmente, a falta de uma *justificação convincente* para uma incursão na subjetividade do autor. Não está claro, a despeito da preponderância desta concepção, com que fundamento e por que seria necessário recorrer a uma censura pessoal da vontade e à reprovação da atitude interior, para determinar uma pena adequada à culpabilidade. Se de fato se toma a sério a adoção de uma *culpabilidade pelo fato*, como um juízo de atribuição de responsabilidade em razão do fato delitivo e não das características pessoais do agente, é de se questionar, afinal, qual a justificação para um juízo de culpabilidade fundado na esfera subjetiva do cidadão. De outro lado, há uma clara *impossibilidade de*

---

ilícito, mesmo em casos em que não há um contexto direto entre a posição de dever e o crime praticado: "A condição de policial militar do paciente enseja a necessidade de uma maior repressão estatal, pois, ostentando tal condição funcional, tinha maiores condições de entender o caráter ilícito do seu ato e também porque detém o dever de garantir a segurança pública e reprimir a criminalidade, não se mostra injustificada a manutenção do acórdão no ponto em que, por conta disso, considerou um pouco mais elevada a culpabilidade do agente" (STJ, HC 365.305/SP). A condenação era por tráfico de drogas.

37. "A culpabilidade (*rectius*: grau de culpabilidade) prevista no art. 59 do Código Penal não se confunde com aquela que compõe o conceito analítico de crime" (STJ, HC 200.868/ES). No mesmo sentido, dentre outros: STJ, HC 329.803/PB; HC 354.789/PE; RHC 41.883/MG; HC 288.658/RS; HC 298.398/SP; AgRg no Ag 1319158/TO; HC 289.788/TO; HC 200.868/ES; HC 164.999/MG.

apreensão do subjetivo pelo magistrado, senão de forma arbitrária (ou, como se nomeia preferencialmente, "indiciária"). O juiz não possui meios para constatar se o agente praticou o fato, realmente, com audácia, desprezo, maldade, ganância etc. Isso, por sua vez, implica um importante prejuízo à parte, que dificilmente terá formas de objetar uma declaração desta natureza. Esta dificuldade, contudo, não parece ser capaz de demover os juízes de conferir uma especial predileção à perspectiva subjetiva. Com grande recorrência observa-se que, ao contrário de serem avaliadas circunstâncias do delito, como a violência empregada, a partir de uma *perspectiva objetiva* – por exemplo, de acordo com a intensidade do sofrimento da vítima – a valoração da gravidade de um delito volta-se, muito mais, à perspectiva subjetiva – segundo a intensidade da crueldade ou a perigosidade do autor.[38] Esta espécie de análise possivelmente poucas vezes estará correta, já que seu critério de orientação (o sentimento do autor) naturalmente não é apreensível pelas instâncias judiciais – ao menos não enquanto se tratar de uma hipótese analisada pelo juiz e não por um perito. Declarações sobre a subjetividade do agente, a partir dos dados objetivos da prova processual parecem ser mais um "desvio de foco", já que para a aferição do que é reprovável seria suficiente a valoração criteriosa do que acaba por ficar no pano de fundo das análises valorativas da reprovabilidade: *a gravidade do fato objetivo.*

Uma segunda objeção ao pensamento dominante consiste na capacidade de agravamento da culpabilidade sob o argumento da maior "reprovabilidade". A depender da valoração pessoal do magistrado, a pena poderá ser fixada em qualquer patamar que não supere o máximo de pena, por se considerar um caso especialmente "reprovável". Porque se vincula a um ponto de orientação sem clareza, o critério da "reprovabilidade" acaba representando uma carta branca para qualquer espécie de juízo de desaprovação, segundo o que o julgador, pessoalmente, considera censurável: seja porque o autor foi especialmente agressivo ou porque possuía formação em grau superior ou, ainda, porque um terceiro em seu lugar "certamente teria podido agir de modo diverso" etc. A capacidade de agravamento da culpabilidade, segundo esta interpretação, é limitada apenas pelo limite máximo de pena previsto pelo tipo penal.

Ocorre que o potencial de agravamento que se atribui à culpabilidade *parece estranho às próprias disposições legais previstas no Código Penal*, que preveem

---

38. São bastante ilustrativos os casos nos quais a violência empregada ofereceria indícios a respeito da perigosidade do agente, justificando uma maior reprovabilidade: "O acórdão recorrido vai ao encontro da jurisprudência consolidada deste Sodalício, no sentido de ser possível a majoração da pena-base com fulcro em elementos concretos do fato, que ultrapassam os normais à espécie, evidenciando uma especial reprovabilidade da conduta praticada. Com efeito, para avaliar como negativa a culpabilidade, a instância *a quo* destacou ter sido esta acentuada, na medida em que o agravante, armado com uma estaca – instrumento letal – e acompanhado de três elementos, agrediu covardemente duas pessoas, que não estavam de posse de arma alguma, 'criando uma situação de extremo perigo e violência', circunstância que denota sua maior periculosidade" (STJ, AgRg no AREsp 877.187/PA).

somente hipóteses de exclusão ou diminuição da pena, a depender de se tratar de uma hipótese legal de atenuação ou de exclusão da culpabilidade. Em caso de erro de proibição vencível, por exemplo, sendo possível afirmar a existência de erro quanto ao conhecimento do injusto, o Código Penal prevê a hipótese de atenuação da pena (art. 21, *caput*, do CP). Se constatada deficiência mental, havendo incompleta capacidade de compreensão da ilicitude do fato, o Código admite a possibilidade de diminuição da sanção (art. 26, parágrafo único, do CP); em caso de completa incapacidade de entendimento, prevê a possibilidade de exculpação (art. 26, *caput*, do CP). Aparentemente, portanto, a afirmação de um "agravado" conhecimento do injusto que possa conduzir a um recrudescimento da pena é questionável, diante das próprias previsões do Código Penal. Seria necessário um fundamento específico que justificasse a capacidade de agravamento da culpabilidade para apenar mais gravemente em razão de uma "*acentuada consciência do ilícito*".[39]

De outro lado, tais fundamentações, que recorrem aos elementos que constituem os elementos da culpabilidade para buscar o conteúdo da reprovabilidade *apenas reafirmam a presença da capacidade de culpabilidade* que serviu para a fundamentar uma condenação, o que significa somente afirmar que não se está diante de uma causa de exculpação.

É possível levantar, ainda, uma última crítica: o próprio jargão "culpabilidade é reprovabilidade", sem uma referência mínima a respeito do que é reprovável e quais os critérios para determinar a medida dessa reprovabilidade, resulta em uma simples expressão vazia de conteúdo[40] que não pode servir de orientação para a determinação da medida de pena: não se sabe exatamente *o que* se censura ao autor.[41] Esta concepção de uma "culpabilidade em si" pode conduzir a uma regressão infinita em torno da ideia de reprovação e nunca chegar a um elemento concreto.[42] Portanto, é duvidosa tanto a ideia de uma "culpabilidade em si", quanto a possibilidade de extração de uma medida de pena dela derivada.[43] Isso fica claro

39. Vide o exemplo já mencionado acima: "*In casu*, a culpabilidade do agente foi elevada, uma vez que, tendo exercido cargo de chefia no INSS, sua consciência do ilícito é acentuada" (AgRg no AREsp 463.494/RJ).

40. Cf. FRISCH, Wolfgang. Gegenwärtiger Stand und Zukunftsperspektiven der Strafzumessungsdogmatik. *Zeitschrift für die gesamte Strafrechtswissenschaft (ZStW)* 99, 1987, p. 385.

41. HÖRNLE, Tatjana. *Tatproportionale Strafzumessung*. Berlin: Duncker und Humblot, 1999, p. 38; *idem*, *Kriminalstrafe ohne Schuldvorwurf. Ein Plädoyer für Änderungen in der strafrechtlichen Verbrechenslehre*. Baden-Baden: Nomos, 2013, p. 57. No mesmo sentido: TEIXEIRA, Adriano. *Teoria da aplicação da pena...*, *op. cit.*, p. 134.

42. Como ilustra ironicamente *Grosse-Wilde*: "[...] alguém é censurado pela reprovabilidade da reprovabilidade da sua reprovabilidade[...]". GROSSE-WILDE, Thomas. *Erfolgszurechnung in der Strafzumessung. Die verschuldeten Auswirkungen der Tat gemäß § 46 Abs. 2 StGB in einer regelgeleiteten Strafmaßlehre*. Tübingen: Mohr Siebeck, 2017, p. 96.

43. MONTENBRUCK, Axel. *Abwägung und Umwertung. Zur Bemessung der Strafe für eine Tat und mehrere Taten*. Berlin: Duncker & Humblot, 1989, p. 69.

quando se observa o esforço da jurisprudência em encontrar um ponto de referência para a valoração da medida da culpabilidade na tentativa de fundamentar o que concretamente se reprova. E quando falta um elemento concreto do fato que aponte uma eventual "especial reprovabilidade", fala-se, na prática judicial, que "a culpabilidade é a comum à espécie"; na eventualidade de se conceber o caso concreto como um crime especialmente reprovável, afirma-se que a culpabilidade "supera o comum à espécie". O que não está claro é *que espécie de culpabilidade é esta, nem de acordo com qual critério é possível considerá-la mais ou menos reprovável.*

Diante dessas objeções e dificuldades, a pergunta sobre o significado do conceito de culpabilidade para a medida da pena parece não ser suficientemente respondida a partir da equivalência com o conceito sistemático de culpabilidade ou com o entendimento da doutrina a respeito desta categoria. Nem os elementos que a constituem podem fornecer um conteúdo constitutivo para a medida da pena, nem a ideia de "reprovabilidade" confere segurança quanto ao que se reprova, resultando em uma atribuição arbitrária de sentido e conteúdo.[44] Por fim, recorrer à atitude interior do agente e a elementos inerentes à sua subjetividade, na tentativa de buscar o conteúdo de reprovabilidade, por sua vez, é um recurso que carece tanto de justificação convincente como de possibilidade de apreensão pelo magistrado.

Antes de enfrentar as dificuldades aqui sucintamente apontadas, pretendo analisar, primeiro, a segunda possibilidade inicialmente colocada, ou seja, a de que o conceito de culpabilidade para a medida da pena possa ser *outro*, que não o mesmo conceito sistemático da teoria do delito.

1.3 Níveis funcionais do termo culpabilidade

Esta hipótese é atualmente majoritária na literatura alemã de determinação da pena.[45] Predomina o entendimento de que a culpabilidade da medida da pena

---

44. Neste sentido, também: ERHARD, Christopher. *Strafzumessung bei Vorbestraften unter dem Gesichtspunkt der Strafzumessungsschuld.* Berlin: Duncker und Humblot, 1992, p. 128.

45. Na doutrina nacional, adotam já esta distinção TEIXEIRA, Adriano. *Teoria da aplicação da pena..., op. cit.*, pp. 116 ss.; BUSATO, Paulo César *Direito penal: Parte geral.* São Paulo: Atlas, 2013, pp. 71 e ss. Outras referências têm um caráter mais difuso e, em geral, entendem tratar-se de um *mesmo* conceito de culpabilidade que operam de distintas formas, como "triplo sentido" da culpabilidade (BITTENCOURT, Cezar Roberto. *Manual de Direito Penal.* 5. ed. São Paulo: Editora Revista dos Tribunais, 1.999, pp. 44 e ss.); "três formas de instrumentalização da culpabilidade (CARVALHO, Salo de. *Penas e medidas de segurança... op. cit*, pp. 195-198); "tríplice função da culpabilidade" (GOMES, Luiz Flávio. Proporcionalidade e a tríplice função da culpabilidade no direito penal. *Boletim IBCCRIM*, São Paulo, vol. 9, n. 107, p. 10-12., out. 2001, p. 11) ou "três funções do princípio de culpabilidade" (GRECO, Rogério. *Curso de Direito Penal, Parte Geral.* Rio de Janeiro: Editora Impetus, 2003, p. 97).

não se confunde, nem terminologicamente, nem quanto ao seu conteúdo e funções, com o termo culpabilidade empregado na teoria do delito, embora haja importantes divergências entre os autores a respeito dos elementos que a constituem.

Achenbach, em seu estudo histórico-dogmático sobre a culpabilidade como categoria sistemática faz uma importante distinção, desde então amplamente aceita pela doutrina,[46] entre as três acepções que o conceito assume na ciência jurídico-penal, de acordo com os níveis funcionais em que este mesmo termo é empregado.[47] Para o autor, estes níveis não se referem a um mesmo conceito idêntico de culpabilidade que seria observado sob diferentes aspectos. Ao contrário, eles descrevem *três conceitos distintos* em sua estrutura e em suas características, cuja diferenciação estaria encoberta através de uma difusa referência à "culpabilidade".[48] Embora não negue que o princípio de culpabilidade, como princípio orientador de caráter constitucional, irradie efeitos aos demais níveis – o que ele denomina de nível de aplicação do Direito – e crie uma unidade entre eles, a distinção de *Achenbach* tem como objetivo acentuar a *autonomia dogmática* de cada um dos três conceitos de culpabilidade. Uma análise breve desta concepção pode orientar o entendimento a respeito da hipótese que distingue entre a culpabilidade da fundamentação da pena e a culpabilidade da medida da pena.

1.3.1 Ideia de culpabilidade

O primeiro nível funcional de emprego do termo culpabilidade corresponde à expressão do princípio de culpabilidade "*não há pena sem culpabilidade*". Nesta esfera, trata-se do problema da culpabilidade como fundamento e limite da força estatal, da justificação interna da intervenção estatal pela pena. Aqui não se indaga sobre um conceito de culpabilidade como elemento da dogmática do direito positivo, mas sobre a *ideia de culpabilidade*. Como conceito ideal, é independente das regras positivadas, às quais ele ultrapassa, fornecendo apenas um projeto possível do que a culpabilidade pode ser. À ideia de culpabilidade cabem as questões, por exemplo, sobre a liberdade da vontade e da legitimidade das concepções de culpabilidade pelo fato ou pelo caráter.

---

46. BRUNS, Hans-Jürgen. *Das Recht der Strafzumessung. Eine systematische Darstellung für die Praxis*. München: Heymann, 1985, p. 145; FISCHER, Thomas, *Strafgesetzbuch mit Nebengesetzen. Beck'scher Kurz-Kommentare (StGB-Kommentar)*, 64. Auflage. München: C.H. Beck, 2017, § 46, Rn. 5; SCHÄFER, Gerhard; SANDER, Günther M.; GEMMEREN, Gerhard van. *Praxis der Strafzumessung*. München: C. H. Beck, 2012, Rn. 574; ROXIN, Claus. *Strafrecht. Allgemeiner Teil. Band I. Grundlagen der Aufbau der Verbrechenslehre*. München: C.H. Beck, 2006, § 19, Rn. 54. Críticos: SCHÜNEMANN, Bernd. Die Entwicklung der Schuldlehre. In: HIRSCH, Hans Joachim; WEIGEND. Thomas (Hrsg.). *Strafrecht und Kriminalpolitk in Japan und Deutschland*. Berlin: Duncker & Humblot, 1989, p. 160; FRISCH, Wolfgang. *Gegenwärtiger Stand... op. cit.*, pp. 385-387.

47. ACHENBACH, Hans. *Historische und dogmatische Grundlagen der strafrechtssystematischen Schuldlehre*. Berlin: J. Schweitzer Verlag, 1974, pp. 5 e ss.

48. *Idem, ibidem*, p. 5.

Achenbach justifica a separação entre ideia de culpabilidade e os dois outros níveis da culpabilidade como objeto da aplicação do direito por três principais razões. Parte da doutrina entende a culpabilidade (como categoria sistemática) como uma especificação do princípio de culpabilidade e, a depender do ponto de partida adotado por determinado autor, seria também modificado o conteúdo do conceito sistemático. Mas a observação da evolução histórica da culpabilidade como categoria sistemática teria demonstrado que a determinação do elemento do conceito de culpabilidade é amplamente independente das principais correntes a respeito da ideia de culpabilidade. Assim, se se é a favor ou contra o determinismo, se se defende ou não uma culpabilidade pelo caráter, etc., nenhuma dessas posições alteraria, ao final, a concepção sobre a construção do conceito de culpabilidade para a aplicação do Direito.[49]

Um segundo argumento que *Achenbach* aponta a favor desta distinção é que se trataria de um mandamento da "lógica das coisas", pois, concretamente, o que se tem são duas questões distintas quanto ao seu objeto: o conceito da ideia (material) de culpabilidade compreenderia tudo aquilo que se refere ao que a culpabilidade *deve ser*. A culpabilidade (formal) da aplicação do Direito trataria do que a culpabilidade é, ou seja, dos requisitos positivo-legais da responsabilidade criminal.[50]

Por fim, o autor aduz um último argumento, de caráter constitucional. A culpabilidade como conceito ideal refletiria as opiniões, asseguradas em igual medida pela Constituição, de determinados grupos sociais que, no entanto, não têm influência direta na lei. A Constituição garante a todas as distintas opiniões a respeito da ideia da culpabilidade a mesma prioridade, assim, nenhuma delas poderia ter influência direta sobre a esfera de aplicação do Direito. É nesta medida que todas estas concepções acerca da ideia de culpabilidade constituem apenas um projeto possível do conceito de culpabilidade (o que a culpabilidade *deve ser*), enquanto o conceito da esfera da aplicação do Direito tem um papel regulador da imposição de pena e justificador do exercício da força estatal (o que a culpabilidade é).[51]

---

49. ACHENBACH, Hans. *Op. cit.*, p. 7. O autor refere, como exemplo, que a discussão entre clássicos e modernos a respeito da liberdade da vontade humana não teria inspirado qualquer uma das escolas quanto à categoria culpabilidade, o que estaria demonstrado pelo majoritário entendimento, compartilhado por ambas, de uma concepção de culpabilidade como simples termo que engloba o dolo e a culpa. O mesmo ocorreria em uma discussão mais recente: a disputa entre causalistas e finalistas não teria se desenvolvido no plano de discussão sobre o dolo e a culpa a partir do entendimento a respeito da essência da culpabilidade, mas das diferentes concepções a respeito do conceito de ação. *Idem, ibidem*, p. 8.

50. *Idem, ibidem*, p. 8.

51. *Idem, ibidem*, p. 9.

1.3.2 Culpabilidade fundamentadora da pena (Strafbegründungsschuld)

Já está claro, portanto, que segundo a distinção de *Achenbach*, quando se fala em culpabilidade como fundamento da pena trata-se já do nível funcional de aplicação do Direito e daquele conceito regulamentado pela lei penal como elemento que tanto fundamenta a pena contra determinado autor de um delito, como regulamenta causas de exclusão da responsabilidade penal.[52] As questões que têm relevância para este nível concernem a considerações sobre se o dolo e a culpa poderiam ser formas da culpabilidade, sobre qual seria a posição sistemática da imputabilidade, se o conhecimento do injusto constituiria elemento autônomo do conceito de culpabilidade etc.[53]

As razões para a distinção entre este e o nível funcional da determinação da pena seriam, em primeiro lugar, a constatação, por meio do desenvolvimento teórico próprio e autônomo pelo qual a doutrina da aplicação da pena passou, de que se tratariam de âmbitos distintos. A esfera da aplicação da pena, que se dedica tradicionalmente à discussão das circunstâncias e elementos relevantes para a individualização da sanção, por sua extensão e sua matéria, deveria ser vista como disciplina autônoma da ciência jurídico-penal. Seu objeto coincidiria em uma medida muito estreita com o da culpabilidade como categoria sistemática.[54]

1.3.3 Culpabilidade da determinação da pena (Strafzumessungsschuld)

No nível funcional da determinação da pena o conceito de culpabilidade expressa a manifestação concreta do princípio de culpabilidade: "*pena na medida da culpabilidade*".[55] Aqui se trata de um conceito de culpabilidade voltado à aplicação do Direito, mas que não descreve a culpabilidade formal acima aduzida. Ele descreveria a personificação do momento que é significativo para a quantidade de pena no caso concreto.[56] Aqui têm lugar questões como se no crime doloso pode-se falar em uma culpabilidade mais grave do que no crime culposo, ou se o desvalor da ação ou do resultado também dependem de fatores que não estão em relação direta com o fato, e assim em diante. Não se questiona, aqui, o que é a culpabilidade sistemática, mas sim *qual a medida daqueles fatores que fundamentam sistematicamente o injusto*, pois na atividade judiciária de determinação da pena o critério de medida essencial para a pena é a gravidade do injusto. Aquilo que no sistema do delito se atribui como categorias separadas, é examinado de forma unitária na determinação da pena em suas características individuais e incluídos como fatores de um processo uniforme de valoração. Assim, *a separação que*

---

52. *Idem, ibidem*, p. 4.
53. *Idem, ibidem*, p. 5.
54. *Idem, ibidem*, p. 11.
55. *Idem, ibidem*, p. 4.
56. *Idem, ibidem*, p. 4.

se observa na teoria do delito não se aplicaria na determinação da pena, onde devem ser alocados os fatores que possuam capacidade de graduabilidade.[57]

A partir desta diferenciação entre níveis, de acordo com as funções do termo culpabilidade, fica claro que em comum eles guardam entre si a referência ao pressuposto da pena e, como principal distinção, a utilização do mesmo termo para responder a questões distintas: a pergunta sobre a ideia de culpabilidade refere-se ao problema sobre "*por que e em até que ponto a pena?*"; a culpabilidade da fundamentação da pena aborda a questão sobre o "*se*" e a culpabilidade da determinação da pena a questão sobre o "*quanto*" de pena.[58]

Se entre a ideia de culpabilidade e a construção do conceito sistemático de culpabilidade existe, realmente, uma autonomia dogmática, é difícil afirmar com precisão nos limites deste trabalho. Seria possível objetar, especialmente, que a categoria sistemática não se constrói completamente a partir do Direito positivo.[59] O que parece claro é que existe entre ambas, no mínimo, uma *autonomia relativa*, na medida em que *Achenbach* não nega a influência e o caráter superior da ideia de culpabilidade sobre os demais níveis. Mais importante é avaliar se é possível concordar com uma distinção entre os níveis da fundamentação e o da determinação da pena, ponto que nos interessa.[60]

Arthur Kaufmann já deixara claro que a afirmação *nulla poena sine culpa* nada oferece diretamente para a resposta à pergunta sobre quais são os conteúdos

57. *Idem, ibidem, loc. cit.*

58. *Idem, ibidem*, p. 5.

59. Rejeitando a distinção formulada *Achenbach*, *Pérez Manzano* argumenta precisamente neste sentido: "Que Achenbach tem razão e que não se pode confundir qualquer ideia de culpabilidade com a regulação positiva da culpabilidade é evidente, mas que o tipo de argumentação da dogmática-jurídico penal não é só positivista, também o é. A inclusão ou exclusão de determinados elementos na culpabilidade ou sua relação com outros elementos, não se deduziu exclusivamente do direito positivo, mas o mote das argumentações foi suprapositivo". MANZANO, Mercedes Pérez. *Culpabilidad y prevención: las teorías de la prevención general positiva en la fundamentación de la imputación subjetiva y de la pena.* Madrid: Ediciones de la Universidad Autónoma de Madrid, 1990, p. 65. Tradução livre. A discordância da autora, porém, não vai muito longe. Além de não fornecer argumentos a favor da identidade de significados, ela aceita, ao final, a distinção entre os três níveis funcionais: "[...] a nível operativo-instrumental, de modo que nos ajude a classificar, descrever e analisar os problemas que se colocam na culpabilidade em seus distintos âmbitos de aplicação – na fundamentação ou na medição da pena – mas sem perder de vista a unidade que representam no princípio de culpabilidade". *Idem, ibidem, loc. cit.* Tradução livre.

60. Contrariamente: SALAS, Jaime Couso. *Fundamentos del Derecho Penal de culpabilidad: historia, teoría y metodología.* Valencia: Tirant lo Blanch, 2006, pp. 47-50. Apesar da objeção, o autor reconhece que a diferenciação entre estes dois níveis seria "conveniente por uma razão sistemática eminentemente prática": "[...] o conceito formal de culpabilidade aplicável em cada caso varia, pois na culpabilidade como medida da pena se incluem disposições que não interessam para a culpabilidade como fundamento da pena". Tradução livre.

positivos do requisito da culpabilidade.[61] O princípio de culpabilidade teria, em essência, somente uma função regulativa ou negativa, e com sua ajuda poder-se-ia excluir do âmbito da imputação da culpabilidade o que não se pode designar sob esse conceito: a mera causalidade.[62] O mesmo vale para a determinação da pena. Se para a medida da pena o princípio de culpabilidade reflete a tarefa de determiná-la *na medida da culpabilidade*, isso não é suficiente para que a culpabilidade como critério de medida da pena ganhe capacidade de especificação somente a partir disso.[63] Daí porque, como observa *Kaufmann,* casos de "igual culpabilidade" são apenados bastante diferentemente, de acordo com as lesões concretamente causadas: "*As diferenças entre os efeitos lesivos de cada conduta têm uma influência decisiva na medida da pena*".[64]

Disso se extrai, no mínimo, o acerto da hipótese distintiva no que se poderia denominar "aspecto negativo": nem a expressão do princípio de culpabilidade, nem a referência ao substrato da culpabilidade como categoria sistemática podem fornecer ao caso concreto um significado ou conteúdo a respeito do que seja graduável no âmbito da culpabilidade da aplicação da pena. O que estes conceitos podem oferecer é o limite a respeito de o que se pode atribuir ao autor com relação a determinado resultado, ou seja, indicar qual resultado já *não* pertence à esfera da culpabilidade pessoal do autor, quando o que se entende por culpável *não* está presente, por que se está diante de uma causa de exclusão ou sob quais requisitos o autor *não* pode responder integralmente, pois se está diante de uma hipótese de diminuição da culpabilidade. Uma absoluta autonomia dogmática entre esses três

---

61. Para ilustrar essa afirmação, *Kaufmann* dá o exemplo do serviçal que é enviado ao campo pelo camponês, em um dia de tempo bom, onde é surpreendido por uma tempestade e atingido por um raio. Evidentemente, afirma, o camponês colaborou com uma causa para a morte, mas uma pena, aqui, violaria explicitamente o princípio de culpabilidade. Neste caso, portanto, o princípio de culpabilidade basta para dizer o que *não é* culpabilidade: a mera causalidade. Um segundo exemplo: "A" joga uma pedra querendo atingir seu irmão "B", mas acerta "C", que passava por ali. "C" é hemofílico e morre em razão da lesão, que é insignificante. A possibilidade de se encontrar outra pessoa que pudesse passar no caminho era algo que "A" não poderia ignorar, mas encontrar um hemofílico era um fato incalculável, portanto, foi um mero acidente. Mas isso não seria, de forma alguma, determinante para dizer que "A" não é culpado pela morte de "C". Ao jogar a pedra em alguém, "A" agiu com completa intenção e uma lesão com uma pedra, segundo a experiência, pode ser mortal. A pergunta é se a previsibilidade geral de um resultado basta para a imputação da culpabilidade, quando este resultado em concreto é provocado de forma excepcional, inadequada e atípica. O autor coloca a seguinte pergunta: pode "A", mesmo na circunstância em que "C" morreu, ser apenado por homicídio culposo? Ele conclui que a solução correta não é respondida pelo princípio de culpabilidade diretamente. Em outras palavras, o conteúdo da culpabilidade como categoria sistemática não é fornecido diretamente pelo princípio de culpabilidade. KAUFMANN, Arthur. *Das Schuldprinzip*. Heidelberg: Carl Winter Universität Verlag, 1976, pp. 16-17.

62. *Idem, ibidem*, p. 20.

63. Neste sentido também: TEIXEIRA, Adriano. *Teoria da aplicação da pena..., op. cit.*, p. 117.

64. KAUFMANN, Arthur. *Op. cit.*, p. 258.

níveis poderia ser concebida, possivelmente, em um contexto no qual se abdica do termo culpabilidade como fundamento da pena – como pretende *Achenbach*, com a referência à "imputação individual" como categoria sistemática de atribuição da responsabilidade criminal.

A separação entre três níveis do conceito culpabilidade dá um primeiro passo no caminho que distingue – de forma relativa, como visto – em alguma medida, entre culpabilidade na medida da pena e culpabilidade como categoria do delito.

Somente esta distinção, contudo, não responde suficientemente à questão inicial. Um segundo passo nesta análise pode ser dado com o auxílio de algumas teorias de determinação da pena que se desenvolveram ao longo das últimas décadas na doutrina alemã, as quais compartilham entre si a mesma intenção de buscar a medida da pena adequada à culpabilidade.

1.4 A busca pela "pena adequada à culpabilidade"

Na doutrina penal alemã em matéria de aplicação da pena disputam entre si, na busca pela dita "pena adequada à culpabilidade", teorias[65] que se debruçam sobre a fórmula fundamental do §46 Ab. 1 S.1 do StGB,[66] que prescreve que "*a culpabilidade é o fundamento de determinação da pena*".[67] A culpabilidade tem um caráter prevalente[68] com relação a todos os demais fatores de determinação da pena previstos no § 46 Ab. 2 StGB.[69] Daí a importância e dedicação dessas

65. Deixarei a análise das premissas de outras duas teorias importantes na doutrina alemã para um momento posterior, no qual serão abordados os aspectos ligados às finalidades da pena que são consideradas no momento da determinação da sanção. Cf. item 2.3.2, no Cap. 2.

66. Não são raras as críticas na doutrina à redação do § 46, StGB. Elas se dirigem à falta de clareza quanto ao peso dos critérios de determinação de pena, à falta de indicação a respeito das finalidades da pena admissíveis no processo de sancionamento e à obscuridade quanto ao conteúdo e contorno do conceito de culpabilidade, cuja utilização concreta, invariavelmente, refletiria a individualidade do julgador. Cf. STRENG, Franz. *Strafrechtliche Sanktionen. Die Strafzumessung und ihren Grundlagen*. Stuttgart: Kohlhammer, 2012, p. 253, Rn. 522.

67. Na redação original: "§ 46 Grundsätze der Strafzumessung (1) *Die Schuld des Täters ist Grundlage für die Zumessung der Strafe*. Die Wirkungen, die von der Strafe für das künftige Leben des Täters in der Gesellschaft zu erwarten sind, sind zu berücksichtigen" (destacamos).

68. ESCHELBACH, Ralf. Grundsätze der Strafzumessung. In: SATZGER, Helmut (Hrsg). *Strafgesetzbuch Kommentar (SSW-StGB)*. Köln: Carl Heymanns, 2016, §46, Rn. 74; FISCHER, Thomas, *Op. cit.*, §46, Rn. 5; ELLSCHEID, Günter. Alternativen zur Strafmaßschuld. In: WADLE, Elmar (Hrsg.) *Recht und Gesetz im Dialog*. Köln: Carl Heymanns Verlag, p. 79; HART-HÖNIG, Kai. *Gerechte und zweckmäßige Strafzumessung. Zugleich ein Beitrag zur Theorie positiver Generalprävention*. Berlin: Duncker und Humblot, 1992, p. 13.

69. São circunstâncias a serem consideradas na aplicação da pena, com valoração positiva ou negativa, previstas no § 46 Ab. 2 do Código Penal alemão os motivos e finalidades do autor, a atitude interior expressada e a vontade empregada no fato, a medida da infração do dever, a forma de execução, as consequências culpáveis do delito, a vida anterior do autor e o compor-

formulações teóricas na busca pela "pena adequada à culpabilidade" como ponto de partida da determinação da quantidade de pena.

Ainda dominante na doutrina e adotada pela jurisprudência do BGH desde 1954,[70] a chamada *Spielraumtheorie* determina a pena final no caso concreto a partir de duas orientações.[71] Em um primeiro momento, o juiz fixa a pena atento à finalidade de retribuição da culpabilidade.[72] Essa decisão, contudo, não resulta em uma medida fixa de pena, mas sim em uma margem situada dentro da moldura penal oferecida pela lei, a qual o juiz considera como uma "moldura de pena adequada à culpabilidade". Qualquer pena situada dentro dos seus limites inferior e superior é tida como uma pena adequada à culpabilidade.[73] No caso concreto, portanto, não apenas *uma* pena se mostra adequada, mas uma série delas.[74] Deli-

---

tamento antes e após o crime, em especial, o esforço na reparação e compensação do dano e à vítima. Na redação original: "(2) Bei der Zumessung wägt das Gericht die Umstände, die für und gegen den Täter sprechen, gegeneinander ab. Dabei kommen namentlich in Betracht: die Beweggründe und die Ziele des Täters, besonders auch rassistische, fremdenfeindliche oder sonstige menschenverachtende, die Gesinnung, die aus der Tat spricht, und der bei der Tat aufgewendete Wille, das Maß der Pflichtwidrigkeit, e die Art der Ausführung und die verschuldeten Auswirkungen der Tat, das Vorleben des Täters, seine persönlichen und wirtschaftlichen Verhältnisse sowie sein Verhalten nach der Tat, besonders sein Bemühen, den Schaden wiedergutzumachen, sowie das Bemühen des Täters, einen Ausgleich mit dem Verletzten zu erreichen".

70. A consagração da teoria da moldura da culpabilidade na jurisprudência decorreu da decisão do BGH de 1954 (BGHSt. 7, 28), mas se aponta que já se tratava de uma prática judiciária majoritária. Cf. ESCHELBACH, Ralf. *Op. cit.*, § 46, Rn. 42. Comentários sobre os fundamentos da decisão encontram-se em: BRUNS, Hans-Jürgen. *Strafzumessungsrecht*, 2. Auflage. Bonn: Carl Heymanns, 1974, p. 266; DREHER, Eduard. Zur Spielraumtheorie als der Grundlage der Strafzumessungslehre des Bundesgerichthofes. *Juristenzeitung (JZ)* 1967, p. 41; DARMIS, Johannis. *Die realen Strafzumessungsgründe des §46 Abs. 2 StGB in ihrem Verhältnis zu den Grundsätzen der Strafzumessung nach § 46 Abs. 1 StGB.* Heidelberg Universität. Dissertation, 1993, pp. 33-34. Na doutrina, a adoção da teoria da moldura da culpabilidade remonta a *Berner* quem, ainda em 1895, defendia sua ideia central: a de que a medida da pena adequada à culpabilidade não seria uma quantidade determinada, mas sim uma moldura com limites máximo e mínimo, dentro da qual finalidades preventivas podem e devem ser consideradas pelo juiz. Cf. BERNER, Albert Friederich. *Lehrbuch des deutschen Strafrechtes.* Leipzig: Tauchnitz, 1895, p. 8.

71. Termo que teria como tradução mais adequada "teoria do espaço livre". Cf. TEIXEIRA, Adriano. *Teoria da aplicação da pena..., op. cit.*, p. 37. Por demonstrar de forma mais representativa a ideia central da "*Spielraumtheorie*", optaremos por nos referirmos a ela como "teoria da moldura da culpabilidade".

72. Importante anotar que a teoria do espaço livre também é concebida na doutrina sob uma perspectiva preventiva, e não fundamentalmente retributiva. Veja-se, especialmente: ROXIN, Claus. Prävention und Strafuzumessung. In: Festschrift für Hans-Jürgen Bruns zum 70. Geburstag. Köln: Heymann, 1978, p. 192.

73. HORN, Eckhard. Grundsätze der Strafzumessung. In: WOLTER, Jürgen. *Systematischer Kommentar zum Strafgesetzbuch (SK-StGB).* Köln: Carl Heymanns Verlag, 2016, §46, Rn. 8; ESCHELBACH, Ralf. *Op. cit.*, §46, Rn. 42.

74. BRUNS, Hans-Jürgen. *Strafzumessungsrecht..., op. cit.*, p. 264; SPENDEL, Günter. Die Begründung des richterlichen Strafmaßes. *Neue juristische Wochenschrift (NJW)* 1964,

mitada esta margem, outros fatores de determinação da pena podem ser sopesados dentro dela, agora atendendo a finalidades preventivas. O relacionamento entre culpabilidade e prevenção é, por conseguinte, hierárquico: a consideração de pontos de vista preventivos é permitida somente dentro da moldura preenchida pela culpabilidade. É o que recorrentemente refere-se como "prevenção no âmbito da repressão".[75]

Na determinação da margem da "pura" pena retributiva da culpabilidade a doutrina é unânime em apontar como critério de medida de pena o injusto culpável, portanto, o conceito de culpabilidade com o qual se opera na medida da pena é mais amplo do que o conceito de culpabilidade da *teoria do delito*.[76] Já na valoração das circunstâncias a serem consideradas com vistas às finalidades preventivas, admite-se, sobretudo, em nome da defesa da ordem jurídica e da finalidade de ressocialização e não dessocialização do autor, a consideração das demais circunstâncias previstas no amplo rol do *§46* Ab. 2.[77]

A favor desta teoria menciona-se a sua capacidade de separar o âmbito da retribuição da culpabilidade de referências a elementos subjetivos ligados ao autor, que normalmente encontrariam espaço de consideração a partir de argumentos de prevenção especial. Assim, se a compensação da culpabilidade é o fundamento da determinação da pena e apenas sobre esta pena já adequada à culpabilidade é que podem incidir considerações de natureza preventiva (aumentando ou diminuindo a quantidade de pena, dentro dos limites mínimo e máximo da margem), ficaria assegurado – ao menos formalmente – que o âmbito da retribuição da culpabilidade seja exclusivamente determinado pela *culpabilidade pelo fato*.[78] Esta suposta rigorosa separação, em realidade, é meramente formal e, na prática, ocorre precisamente o contrário. A consideração de elementos ligados à subjetividade do agente (como a personalidade e a atitude interior) já no âmbito da valoração da culpabilidade é largamente aceita pelos defensores da teoria da moldura

---

Heft 38/39, p. 1765; CHOCLAN MONTALVO, José Antonio. *Individualización judicial de la pena. Función de la culpabilidad y la prevención en la determinación de la sanción penal.* Madrid: Colex, 1997, p. 178.

75. Cf. STRENG, Franz. *Strafrechtliche Sanktionen... op. cit.*, p. 309, Rn. 626.

76. ESCHELBACH, Ralf. *Op. cit*, §46, Rn. 74; FISCHER, Thomas, *Op. cit*, §46, Rn. 6; HORN, Eckhard. *Op. cit.* §46, Rn. 42; ZIPF, Heinz; DÖLLING, Dieter. In: MAURACH, Reinhart *et alii*. *Strafrecht Allgemeiner Teil. Teilband 2. Erscheinungsformen des Verbrechens und Rechtsfolgen der Tat.* 8. Auflage. Heidelberg: C.F. Müller, 2014, §62, Rn. 19.

77. Há grande discussão doutrinária, orientada à jurisprudência, a respeito das finalidades preventivo gerais e especiais consideradas admissíveis. Para um panorama atual a respeito, cf.: STRENG, Franz *Strafrechtliche Sanktionen...*, *op. cit.*, pp. 263 e ss.

78. ZIPF, Heinz; DÖLLING, Dieter. *Op. cit*, §63, Rn. 5; SCHAFFSTEIN, Friedrich. *Spielraum-Theorie, Schuldbegriff und Strafzumessung nach den Strafrechtsreformgesetzen.* In: LACKNER, Karl (Hrsg). *Festschrift für Wilhelm Gallas zum 70. Geburtstag am 22.* Juli 1973. Berlin: Walter de Gruyter, 1973, p. 108.

da culpabilidade e pela majoritária jurisprudência.[79] Como observa *Hörnle*, a jurisprudência do BGH parte da ideia de que sem o conhecimento a respeito da personalidade do agente não seria possível nem a determinação da necessidade de ressocialização do réu, nem a determinação da culpabilidade pessoal do agente.[80] Circunstâncias como os antecedentes do acusado e o seu comportamento após o delito são tomadas como fatores relevantes para esclarecer a atitude interior do réu e, assim, permitir a valoração da medida da culpabilidade. Na prática, afirma a autora, o BGH invalidaria seu compromisso fundamental com uma culpabilidade pelo fato, na medida em que enxerga a atitude interior do réu como um fator de agravamento de pena.[81]

A determinação da pena adequada à culpabilidade, segundo o entendimento dominante da teoria da moldura de culpabilidade, é dependente, portanto, de *critérios subjetivos* impassíveis de serem contestados.[82]

Como se observa, de acordo com as premissas da teoria da moldura da culpabilidade, fatores preventivos são admitidos dentro do âmbito da pena correspondente à culpabilidade de forma que, obtida a pena "final" já não é possível identificar o que é uma "pena adequada à culpabilidade" e o que seriam seguimentos de pena determinados por razões de prevenção. Esta sobreposição de fatores preventivos e de circunstâncias ligadas à subjetividade do réu no âmbito da pena orientada à culpabilidade, e a denominação deste resultado como uma "margem de pena adequada à culpabilidade", resulta, ao final, em uma concepção bastante imprecisa a respeito do que seja a adequação da pena à medida da culpabilidade.[83]

De outro lado, a indeterminação da margem de pena *já* adequada à culpabilidade (no limite inferior) e *ainda* adequada à culpabilidade (no limite superior) caracteriza este processo como uma tarefa judicial arbitrária, especialmente porque o juiz, ao escolher os limites da margem da "pena adequada à culpabilidade", não necessita declará-los na sentença. À falta de contornos claros ou da

---

79. Cf. STRENG, Franz. Grundfälle zum Strafzumessungsrecht. *Juristische Schulung (JuS)* 1993, Heft 11, p. 922. Criticamente a respeito veja-se: FRISCH, Wolfgang. *Gegenwärtiger Stand... op. cit.*, pp. 380-384.

80. HÖRNLE, Tatjana. *Tatproportionale... op. cit*, p. 49. Na doutrina, sobretudo *Bruns*, que representa o entendimento mais tradicional da literatura sobre o tema, sustenta que "sem consideração à personalidade do agente não é possível encontrar a pena adequada à culpabilidade". BRUNS, Hans-Jürgen. *Das Recht der Strafzumessung*, p 191; *idem*, *Neues Strafzumessungsrecht? "Reflexionen" über eine geforderte Umgestaltung*. Köln: Heymann, 1988, p. 50. Também: JESCHECK, Hans-Heinrich; WEIGEND, Thomas. *Lehrbuch des Strafrechts, Allgemeiner Teil*. Berlin: Duncker & Humbolt, 1996, p. 889.

81. HÖRNLE, *Tatproportionale... op. cit.*, p. 51.

82. *Idem, ibidem, loc. cit.*

83. ESCHELBACH, Ralf. *Op. cit*, § 46, Rn. 44.

mínima possibilidade de encontrá-los, fala-se, inclusive, em uma pena "sentida" pelo juiz como adequada.[84]

Por essas razões, critica-se que a culpabilidade como critério de medida da pena, apesar de ter um significado importante nesta teoria, não oferece qualquer segurança.[85] O significado de culpabilidade com que a teoria da moldura da culpabilidade trabalha é o de um termo difuso, quando o que juiz necessita, na prática, *são critérios para a determinação da pena adequada à culpabilidade em uma medida concreta de pena.*[86] Por falta destes critérios, o processo de determinação concreta da pena adequada à culpabilidade resulta em uma atividade puramente intuitiva.[87]

Uma outra importante objeção que se dirige à teoria da moldura da culpabilidade refere-se à perspectiva das finalidades da pena. *Ellscheid* observa que uma "pena adequada à culpabilidade" seria mera expressão retributiva da culpabilidade e, sendo a culpabilidade como fundamento da pena independente de finalidades preventivas, a pena adequada à culpabilidade seria "*uma pena sem finalidades*", mera retribuição do mal[88] – hipótese que não encontraria mais espaço legítimo em um sistema penal preventivo.[89] Como observa *Schünemann*, com a substituição de um Direito Penal da retribuição por um Direito Penal da prevenção, esta ideia teria se tornado obsoleta.[90] A retribuição de culpabilidade, refletida na fórmula do § 46[91] Ab. 1 S. 1 do StGB, teria origem na concepção clássica de culpabilidade

---

84. ROXIN, Claus. Prävention und Strafzumessung. In: FRISCH, Wolfgang; SCHMID, Werner (Hrgs). *Festschrift für Hans-Jürgen Bruns zum 70. Geburtstag*. Köln, Berlin, Bonn, München: Carl Heymanns, 1978, p. 191; SCHAFFSTEIN, Friedrich. *Spielraum-Theorie... op. cit.*, p. 99. Criticamente: ALBRECHT, Hans-Jörg. *Strafzumessung bei schwerer Kriminalität: eine vergleichende theoretische und empirische Studie zur Herstellung und Darstellung des Strafmaßes*. Berlin: Duncker und Humblot, 1994, pp. 39-40.

85. HÖRNLE, Tatjana. *Tatproportionale... op. cit.*, p. 38.

86. Cf. HÖRNLE, Tatjana. Das antiquierte Schuldverständnis der traditionellen Strafzumessungsrechtsprechung und Lehre. *Juristenzeitung (JZ)*, 1999, p. 1081.

87. SCHAFFSTEIN, Friedrich. *Spielraumtheorie..., op. cit.*, p. 107. Esta e outras deficiências são reconhecidas por seus próprios defensores. *Meier*, à mingua de melhores argumentos que possam solucionar tais problemas, chega a desqualificar a "*Spielraumtheorie*" como uma verdadeira teoria, designando-a um "*modelo heurístico no qual a prática pode se apoiar para a busca de uma medida de pena*". MEIER, Bernd-Dieter. *Strafrechtliche Sanktionen*. Berlin: Springer, 2015, p. 172. Tradução livre.

88. ELLSCHEID, Günter. *Alternativen zur Strafmaßschuld... op. cit.*, p. 80.

89. Sobre os fundamentos de um sistema penal preventivo e suas consequências para a concepção do conceito de culpabilidade, veja-se: SCHÜNEMANN, Bernd. Die Funktion des Schuldprinzips im Präventionsstrafrecht. In: SCHÜNEMANN, Bernd (Hrsg.). *Grundfragen des modernen Strafrechtssystems*. Berlin: Walter de Gruyter, 1984, pp. 152 e ss.

90. SCHÜNEMANN, Bernd. Plädoyer für eine neue Theorie der Strafzumessung. In: ESER, Albin; CORNILS, Karin (Hrsg.). *Neuere Tendenzen der Kriminalpolitk*. Freiburg: Eigenverlag Max-Plankt-Institut für ausländisches und internationales Strafrecht, 1987, p. 210.

91. Com referências ao projeto de reforma do StGB e ao pensamento da expiação da culpabilidade como um reconhecimento dos autores do projeto de Reforma do Código Penal

como uma entidade metafísica, baseada na liberdade humana.[92] E a busca por uma pena adequada à culpabilidade, neste contexto, não passa da busca por um fantasma.

O sentido ontológico do conceito clássico de culpabilidade e a incapacidade humana de seu reconhecimento são as duas afirmações que parecem orientar[93] a teoria da pena exata (*Theorie der Punktstrafe*), que pretendeu consagrar-se como oposição à teoria da moldura da culpabilidade.[94] A pena adequada à culpabilidade não seria uma margem de culpabilidade, mas apenas uma pena a ela correspondente, apesar de não ser apreensível (subjetivamente) pelo nosso limitado conhecimento humano: nossa capacidade de conhecimento não estaria em condições de identificar precisamente a medida de culpabilidade de um homem.[95] Como fenômeno metafísico, a culpabilidade não seria determinável pelo limitado conhecimento humano e, nesta medida, não seria capaz de indicar uma medida de pena exata.[96] Assim, ao tempo que a teoria da pena pontual entende que apenas uma única pena seria adequada à culpabilidade, de outro lado, reconhece a incapacidade humana para apreendê-la. Este entendimento ontológico da culpabilidade com que a teoria da pena pontual opera é uma importante vulnerabilidade que se aponta contra ela.[97]

Disso resulta um quadro nada esclarecedor a respeito da medida da pena adequada à culpabilidade, o que leva a afirmações como a de que a orientação da pena na medida da culpabilidade permanece sendo um programa sem compro-

alemão: HEINITZ, Ernst. Der Entwurf des Allgemeinen Teils des Strafgesetzbusches vom kriminalpolitischen Standpunkt aus. *Zeitschrift für die gesamte Strafrechtswissenschaft (ZStW)* 70, 1958, pp. 2-5.

92. Cf. SCHÜNEMANN, Bernd. *Die Entwicklung der Schuldidee... op. cit.*, p. 148.

93. HÖRNLE, Tatjana. *Tatproportionale Strafzumessung*, pp. 157-158; GIANNOULIS, Georgios. *Studien zur Strafzumessung. Ein Beitrag zur Dogmatik, Rechtstheorie und Rechtsinformatik mit Vertiefung in den Eigentums-und Vermögensdelikten*. Tübigen: Morh Siebeck, 2014, pp. 33-34.

94. Utilizarei a denominação "teoria da pena pontual" como tradução, pois parece representar melhor a ideia central da teoria da "*Punktstrafe*": a de que a pena adequada à culpabilidade não seria uma margem de penas mínima e máxima, mas sim uma única pena, situada em um ponto localizado dentro da moldura de penas previstas pelo legislador, para determinado delito.

95. DREHER, Eduard. *Zur Spielraumtheorie... op. cit.*, p. 42.

96. KAUFMANN, Arthur, *Das Schuldprinzip... op. cit.*, p. 261; HENKEL, Heinrich. Die "richtige" Strafe. Gedanken zur richterlichen Strafzumessung. *Recht und Staat in Geschichte und Gegenwart*, 1969, Heft 381/382, p. 31; DREHER, Eduard. *Zur Spielraumtheorie... op. cit.*, p. 45.

97. DREHER, Eduard. *Zur Spielraumtheorie... op. cit.*, p. 45; GRASNICK, Walter. *Strafzumessung als Argumentation. Der "richtige" Weg zur "richtige" Strafe. Juristische Arbeitsblätter (JA)* 22, 1990, Heft 3, p. 83; GIANNOULIS, Georgios. *Studien zur Strafzumessung... op. cit.*, p. 33.

misso, por meio do qual acabam sendo aceitas, de forma inevitável, grandes margens de discricionariedade no processo de aplicação da pena.[98]

Se uma pena adequada à culpabilidade é uma pena sem finalidades; se como entidade metafísica não é apreensível subjetivamente pelo limitado conhecimento humano; se diante da impossibilidade de determinar uma única pena na medida da culpabilidade, uma série de penas são tratadas como adequadas com amparo em elementos estranhos a ela própria, resultando em mera arbitrariedade, seria oportuno analisar se não seria o caso de renunciar ao conceito de culpabilidade, como propõem alguns autores.

1.5 Excurso: renúncia ao conceito de culpabilidade?

Schünemann sustenta que a "busca pela pena adequada à culpabilidade" é uma simples quimera que somente pode levar a enganos e defende o abandono de um conceito de culpabilidade no sentido típico de um Direito Penal da retribuição.[99] A proposta do autor aponta três consequências: a manutenção do princípio de culpabilidade como uma ficção a favor do autor de um delito; a substituição da categoria culpabilidade pela responsabilidade e a recusa à admissão de uma pena adequada à culpabilidade, no sentido concebido pelas teorias de determinação da pena.[100] Para este âmbito, caberia à culpabilidade unicamente um *papel limitativo.*[101]

---

98. ALBRECHT, Hans-Jörg. *Strafzumessung bei schwerer Kriminalität... op. cit.*, p. 53.

99. "Na linguagem tradicional, quando se fala em uma pena adequada à culpabilidade ressoa implicitamente a desde muito tempo ilegítima teoria da retribuição. Se se toma o seu abandono a sério, fica claro que este fator de conversão de culpabilidade em pena, que desesperadamente os teóricos da teoria da moldura da culpabilidade, da pena exata e da teoria dos níveis procuram, é uma quimera, cuja busca somente pode levar a enganos". SCHÜNEMANN, Bernd. Die Funktion des Schuldprinzips im Präventionsstrafrecht. In: SCHÜNEMANN, Bernd (Hrsg.). *Grundfragen des modernen Strafrechtssystems*. Berlin: Walter de Gruyter, 1984, p. 190.

100. *Idem, ibidem*, p. 160. Ele não se afasta totalmente do entendimento clássico de culpabilidade, nem do papel limitativo do princípio de culpabilidade. É neste sentido que, ao criticar o posicionamento de *Roxin* e *Jakobs*, por exemplo, ele refere que a substituição da categoria culpabilidade por necessidades preventivo-gerais acarretaria um risco para o Direito Penal, pois seria capaz apenas de fundamentar a *utilidade* da pena, mas não poderia justificar a inflição da pena perante o próprio autor de um delito.

101. SCHÜNEMANN, Bernd. *Die Funktion..., op. cit.*, p. 189; *idem, Plädoyer..., op. cit.*, p. 225. A substituição do termo culpabilidade pelo critério da responsabilidade encontra semelhanças, em alguma medida, com a posição defendida por *Roxin*, quem também a partir de uma perspectiva preventiva do Direito Penal, entende que o juízo de culpabilidade deva ser limitado pela responsabilidade. Para a medida da pena, contudo, *Roxin* mantém o critério da culpabilidade do §46 do StGB, o qual interpreta sob as diretrizes da teoria da moldura da culpabilidade, com algumas concessões a favor da denominada teoria dos níveis ("*Stellenwertheorie*"), o que ele denomina de uma "*Stellenwertheorie* modificada pela prevenção especial", sobre a qual tratarei no item 2.1, no Cap. 2. Cf. ROXIN, Claus. "*Schuld*" *und* "*Verantwortlichkeit*"... *op. cit.*, p. 204.

Em sentido semelhante, conforme já esboçado acima, a sugestão de *Achenbach* também pretende renunciar ao termo culpabilidade. Segundo sustenta o autor, este conceito estaria identificado com uma grande variedade de associações, inclusive de natureza religiosa e metafísica, o que o tornaria inapto para o Direito.[102] A imprecisão do seu significado não o faria adequado a designar a categoria sistemática de atribuição da responsabilidade criminal,[103] que poderia ser melhor entendida sob a designação de "imputação individual" e compreendida a partir de uma perspectiva preventivo geral de integração.[104]

O conceito de culpabilidade tampouco estaria apto a exercer a função de critério de determinação da pena. Seu caráter "*irracional*" exigiria, como forma de transformação do processo de individualização da pena em um ato cientificamente refletido e fundamentado, o seu completo abandono, dando lugar a critérios autônomos de aplicação da sanção penal, independentes da culpabilidade. *Achenbach*, contudo, não desenvolve em detalhes uma alternativa ao modelo de determinação da pena então vigente.

Todas estas propostas de abandono do conceito tradicional de culpabilidade inserem-se em um contexto de discussão que se instala na doutrina alemã, a partir dos anos 1960, questionando o conteúdo material da categoria sistemática e o papel do princípio de culpabilidade, a partir de uma perspectiva do Direito Penal como finalidade preventiva do Estado – consequentemente, contra uma ideia de retribuição da culpabilidade como fundamento da pena estatal. Os variados argumentos em desfavor da culpabilidade, contudo, estendem-se muito além de sua imprecisão terminológica e de sua vinculação a um Direito Penal retributivo. As críticas também se voltam, em grande medida, aos problemas tradicionalmente ligados à doutrina da culpabilidade – a indemonstrabilidade da liberdade da vontade humana e do poder agir de modo diverso, bem como o caráter ético moral do juízo de censura pessoal – resultando em propostas mais radicais de eliminação deste conceito para o Direito Penal, com implicações mais amplas para o sistema penal.

---

102. ACHENBACH, Hans. *Historische und dogmatische ..., op. cit.*, p. 218.

103. Ele entende que o termo reprovabilidade também não se mostra adequado, pois na categoria sistemática não seria possível uma reprovabilidade que exclui a pena, mas apenas que fundamenta a pena. Ele sugere a substituição do termo culpabilidade por "imputação individual", também para evitar o "mal-entendido" de ligar-se o substrato da responsabilidade exclusivamente a elementos subjetivos. *Idem, ibidem*, p. 221. Criticamente, *Roxin* aduz que *Achenbach* não teria se afastado do princípio de culpabilidade com sua formulação: "Pois um castigo só se sente como justo pela população quando aos seus olhos corresponde à culpabilidade do autor. Que a imputação individual se produza segundo o parâmetro da culpabilidade ou da justiça não implica aqui diferença alguma". ROXIN, Claus. Was bleibt von der Schuld im Strafrecht übrig? *Schweizerische Zeitschrift für Strafrecht*, Band 104, 1987, pp. 363-363. Tradução livre. Confira-se, ainda, sobre a mesma discussão: ACHENBACH, Hans. Individuelle Zurechnung, Verantwortlichkeit, Schuld. In: SCHÜNEMANN, Bernd. *Grundfragen des modernen Strafrechtssystems*. Berlin: Walter de Gruyter, 1984, pp. 136-151.

104. ACHENBACH, Hans. *Historische und dogmatische..., op. cit.*, p. 221.

É neste sentido a ideia de *Ellscheid* e *Hassemer* a favor da eliminação do termo culpabilidade para todo o sistema penal, justificada nas aporias com que a dogmática se conforma e que estariam ligadas à questão da indemonstrabilidade da liberdade da vontade. De acordo com a ideia tradicional de culpabilidade, afirmam, uma pena somente pode ser imposta quando se identifica que o autor não realizou sua possibilidade individual de comportamento, assim, a pena pressupõe sempre a declaração da possibilidade de poder-agir de modo diverso. A determinação da pena, de outro lado, supõe sempre um juízo concreto de que este determinado autor se deteve no seu poder agir e em que medida.[105]

Mas o juiz estaria diante de uma tarefa impossível, "*pois a culpabilidade somente é possível na liberdade e esta não é um fato concreto para o qual o juiz pode encontrar uma constatação demonstrável*".[106] Assim, o magistrado não teria condições de afirmar positivamente a culpabilidade do autor, na medida em que ela é genericamente pressuposta e somente poderia ser negada sob requisitos legais – que, por sua vez, não conseguem apreender a questão da culpabilidade e da liberdade.[107]

Por isso, os autores entendem que o juízo de culpabilidade não seria adequado para a justificação da responsabilidade criminal e deveria ser substituído por uma teoria geral de responsabilidade que partisse da *eliminação do elemento de censura.*[108] Um Direito Penal no qual pena e medida de segurança são formas de reação estatal igualáveis, a partir da noção unitária de responsabilidade[109] e não da compensação de uma culpabilidade pessoal e individual;[110] o princípio de culpabilidade seria substituído pelo princípio da proporcionalidade, aplicável, portanto, não somente às medidas de segurança, mas também às penas.[111]

Uma proposta mais recente que, contudo, pretende manter o atual sistema penal que distingue entre penas e medidas de segurança, é oferecida por *Hörnle*. Segundo a autora, o juízo de censura pessoal consagrado na ciência jurídico penal carece de legitimidade: uma censura de culpabilidade clássica, que censura o autor por ter podido decidir de outra forma, mas assim não o fez, somente poderia ser considerada legítima quando se baseasse em uma apropriada descrição da situação

---

105. ELLSCHEID, Günter, HASSEMER, Winfried. Strafe ohne Vorwurf. Bemerkungen zum Grund strafrechtlicher Haftung. In: LÜDERSSEN, Klaus; SACK, Fritz (Hrgs.). *Seminar: abweichendes Verhalten II. Die gesellschaftliche Reaktion auf Kriminalität. Band 1.* Frankfurt am Main: Suhrkamp-Taschenbuch Wissenschaft., 1975, p. 267.

106. *Idem, ibidem, loc. cit.*

107. *Idem, ibidem, loc. cit.*

108. *Idem, ibidem*, p. 279.

109. *Idem, ibidem*, p. 288.

110. *Idem, ibidem*, p. 280.

111. Em sentido semelhante: BAURMANN, Michael. *Zweckrationalität und Strafrecht*; HAFFKE, Bernhard. *Die Bedeutung der sozialpsychologischen Funktion von Schuld und Schuldfähigkeit für die strafrechtliche Schuldlehre*. Opladen: Westdeutscher Verlag, 1987.

ao tempo do fato.[112] Por se tratar de um juízo valorativo (normativo) a respeito do poder agir de outro modo, a questão sobre a liberdade da vontade encerraria uma *mera valoração moral* que não poderia justificar um juízo de censura com relação ao autor de um delito e, consequentemente, uma condenação criminal. Pois, se em outros âmbitos das ciências humanas a afirmação da liberdade da vontade se basta com uma resposta que afirme um pequeno grau de liberdade, isso não ocorreria no Direito Penal, onde o predicado "livre" acarreta consequências muito mais graves.[113]

Assim, *Hörnle* defende a eliminação do juízo de censura e do termo culpabilidade de toda a teoria penal, inclusive a própria ideia de que a censura da culpabilidade seria condição obrigatória para a pena.[114] A responsabilidade criminal e a imputação de responsabilidade não seriam dependentes nem da censura de culpabilidade clássica, nem de uma expansão do entendimento da culpabilidade pela doutrina da culpabilidade pelo caráter. O critério distintivo para a verificação de que determinado autor é responsável por tal fato é que *a ele deve ser imputado objetiva e subjetivamente o injusto penal* (os efeitos danosos ou o perigo).[115] Se o que se denomina como censura da culpabilidade é uma censura do injusto acrescida de um elemento complementar, que é o deslocamento do censurável ao mundo interior do agente, a alternativa seria, então, abandonar a ideia de uma censura da culpabilidade e substituí-la pela referência única à censura do injusto,[116] inclusive na determinação da pena.[117]

---

112. HÖRNLE, Tatjana. *Strafe ohne Vorwurf... op. cit.*, p. 13.

113. *Idem, ibidem*, p. 25.

114. Deve-se registrar que este posicionamento da autora é mais recente. Em trabalho anterior, *Hörnle* já sustentou o significativo papel limitativo da culpabilidade para a determinação da pena contra sanções drasticamente agravadas, aplicadas com as finalidades de dissuasão e segurança: "Das deutsche Strafzumessungsrecht schütz deshalb den Bestrafen vor zu Abschrenkungs-oder Sicherungszwecken drastisch erhöhten Strafen, wie sie etwa im amerikanischen Rechtskreis im Kontext der ökonomischen Theorie des Rechts oder der Strategie der 'selective incapacitation' vorgeschlagen worden sind. Für dieses Verbot ist die Bezugnahme auf Schuld auch sinnvoll" ("O Direito penal alemão protege o apenado contra penas drasticamente agravadas por finalidades de dissuasão e segurança, como as que foram propostas no sistema jurídico americano, no contexto da teoria econômica do direito ou da estratégia de incapacitação seletiva. Para essa proibição, a referência à culpabilidade também é significativa"). Cf. HÖRNLE, Tatjana. *Das antiquierte Schuldverständnis... op. cit.*, p. 1082. Tradução livre.

115. *Idem, ibidem*, p. 49; *idem*, Grenzen der Individualisierung von Schuldurteilen. In: HEFENDEHL, Roland; HÖRNLE, Tatjana; GRECO, Luís. *Streitbare Strafrechtswissenschaft. Festschrift für Bernd Schünemann zum 70. Geburtstag am 1. November 2014*. Berlin: De Gruyter, 2014, p. 106.

116. *Idem, ibidem*, p. 58; *idem*, *Zur Relevanz von Beweggründen für die Bewertung von Tötungsdelikten – am Beispiel sog. "Ehrenmorde"*. In: FREUND, Georg; MURMANN, Uwe; BLOY, René. *Grundlagen und Dogmatik des gesamten Strafrechtssystems. Festschrift für Wolfgang Frisch zum 70. Geburtstag*. Berlin: Duncker & Humbolt, 2013, p. 664.

117. HÖRNLE, Tatjana. Tatproportionale..., *op. cit.*, p. 396.

1.5.1 Considerações críticas

Não obstante as dificuldades que o conceito de culpabilidade implica para sua interpretação na Ciência Penal, sobretudo as dificuldades que se refletem no seu manejo na aplicação da pena, não me parece que deva ser substituído ou abolido. Não significa, contudo, que não deva sofrer influências do princípio de proporcionalidade, ou que não deva ser eliminado o recurso à subjetividade do agente no juízo de censura, nem que não possa ser interpretado – quando se trata do conceito estrito de culpabilidade – a partir do sentido de mera atribuição individual do injusto penal. Com todas essas conclusões dos autores acima citados, de forma geral, devo concordar.

Sobretudo a recusa à ideia de uma censura pessoal que se revelaria a partir de indícios extraídos da valoração da subjetividade do agente deve ser tomada, a princípio, como possível, sem o abandono a uma referência textual ao conceito de culpabilidade. Não se nega que haveria um ganho terminológico importante na eliminação de um conceito fortemente enraizado em concepções moralizantes, ontológicas e religiosas,[118] mas isso não parece suficiente para justificar a sua eliminação do sistema penal.[119]

Erber-Schropp observa que a história da evolução do princípio de culpabilidade deixa claro que não se trata de um conceito que possa ser reduzido a uma ideia metafísica ou religiosa, ao contrário, ele possui um claro significado sócio-jurídico por tornar possível a distinção entre um injusto praticado com culpabilidade e um comportamento inculpável, fazendo desta distinção um fundamento central também para determinação da pena.[120]

Como critério para a imposição da pena, a culpabilidade exerce uma importante função limitativa que não poderia ser exercida com a mera referência ao princípio de proporcionalidade, como propõem *Ellscheid* e *Hassemer*, nem, pelos mesmos motivos, com a referência exclusiva ao injusto, como propõe *Hörnle*.[121]

---

118. Cf. ANDROULAKIS, Nikolaos. "Zurechnung", Schuldbemessung und personale Identität. *Zeitschrift für die gesamte Strafrechtswissenschaft (ZStW)* 108, 1996, pp. 493-494, para quem a substituição da expressão culpabilidade por imputação contribui para a desmistificação do juízo da culpabilidade, na medida em que não desperta qualquer reação emocional ou moral: imputação não é algo que se possa confessar, nem expiar ou compensar.

119. Neste sentido também: NAUCKE, Wolfgang. *Strafrecht. Eine Einführung*. Neuwied; Kriftel; Berlin: Luchternhand, 1995, p. 92.

120. ERBER-SCHROPP, Julia Maria. *Schuld und Strafe. Eine strafrechtsphilosophische Untersuchung des Schuldprinzips*. Tübigen: Mohr Siebeck, 2016, p. 41.

121. Contrariamente: BAURMANN, Michael. *Zewckrationalität und Strafrecht...*, pp. 259-262, 302, para quem a função limitativa do princípio de culpabilidade seria uma característica superestimada pelos seus defensores. Os critérios que ele defende (de danosidade social e motivabilidade), os quais não se ligam a um critério metafísico ou "semanticamente sem conteúdo" seriam mais aptos a exercer o papel de proteção contra a intervenção estatal, em um Direito Penal de medidas de segurança.

É necessária uma vinculação terminológica com o princípio de culpabilidade – tal como a Reforma da Parte Geral do Código Penal o fez.

Esta tarefa limitadora da intervenção estatal em benefício do apenado[122] lhe assegura que apenas sofra as consequências daquilo que lhe possa ser atribuído através da imputação subjetiva do fato delitivo, de forma que responda apenas pelas consequências que concretamente conhecia e podia evitar.[123] Assim, a medida da pena adequada à culpabilidade respeita estes limites da imputação pessoal de forma que autor não sofra qualquer aumento de pena por outras razões de utilidade estatal.[124]

É neste sentido que o critério da culpabilidade poderia operar como uma espécie de barreira de contenção contra necessidades preventivas do Estado – por exemplo, contra uma pena maior por motivos de dissuasão geral – o que, especialmente diante da redação do artigo 59 do Código Penal brasileiro, deveria ter um papel claro e destacado. As finalidades da pena expressamente declaradas pelo legislador a serem observadas pelo juiz são a "repressão" e a "prevenção". Textualmente, portanto, não haveria limites aparentes ao Estado no estabelecimento da sanção criminal sob fundamentos preventivos, o que somente pode ser concretizado com uma forte referência à culpabilidade.[125]

A Reforma da Parte Geral do Código Penal brasileiro, de 1984, como aponta a Exposição de Motivos da Lei 7.209/1984,[126] contemplou amplamente a

---

122. ERHARD, Christopher. *Strafzumessung...*, p. 95.

123. SCHÜNEMANN, Bernd. *Die Entwicklung der Schuldidee in Bundesrepublik Deutschland, op. cit*, p. 160; TEIXEIRA, Adriano. *Teoria de aplicação da pena... op. cit.*, p. 106, quem, no entanto, entende o princípio de culpabilidade insuficiente como garantia contra penas que superem a medida da culpabilidade por razões preventivas.

124. "Necessidades de prevenção não podem ser perseguidas ilimitadamente às custas do indivíduo, senão somente na medida da culpabilidade individual". Cf. ROXIN, Claus. *Was bleibt...*, p. 360. Tradução livre. No mesmo sentido: ACHENBACH, Hans. *Individuelle Zurechnung...*, p. 142; ERBER-SCHROPP, Julia Maria. *Schuld und Strafe...*, p. 183; COSTA, Helena Regina Lobo da. *A dignidade humana. Teorias de prevenção geral positiva.* São Paulo: Editora Revista dos Tribunais, 2008, p. 130.

125. A mera referência contida no artigo 59, do CP à pena que seja "necessária", de outro lado, não oferece qualquer garantia de uma pena justa e adequada, se se interpretar, por exemplo, que esta necessidade possa ser de uma maior dissuasão de terceiros, ou seja, uma necessidade de prevenção geral negativa.

126. "16. Retoma o Projeto, no artigo 19, o princípio da culpabilidade, nos denominados crimes qualificados pelo resultado, que o Código vigente submeteu a injustificada responsabilidade objetiva. A regra se estende a todas as causas de aumento situadas no desdobramento causal da ação. 17. É, todavia, no tratamento do erro que o princípio *nullum crimen sine culpa* vai aflorar com todo o vigor no direito legislado brasileiro. Com efeito, acolhe o Projeto, nos artigos 20 e 21, as duas formas básicas de erro construídas pela dogmática alemã: erro sobre elementos do tipo (*Tatbestandsirrtum*) e erro sobre a ilicitude do fato (*Verbotsirrtum*). Definiu-se a evitabilidade do erro em função da consciência potencial da ilicitude (parágrafo único do artigo 2), mantendo-se no tocante às descriminantes putativas a tradição brasileira, que admite a forma culposa, em sintonia com a denominada 'teoria limitada da

então compreensão do legislador a respeito do princípio de culpabilidade.[127] Isso se observa no tratamento legal conferido ao erro e aos crimes preterdolosos; na extinção da possibilidade da responsabilidade objetiva ou por fato fortuito e na exclusão da possibilidade de imposição de medidas de segurança a imputáveis. Era um anseio da doutrina pré-reforma que fossem estabelecidas garantias legais expressas contra a responsabilidade objetiva, o que não ocorrera nos demais projetos legislativos de alteração do Código Penal.[128] Esta lacuna legislativa só

culpabilidade' (Culpabilidade e a Problemática do Erro Jurídico Penal, de Francisco de Assis Toledo, in Rev. Trib. 517/251). 18. O princípio da culpabilidade estende-se, assim, a todo o Projeto. Aboliu-se a medida de segurança para o imputável. Diversificou-se o tratamento dos partícipes, no concurso de pessoas. Admitiu-se a escusabilidade da falta de consciência da ilicitude. Eliminaram-se os resíduos de responsabilidade objetiva, principalmente nos denominados crimes qualificados pelo resultado". Cf. a respeito: CAMARGO, Antonio Luis Chaves. *Sistema de penas, Dogmática jurídico-penal e Política Criminal.* São Paulo: Cultural Paulista, 2002, pp. 118-119.

127. Criticamente, *Chaves Camargo*, à época, apontou a timidez do legislador ao não dar ao princípio de culpabilidade um alcance ainda maior e desejado. Para ele, a reforma de 1984 teria de ter avançado mais no que se refere ao acolhimento da ideia de uma pena de acordo com a culpabilidade e teria sido tímido ao permitir a substituição da pena privativa de liberdade para penas não superiores a dois anos, a restritiva de direitos para penas até um ano e a multa, quando a pena privativa não for superior a seis meses. CAMARGO, Antonio Luis Chaves. *Culpabilidade e reprovação penal...*, *op. cit.* pp.150-151.

128. O Projeto Sá Pereira trazia a criticada possibilidade de responsabilidade pelo caso fortuito em seu art. 202: "aquele que causou a morte, que não queria, nem poderia prever como consequência dos seus atos, tendentes apenas a produzir lesão corporal, descontar-se-á por um terço a pena do homicídio". Já o Projeto Alcântara Machado trazia regra geral em seu art. 11, sobre a preterintencionalidade nos crimes de homicídio e de lesões. *Nelson Hungria*, membro da Comissão revisora do Projeto Alcântara Machado, relata que a Comissão, na primeira fase da revisão do projeto, pretendeu introduzir uma fórmula nos seguintes termos: "Pelos resultados que agravam especialmente as penas responderá o agente que os houver causado pelo menos culposamente", ao que o próprio Alcântara Machado se opôs. A Comissão, pretendeu, em seu substitutivo, excluir qualquer resquício de responsabilidade objetiva: "O brocardo *nulla poena sine culpa* deve ser o princípio orientador de qualquer reforma em matéria de legislação penal. Toda vez que a superveniência de um determinado resultado (não necessário à consumação do crime) é condição de maior punibilidade ou agravante especial, o aumento da pena não será aplicado, se tal resultado derivar de caso fortuito, ou não puder ser imputado ao agente, pelo menos a título de culpa *stricto sensu*". Mas, segundo relata Nelson Hungria, no final da moldagem do substitutivo, o preceito em questão foi retirado, não figurando no projeto definitivo, por ter sido entendido como uma "previsão supérflua" diante da regra prevista no parágrafo único do art. 11, segundo a qual "a intervenção do caso fortuito, rompendo o nexo causal inicial e incumbindo-se, sozinho, do resultado, impede, primacialmente, que este seja materialmente atribuído ao agente (ressalvada a imputação pelos fatos anteriores, se constituírem crime) devendo entender-se que tal norma é aplicável em qualquer caso". A modificação somente veio a ser definitivamente adotada com a Reforma do Código Penal de 1984, que alterou o art. 19 do CP na tentativa de salvar o princípio de culpabilidade. Cf. HUNGRIA, Nelson. *Comentários ao Código Penal.* vol. I, t. 2, 2. ed. Rio de Janeiro: Revista Forense, 1.953, p. 133. Veja-se também a respeito: CAMARGO, Antonio Luis Chaves. *Culpabilidade e reprovação penal...*, *op. cit.*, p. 115.

viria a ser preenchida com a alteração da redação do art. 19 do CP.[129] Também a eliminação do critério da perigosidade para a determinação da pena deu-se com a inclusão da culpabilidade como principal circunstância judicial no artigo 59 do CP.[130]

Aparentemente, mesmo com estas significativas mudanças que o princípio de culpabilidade incorporou ao ordenamento jurídico penal brasileiro, inclusive no âmbito da determinação da pena, permanece fortemente enraizada uma *tendência a análises prognósticas de perigosidade do agente.*[131] A renúncia à culpabilidade como critério de aplicação da pena, neste cenário, possivelmente levaria a um retrocesso do nosso ordenamento jurídico penal, que encontraria novamente um espaço livre para a presunção de perigosidade na imposição da sanção, sob argumentos preventivos, já que a culpabilidade é a única circunstância judicial prevista no rol do artigo 59, do Código Penal, capaz de vincular claramente a pena de forma *retrospectiva ao fato.*[132] Este risco parece comprovar-se quando se observa que boa parte das alternativas a um Direito Penal fundado na culpabilidade, como visto acima, propõe um sistema de medidas de segurança que não distingue entre pena (orientada à culpabilidade) e medidas de segurança (orientadas à perigosidade do agente e justificadas na defesa da sociedade).

Uma argumentação típica destes modelos alternativos, que sugerem uma resposta única ao delito e prescindem do critério da culpabilidade, é a relativização da capacidade limitativa atribuída ao princípio de culpabilidade, que seria passível de ser exercida a partir de outros fundamentos.[133] Nesse sentido, sustenta *Haffke* que não se extrai o caráter limitativo para a imposição das penas do princípio de culpabilidade, mas dos tipos penais e das molduras de pena previstas na lei, bem como dos critérios de determinação da pena que se observam na prática jurídica.[134] O que seria decisivo para a distinção de penas entre um homicídio e um roubo, segundo sustenta o autor, não é que o homicídio comporta uma maior culpabilidade, mas que ele possui um maior valor como bem jurídico na sociedade. A diferença específica situar-se-ia no âmbito do injusto: a quantidade de

---

129. "Art. 19. Pelo resultado que agrava especialmente a pena, só responde o agente que o houver causado ao menos culposamente."

130. Cf. REALE JUNIOR, Miguel. Tentativa de eliminação do critério da periculosidade. *Boletim IBCCRIM*, São Paulo, v. 12, 140 Esp., jul. 2004, p. 2.

131. Cf. STOCO, Tatiana de Oliveira. *A personalidade do agente na fixação da pena.* São Paulo: Editora Revista dos Tribunais, 2014, pp. 82-87.

132. Esta direção retrospectiva ao fato não estaria assegurada somente pelas "circunstâncias do crime", critério sem contornos terminológicos precisos.

133. HAFFKE, Bernhard; BIERBRAUER, Günter. Problemaufriß: Die Bedeutung der sozialpsychologischen Funktion von Schuld und Schuldfähigkeit für die strafrechtliche Schuldlehre. In: HASSEMER, Winfried; LÜDERSSEN, Klaus. *Sozialwissenschaften im Studium des Rechts.* München: Beck, 1978, p.162; BAURMANN, Michael. *Zweckrationalität..., op. cit.*, p. 302; ELLSCHEID, Günter. *Alternativen zur Strafmaßschuld..., op. cit.*, p. 90.

134. HAFFKE, Bernhard. *Die Bedeutung..., op. cit.*, pp. 162-163.

culpabilidade acompanha a quantidade de injusto.[135] O que, contudo, esta posição deixa descoberta é a possibilidade de, na aplicação da pena, uma exasperação ser fundamentada para evitar a reincidência ou conter a prática de determinado delito ou, ainda, para o fortalecimento da confiança na norma.[136] A limitação ao poder de intervenção na esfera de direitos do cidadão pelo princípio de culpabilidade não se dá na esfera legislativa, mas opera no juízo de imputação do fato e, sobretudo, na imposição da pena. A referência exclusiva ao princípio de proporcionalidade ou à duvidosa "danosidade social do comportamento"[137] ou, ainda, à "lesão ao bem jurídico"[138] não exercem o papel que cabe à culpabilidade de *reconduzir uma arbitrária referência à causalidade pela modificação do mundo exterior àquilo que pertence à esfera pessoal do culpável.* A ponderação entre meios e fins, própria do juízo de proporcionalidade entre a realização de objetivos político-criminais e os resultados negativos da sanção contra a pessoa, fornece uma capacidade meramente relativa de proteção contra penas excessivas, pois sempre se poderá justificar uma pena draconiana na maior necessidade de prevenção contra delitos futuros.[139]

Sobretudo, a orientação na culpabilidade reconhece o autor como pessoa capaz de agir de modo diverso e, por isso, esclarece a sociedade que essa capacidade basta para a responsabilização criminal daquele que não age de acordo com a norma.[140] É por meio deste reconhecimento contínuo da responsabilidade individual que a sociedade é conscientizada de que deve responsabilizar-se pelo seu fato ilícito.[141] Um sistema que prescinda da referência à culpabilidade perderia, assim, a *referência fundamental da pena estatal:*[142] quando falte o fundamento da imposição da pena, ela poderá ser imposta exclusivamente sob fundamentos ligados a necessidades preventivas estatais.[143]

Também a proposta de uma exclusiva referência à censura do injusto, como propôs *Hörnle* mais recentemente, não parece ser uma alternativa possível. Se a

---

135. *Idem, ibidem*, p. 163.

136. O que reconhecem os próprios adversários do princípio de culpabilidade: BAURMANN, Michael. *Zweckrationalität...*, *op. cit.*, p. 269.

137. BAURMANN, Michael. *Zweckrationalität...*, *op. cit.*, pp. 302-303.

138. ELLSCHEID, Günter; HASSEMER, Winfried. *Strafe ohne Vorwurf...*, *op. cit*, p. 288.

139. HÖRNLE, Tatjana. *Das antiquierte Schuldverständnis...*, *op. cit.*, p. 1082; *idem*, *Tatproportionale...*, *op. cit.*, p. 128.

140. Cf. FRISCH, Wolfgang. Zur Bedeutung von Schuld, Gefährlichkeit und Prävention im Rahmen der Strafzumessung. In: FRISCH, Wolfgang (Hrsg.). *Grundfragen des Strafzumessungsrecht aus deutscher und japanischer Sicht*. Tübigen: Mohr Siebeck, 2011, p. 11.

141. *Idem, ibidem, loc. cit.*

142. ERBER-SCHROPP, Julia Maria. *Schuld und Strafe...*, *op. cit.*, p. 184.

143. Neste sentido *Schünemman* questiona como poderia ser legitimada uma pena sem censura, já que "a censura como sinônimo de abuso da liberdade deixa claro que o apenado somente responde pelo que a ele era previsto e poderia ser evitado". SCHÜNEMANN, Bern. *Die Entwicklung der Schuldlehre in Deutschland...*, *op. cit.*, p. 155.

referência vaga à culpabilidade e os sentidos a ela atribuídos de censura pessoal da vontade ilícita, ou de fracasso pessoal no ato de escolha entre duas alternativas possíveis pecam pela ênfase à subjetividade, uma pura censura de injusto negligenciaria hipóteses de diminuição de pena consagradas no direito brasileiro que são consideradas puramente inerentes à esfera da culpabilidade.[144] Não é por outra razão que a autora, para compatibilizar sua tese com a lei vigente, sugere a revogação do §21 do StGB, que prevê causas de diminuição da pena em razão de uma culpabilidade diminuída por perturbação ou anomalia mentais, que impossibilitem a compreensão do caráter injusto do fato e o comportamento de acordo com este entendimento.[145]

Assim, reafirmada a importância da referência à culpabilidade, cumpre agora retornar às duas possibilidades inicialmente aventadas para, em seguida, responder à questão sobre *como é possível aferir, concretamente, a medida de pena adequada à culpabilidade.*

1.6 Culpabilidade como atribuição do injusto

A resposta definitiva à questão inicial a respeito do significado da culpabilidade como critério de medida da pena depende do enfrentamento das objeções acima apontadas quanto ao entendimento hoje dominante na doutrina e jurisprudência brasileiras: a falta de um ponto de orientação claro para o juízo de reprovabilidade e a recorrência à subjetividade do agente como incremento do juízo de censura, que conduz, por sua vez, a um agravamento da medida da culpabilidade e da pena.[146] Este último aspecto será analisado em primeiro lugar.

1.6.1 A esfera íntima do agente como objeto do juízo de culpabilidade?

As raízes do termo culpabilidade no pensamento cristão resultaram em um conceito com um sentido fortemente ligado à atitude interior.[147] A observação histórica mostra que essas origens teriam sido decisivas para a construção do

---

144. Neste sentido também: GROSSE-WILDE, Thomas. *Erfolgszurechnung in der Strafzumessung, op. cit.*, pp. 113-115.

145. "Quando se abandona a ideia de que seria tarefa do Direito Penal concentrar-se nos estados interiores do autor não é mais tão evidente que deveria haver uma norma como o artigo 21". HORNLE, Tatjana. *Strafe ohne Vorwurf..., op. cit.*, p. 77. Tradução livre.

146. Cf. item 1.2.3, acima.

147. HÖRNLE, Tatjana. *Strafe ohne Vorwurf..., op. cit.*, p. 59. Também *Brauneck* observa que "*Schuld*" foi sempre um termo moral e religiosamente preconcebido e, nestes âmbitos, refere-se a uma falta moral que é censurada. A coincidência da antiga palavra com o novo conceito normativo da ciência penal leva a uma distorção de entendimento: "Apesar de sempre ser repetidamente assegurado que a culpabilidade jurídico-penal seria um conceito referencial, que se dirigiria ao injusto, a palavra culpabilidade sugere já como tal que se teria, na verdade, uma falta moral diante de si". BRAUNECK, Anne-Eva. Der Strafrechtliche Schuldbegriff. *Goltdammer's Archiv für Strafrecht (GA)* 1959, p. 265. Tradução livre.

conceito atual de culpabilidade, cuja versão secularizada teria evoluído de uma atitude errada perante Deus para uma infração "espiritual" ao dever ou aos valores.[148] Neste sentido, o conceito de culpabilidade "clássico" não se restringe a um juízo de censura sobre o injusto, mas contém sempre um elemento adicional: a ideia de que o autor é censurável pelo seu *fracasso pessoal* no momento de decidir entre alternativas possíveis.[149]

A referência à censura pessoal como uma censura ao "mundo interior" do agente[150] consolidou-se com força na doutrina da culpabilidade[151] e foi defendida, especialmente, no início do século XIX.[152] Em maior ou menor medida, referências à atitude interior,[153] à formação da personalidade,[154] à forma de condução

148. HÖRNLE, Tatjana. *Strafe ohne Vorwurf..., op. cit.*, p. 57.

149. "Característico para tentativas de descrever um conteúdo independente de uma censura de culpabilidade é o deslocamento do censurável para o mundo interior do autor: a ele é repreendido um fracasso pessoal, um poder agir pessoal, um 'merecimento de pena'. Formulações como 'censura pelo fracasso' podem cair no vazio-objetivo com a referência ao poder agir e poder decidir de outro modo, em abordagens antigas também patéticas, por exemplo, como a referência a uma 'falha psíquica de valores' ou 'falha na tarefa existencial dos homens, sua autorrealização ética'". *Idem, ibidem*, p. 58. Tradução livre.

150. *Idem, ibidem, loc. cit.*

151. Refere-se que na evolução da doutrina da culpabilidade avançou-se para uma análise dos motivos da vontade da ação, ou seja, o motivo do autor para a prática do ilícito. A culpabilidade é então interpretada pelos defensores do conceito normativo não como vontade da ação – termo que exerce um papel importante na doutrina finalista – mas como *vontade ilícita*. Esta interpretação, que parece coincidir com a posição majoritária da doutrina brasileira, é coerente com uma abordagem que confere ênfase à subjetividade do agente, na análise da culpabilidade. Cf. BRAUNECK, Anne-Eva. *Der strafrechtliche Schuldbegriff..., op. cit.*, p. 264.

152. Cf. a respeito: HÖRNLE, Tatjana. *Tatproportionale..., op. cit.*, pp. 40-48.

153. Para *Gallas*, a importância do juízo de desvalor da atitude interior justifica-se pelas mudanças que a doutrina finalista trouxe para compreensão da teoria do delito. A culpabilidade perdeu a contrariedade ao dever como seu objeto exclusivo. A decisão que contraria o dever é objeto tanto do juízo de ilicitude como do juízo de culpabilidade. Para justificar a culpabilidade como um juízo autônomo do juízo de ilicitude deve-se entender como fator diferencial entre ambos o fato de que quem se decidiu livremente contra o direito expressaria, com isso, uma *atitude que contradiz a ordem jurídica*. Culpabilidade seria, desta forma, a reprovabilidade do fato com relação à reprovável atitude interior. Trata-se do valor ou do desvalor da atitude do autor atualizada concretamente no fato que, em uma análise orientada aos padrões gerais de valor ético sociais deve ser extraída do fato e dos seus motivos, a partir da totalidade da atitude do autor com as exigências do direito. Cf. GALLAS, Wilhelm. Zum gegenwärtigen Stand der Lehre vom Verbrechen. *Zeitschrift für die gesamte Strafrechtswissenschaft (ZStW)* 67, 1955, p. 45. Também sobre a atitude interior como essência da culpabilidade, veja-se: JESCHECK, Hans-Heinrich; WEIGEND, Thomas. *Lehrbuch des Strafrechts... op. cit.*, pp. 887-889.

154. WELZEL, Hans. Persönlichkeit und Schuld. *Zeitschrift für die gesamte Strafrechtswissenschaft (ZStW)* 60, 1941, p. 462

de vida,[155] ao caráter do autor[156] ganharam um espaço considerável no juízo de culpabilidade, seja como centro do juízo de censura, seja como elemento que se acrescenta à reprovação pelo injusto.[157]

Na doutrina brasileira, de forma geral, o conceito de culpabilidade como fundamento da pena não parece ter se livrado, até hoje, deste elemento de *acréscimo* inerente à censura pessoal, que ultrapassa o mero juízo de atribuição pessoal do injusto, e dos resquícios de um conceito de culpabilidade referido à *moralidade.*[158] Se uma culpabilidade pelo fato é mesmo tomada a sério por doutrina e jurisprudência brasileiras, este posicionamento não parece estar, até o momento, suficientemente claro. Ao contrário, a afirmação de que se deve buscar na *atitude interior* do agente perante o fato o elemento da reprovabilidade é um entendimento que, no mínimo, consente com um agravamento do juízo de culpabilidade (e, consequentemente, da pena) por razões que são alheias a uma análise estrita dos requisitos que permitem a atribuição do injusto. Neste sentido, a doutrina da culpabilidade mereceria uma completa revisão do seu estado atual, que deveria conduzir-se no sentido da construção de uma *concepção liberal do conceito de culpabilidade.*[159]

---

155. MEZGER, Edmund. Die Straftat als Ganzes. *Zeitschrift für die gesamte Strafrechtswissenschaft (ZStW)* 57, 1938, p. 688.

156. HEINITZ, Ernst. Ernst. Strafzumessung und Persönlichkeit. *Zeitschrift für die gesamte Strafrechtswissenschaft (ZStW)*, 1951, p. 71.

157. Dois grandes expoentes dessa vertente, na doutrina estrangeira, com forte influência na doutrina brasileira são: BETTIOL, Giuseppe. Sobre o Direito Penal da atitude interior. *Revista dos Tribunais, RT* 442/1972 e FIGUEIREDO DIAS, Jorge. *Questões fundamentais revisitadas.* São Paulo: Revista dos Tribunais, 1999, pp. 238-239. A respeito da influência de Bettiol na doutrina brasileira e sobre sua concepção do Direito Penal da atitude interior, ver: CAMARGO, Antonio Luis Chaves. *Sistema de penas..., op. cit.*, pp. 86 e ss.

158. "O agente é tanto mais culpado quanto tenha proporcionado pelo modo de vida, pelos padrões de comportamento, pela formação de sua personalidade (na medida em que se sujeita à livre opção), a facilitação à prática do delito. São, portanto, especificações do termo genérico 'culpabilidade', as indicações dos critérios: antecedentes, conduta social, personalidade, motivos". REALE JÚNIOR, Miguel. *Instituições de Direito Penal...*, pp. 406-407; AZEVEDO, David Teixeira. *Dosimetria da pena. Causas de aumento e diminuição.* São Paulo: Malheiros, 1998, pp. 66; 75.

159. Uma vertente crítica sobre o conceito de culpabilidade é sustentada no Brasil por alguns autores, especialmente, *Salo de Carvalho, Rodrigo Roig* e *Davi Tangerino*, todos a partir de uma reconstrução crítica das categorias da teoria do delito e de uma teoria agnóstica da pena. Apesar da importância dessa discussão, para os fins deste trabalho, me cabe tão somente registrar que, para a medida da pena, um conceito de culpabilidade adequado a uma teoria agnóstica da pena – que, em síntese, a compreende como o grau de responsabilização pelo maior ou menor esforço do agente para alcançar a situação de vulnerabilidade à seletividade do poder punitivo – padece dos mesmos problemas de indefinição que resultam da ideia de culpabilidade como sinônimo de reprovabilidade. Fica pouco claro como seria possível ao magistrado apreender tal grau de responsabilização e como ele poderia, concretamente, fornecer uma determinada medida de pena adequada à culpabilidade do agente. De todo modo, são importantes as críticas dos autores contra a ideia de culpabilidade como sinônimo de reprovabilidade e, sobretudo, contra uma análise moralizante da esfera íntima

Assim o faz *Luís Greco*. Crítico às concepções de culpabilidade orientadas à *moralização do indivíduo* pelo Estado por meio da coação (ameaça de pena), *Greco* defende, sob uma perspectiva liberal do Direito Penal, *um conceito de culpabilidade moralmente neutro.*[160] O fundamento da sua concepção sobre a culpabilidade parte de uma ideia fundamental, segundo a qual o cidadão é visto como um ser dotado de prudência, que realiza ações e comportamentos a partir desta condição, segundo o seu plano de vida pessoal.[161] Prudente é o comportamento que promove o bem-estar pessoal.[162] O Estado não determina onde se situa o bem-estar pessoal dos cidadãos; isso é assunto de cada um e depende exclusivamente de um plano de vida individual. A pena pode ameaçar o plano individual de vida e todas as ações futuras que o indivíduo tenha projetado para o seu futuro.[163] Como ser dotado de prudência, o cidadão tem consciência, portanto, de que deve evitar comportamentos que possam implicar a imposição da pena e de que suas ações irão determinar o seu bem-estar futuro.[164] Culpabilidade jurídico-penal, para *Greco, é a falta de prudência com relação à pena.*[165] Não se trata de censurar o autor por ter se decidido de forma errada, mas de suportar resultados previsíveis de suas próprias decisões.[166]

Ao contrário, uma concepção de culpabilidade *moralmente orientada*, em especial a versão da culpabilidade orientada à censura da atitude interior, baseia-se na concepção de que quem viola uma ameaça penal apresenta uma atitude interior ilícita e isso seria suficiente para legitimar a pena contra o apenado. *Greco* aponta que o problema desta abordagem é que ela *não reconhece o direito dos cidadãos de autodeterminar-se* e lhes recusa a possibilidade de definir quais fundamentos os motivam no sentido de um comportamento adequado ou de um comportamento

do agente para o juízo de censura. A respeito, cf.: CARVALHO, Salo de. *Penas e medidas de segurança...*, *op. cit.*, pp. 198-199; ROIG, Rodrigo Duque Estrada. *Aplicação da pena...*, *op. cit.*, p. 142; TANGERINO, Davi de Paiva Costa. *Apreciação crítica dos fundamentos da culpabilidade a partir da Criminologia...*, *op. cit.*, pp. 212 e ss.

160. GRECO, Luís. *Lebendiges und Totes in Feuerbachs Straftheorie. Ein Beitrag zur gegenwärtigen strafrechtlichen Grundlagendiskussion.* Berlin: Duncker & Humbolt, 2009, p. 489. Também crítico ao caráter moralizante da ideia de culpabilidade como reprovabilidade, a partir de uma teoria crítica do direito penal: CARVALHO, Salo de. *Penas e medidas de segurança... op. cit.*, pp. 210 e ss.

161. GRECO, Luís. *Lebendiges und Totes in Feuerbachs Straftheorie... op. cit*, pp. 490-491.

162. *Idem, ibidem*, p. 491.

163. *Idem, ibidem*, p. 493.

164. *Idem, ibidem, loc. cit.*

165. *Idem, ibidem*, pp. 490; 493.

166. *Idem, ibidem*, p. 493.

ilícito, *segundo suas próprias razões*,[167] ainda que seja apenas por mera utilidade pessoal.[168]

Uma teoria liberal renuncia conceder ao Estado uma tal autoridade moral e lhe reconhece apenas a autoridade de apresentar ao cidadão razões referidas à prudência para que se comporte conforme à norma de direito.[169] Esta ideia não deveria perder-se quando se trata da imposição da pena. As objeções no plano da culpabilidade fundamentadora da pena não se alteram quando se transporta a ideia de *imposição de moralidade* para o plano da concretização da sanção, ao contrário, elas se agravam quando se sai do plano da ameaça para o plano da inflição da sanção penal.[170]

Porque a formação da vontade ilícita e suas razões não são aferíveis senão pela arbitrariedade, a prática de determinação judicial da pena que se orienta moralmente perde-se na busca por algo situado na esfera íntima do agente, que deveria ser identificado e retribuído com a sanção.[171] O juiz, a partir dos elementos do caso concreto, se esforça em buscar por indícios que digam respeito à vontade criminosa, à atitude ilícita empregada no fato ou por traços de personalidade e sentimentos manifestados no delito que indiquem o grau de reprovabilidade de sua ação. Em maior ou menor medida, o injusto serve como indício revelador de uma culpabilidade preexistente, que se situa em primeiro plano no juízo de censura.

Um enfrentamento desta questão no plano da aplicação da pena pode encontrar uma saída a partir de uma posição clara quanto ao sentido de *culpabilidade pelo fato*. Parece ser uma grande contradição a concepção que afirma tomar como fundamento uma culpabilidade pelo fato ao tempo que, de outro lado, busca o

---

167. O que também se aplica à concepção da culpabilidade baseada no poder agir de modo diverso. Apenas porque o comportamento praticado foi errado é fundamento suficiente para a imposição da pena, o que parece não conferir espaço para uma livre motivação do indivíduo, segundo suas próprias razões. De acordo: PERALTA, José Milton. *Motivos Reprochables. Una investigación acerca de la relevancia de las motivaciones individuales para el Derecho penal liberal.* Madrid; Barcelona; Buenos Aires: Marcial Pons, 2012, p. 133.

168. Neste sentido, todos teriam o direito de ser egoístas e de seguir a norma e agir de acordo com ela simplesmente porque é conveniente. *Idem, ibidem*, p. 488.

169. *Idem, ibidem*, p. 490. Veja-se, em detalhes, sobre esta discussão: MONTENEGRO, Lucas. *Por que se qualifica um homicídio?: um estudo sobre a relevância da motivação em direito penal por ocasião da lei do feminicídio (lei 13.104/2015).* São Paulo: Marcial Pons, 2017, pp. 113 e ss.

170. Assim também *Peralta*, a respeito da consideração dos motivos do autor como critério agravante de pena: “Se as premissas de um estado liberal são tomadas a sério, os pensamentos não podem ser objeto de sanção”. PERALTA, José Milton. Motive im Strafrecht. In: HEINRICH, Manfred (Hrsg.). *Strafrecht als Scientia Universalis. Festschrift für Claus Roxin zum 80. Geburtstag am 15.* Maio 2011. Berlin: Walter de Gruyter, 2011, p. 260. Tradução livre.

171. Ideia sustentada ainda na década de 1940, sobretudo por *Dreher*. DREHER, Eduard. Über die gerechte Strafe. Heidelberg: Schneider, 1947, p. 82.

cerne da reprovabilidade na personalidade, na atitude interior, nos sentimentos ou na formação da vontade ilícita. Mesmo aqueles que recusam uma culpabilidade de autor acabam fazendo concessões a esta abordagem, sob o argumento de que a personalidade do agente e outros elementos subjetivos seriam relevantes para a valoração da medida da culpabilidade, na medida em que tenham sido relevantes para o fato ou permitam extrair conclusões a respeito dele.[172] O que está por trás desta contradição não é outra coisa senão uma longa tradição de *imposição de moralidade também no plano da inflição da pena.*[173]

A pergunta que se coloca é: sob qual fundamento uma tal concepção se sustenta?

Bruns – cujas ideias no âmbito do Direito de aplicação da pena predominaram durante décadas na doutrina alemã – justifica a valoração da personalidade do agente no juízo de culpabilidade[174] sob o argumento de que, mesmo em uma culpabilidade pelo fato, uma "parte da personalidade" encontraria espaço legítimo de valoração, na medida em que seja relevante para a determinação da pena, ou seja, quando tenha se expressado na perpetração do fato.[175] Isso não significaria, segundo ele, defender uma culpabilidade pela condução de vida ou pelo caráter, pois não se trata de uma tomada de contas geral do autor, mas apenas da valoração daquela "parte da personalidade" que foi relevante para a prática do delito.[176] Contra as formulações que pretendem comportar, predominantemente,

---

172. Assim: REALE JUNIOR, Miguel Reale. *Instituições de Direito Penal..., op. cit.*, p. 188; NUCCI Guilherme. *Individualização da pena..., op. cit.*, p. 163; AMARAL, Claudio do Prado *Princípios penais. Da legalidade à culpabilidade.* São Paulo: IBCCRIM, 2003, pp. 207-208; TOLEDO, Francisco de Assis. *Princípios básicos de Direito Penal..., op. cit.*, p. 251; RODRIGUES, Anabela Miranda. *A determinação da medida da pena privativa de liberdade.* Coimbra: Coimbra Editora, 1995, p. 484, nota 327.

173. Porém, como bem observa *Chaves Camargo*, com a Reforma da Parte Geral do Código Penal "O Direito Penal do fato, portanto, passa a ser a base da análise do crime no sistema penal brasileiro, que prevaleceu sobre a teoria da culpabilidade pela condução de vida". CAMARGO, Antonio Luis Chaves. *Sistema de penas..., op. cit.*, p. 118.

174. *Bruns* defende a consideração da personalidade não apenas no juízo de culpabilidade, mas também no âmbito da prevenção especial, lugar onde uma tal análise seria "*evidente*" e, ainda, no âmbito da prevenção geral, onde ela seria "*possível e admissível*". A despeito de sustentar uma ampla análise da personalidade como elemento concreto de determinação da pena, *Bruns* entende que isso não significaria defender um direito penal de autor. Cf. BRUNS, Hans-Jürgen. *Das Recht der Strafzumessung*, pp. 104; 144 e 191.

175. BRUNS, Hans-Jürgen. *Das Recht der Strafzumessung*, p. 147. No mesmo sentido: STRENG, Franz. *Strafrechtliche Sanktionen..., op. cit.*, p. 254; JESCHECK, Hans-Heinrich; WEIGEND, Thomas. *Lehrbuch des Strafrechts...*, p. 888; ZIPF, Heinz; DÖLLING, Dieter. *Strafrecht. Allgemeiner Teil... op. cit.*, § 63, Rn. 7; STREE, Walter; KINZIG, Jörg. Grundsätze der Strafzumessung. In: SCHÖNKE, Adolf *et alii. Strafgesetzbuch Kommentar* (*Schönke/Schröder Strafgesetzbuch*). 29. Auflage. München: C.H. Beck, 2014, §46, Rn.4.

176. BRUNS, Hans-Jürgen. *Das Recht der Strafzumessung...*, p. 147. É bastante questionável, contudo, como seria possível, na prática, aferir esta "parte da personalidade" relevante para a determinação da pena.

fatores relacionados à personalidade no âmbito da prevenção,[177] *Bruns* limita-se a objetar que isso provocaria um esvaziamento da culpabilidade, retirando-lhe "elementos essenciais de seu conteúdo", que tanto doutrina, quanto jurisprudência majoritárias não teriam, até o momento, acreditado poderem abrir mão.[178]

Frisch, em uma análise abrangente do pensamento de *Bruns* e *Pallin* sobre a dogmática de determinação da pena, objeta que afirmações como estas ("*a orientação da culpabilidade segundo a personalidade do agente não seria um compromisso com uma culpabilidade da personalidade*" ou "*apenas se trataria da consideração de uma parte da personalidade*" e ainda "*que não se trataria de uma tomada geral de contas do autor*") são um tanto obscuras. E parece incorreto considerar circunstâncias relacionadas ao autor como agravantes da culpabilidade quando se toma como base o que é objeto de todas as concepções de culpabilidade, ou seja, o *poder agir de modo diverso.*[179] *Frisch* convence ao sustentar que dificilmente seria demonstrável a relevância de finalidades censuráveis (como cobiça ou ganância) ou de sentimentos fúteis para a formação da capacidade de agir de outro modo: *dificilmente se pode afirmar que a capacidade de poder agir seria maior nesses casos.*[180] Tampouco na hipótese de motivos abjetos e mesmo motivações decorrentes de ódio racial ou religioso não seria possível afirmar que há uma maior autonomia do agente para decidir-se contrariamente à norma.[181]

A resposta de *Bruns* a estas críticas não ultrapassa o argumento do costume,[182] consolidado de forma majoritária na doutrina e na jurisprudência: a capacidade de agravamento da culpabilidade por meio de elementos ligados à personalidade é defendida por ele "*por ser há muito tempo reconhecida*".[183] Assim, continua

---

177. ZIPF, Heinz. *Die Strafzumessung. Eine systematische Darstellung für Strafrechtpraxis und Ausbildung*. Heidelberg: C.F. Müller Juristischer Verlag, 1977, p. 25; ZIPF, Heinz; DÖLLING, Dieter. *Strafrecht. Allgemeiner Teil*...§ 63, Rn. 7; STRATENWERTH, Günther. Tatschuld und Strafzumessung. *Recht und Staat in Geschichte und Gegenwart*, 1971, Heft 406/407, p. 73.

178. BRUNS, Hans-Jürgen. *Das Recht der Strafzumessung... op. cit.*, p. 147; *idem*, *Neues Strafzumessungsrecht?... op. cit.*, p. 50. *Zipf* e *Dölling* afirmam que não se deve temer este risco, já que a forma de pensar da prática judiciária de aplicação da pena é profundamente enraizada nas categorias da culpabilidade. ZIPF, Heinz; DÖLLING, Dieter. *Strafrecht. Allgemeiner Teil... op. cit.*, § 63, Rn. 9.

179. Cf. FRISCH, Wolfgang. *Gegenwärtigen Stand..., op. cit.*, p. 382.

180. Cf. FRISCH, Wolfgang. Unrecht und Schuld im Verbrechensbegriff und in der Strafzumessung. In: BRITZ, Guido *et alii*. *Grundfragen staatlichen Strafens. Festschrift für Müller-Dietz zum 70. Geburtstag*. München: C.H. Beck Verlag, 2001, p. 241. Assim também STAHL, Dominik. *Strafzumessungstatsachen zwischen Verbrechenslehre und Straftheorie. Zugleich ein Beitrag zur Strafzumessungsrelevanz des Vor-und Nachverhaltens*. Berlin: Duncker & Humbolt, 2015, p. 228.

181. Cf. PERALTA, José Milton. Dogmática del hecho punible, princípio de igualdad y justificación de segmentos de pena. *Revista Brasileira de Ciências Criminais*, São Paulo, vol. 18, n. 82, jan./fev. 2010, p. 124.

182. Também assim interpreta ERHARD, Christopher. *Strafzumessung..., op. cit.*, p. 168.

183. BRUNS, Hans-Jürgen. *Neues Strafzumessung Recht? ..., op. cit.*, p. 50.

não respondida a questão a respeito do fundamento de legitimidade de um juízo de culpabilidade acrescido de uma valoração da esfera íntima do agente, com capacidade de agravamento.

Ainda que se tente reduzir a importância destes aspectos para o âmbito da culpabilidade, na forma de uma constatação limitada ao fato concreto, também é de se questionar como seria possível avaliar apenas aquela parcela do caráter ou da atitude interior que seja relevante para o fato: se a culpabilidade é tão mais grave quanto é expressão da atitude ou do caráter do autor, ainda assim seria necessária uma análise completa desta atitude interior.[184] Resulta que, embora se afirme que a culpabilidade jurídico-penal é sempre uma culpabilidade pelo fato, *a censura pessoal permanece sendo elemento central do juízo de reprovabilidade.*[185] O aspecto objetivo concretamente observado no fato delitivo é interpretado como comprovação de um componente subjetivo, cuja existência justificaria o agravamento da culpabilidade.[186]

Outra justificativa encontrada na doutrina para esta abordagem sustenta que, se o Código Penal não prescreve tipos penais que incriminem uma forma de condução de vida ou a ausência de esforço em modificar uma forma "degradante" de vida, de outro lado, prevê tipos penais que prescrevem determinadas características pessoais que revelariam determinados sentimentos ou atitudes internas do agente que servem como fundamento de agravamento da pena.[187] Assim sustenta *Meier*, para quem tais hipóteses trazem valores gerais que, por isso, também em outros delitos, para os quais não constituam os elementos de um tipo penal, poderiam ser considerados no âmbito da determinação da pena como indício de um sentimento contrário à ordem jurídica.[188]

Se o Código Penal contempla, na descrição dos tipos, elementos referidos ao agente como hipóteses de agravamento de pena, disso não se extrai a conclusão geral de que tais circunstâncias podem ser consideradas sempre como uma hipótese de agravamento de pena para outros crimes. Seria como enxergar, por exemplo, os "fins libidinosos" do artigo 148, § 1º, inciso V, ou a hipótese do agente que se prevalece de "relações de parentesco, domésticas, de coabitação,

---

184. ANDROULAKIS, Nikolaus. *Schulbemessung und personale Identität*, *op. cit.*, p. 511.

185. Contrariamente, *Feijoo Sánchez* entende que o máximo de pena a ser determinado no caso concreto não é condicionado pela ideia de culpabilidade pelo fato, mas por determinadas necessidades preventivo gerais. FEIJOO SÁNCHEZ, Bernardo José. *Retribución y prevención general. Un estudio sobre la teoria de la pena y las funciones del Derecho Penal.* Buenos Aires: Editorial B de F, 2007, p. 679.

186. Cf. JESCHECK, Hans-Heinrich; WEIGEND, Thomas. *Lehrbuch des Strafrechts... op. cit.*, p. 888.

187. No Código Penal brasileiro poderiam ser mencionados os elementos típicos "motivo torpe" e "motivo fútil" no crime de homicídio (art. 121, §1º, I e II); "motivo egoístico" nos crimes de induzimento ao suicídio e dano qualificado (arts. 122, I, e 163, IV).

188. MEIER, Bern-Dieter. *Strafrechtliche Sanktionen... op. cit.*, p. 200.

hospitalidade etc." no crime do tráfico de pessoas (art. 149-A, § 1º, inciso III, do CP) como hipóteses que se aplicam como agravantes para todos os demais delitos. Assim, o argumento de que se trataria de hipóteses com validade geral, a serem consideradas em todos os casos, não convence.[189]

Tampouco o argumento de *Schmidhäuser* parece ser aceitável. Ele pretende justificar a legitimidade da referência à atitude interior do agente no juízo de culpabilidade recorrendo a considerações de natureza moral-filosófica. O autor distingue o comportamento legal como aquele que é adequado à lei e o comportamento moral como o comportamento espiritual (*geistiges Verhalten*) ou seja, a atitude interior do agente, praticada por dever. A atitude interior de observância ao dever seria o elemento do juízo de culpabilidade. Injusto e culpabilidade são vistos como correspondentes negativos das ações morais: enquanto ao injusto corresponderia o lado negativo da ação legal,[190] a culpabilidade corresponderia à atitude interior ilícita que não determinou a sua ação de acordo com os valores éticos.[191] Culpabilidade seria, assim, a atitude interior antijurídica do agente referida ao desvalor ético do fato ilícito.[192] Com este conceito de culpabilidade, estaria justificado o juízo de censura voltado à atitude interior do agente.

Recorrer a fundamentos de natureza moral para justificar elementos do sistema penal perece denunciar a artificialidade da justificativa. Continua sendo impossível legitimar o preenchimento da culpabilidade pela atitude interior do autor sob fundamentos internos inerentes ao próprio sistema penal.[193] A exigência de uma atitude interior ajustada carrega em si a ideia de um *acréscimo indevido de imposição de moralidade* que se faz ao agente.[194] É neste sentido que *Frisch* observa que, sob um conceito de culpabilidade desta natureza, seria possível justificar que injustos de igual gravidade possam ser apenados de forma muito

---

189. Como exceção a esta ideia deve-se mencionar o motivo fútil ou torpe que, por expressa previsão do Código Penal no art. 61, inciso I, é considerado como agravante genérica que sempre agrava a pena, quando não constituir ou qualificar o crime.

190. SCHMIDHÄUSER, Eberhard. *Gesinnungsmerkmale im Strafrecht*. Tübingen: J.C.B. Mohr, 1958, p. 173.

191. *Idem, ibidem*, p. 175.

192. *Idem, ibidem*, p. 177. Sobre a insuficiência do entendimento de *Schmidhäuser*, sobretudo a incapacidade de explicar as causas de exclusão da culpabilidade e de exculpação, ver: ROXIN, Claus. *Schuld und Verantwortlichkeit..., op. cit.*, pp. 171-179.

193. Assim também: TIMM, Frauke. *Gesinnung und Straftat. Besinnung auf ein rechtsstaatliches Strafrecht*. Berlin: Duncker & Humblot, 2012, p. 79.

194. Assim precisamente *Stahl*: "O autor deve apenas ser censurado por ter violado a norma no momento do fato. Por essa razão, a valoração da culpabilidade não deve livrar-se de seu objeto, ou seja, do injusto típico penal. A culpabilidade pelo fato é já um conceito de oposição a um conceito da culpabilidade pela condução de vida, que acrescenta à questão da culpabilidade uma questão de desvalor, que não encontra equivalente no injusto". STAHL, Dominik. *Strafzumessungstatsachen... op. cit.*, p. 227.

diferente: extrapola-se a medida da responsabilidade pelo fato com o auxílio de um recurso que *não encontra fundamento claro no próprio sistema penal.*[195]

Se o Direito Penal se destina à proteção de bens jurídicos e prescreve normas de comportamento que protegem as relações humanas contra lesões ou ameaças àqueles bens,[196] então trata-se de um âmbito no qual não deveria haver lugar para exigências éticas que extrapolem aquela tarefa fundamental ou que incrementem a escala de valores normativizada.[197] Como observa *Roxin*, a "moral" não é um bem jurídico no sentido da definição derivada das finalidades do Direito Penal.[198] Negligenciar essa ideia agrava o perigo apontado por *Greco* de incapacitação do cidadão, de violação ao seu *direito de autonomia sobre a própria vida.*[199]

O sistema penal não deveria sondar as profundezas ou sutilezas morais dos crimes nem os aspectos profundos da motivação de seus autores, nem a pena poderia pretender abordar o aspecto moral ou psíquico do criminoso para melhorá-lo:[200] isso representa uma *intromissão na vida privada*, que não é questão do Estado.[201] O Estado deve defender a ordem externa, mas falta-lhe legitimação para

---

195. Cf. FRISCH, Wolfgang. *Unrecht und Schuld... op. cit.*, p. 245.

196. Lamentável exceção encontra-se ainda em vigor na Lei de Contravenções Penais que incrimina, em seu artigo 59, a conduta de "entregar-se alguém habitualmente à ociosidade, sendo válido para o trabalho, sem ter renda que lhe assegure meios bastantes de subsistência, ou prover à própria subsistência mediante ocupação ilícita".

197. Neste sentido, corretamente, *Meier:* "Em um sistema penal comprometido com princípios de liberdade e legalidade e, com isso, de intervenção limitada precisam ser normativamente fundamentadas as exigências de comportamento e consequentemente os requisitos da culpabilidade. Um comando legal geral que verse sobre a abstenção de determinado caráter ou de determinada forma de condução de vida não existe e, se existisse, seria nulo, por violar princípios fundamentais de liberdade". MEIER, Bernd-Dieter. *Strafrechtliche Sanktionen..., op. cit.*, p. 187. Tradução livre.

198. ROXIN, Claus. *Strafrechtliche Grundlagenprobleme.* Belin; New York: Walter de Gruyter, 1973, p. 15.

199. GRECO Luís. *Lebendiges und Totes in Feuerbachs Straftheorie... op. cit.*, p. 111.

200. Assim também: NOLL, Peter. Schuld und Prävention unter dem Gesichtspunkt der Rationalisierung des Strafrechts. In: GEERDS, FRIEDRICH; NAUCKE, Wolfgang. *Beiträge zur gesamten Strafrechtwissenschaft. Festschrift für Hellmuth Mayer zum 70. Geburtstag am 1. Mai 1965.* Berlin: Duncker & Humbolt, 1966, p. 231: "Determinação da pena de acordo com a medida da culpabilidade significa, primeiramente, determinação da pena de acordo com a gravidade da lesão ao bem jurídico, na medida em que o agente possa ser responsabilizado por isso. Somente aquelas tais características que eventualmente são referidas à proteção do bem jurídico devem aumentar a culpabilidade do autor e agravar a pena (...) Aqueles motivos oriundos da esfera do instinto, sejam eles de valor desfavorável ou não, porque agravam a motivação normal, no máximo devem ser referidos como atenuantes". Tradução livre.

201. Cf. DUFF, R.A. Was ist Tatproportionalität und warum ist dieses Prinzip wichtig? In: FRISCH, Wolfgang; VON HIRSCH, Andrew, ALBRECHT, Hans-Jörg (Hrsg). *Tatproportionalität. Normative und empirische Aspekte einer tatproportionalen Strafzumessung.* Heidelberg: C.F. Müller, 2003, p. 42. Tradução livre. Assim também, *Hörnle*: "Independentemente de em que medida os motivos devem exercer um papel na moral, deve-se assegurar que no âmbito jurídico a eles não pode caber o aumento da culpabilidade". HÖRNLE, Tatjana. *Zur Relevanz von Beweggründen..., op. cit.*, p. 661. Tradução livre.

tutelar moralmente os indivíduos.[202] A prevenção da pura imoralidade situa-se fora da tarefa atribuída ao Direito Penal.[203] É a partir destes limites que se conclui que o *juízo de culpabilidade não pode introduzir um desvalor adicional de natureza pessoal ao cidadão que extrapole o mero juízo de censura pelo injusto.*[204]

Para a medida da pena esta ideia se traduz na *ilegitimidade de inflições de pena que se dirijam à forma de ser, pensar ou sentir do apenado.* Com plena razão, portanto, a reivindicação de *Stratenwerth*: "*se se pretende separar Direito e Moral também no âmbito da individualização da pena é preciso, portanto, renunciar à valoração da personalidade no âmbito da culpabilidade*".[205] A uma "pura" culpabilidade pelo fato pertencem os elementos sem os quais não é possível emitir um juízo de culpabilidade jurídico-penal, ou seja, que fundamentam, no sentido dogmático, a tipicidade, a ilicitude e a culpabilidade em sentido estrito.[206] A personalidade, a atitude interior, o caráter do autor, a "vontade criminosa" enfim, os elementos que concernem à subjetividade do agente tradicionalmente referidos como agravantes da reprovabilidade pessoal e da pena são *fatores estranhos ao juízo de culpabilidade*,[207] quando se concebe este conceito em uma perspectiva de pura culpabilidade pelo fato.[208]

Se a tarefa do Direito Penal é a proteção a bens jurídicos, um agravamento de pena justificado em razões morais e em elementos que digam respeito à esfera íntima do cidadão significa um extrapolamento ilegítimo da simples atribuição de responsabilidade jurídico-penal. A violação do que representa um Direito Penal

---

202. Cf. ROXIN, Claus. *Strafrechtliche Grundlagenprobleme*, p. 15; DEMETRIO CRESPO, Eduardo. *Prevención general e individualización judicial de la pena.* Montevideo; Buenos Aires: Editorial B. de F., 2016, p. 292; SIQUEIRA, Leonardo. *Culpabilidade e pena..., op. cit.*, 2016, p. 150; 153.

203. ROXIN, Claus. *Strafrechtliche Grundlagenprobleme..., op. cit.*, p. 15. Também: GRÜNEWALD, Anette. *Das vorsätzliche Tötungsdelikt.* Tübingen: Mohr Siebeck, 2010, p. 121.

204. HÖRNLE, Tatjana. *Zur Relevanz von Beweggründen..., op. cit.*, p. 661.

205. STRATENWERTH, Günther. *Tatschuld und Strafzumessungschuld..., op. cit.*, p. 36. Tradução livre, Também: GÜNTER, Hans-Ludwig. Systematische Grundlagen der Strafzumessung. *Juristenzeitung (JZ)* 22, 1989, p. 1027.

206. Cf. STRATENWERTH, Günther. *Tatschuld und Strafzumessungschuld..., op. cit.*, p. 29.

207. STRATENWERTH, Günther. *Op. cit.*, p. 29; SCHAFFSTEIN, Friedrich. *Spielraum-Theorie..., op. cit.*, p. 109; HORN, Eckhard. *Op. cit*, §46, Rn. 43; FRISCH, Wolfgang. *Gegenwärtiger Stand..., op. cit.*, p. 384; ERHARD, Christopher. *Strafzumessung..., op. cit.*, pp. 163, 228; SCHÜNEMANN, Bernd. *Plädoyer...* op. *cit*, p. 225; *Entwicklung der Schuldlehre..., op. cit.*, p. 160 HÖRNLE, Tatjana. *Tatproportionale..., op. cit.*, p. 151; *idem, Das antiquiertes Schuldverständnis..., op. cit.*, pp. 1083-1087; *idem, Zur Relevanz von Beweggründen..., op. cit.*, p. 665.

208. HÖRNLE, Tatjana. Strafzumessungsrelevante Umstände der Tat. In: FRISCH, Wolfgang. *Grundfragen des Strafzumessungsrecht aus deutscher uns japanischer Sicht.* Tübigen: Mohr Siebeck, 2011, p. 121.

do fato, significa, em última instância, *a imposição de moralidade por meio da inflição de pena.*[209]

A esta altura parece mais claro que a referência ao conceito de culpabilidade como fundamento da pena, em especial, o entendimento dominante que se baseia na censura pessoal e na valoração de elementos inerentes à esfera íntima do agente para aferir o conteúdo da reprovabilidade não serve, nem é aceitável para determinar a medida de pena adequada à culpabilidade.

1.6.2 O injusto como ponto de orientação da medida da culpabilidade

A segunda objeção ao entendimento dominante, como visto acima, refere-se à falta de um ponto de orientação que seja apreensível pelo juiz no caso concreto.[210] A busca pela pena adequada à culpabilidade não levará senão a uma quantidade arbitrária de pena enquanto for concebida como algo que está "presente" no interior do agente e que se "manifesta" no fato.

A perspectiva retributiva que toma a culpabilidade como algo preexistente, que deve ser identificado, medido e compensado com a imposição da pena deve ceder lugar a um entendimento liberal de culpabilidade que resulta da *atribuição subjetiva do fato.*[211]

A determinação da pena deve ser encarada como o resultado de um processo de imputação individual dirigido por regras, que operam com o auxilio de fatores por meio dos quais se decide a respeito da medida da culpabilidade e a respectiva quantidade de pena.[212]

A medida da culpabilidade não é dada por si mesma, mas pela medida do que integra a esfera da responsabilidade criminal do agente, segundo critérios estabelecidos pelo sistema jurídico-penal.[213] Tais critérios constituem a culpabili-

---

209. MONTENBRUCK, Axel. *Abwägung und Umwertung. Zur Bemessung der Strafe für eine Tat und mehrere Taten.* Berlin: Duncker & Humblot, 1989, p. 69.

210. Dificuldade que, como aponta Stratenwerth é insuperável de qualquer modo, já que não existe uma escala que permita medir o grau da medida da culpabilidade e seus elementos. O que é possível precisar são os critérios relevantes de determinação da medida da culpabilidade. STRATENWERTH, Günther. Tatschuld und Strafzumessungsschuld..., *op. cit.*, pp. 35-36.

211. HÖRNLE, Tatjana. *Tatproportionale..., op. cit.*, pp. 153-154; *idem, Kriminalstrafe ohne Schuldvorwurf..., op. cit.*, p. 49; PERALTA, José Milton. *Dogmatica del hecho punible..., op. cit.*, p. 119; TEIXEIRA, Adriano. *Teoria de aplicação da pena..., op. cit.*, p. 126.

212. NEUMANN, Ulfried. Zur Bedeutung von Modellen in der Dogmatik des Strafzumessungsrechts ("Punktstrafe", "Spielraumtheorie", "Normalfall"). In: SEEBODE (Hrsg.). *Festschrift für Günter Spendel zum 70. Geburtstag.* Berlin: De Gruyter, 1992, p. 439; ERHARD, Christopher. *Strafzumessung..., op. cit.*, p. 34; GIANNOULIS, Georgios. *Studien zur Strafzumessung..., op. cit.*, p. 207.

213. NEUMANN, Ulfried. *Zur Bedeutung von Modellen..., op. cit.*, p. 439. Também: GIANNOULIS, Georgios. *Op. cit.*, p. 30.

dade e a sua medida e, quando eles forem pouco claros, necessariamente, também será obscura a resultante que deles se constitui.[214]

A partir destas considerações é possível extrair outra conclusão: a culpabilidade como critério de medida da pena não é um conceito autorreferente[215] que possa ser traduzido na ideia circular de "reprovabilidade"; *ele é referido e dependente da carga de injusto do fato.*[216] Não é por meio de outro elemento que se distingue o grau de reprovabilidade de autores com igual capacidade de culpabilidade: o autor de um homicídio é apenado mais severamente do que o autor de uma simples lesão corporal apesar de ambos possuírem a mesma capacidade de culpabilidade.[217]

Este entendimento, unânime na doutrina penal alemã, não é de todo negligenciado no cenário brasileiro. Alguns autores sustentam a inclusão do injusto como elemento do conceito de culpabilidade na medida da pena, apesar de faltar, ainda, um esclarecimento sobre os aspectos do injusto que devem ser tomados pelo julgador.[218] Na jurisprudência do Superior Tribunal de Justiça, como já apontado, também é possível constatar que a culpabilidade da medida da pena é entendida em *sentido amplo* e não se confunde com a categoria sistemática, apesar de não estar suficientemente esclarecido como é possível aferir "a graduabilidade da reprovabilidade".[219] A referência ao injusto, embora não esteja em primeiro plano quando se trata de valorar a medida da culpabilidade, serve indiretamente para indicar o grau de reprovabilidade, ainda que tais referências sejam consideravelmente vagas e imprecisas. Assim, por exemplo, a dosimetria da pena aplicada a um caso de latrocínio, analisada pelo Superior Tribunal de Justiça, cuja pena base fora fixada em 6 (seis) anos *acima da pena mínima* em razão da presença de circunstâncias desfavoráveis (personalidade, culpabilidade, circunstâncias e consequências do crime): a justificação para uma sanção consideravelmente elevada baseou-se, essencialmente, na *forma de execução do delito*, que teria sido

---

214. Cf. NEUMANN, Ulfried. *Zur Bedeutung von Modellen..., op. cit.*, p. 440.

215. Neste sentido já SPENDEL, Günther. *Zur Lehre vom Strafmaß*. Frankfurt am Main: Vittorio Klostermann, 1954, p. 225. Utilizam a mesma designação da culpabilidade como conceito vinculado ou referido ao injusto: GROSSE-WILDE, Thomas. *Erfolgszurechnung..., op. cit.*, p. 111; 281; PUPPE, Ingeborg. Der Aufbau des Verbrechens. In: DANNECKER, Gerhard *et alii* (Hrsg.). *Festschrift für Harro Otto zum 70. Geburtstag am 1.* April 2007. München: Carl Heymanns Verlag, 2007, p. 39.

216. LAMPE, Ernst-Joachim. *Das personale Unrecht*. Berlin: Duncker & Humblot, 1967, p. 257.

217. Assim: FRISCH, Wolfgang. *Zur Bedeutung von Schuld..., op. cit.*, p. 16.

218. TEIXEIRA, Adriano. *Teoria de aplicação da* pena..., *op. cit.*, p. 135; TAVARES, Juarez. *Culpabilidade e individualização da pena..., op. cit.*, pp. 127-130. Contrariamente, considerando impróprio fundamentar a medida da culpabilidade na carga de injusto, pois este já teria sido "considerado para a escolha da natureza e dos limites da pena": AGUIAR JÚNIOR, Ruy Rosado. *Aplicação da pena..., op. cit.*, p. 69.

219. STJ, RHC 210.471/MG; HC 107.795/RS; HC 200.868/ES; HC 289.788/TO; HC 298.398/SP; HC 329.803/PB.

cometido "*com invasão de domicílio, com morte lenta e dolorosa, com inúmeros golpes, em total desigualdade entre vítima, solitária, e os agentes, em número de três*".[220]

Embora o acórdão, tal como a sentença, dê grande destaque à valoração negativa da personalidade,[221] já que a conduta revelaria "*frieza e crueldade*" dos réus, no momento da valoração da culpabilidade, tomou como fundamento de graduação a forma violenta de execução do delito, em uma análise conjunta com as circunstâncias e consequências do crime. Significa que, quando o Tribunal avalia a intensidade do sofrimento imposto à vítima – embora a referência a uma maior gravidade se justifique na reprovabilidade que se faz à atitude interna do agente – deixa claro que a maior reprovabilidade se extrai do *maior desvalor do injusto.*

Uma mudança de paradigma ou de ponto referencial para o juízo de culpabilidade na determinação da pena, portanto, não destoaria da ideia de que se trata de um fato "mais reprovável" – para utilizar a expressão dominante. A diferença é que com uma referência direta ao injusto, os fundamentos para uma "maior reprovabilidade" e merecimento de pena ficam mais claros e menos subjetivos. Isso em nada altera o entendimento no sentido de que no juízo de culpabilidade, que também deve servir para a medida da pena, o agente é reprovado pelo *injusto perpetrado, quando possuía capacidade para fazê-lo.*[222]

---

220. STJ, HC 180.941/RJ.

221. Cf. trechos da sentença condenatória: "Ressalte-se, ainda, o requinte de crueldade perpetrado pelos acusados na prática do crime destes autos, o que demonstra que eles possuem personalidade agressiva, sendo que as circunstâncias em que tudo ocorreu são relevantes e devem ser consideradas por ocasião da fixação da pena. O que é reforçado, inclusive, pela frieza dos acusados após todo o ocorrido, que se limitam a dizer que não mataram a vítima. A vítima não incentivou nem contribuiu para a ação criminosa. No entanto, foi submetida a intenso sofrimento físico, pois tanto os laudos de exame cadavérico e de exame do local dos fatos trazem análise pericial no sentido de que a vítima foi golpeada inúmeras vezes, havendo sangue por toda a parte da casa, sofreu muitos ferimentos até ser morta. Tudo isso com mãos e pés amarrados para trás, o que, por certo, agrava a conduta dos acusados que são fortes e estavam em número de três. Acrescente-se que os próprios policiais mencionaram em juízo nunca terem visto uma cena de crime como a destes autos, tendo ele ressaltado a intensa crueldade com que foi praticado, o que é facilmente verificado por fotos e laudos juntados aos autos. Também é de se ressaltar, a título de consequências do delito, a repercussão social do crime em comento, que causou grande perplexidade, pois ocorrido em cidade do interior, com características pacatas, além de ter sido em uma rua residencial, localizada em região sem históricos de violência. Frise-se que, sem seus depoimentos, todos os vizinhos foram unânimes em manifestar estado de apavoramento diante do ocorrido, tendo alguns dito que fazem tratamento psicológico, além de não quererem ver os acusados". Também na análise da culpabilidade, o juízo de primeira instância destacou a agressividade da personalidade: "O acusado agiu com a culpabilidade elevada do tipo, diante das circunstâncias e consequências do crime praticado, conforme minuciosamente acima descrito, revelando personalidade agressiva" (STJ, HC 180.941/RJ).

222. FRISCH, Wolfgang. *Zur Bedeutung von Schuld...*, *op. cit.*, p. 16.

É possível concluir, diante disso, que o conceito de culpabilidade para a medida da pena *não é idêntico ao conceito de culpabilidade da fundamentação da pena*,[223] tampouco fornece ou constitui, de forma autônoma, uma determinada medida de pena. *Ele é referido e subordinado ao injusto.*

1.7 Síntese do primeiro capítulo

O entendimento dominante na doutrina e jurisprudência a respeito do conceito de culpabilidade como critério de determinação da pena recorre *ao mesmo conceito sistemático* de culpabilidade da teoria do delito, atribuindo-lhe uma suposta capacidade de agravamento. A partir do entendimento consolidado na doutrina, que entende a culpabilidade como sinônimo de reprovabilidade da vontade que optou contrariamente à norma, quando presente a possibilidade de conformar-se a ela (poder agir de modo diverso), cristalizou-se majoritariamente uma concepção de culpabilidade para a medida da pena que se traduz na *medida da reprovabilidade pessoal,* a qual, quanto for, maior quantidade de pena enseja.

O conteúdo desta reprovabilidade é buscado, de forma minoritária, em elementos objetivos ligados ao fato delitivo; majoritariamente, o objeto da censura pessoal é identificado com considerações ligadas à subjetividade do réu. Busca-se o objeto da censura, sobretudo, na atitude interior do agente e nos sentimentos censuráveis expressados no fato. O critério de culpabilidade na aplicação da pena é, portanto, enriquecido por um componente ligado à esfera íntima do autor, que ultrapassa a simples atribuição pessoal do injusto.

Contra este entendimento majoritário foram levantadas três principais objeções: *a)* a fórmula "culpabilidade é reprovabilidade", sem uma referência mínima a respeito do que é reprovável e sobre quais os critérios para determinar a medida desta reprovabilidade, resulta em uma simples expressão vazia de conteúdo. Isso equivale a afirmar a existência de uma "culpabilidade em si", de um conceito de culpabilidade autorreferente que, no entanto, não permite a extração de uma medida de pena dela derivada; *b)* a busca pelo conteúdo da reprovabilidade em elementos inerentes à subjetividade do autor, como majoritariamente se defende, padece, por sua vez, tanto de uma justificação convincente, como de viabilidade prática. Quando se parte da ideia de uma culpabilidade pelo fato, que toma como fundamento da sanção penal o juízo de atribuição de responsabilidade em razão

---

223. ACHENBACH, Hans. *Historische und dogmatische Grundlagen..., op. cit.*, p. 5; ROXIN, Claus. *Strafrecht. AT I.*, §19, Rn.54; FRISCH, Wolfgang. *Zur Bedeutung von Schuld..., op. cit.*, p. 16; SCHÄFER, Gerhard; SANDER, Günther M.; GEMMEREN, Gerhard van. *Praxis der Strafzumessung..., op. cit.*, § 46, Rn. 574; MEIER, Bernd-Dieter. *Strafrechtliche Sanktionen..., op. cit.*, p. 185; HÖRNLE, Tatjana. *Tatproportionale..., op. cit.*, p. 329; *idem, Strafzumessungsrelevante Umstände der Tat..., op cit.*, p. 114; *idem, Das antiquiertes..., op. cit.*, p. 1082; ERHARD, Christopher. *Strafzumessung bei Vorbestraften..., op. cit.*, p. 185; GARCÍA ARÁN, Mercedes. *Fundamentos y Aplicación de Penas y Medidas de Seguridad en el Código Penal de 1995.* Pamplona: Aranzadi, 1997, p. 76.

do fato delitivo, e não de características pessoais do autor, qualquer incursão no mundo interior do réu mostra-se incompatível com a tarefa fundamental do Direito Penal de proteção de bens jurídicos; *c)* por fim, a alegada capacidade de agravamento da culpabilidade é uma ideia estranha às próprias disposições previstas no Código Penal, que lhe confere apenas a possibilidade de atenuação ou exclusão.

Todas essas objeções me levaram a sustentar que *o critério da culpabilidade para a medida da pena não é idêntico ao conceito sistemático*. Esta constatação ficou mais clara a partir da distinção que se observa na doutrina entre os três níveis funcionais nos quais o termo culpabilidade opera, na ciência penal. Ficou demonstrado que existe uma autonomia relativa entre cada um destes níveis da culpabilidade, confirmando que o caminho na busca pela "pena adequada à culpabilidade" é, em certa medida, *autônomo* e deve contar com critérios que não são diretamente extraídos do princípio de culpabilidade ou do conceito sistemático de culpabilidade. Esta autonomia, no entanto, não autoriza o abandono do conceito de culpabilidade, como sustentam alguns autores. Para a determinação judicial da pena é fundamental uma referência forte ao princípio da culpabilidade, como forma de estabelecer limites a necessidades preventivas estatais.

Reafirmada a importância do termo culpabilidade também para o âmbito de determinação da pena, a análise das tentativas teóricas de encontrar "a pena adequada à culpabilidade" – especialmente, pelas teorias da moldura da culpabilidade (*Spielraumtheorie*) e da pena pontual (*Theorie der Punktstrafe*) – demonstrou dificuldades que colocam em dúvida a possibilidade de encontrar um significado seguro do conceito de culpabilidade na determinação da sanção, especialmente quando considerações preventivas são incluídas dentro da margem da pena considerada adequada à culpabilidade. Uma real possibilidade de mudança de perspectiva depende, sobretudo, do abandono da ideia de que existe uma culpabilidade em si, capaz de fornecer, de forma autônoma, uma determinada quantidade de pena. O critério da culpabilidade não pode operar com fórmulas vazias que possam ser preenchidas preventiva ou metafisicamente, de modo que ele necessita de uma *estruturação e de um sentido claro a respeito do seu conteúdo.*[224] É neste sentido que concluí que a culpabilidade, seja como categoria sistemática, seja no plano de aplicação da pena, não é um conceito autorreferente, mas *subordinado e referido ao injusto.* Diferentemente de um modelo ancorado em uma questionável ideia de censura pessoal, que a depender de seus elementos indicativos resvala em uma culpabilidade de autor, uma orientação da culpabilidade para a medida da pena que coloque em primeiro plano o injusto eliminaria o risco de incrementos ilegítimos que extrapolem a medida do que resulta da atribuição da responsabilidade jurídico-penal, quando presentes os requisitos de imputação.

---

224. ERHARD, Christopher. *Strafzumessung bei Vorbestraften...*, *op. cit.*, p. 134.

A inclusão do injusto como elemento do critério da culpabilidade exige, no entanto, um fundamento que não se apoie exclusivamente na insuficiência ou na falta de clareza a respeito do conteúdo de reprovabilidade. Para tanto, é necessário responder às perguntas que parecem evidentes a esta altura: trata-se de substituir o conceito de culpabilidade para a medida da pena pela mera referência ao injusto? Em caso positivo, não se trata, então, de propor o que foi inicialmente recusado?[225] Uma pura censura de injusto não levaria a um completo esvaziamento do conceito de culpabilidade para a medida da pena? Sobretudo, se o artigo 59 do Código Penal brasileiro não prevê o elemento de injusto do fato dentre as circunstâncias judiciais de individualização da pena, com que fundamento seria possível incluí-lo no conceito amplo de culpabilidade?

Na doutrina alemã, a justificativa para considerar o injusto no juízo de culpabilidade parece, muitas vezes, meramente elementar ou intuitiva, ou simplesmente fruto de uma jurisprudência consolidada neste sentido – que, portanto, não seria um fundamento legítimo para defendê-la também no sistema brasileiro. É necessário justificar minimamente a inclusão do injusto na graduação da culpabilidade para a medida da pena, sobretudo quando se trata de um entendimento que ainda destoa do posicionamento majoritário de doutrina e jurisprudência brasileiras.

A estas questões pretendo responder a seguir, por meio de uma análise dos fundamentos que permitiriam uma reinterpretação do conceito amplo de culpabilidade para a medida da pena e das funções que caberiam aos elementos que o compõem: o *injusto* e a *culpabilidade em sentido estrito*.

Isso requer, primeiramente, avaliar o estado da prática de determinação da pena com relação ao restante do sistema penal.

---

225. Cf. item 1.5.1, acima.

CAPÍTULO 2

FUNDAMENTOS PARA A GRADUAÇÃO DA CULPABILIDADE NA MEDIDA DA PENA

2.1 Fundamentos de determinação da pena

O processo de aplicação da pena tradicionalmente exercido pelos juízos e tribunais nacionais não conta com uma específica orientação teórica da doutrina, na medida em que não se desenvolveu, no Brasil, como uma disciplina autônoma da Ciência Penal.[1] A prática tradicional ancora-se no consagrado sistema trifásico estabelecido no artigo 68, do Código Penal (determinação da pena-base, aplicação de circunstâncias agravantes e atenuantes e causas de aumento e diminuição de pena), enquanto a principal fase de determinação da pena (a fixação da pena-base) depende da consideração das circunstâncias judiciais indicadas no artigo 59 do Código Penal.[2] Esta é precisamente a fase de fixação da pena mais discricionária, e ao mesmo tempo, a mais importante: o juiz poderá optar por qualquer pena situada entre as penas mínima e máxima, desde que fundamente sua decisão.

Para tanto, ele conta com as diretrizes fixadas pelo legislador (conciliar repressão e prevenção na busca pela pena necessária e suficiente), e com oito circunstâncias judiciais previstas no *caput* do art. 59, livre para valorá-las positiva ou negativamente e para aferi-las de qualquer elemento do fato. Assim, por

1. Mais recentemente, fala-se já em uma verdadeira teoria de aplicação da pena: TEIXEIRA, Adriano. *Teoria de aplicação da pena...*, *op. cit.*, pp. 128 e ss.
2. Uma exposição histórica sobre a consagração do método trifásico de aplicação da pena em: CARVALHO, Salo. Critérios para cálculo da pena-base: ponto de partida, termo médio e regras de quantificação. In: BEDÊ JUNIOR, Américo; CAMPOS, Gabriel Silveira de Queirós (org.). *Sentença criminal e aplicação da pena. Ensaios sobre discricionariedade, individualização e proporcionalidade.* Salvador: Editora Jus Podivm, 2017, pp. 492-495.

exemplo, a jurisprudência indica que personalidade do agente poderá ser aferida a partir dos antecedentes criminais,[3] de fatos posteriores ao crime[4] ou mesmo da quantidade de drogas apreendida, no crime de tráfico de entorpecentes.[5] A personalidade do agente ainda pode ser entendida como a índole do autor,[6] expressão do seu caráter[7] ou seus sentimentos e valores negativos.[8] Também o significado das circunstâncias judiciais é em grande parte atécnico e autônomo com relação à teoria do delito. Aqui parece residir a maior vulnerabilidade deste sistema: as circunstâncias judiciais referidas no artigo 59 do Código Penal admitem um amplo grau de liberdade na interpretação de seu conteúdo e são critérios, em sua maioria, de sentido atécnico e de pouca ou nenhuma relevância para o âmbito da imputação.[9]

A fragilidade deste modelo fica clara quando se observa o resultado prático da inserção das circunstâncias judiciais de aplicação da pena no rol do artigo 59, com a Reforma do Código Penal de 1984, que parecem ter sido mais reflexo de uma orientação político-criminal.[10] Não se trata de afirmar que a escolha dos fatores de determinação da pena pelo legislador tenha sido meramente arbitrária. Em verdade, boa parte dessas circunstâncias reflete uma determinada concepção a respeito da culpabilidade que recorre à *atitude interior do agente* (com amparo nos motivos, antecedentes, personalidade, conduta social do autor). De outro lado, as poucas referências ao fato (circunstâncias e consequências do crime) demonstram a pouca relevância que o aspecto objetivo do fato parecia ter para o legislador da época, para a dosimetria de penas. O problema é que a ênfase dada aos aspectos subjetivos e aos elementos ligados ao autor impõe inúmeras dificuldades práticas que vêm sendo contornadas por um esforço da própria jurisprudência.[11]

Por meio de uma orientação autônoma, a jurisprudência acaba delimitando critérios próprios para aplicação de algumas circunstâncias judiciais e criando

---

3. TRF1, AC. 2005.38.01.005832-0.
4. TJ/SP, AC 3000322-45.1998.8.26.0161.
5. TJ/RS, AC 70022258867.
6. STJ, HC 107.795.
7. TRF4, EInfrs. 2003.04.01.043049-1.
8. STJ, REsp 1.267.357.
9. Neste sentido, *Nucci* expressamente reconhece que na aplicação da pena "deve ocorrer a legítima busca por todos os elementos, alguns *extrapenais*, estabelecidos no artigo 59 do Código Penal para encontrar a pena justa". NUCCI, Guilherme de Souza. *Individualização da pena..., op. cit.*, p. 162.
10. "Torna-se um mote a referência às circunstâncias judiciais, mormente às subjetivas, as quais cumpre ao juiz recorrer para fixar sua opção por esta ou aquela modalidade de pena, por este ou aquele regime de cumprimento de pena, bem como com relação à quantificação da pena". REALE JÚNIOR, Miguel *et alii. Penas e medidas de segurança no novo código..., op. cit.*, p. 159.
11. Criticando o excesso de critérios subjetivos em todas as fases de aplicação da pena a partir da perspectiva de um julgador: GRÉGIO, Grécio Nogueira. Dosimetria da pena: uma "DR" com Nelson Hungria. In: *Sentença criminal e aplicação da pena..., op. cit.*, p. 300.

limites para sua aferição, na tentativa de conferir-lhes praticabilidade e racionalidade. Assim, por exemplo, encontram-se julgados que consideram a personalidade do agente e a conduta social apenas como hipóteses de atenuação da pena[12] ou consideram a personalidade como elemento impossível de ser aferível na prática ou, mesmo, ilegítima como critério de medida da pena.[13] Também a Súmula 444 do Superior Tribunal de Justiça,[14] que delimita critérios para análise dos antecedentes na fixação da pena base, demonstra como a jurisprudência esforça-se na busca por determinados fundamentos que orientem a prática judiciária de acordo com garantias e direitos fundamentais de natureza processual penal.[15] Mais recentemente, como já apontado, também a culpabilidade e seu significado para a determinação da pena têm sido questionados a partir de um entendimento oriundo da própria jurisprudência.[16] Parece claro, portanto, que a prática judiciária, por falta de fundamentos que permitam manter um mínimo de coerência sistêmica entre direitos e valores fundamentais, dogmática e regras de aplicação da pena, acaba criando diretrizes próprias.

Conflitos como este não apenas colaboram para o risco de a aplicação da pena tornar-se um ato valorativo particular (ou arbitrário) do magistrado – que

---

12. "As circunstâncias judiciais da conduta social e personalidade, previstas no artigo 59 do Código Penal, só deveriam ser consideradas para beneficiar o acusado e não para lhe agravar mais a pena. A punição deveria levar em conta somente as circunstâncias e consequências do crime. E excepcionalmente minorando-a face à boa conduta e/ou à boa personalidade do agente. Tal posição decorre da garantia constitucional da liberdade, prevista no artigo 5º da Constituição Federal. Se é assegurado ao cidadão apresentar qualquer comportamento (liberdade individual), só responderá por ele, se sua conduta (*lato senso*) for ilícita. Ou seja, ainda que sua personalidade ou conduta social não se enquadre no pensamento médio da sociedade em que vive (mas os atos são legais), elas não podem ser utilizadas para o efeito de aumentar sua pena, prejudicando-o" (TJ/RS, Ap. 70037375268).

13. "É lamentável que a personalidade ainda conste do rol das circunstâncias judiciais do art. 59, do CP; pois se trata, na verdade, de resquício do Direito Penal de Autor. Além do mais, dificilmente constam dos autos elementos suficientes para que o julgador (que, de regra, não é psiquiatra e nem psicólogo – não sendo, portanto, expert) possa chegar a uma conclusão cientificamente sustentável. Por conseguinte, não havendo dados suficientes para a aferição da personalidade do agente, mostra-se incorreta sua valoração negativa a fim de supedanear o aumento da pena-base" (STJ, HC 136.685); "A valoração dos motivos mostra-se com eiva de ilegalidade por vício de fundamentação, porquanto a mera alegação à alta reprovabilidade dos fatos que antecederam e contribuíram para a formação da vontade não é capaz de justificar o aumento da pena base. Indispensável, pois, indicar concretamente tais fatos, para se aferir o maior grau de reprovabilidade dos motivos do réu" (STJ, HC 305.505/RR).

14. "É vedada a utilização de inquéritos policiais e ações penais em curso para agravar a pena-base" (STJ, Súmula 444).

15. "Com base no princípio constitucional da presunção de inocência, inquéritos policiais e ações penais em andamento não serviriam como fundamento para a valoração negativa de antecedentes, da conduta social ou da personalidade do agente, seja em sede criminal, seja, com mais razão ainda, na via administrativa, principalmente quando se trata de simples registro de certificado de curso de reciclagem profissional" (STJ, EDcl nos EDcl no REsp 1125154/DF).

16. Cf. item 1.2.3, no Cap. 1.

pode esconder, por trás de critérios vagos e imprecisos, necessidades preventivas de pena[17] – mas acaba por tornar o próprio sistema penal um amontoado de disposições legais sem coerência.

Uma solução que equalize direitos e princípios com as normas vigentes de determinação da pena deve assentar-se em uma base que não seja apenas o resultado de escolhas do legislador, motivadas por diretrizes de política criminal.[18] Ela deve estar em *harmonia com o resto do sistema penal.*[19] E quando circunstâncias de determinação da pena mostrarem-se incompatíveis com princípios e garantias constitucionais, deve ser possível ao magistrado trilhar um caminho que permita evitar afrontas graves a direitos do apenado, ainda que isso signifique *excluir do processo de individualização judicial a valoração de determinados fatores.*

Uma proposta para tanto, cada vez mais acentuada pela doutrina estrangeira, consiste em contemplar prática de determinação da pena e fundamentação da teoria do delito como uma *unidade sistêmica.*

2.1.1 Teoria do delito e aplicação da pena

Tradicionalmente, a prática de determinação da pena é orientada pelas diretrizes fornecidas pelas teorias sobre as finalidades da pena, das quais se extrai a relevância dos critérios legais de fixação da sanção.[20] Neste processo, como observa *Silva Sánchez*, argumentos retrospectivos e prospectivos ao fato delituoso misturam-se e, para além da medida da gravidade do delito e dos elementos vinculados ao seu autor, são tomados na forma de prognósticos pelo juiz para a tomada de decisão sobre a concretização da medida de pena "*sem um sistema de regras que possibilitasse uma tradução sequer aproximada em conclusões quantitativas*".[21]

---

17. Neste sentido, expressamente, sobre o conceito de culpabilidade: STRENG, Franz. *Strafzumessung und relative Gerechtigkeit.* Heidelberg: v. Decker, 1984, p. 24. Também: HÖRNLE, Tatjana. *Tatproportionale..., op. cit.*, p. 39.

18. Neste sentido, *Silva Sánchez* entende que determinação judicial da pena é a atividade que mais explicita a ação político criminal do juiz e onde a vinculação com a lei é mais frouxa do que em qualquer outra atividade. SILVA SÁNCHEZ, Jesús-Maria. Rationale Strafzumessung durch Straftatdogmatik. In: HERZOG, Felix; ALBRECHT, Peter-Alexis. *Festschrift für Winfried Hassemer zum 70. Geburtstag am 17.* Februar 2010. Heidelberg: Müller, 2010, p. 625.

19. STAHL, Dominik. *Strafzumessungstatsachen..., op. cit.*, p. 30.

20. Representativo, na Alemanha, o método tradicional defendido por *Spendel* e os chamados "fundamentos reais, finais e lógicos" de determinação da pena. CF. SPENDEL, Günter. Die Begründung des richterlichen Strafmaßes. *Neue juristische Wochenschrift (NJW)* 1964, Heft 38/39, p. 1759.

21. Cf. SILVA SÁNCHEZ, Jesús-María. *Rationale Strafzumessung durch Straftatdogmatik*, p. 626; *idem, La teoría de la determinación de la pena como sistema (dogmático): un primer esbozo*, p. 3. Disponível em: www.indret.com.

Essa orientação nas finalidades da pena é apontada por parte da doutrina como a principal causa para o estado de subdesenvolvimento do direito de aplicação da pena em comparação com a maturidade científica que se constata na teoria do delito.[22] Um caminho que busca uma reconstrução da racionalidade do processo de aplicação da pena ampara-se, precisamente, em uma espécie de reunificação estruturada entre dogmática e determinação da sanção penal. Assim, fala-se em concretização,[23] atualização[24] ou extensão[25] da teoria do delito na aplicação da pena, como expressões da ideia que pretende manter a unidade de substrato entre estas duas esferas que, evidentemente, comportam diferenças próprias de sua sistematização interna.[26]

Na doutrina alemã, este esforço foi empreendido sobretudo por *Frisch.*[27] Para o autor, se, de um lado, as questões determinantes para o âmbito do "se" da pena e as questões relevantes para o "quanto" da pena são, de fato, distintas, de outro lado, os princípios orientadores de ambas as áreas são igualmente válidos e as circunstâncias de interesse para a teoria do delito e para a determinação da pena são uma *unidade.*[28] Amparar a aplicação da pena na teoria do delito significa conceber que o sistema penal não se limita ao estabelecimento dos requisitos de punibilidade (tipicidade, ilicitude e culpabilidade). Uma vez preenchidos esses requisitos, o trabalho do magistrado prossegue na decisão a respeito do "quanto" da pena, em uma articulação estreita com o âmbito da decisão sobre o "se" da pena.[29] Disso resulta que para a determinação da sanção, as categorias sistemá-

---

22. SILVA SANCHEZ, Jesús-María. *Rationale Strafzumessung durch Straftatdogmatik..., op. cit.*, p. 626; *idem, La teoría de determinación de la pena..., op. cit.*, p. 3; HÖNRLE, Tatjana. *Tatproportionale..., op. cit.*, pp. 34-35.

23. SCHÄFER, Gerhard; SANDER, Günther M.; GEMMEREN, Gerhard van. *Praxis der Strafzumessung... op. cit.*, Rn. 577-582.

24. FRISCH, Wolfgang. Strafsystem und Strafzumessung. Zugleich ein Beitrag zur Struktur der Strafzumessungsentscheidung. In: WOLTER, Jürgen (Hrsg). *140 Jahre Goltdammer's Archiv für Strafrecht: eine Würdigung zum 70. Geburtstag von Paulo-Günter Pötz.* Heidelberg: V. Decker, 1993, pp. 11, 20, 29; BLOY, René. Die Berücksichtigungsfähigkeit außertatbestandlicher Auswirkungen der Tat bei der Strafzumessung. *Zeitschrift für die gesamte Strafrechtswissenschaft (ZStW)* 107, 1995, p. 578.

25. SILVA SÁNCHEZ, Jesús-Maria. *La teoria de determinación de la pena..., op. cit.*, p. 9; *idem. Rationale Strafzumessung..., op. cit.*, p. 630; ZIFFER, Patricia. El sistema argentino de medición de la pena: art. 41 del código penal argentino. *Cuadernos de doctrina y jurisprudencia penal,* Buenos Aires, vol. 2, 1/2, 1996, pp. 196-198.

26. Adotam essa postura, na doutrina penal sul americana: TEIXEIRA, Adriano. *Teoria da aplicação da pena..., op. cit.*, pp. 118-127; *idem,* Aplicação da pena, dogmática penal e teoria do delito. In: *Sentença criminal e aplicação da pena...*, pp. 23-42; PERALTA, José Milton. *Motivos Reprochables..., op. cit.*, pp. 128 e ss.

27. Especialmente em: FRISCH, Wolfgang. *Strafsystem und Strafzumessung..., op. cit.*, p. 23*; idem, Unrecht und Schuld..., op. cit.*, p. 247; *idem, Gegenwärtiger Stand..., op. cit.*, pp. 796 e ss.

28. *Idem, ibidem, passim.* Também: STAHL, Dominik. *Strafzumessungstatsachen..., op. cit.*, p. 34.

29. NAUCKE, Wolfgang. *Strafrecht..., op. cit.*, p. 298.

ticas (tipicidade, antijuridicidade e culpabilidade) são *atualizadas no momento de fixação da sanção, agora como elementos quantificativos.*[30]

Por isso afirma-se que a função do tipo penal não se esgotaria na sua função de constituir um pressuposto para a punibilidade: na determinação da pena, ele tem relevância também pela sua forma realização.[31] O apoio nos pressupostos de punibilidade permite a graduação da pena de acordo com a graduação da intensidade com que tais elementos se manifestam no fato. Exemplificativamente: a prática do delito de forma próxima a um estado de necessidade que, contudo, não tenha sido reconhecida pelo magistrado por falta de preenchimento completo de seus requisitos, orienta a pena no sentido de uma atenuação, em razão da menor carga de injusto.[32] Outras tantas hipóteses que, ainda que não configurem causas de exclusão do tipo, da ilicitude ou da culpabilidade, permitem uma enorme variedade de critérios de graduação da pena (assim, por exemplo, hipóteses próximas ao consentimento do ofendido, inexigibilidade de conduta diversa, erro de tipo e de proibição etc.).[33]

Disso resulta que não apenas o critério da culpabilidade, mas todos os critérios de determinação da pena estarão orientados às categorias do delito: o *injusto culpável*. Causas de atenuação, agravamento e demais disposições sobre graduação da pena encontrariam sua correspondência qualitativa nas categorias sistemáticas que tratam dos pressupostos da pena.[34] Injusto e culpabilidade, como categorias centrais sistemáticas, são o ponto de apoio de todo o processo de aplicação da pena, e as demais circunstâncias legais são interpretadas como elementos que devem adequar-se e deixar-se interpretar de acordo com estas duas categorias.

Essa perspectiva parece apontar importantes vantagens com relação ao sistema tradicional de aplicação de penas brasileiro. Em primeiro lugar, porque os critérios enumerados no artigo 59 do Código Penal, como já apontado, são elementos que guardam pouca relação com o fato delitivo. Afora a culpabilidade,

---

30. *Idem, ibidem*, p. 300. Também: SILVA SÁNCHEZ, José-Maria. *La teoria de la determinación de la pena..., op. cit.*, p. 5; *idem, Rationale Strafzumessung..., op. cit.*, p. 631; FREUND, Georg. Straftatbestand und Rechtsfolgebestimmung. Zur Bedeutung der gesetzlichen Regelungstechnik und der "harmonisierten" Strafrahmen für die Strafzumessung. *Goltdammer's Archiv für Strafrecht (GA)*, 1999, p. 527; BLOY, René. *Op. cit.*, p. 579.

31. Cf. HETTINGER, Michael. *Das doppelverwertungsverbot bei strafrahmenbildenden Umständen*. Berlin: Duncker & Humblot, 1982, p. 94.

32. GÜNTER, Hans-Ludwig. Grade des Unrechts und Strafzumessung. In: KERNER, Hans-Jürgen; KAISER, GUNTHER (Hrsg.). *Kriminalität. Persönlichkeit, Lebensgeschichte und Verhalten. Festschrift für Hans Göppinger zum 70. Geburtstag*. Berlin (u.a.): Springer, 1990, pp. 461-462; PERALTA, José Milton. *Dogmática del hecho punible..., op. cit.*, pp. 116-117; *idem, Motivos Reprochables..., op. cit.*, p. 131.

33. TEIXEIRA, Adriano. *Aplicação da pena..., op. cit.*, pp. 36-37.

34. FREUND, Wolfgang. *Straftatbestand und Rechtfolgebestimmung..., op. cit.*, p. 529; TEIXEIRA, Adriano. *Teoria de aplicação da pena..., op. cit.*, p. 125; *idem, Aplicação da pena..., op. cit.*, p. 35.

as circunstâncias, consequências do crime e comportamento da vítima, todos os demais critérios (motivos, antecedentes, personalidade do agente, conduta social) são estranhos ao conceito de delito. Ainda que se possa argumentar, por exemplo, que os motivos possam ter alguma relevância para a imputação, não será sempre – na verdade, essa relevância surge apenas em casos excepcionais. O mesmo vale para o comportamento da vítima: nos casos de crimes contra bens jurídicos coletivos em que não há uma vítima individualizada ou sequer afetada indiretamente, esta circunstância não tem relevância para a dosimetria. Mesmo as circunstâncias e as consequências do crime, que normalmente são apontadas como critérios de "natureza objetiva" mostram ser elementos insuficientes para traduzir o desvalor de um fato delitivo. Imagine-se, neste sentido, um crime de mera conduta, sem vítima individualizada e sem circunstâncias relacionadas ao crime que, por alguma razão, mostrem-se especialmente relevantes a ponto de serem consideradas pelo magistrado. Não havendo elementos indicativos de uma "agravada culpabilidade" ou dados sobre a personalidade do agente, seus motivos, antecedentes ou conduta social, sob quais diretrizes, segundo os critérios enumerados no artigo 59 do Código Penal, o juiz poderia apreciar o grau de desvalor do fato e fixar adequadamente a pena?[35] A esta pergunta a doutrina dominante responderia que a pena deveria ser fixada no patamar mínimo, diante da majoritária prevalência de "circunstâncias neutras" ou da ausência de circunstâncias "negativas".[36] Conforme pretendo defender, esta ideia é equivocada e somente justifica-se segundo a linha de pensamento enraizada no "sistema de circunstâncias judiciais" que, em realidade, não permite uma adequada valoração da gravidade de um delito.

Como regra, fora de uma perspectiva predominantemente subjetivista de determinação da pena, as circunstâncias judiciais do artigo 59 do Código parecem não permitir suficiente vinculação com o fato e, com isso, a determinação da pena acaba fundamentando-se em elementos que se justificam por outras razões – nomeadamente, necessidades preventivas que dependem de uma análise preponderante de elementos ligados ao autor. Ao contrário, uma ancoragem no sistema

---

35. A interpretação da culpabilidade como uma mera circunstância judicial ao lado das demais circunstâncias apenas agrava este problema, do qual a legislação alemã aparenta escapar em razão da referência expressa da culpabilidade como *fundamento de determinação da sanção*. As demais circunstâncias que devem ser levadas em conta pelo magistrado – não menos problemáticas – como os motivos, as finalidades e móveis do autor, a atitude interior expressada no fato, dentre outros, são considerados fatores que estão em uma relação hierarquicamente inferior com relação à culpabilidade. De outro lado, a falta de referência expressa ao injusto, diferentemente da prática de aplicação da pena no Brasil, não impede que o conceito de culpabilidade seja amplamente interpretado como "injusto culpável", o que parece ser uma verdadeira obviedade entre os autores.

36. Cf. a respeito da discricionariedade na valoração das circunstâncias judiciais, a mencionada pesquisa de: CARVALHO, Salo. *Dos critérios de aplicação da pena no Brasil...*, *op. cit.*, pp. 51 e ss.

do delito conduz à vinculação normativa dos critérios de aplicação da pena de forma que se torna claro ao magistrado por que determinado elemento deve ser considerado ou de que forma ele é relevante para a imposição da pena.

Em segundo lugar, a vinculação ao esquema escalonado de valoração das circunstâncias judiciais até a obtenção da pena base definitiva é reconhecidamente falho sob o aspecto da sua aptidão quantitativa. Isso leva, inevitavelmente, a uma ampla discricionariedade quanto à forma de graduação das circunstâncias – que sempre irá variar de um juiz para outro – em razão da falta de clareza quanto à forma de atribuição do valor de cada uma delas, portanto, da valoração que deveria ser reflexo do desvalor do fato.[37]

A neutralidade do legislador na indicação a respeito do peso e da forma de orientação que devem ser atribuídos a cada circunstância judicial – o que, a princípio poderia ser visto como um fator positivo, pois confere ao magistrado liberdade de decisão – de outro lado, impõe à doutrina a tarefa de formular critérios claros para a graduação de cada uma delas.[38]

Uma proposta neste sentido foi empreendida recentemente por *Salo de Carvalho*, com a sugestão de critérios e regras de quantificação para a fixação da pena-base. O esforço do autor consiste em estabelecer diretrizes para a análise do conteúdo das circunstâncias judiciais, bem como para a determinação da quantidade a ser aplicada de aumento ou de diminuição, segundo estes vetores. O autor sugere cinco regras de quantificação a serem observadas: o magistrado deve estabelecer a pena entre o termo mínimo e médio (que corresponde ao resultado da média aritmética entre as penas mínima e máxima); a partir do mínimo deverá acrescentar quantidades de pena relativas à valoração negativa das circunstâncias; no caso da totalidade ou maioria de circunstâncias favoráveis, a pena deverá ser mantida no mínimo; no caso contrário, a pena poderá ser elevada próxima ao termo médio; como último critério de ponderação, o juiz deverá fixar uma quantidade "razoável e proporcional" de pena em caso de concurso de circunstâncias favoráveis e desfavoráveis.[39] A proposta de *Salo de Carvalho*, embora aponte para uma boa solução para o problema da quantificação, não considera o *aspecto qualitativo* relacionado ao conteúdo dos critérios. Este apego a um esquema de determinação da pena, cujas regras são ditadas por elementos que *não refletem suficientemente o desvalor do fato*, talvez seja o maior obstáculo atual para um direito de aplicação da pena minimamente racional e legitimamente amparado.

Em comparação com esta forma tradicional de abordagem escalonada das circunstâncias judiciais – que, como já dito, vale-se, em grande medida, da intuição dos juízes – uma determinação da pena essencialmente orientada nas categorias sistemáticas do delito conduziria a uma racionalização do processo de

---

37. *Idem, ibidem*, p. 50.
38. CARVALHO, Salo de. *Critérios para cálculo da pena-base..., op. cit.*, p. 495.
39. *Idem, ibidem*, pp. 503-504.

dosimetria e estruturação dos fatores relevantes para sua imposição, a partir de fundamentos claros.[40]

Consequência e ao mesmo tempo condição importante para tanto é a eliminação de critérios que não encontram fundamentação legítima e não justificam seguimentos de penas para além do injusto culpável – o que já se observa na jurisprudência com relação, especialmente, à personalidade do agente.[41] A exclusão de critérios que se refiram à subjetividade do autor, sobretudo quando não possuem qualquer relevância para os elementos centrais do injusto e da culpabilidade em sentido estrito é um avanço essencial[42] e imprescindível para colocar o processo de determinação da pena em um patamar respeitável na ciência e na prática penais: a quantidade de pena a ser aplicável no caso concreto deixa de ser resultado de uma arbitrária "análise geral" da vida autor[43] e limita-se a refletir aquilo que lhe era reconhecível e possível evitar, portanto, aquilo que lhe pode ser atribuído a título de *culpabilidade pelo fato.*[44]

A objeção mais evidente que se pode esperar contra um modelo como este parece resultar precisamente da vantagem acima apontada. Quem possa ainda resistir à eliminação de critérios ligados exclusivamente ao autor poderia argumentar pela inaplicabilidade dessa proposta, já que a maioria das circunstâncias de aplicação da pena do artigo 59, do CP não se ajustariam, à primeira vista, às categorias sistemáticas.[45] Da mesma forma argumenta-se na doutrina alemã a respeito dos motivos e das finalidades do agente, circunstâncias tidas como de especial relevância para a determinação da sanção. A suposta "relevância tradicional" dessas circunstâncias demonstraria que as categorias sistemáticas do delito não poderiam assimilar todo o conteúdo relevante para a aplicação da pena, o que serviria, portanto, de comprovação a favor da ideia que entende como distintos os substratos de fundamentação e aplicação da pena.

Essas objeções não parecem ser razão suficiente para justificar um sistema de aplicação da pena que se oriente de acordo com conceitos próprios ou distintos daqueles que servem para estruturar a teoria do delito. A existência de circunstâncias de aplicação da pena estranhas ao injusto e à culpabilidade não impede nem afasta a possibilidade de orientação sobre as categorias injusto e culpabili-

40. HÖRNLE, Tatjana, *Tatproportionale...*, *op. cit.*, p. 146.

41. Cf. item 2.1.1, acima.

42. HÖRNLE, Tatjana. *Tatpropotionale...*, *op. cit.*, p. 142.

43. SCHÜNEMANN, Bernd. *Plädoyer...*, *op. cit.*, p. 226.

44. HÖRNLE, Tatjana, *Tatproportionale...*, *op. cit.*, p. 149; SCHÜNEMANN, Bernd. *Plädoyer...*, *op. cit.*, p. 226.

45. Sobre esta discussão, veja-se: FRISCH, Wolfgang. *Strafsystem und Strafzumessung...*, *op. cit.*, pp. 11; HÖRNLE, Tatjana. *Tatproportionale...*, *op. cit.*, p. 149; SILVA SÁNCHEZ, Jesús-Maria. *La teoria de determinación de la pena...*, *op. cit.*, p. 9; *idem*, *Rationale Strafzumessung...*, *op. cit.*, p. 631; PERALTA, José Milton. *Dogmatica del hecho* punible..., *op. cit.*, p. 120.

dade como critérios *hierarquicamente superiores e determinantes.*[46] Ademais, a concepção tradicional que atribui a muitas daquelas circunstâncias uma relevância orientada à subjetividade do agente merece ser revista para permitir uma valoração dirigida à perspectiva objetiva do injusto e suas categorias.[47] Essa perspectiva somente é possível quando a determinação da pena ancora-se na dogmática.

Uma harmonização entre diferentes esferas do mesmo sistema poderia ser alcançada, assim, por meio do que se poderia enxergar como a divisão de uma mesma tarefa, por diferentes agentes. O legislador estabelece os valores a serem tutelados e prescreve as respectivas sanções. Nessas, as ameaças de pena previstas na lei (penas mínima e máxima, figuras de agravamento ou diminuição da Parte Especial e formas qualificadas) refletem a medida do injusto e da culpabilidade. Essa valoração dos mesmos referenciais é retomada pelo juiz tanto para proferir o juízo de condenação, como para determinar a pena, considerando a manifestação gradual do injusto e da culpabilidade em sentido estrito. Assim, se as ameaças de pena previstas em lei são orientadas em seus pontos de ligação com a medida do injusto e da culpabilidade, na determinação da pena judicial dificilmente se poderia tratar de outra coisa: as categorias do sistema penal também controlam e fundamentam a determinação judicial da pena.[48]

A busca pela pena ajustada à culpabilidade, na medida em que ela compreende a *apreensão do peso e o significado do delito como objeto*, representa uma *continuação da qualificação daquele fato como delito.* E para essa análise não podem valer outros critérios senão aqueles consagrados na teoria do delito e que, na determinação da pena, devem ser tomados a partir de outra problemática, ou seja, a partir do *quão significativo o fato concreto é*, de acordo com estes mesmos critérios.[49]

2.1.2 Culpabilidade na medida da pena como sinônimo de "injusto culpável"

A partir da perspectiva da determinação da pena entendida como a concretização da teoria do delito seria possível justificar a inclusão do aspecto do injusto como elemento do conceito de *culpabilidade em sentido amplo*, previsto no artigo 59 do Código Penal. Isso corresponde, de outro lado, ao papel central conferido a ela como critério de aplicação da pena: é a culpabilidade o conceito que permite

---

46. Nesse sentido *Frisch*, quem entende como inevitável uma complementação do injusto e a culpabilidade por categorias que são significativas para a necessidade de estabilização da norma, o que seria uma opção claramente preferível a uma que evite ou renuncie à materialização das categorias centrais do injusto e da culpabilidade na determinação da pena e que fale, simplesmente, em "circunstâncias de determinação pena", tal como se observa no Brasil. FRISCH, Wolfgang. *Strafsystem und Strafzumessung...*, *op. cit.*, pp. 18-19.
47. Cf. item 3.1, Cap. 3.
48. Cf. FRISCH, Wolfgang. *Strafsystem und Strafzumessung...*, *op. cit.*, pp. 10-11.
49. Cf. FRISCH, Wolfgang. *Unrecht und Schuld...*, *op. cit.*, pp. 247-248.

a vinculação do fato ao seu autor, na medida e sob os requisitos que autorizam a possibilidade de atribuição pessoal do injusto.

De outro lado, a medida do "grau de reprovabilidade", para usar a expressão largamente difundida na doutrina dominante, ganha concretude precisamente a partir da referência ao *injusto*.

A culpabilidade da medida da pena há de ser entendida, consequentemente, como *culpabilidade em sentido amplo*, que não se confunde nem é idêntica ao conceito sistemático de culpabilidade.

Essas conclusões, contudo, parecem levar logo a uma contradição: se a culpabilidade da medida da pena não se confunde com o conceito sistemático, então, em tese, perde-se a desejada unidade sistêmica entre teoria do delito e aplicação da pena. Se neste modelo surge espaço para a valoração e graduação do injusto, de outro lado, parece faltar para a consideração da própria culpabilidade e seus elementos, ou seja, os pressupostos que indicam a possibilidade de evitação do fato pelo autor ("poder agir de modo diverso").

Como alerta *Frisch*, a concepção que entende a culpabilidade da medida da pena como um conceito mais amplo ou distinto da culpabilidade da fundamentação da pena pode ser perigosa.[50] Por trás dela estaria encoberta a ideia de que para a constatação dos fatores relevantes para cada um desses âmbitos, seriam decisivos substratos bastante distintos.[51] Nessa medida, seria coerente com uma ancoragem na teoria do delito que se conferisse a ambos os conceitos um mesmo sentido – hipótese já refutada inicialmente.

Para superar essa contradição, será necessário reencontrar a unidade de substratos com os quais a distinção entre os dois conceitos de culpabilidade parece romper, sob pena de ter que concordar com as duas possibilidades já recusadas: que a culpabilidade da medida da pena seja, de acordo com a doutrina dominante, o "grau de reprovabilidade" que se extrai da atitude interior do agente ou da sua vontade ilícita, com auxílio de elementos ligados à subjetividade do autor, ou que se trata de uma referência direta à categoria do delito com capacidade de graduação e, assim, quanto "maiores" a imputabilidade, o conhecimento do injusto e a exigibilidade de conduta diversa, maior a quantidade de pena.

No primeiro caso, regrediríamos a uma concepção de culpabilidade de "fato e autor", que se vale tão somente dos elementos indiciários do injusto para a medida da pena. Em ambos os casos, o papel do injusto ficaria novamente soterrado por uma autorreferência do conceito de culpabilidade. Restaria, ainda, a possibilidade de ceder na pretensão de ancoragem da determinação da pena na teoria do delito, concordar com o sistema de circunstâncias judiciais e sustentar a autonomia do critério da culpabilidade. Essa alternativa também poderia fazer regredir à busca

50. FRISCH, Wolfgang. *Gegenwärtiger Stand...*, *op. cit.*, p. 386.
51. *Idem, ibidem, passim.*

arbitrária pela "pena adequada à culpabilidade" em sua concepção metafísica e retributiva, bem como à sua suposta capacidade constitutiva de medida de pena, com a tradicional incursão na atitude interior e na personalidade do agente como fontes para o que se considera reprovável. Em outras palavras, não teremos avançado em nada.

2.2 Fundamentos de concretização da pena na medida da culpabilidade

Se a culpabilidade da medida da pena deve ser compreendida em sentido amplo, para que seja possível valorá-la e determinar a correspondente quantidade de pena, em primeiro lugar, devem estar claros dois aspectos: a função de cada um de seus elementos e como eles podem ser graduados na concretização da medida da pena.

Tradicionalmente, entende-se injusto e culpabilidade como conceitos amplamente graduáveis, para mais ou para menos.[52] Na jurisprudência brasileira, a pouca atenção voltada à carga de injusto e a predileção pela valoração de tudo que concerne ao mundo interior do autor, coloca a culpabilidade e sua afirmada possibilidade de graduação em primeiro plano, ou seja, como elemento determinante para a dosimetria da pena.

De acordo com a jurisprudência dominante, a culpabilidade não apenas é o conceito de maior capacidade de graduação, mas também um *critério geral e abrangente* que justifica aumentos de pena decorrentes, inclusive, de elementos que na dogmática penal são inerentes à esfera do injusto, como por exemplo, o maior desvalor da ação em razão da intensidade do dolo[53] ou da violência empregada no delito,[54] o grau de perigo criado com a conduta,[55] a infração de dever decorrente de cargo[56] ou de abuso de confiança com relação à vítima.[57] Culpabilidade é tomada como um *conceito geral capaz de abarcar em si tudo o que é capaz de agravamento, a partir da referência à maior reprovabilidade.*

Essa concepção não está de todo incorreta. Se culpabilidade é sempre referida ao injusto, é correto que aspectos relacionados ao injusto sejam apreciados neste plano, desde que se conceba a culpabilidade como um conceito amplo compreendido por injusto e culpabilidade em sentido estrito.[58] O que parece faltar é uma orientação mais clara neste sentido, dificultada pela referência à "fórmula geral"

---

52. Sobre a graduabilidade do injusto na determinação da pena: KERN, Eduard. *Grade der Rechtswidrigkeit*, p. 261; 269;276; 284; 291; LAMPE, Ernst-Joachim. *Das personale Unrecht...*, *op. cit.*, p. 256; GRÜNEWALD, Anette. *Das vorsätzliche Tötungsdelikt...*, *op. cit.*, p. 146. Detalhadamente: HÖRNLE, Tatjana. *Tatproportionale...*, *op. cit.*, p. 285.
53. STJ, HC 298.714/MS.
54. STJ, AgRg no REsp 1616691/TO.
55. STJ HC 404.608/SC.
56. STJ, AgRg no AREsp 38.420/PR
57. STJ, AgRg no HC 363.812/SP; AgRg no REsp 1457355/SP.
58. Cf. item 1.6.2, Cap. 1.

da reprovabilidade. A concepção da culpabilidade como um conceito amplo, constituído por dois elementos, é camuflada por um entendimento vago de reprovabilidade, que contribui para que aspectos relacionados ao injusto funcionem como meros indícios de fatores relacionados ao autor e à atitude interior.[59]

A partir da orientação na teoria do delito parece possível melhor esclarecer este quadro e estruturar *a função e a forma de graduação* de injusto e culpabilidade em sentido estrito, na fixação da quantidade de pena.

2.2.1 Culpabilidade em sentido estrito agravada?

Se a determinação da pena deve ser entendida como uma extensão do âmbito da imputação e ancorar-se nas categorias sistemáticas do delito, em que medida o critério da culpabilidade realmente distingue-se daquele da categoria sistemática?

Retornando à distinção de *Achenbach* de que tratei inicialmente, ficou demonstrado que o conceito de culpabilidade da determinação da pena (*Strafzumessungsschuld*) não descreve a culpabilidade formal no sentido da teoria do delito, mas a personificação do momento que é significativo para *a quantidade de pena no caso concreto.*[60] Aqui têm relevância os fatores que fundamentam sistematicamente o injusto e que possuam capacidade de graduabilidade.[61]

O que a culpabilidade que fundamenta a pena poderá oferecer neste âmbito é tão somente o *limite a respeito daquilo que se pode atribuir ao autor*, indicando por qual resultado ele não pode responder integralmente. O ponto de coincidência entre os dois conceitos, na determinação da pena, está, portanto, na identificação dos fatores que, na medida da pena, possuem *capacidade de graduação.* Sob este aspecto, como se verá a seguir, a culpabilidade em sentido estrito segue um sentido de graduabilidade inverso do dos fatores relacionados ao injusto; mas essa ideia apenas fica realmente clara quando a concepção de culpabilidade não se incrementa por meio de construções que extrapolem a ideia de atribuição pessoal do injusto, ou seja, quando não se trate de um entendimento *preventivo* da culpabilidade.

Quando a culpabilidade é interpretada sob uma orientação preventivo especial, como expressão da atitude censurável do agente, torna-se um conceito material e graduável, com capacidade de agravamentos;[62] ela é graduada "para cima" por meio da qualificação de elementos da subjetividade[63] como fatores agravantes

---

59. Cf. item 1.2.3, Cap. 1.

60. ACHENBACH, Hans. *Historische und dogmatische..., op. cit.*, p. 4.

61. *Idem, ibidem, loc. cit.*

62. Cf. ANDROULAKIS, Nikolaus. *Schuldbemessung und personale Identität..., op. cit.*, p. 509. Também: HÖRNLE, Tatjana. *Das antiquiertes Schuldverständnis... op. cit.*, p. 1085.

63. Neste sentido *Gallas* entendia que os elementos referidos á atitude interior tipificados em tipos penais, como "maldade", "motivos fúteis" ("*niedrige Beweggründe*") e "ganância" seriam elementos com capacidade de graduação a serem considerados no âmbito da culpabi-

(assim, por exemplo, "acentuada crueldade", "agravada insensibilidade" etc.[64]). O que essa interpretação parece ocultar é que o elemento caracterológico inserido na valoração da culpabilidade não constitui um verdadeiro "elemento" da culpabilidade – como a imputabilidade ou o potencial conhecimento da ilicitude. Ela surge nessas concepções mais antigas da culpabilidade como *ampliação oportuna deste conceito* e parece prestar-se apenas a operar como um elemento de exasperação, servindo de verdadeiro instrumento de violação da função comum atribuída à culpabilidade: a exclusão ou a redução da responsabilidade penal.[65]

Também segundo uma concepção da culpabilidade orientada à prevenção geral, que enxerga a medida da culpabilidade como a medida da necessidade de tratamento do conflito social instaurado pelo delito, a alegada capacidade de agravamento estaria plenamente justificada, na medida em que ela permite disponibilizar para a determinação da pena tudo o que se possa alegar que influencie a necessidade de reafirmação da norma.[66] Uma concepção "preventiva" da culpabilidade, no entanto, não se sustenta.

Na doutrina brasileira, apesar das confusas referências a respeito de um juízo de censura pessoal e ao papel relevante ainda atribuído à atitude interior o agente, não é possível afirmar que ainda existam defensores de uma declarada culpabilidade pela condução de vida, pela formação do caráter ou pela personalidade. O entendimento sobre a culpabilidade segue sendo o "juízo de reprovabilidade pela orientação contrariamente à norma, quando ao autor era possível agir de modo diverso", ou seja, quando presentes a imputabilidade, o potencial conhecimento do injusto e a inexigibilidade de conduta diversa.

Cada um desses elementos de *redução do poder agir de modo diverso* é evidentemente graduável: são circunstâncias presentes no momento do fato que devem manifestar-se, igualmente, na graduação da medida da pena como *critérios atenuantes da culpabilidade*.[67]

Manter este entendimento no âmbito da determinação da pena parecer melhor esclarecer a ideia equivocada e largamente difundida no sentido da possibilidade de agravamento da medida da culpabilidade e, consequentemente, da

---

lidade, e não como elementos do injusto. GALLAS, Wilheim. *Zum gegenwertigen Stand der Lehre vom Verbechen...*, *op. cit.*, p. 46.

64. Assim também entende *Hörnle* que uma atitude interior pode ir de "ruim" para "muito ruim". HÖRNLE, Tatjana. *Strafzumessungsrelevante Umstände der Tat...*, *op. cit.*, p. 120.

65. Cf. ANDROULAKIS, Nikolaus. *Op. cit.*, p. 510.

66. FRISCH, Wolfgang. *Unrecht und Schuld...*, *op. cit.*, p. 246.

67. Assim entende *Salo de Carvalho*, observando que, embora a culpabilidade opere de formas distintas na teoria do delito (critério qualitativo) e na teoria da pena (critério quantitativo), inexiste diferença nos elementos que integram a culpabilidade (em sentido estrito): imputabilidade, potencial conhecimento do injusto e exigibilidade de condita diversa. CARVALHO, Salo de. *Penas e medidas de segurança...*, *op. cit.*, p. 350.

pena.[68] Como observa *Frisch*, quando se fala em "capacidade" (de poder agir de modo diverso) trata-se de um conceito que comporta relativizações e limitações, deixando espaço exclusivo, portanto, *para atenuações.*[69] Capacidades possuem um limite superior natural, ou seja, "*mais do que uma completa capacidade não existe*".[70]

Assim, o entendimento majoritariamente difundido na doutrina e na jurisprudência sobre uma alegada capacidade da "reprovabilidade" de conduzir a um agravamento de pena ("quanto maior a reprovabilidade, maior a pena") desfaz-se quando se observa, também na determinação da pena, que a capacidade de poder agir de modo diverso no momento do fato somente poderá ser ou total ou reduzida, em distintas e graduáveis medidas, *mas nunca agravada para além de sua forma completa.* Ao contrário, quando se perde por completo o vínculo com a essência da culpabilidade, sobretudo por meio de concessões a um entendimento da culpabilidade incrementado por elementos da atitude interior ou de fatores ligados à personalidade, transporta-se para o âmbito da determinação da pena um conceito com uma *falsa capacidade de agravamento.*[71]

Assim, ao contrário do entendimento amplamente difundido no sentido de uma culpabilidade graduável "para cima", da qual resultaria um recrudescimento de pena, *não é possível afirmar uma forma agravada da culpabilidade que não seja sua forma completa.*[72]

---

68. Cf. acima no item 1.2.2

69. FRISCH, Wolfgang. *Unrecht und Schuld*..., *op. cit.*, p. 242.

70. Cf. FRISCH, Wolfgang. *ibidem, loc. cit.*

71. Contrariamente a essa ideia, *Grosse-Wilde* entende que um *maior* conhecimento da ilicitude – ele dá o exemplo apenas da reincidência, que pressupõe que o agente tenha conhecimento também da *punibilidade* do seu crime – seria fundamento para considerar uma culpabilidade em sentido estrito agravada. Essa posição não teria lugar de acordo com a ideia aqui defendida de que o autor responde unicamente pelo *fato*, retrospectivamente – um aumento de pena com fundamento em um conhecimento da ilicitude, levaria em conta como fator agravante indiretamente um delito pelo qual ele já respondeu. Tampouco seria explicável, sob a perspectiva da proporcionalidade entre gravidade do fato e gravidade da pena, como um maior conhecimento da ilicitude poderia levar a um agravamento, senão de forma pressuposta. O Código Penal, de todo modo, pretendeu apenar obrigatoriamente *menos* aquele que não podia evitar o erro sobre a ilicitude, mas *não apenar mais* quem possuía um suposto maior conhecimento do que o considerado suficiente para reconhecer a presença da culpabilidade completa. GROSSE-WILDE, Thomas. *Erfolgszurechnung in der Strafzumessung*..., *op. cit.*, pp. 103-105.

72. Cf. HORN, Eckhard. *SK-StGB*, § 46, Rn. 41; HÖRNLE, Tatjana. *Das antiquiertes Schuldverständnis*..., *op. cit.*, p. 1080, 1084, 1086, 1087; *idem, Tatproportionale*..., *op. cit.*, p. 152, 382; *idem, Kriterien*..., p. 125; *idem, strafzumessungsrelevante Umstände der Tat*, p. 121; ERHARD, Christopher. *Strafzumessung bei Vorbestrafen*..., *op. cit.*, p. 161; FRISCH, Wolfgang. *Gegenwärtiger Stand*..., *op. cit.*, p. 382; *idem, Zur Bedeutung von Schuld*...*op.cit.*, p. 17; STAHL, Dominik. *Strafzumessungstatsache*..., *op. cit.*, p. 106; 235; ANDROULAKIS, Nicolaos. *Schuldbemessung und personale Identität*..., *op. cit.*, p. 508; TEIXEIRA, Adriano. *Teoria de aplicação da pena*..., *op. cit.*, p. 127; PERALTA, José Milton. *Motivos Reprochables*..., *op. cit.*, p. 193. Aparentemente, também: CRESPO, Eduardo

Portanto, tal como se observa com o conceito sistemático de culpabilidade da teoria do delito, na determinação da pena, a culpabilidade em sentido estrito que compõe o conceito amplo de culpabilidade previsto no artigo 59, do Código Penal, possui apenas um *papel atenuante da sanção.*

2.2.2 O injusto como fator constitutivo da medida da pena

Excluída a culpabilidade em sentido estrito como fator constitutivo de uma medida de pena e entendida apenas como um elemento limitador, as categorias que são relevantes para a constituição da quantidade da pena são a *tipicidade* e a *ilicitude*, aqui entendidas conjuntamente como sinônimo de *injusto*[73] – de ação e de resultado.[74]

A relevância dessas categorias para a determinação a pena é amplamente contemplada nas disposições da Parte Geral e da Parte Especial do Código Penal. Em determinados tipos penais, o grau de intensidade do injusto e seus reflexos para a medida da pena estão já indicados pelo legislador. Um exemplo claro é o crime de lesões corporais: de acordo com a intensidade das lesões sofridas pela vítima, o legislador prevê penas mais ou menos graves (art. 129, §§1°, 2° e 3°, do CP), o que denota um maior desvalor do resultado como fator determinante de graduação da pena; assim também no crime de sequestro, no qual conduta é apenada mais gravemente de acordo com o tempo de privação da vítima (art. 148, III, do CP). A graduabilidade do injusto e sua importância para a determinação da pena também orientam as causas de aumento e diminuição previstas na Parte Geral e na Parte Especial do Código, e as figuras qualificadas da Parte Especial. Lesões a bens jurídicos culposas e dolosas, apenadas de forma distinta, distinguem-se precisamente de acordo com o conteúdo de injusto.[75] Também a previsão de redução da pena na tentativa não reflete outra coisa senão o menor grau de desvalor do injusto.

Mas a capacidade de graduabilidade dos elementos do injusto não se limita às previsões expressas contidas na lei. Como já adiantado acima, os tipos penais

---

Demetrio. *Culpabilidad y fines de la pena..., op. cit.*, p. 61; *idem*, *Prevención general..., op. cit.*, p. 314; SILVA SÁNCHEZ, Jesús-Maria. *Rationale Strafzumessung..., op. cit.*, p. 631; *idem*, *La teoría de determinación de la pena..., op. cit.*, p. 9. Contrariamente: CHOCLÁN MONTALVO, José Antonio. *Individualización judicial de la pena..., op. cit.*, p. 183, quem, apesar de conceber a culpabilidade na medida da pena como um conceito amplo, entende a culpabilidade em sentido estrito como fator graduável também para cima (maior ou menor reprovabilidade pelo delito).

73. Sob o conceito de injusto entendem-se compreendidas as categorias ação, tipicidade e ilicitude. Cf. ROXIN, Claus. *Strafrecht, AT, Teil I.... op. cit.*, § 14, Rn. 3.

74. A respeito da dominância atual dessa distinção na doutrina: ROXIN, Claus. *Strafrecht, AT, Teil I..., op. cit.*, §10, Rn. 88.

75. BLOY, René. *Op. cit.*, p. 581.

são conceitos não apenas de classificação, mas com *capacidade de graduação.*[76] A partir da descrição contida nos elementos do tipo é possível tanto classificá-la como configuradora do tipo incriminado, como aferir *a intensidade da realização da conduta* que a ele se subsume e, neste sentido, devem ser considerados pelo juiz, de acordo com a gravidade da sua concreta realização, segundo o maior ou menor *desvalor da ação* e o maior ou menor *desvalor do resultado.*[77] Esses elementos podem estar referidos nas próprias condutas incriminadas (por exemplo, "abusar" "alterar", "ameaçar", e aqui terá relevância a intensidade da perpetração destas condutas), ou em elementos típicos que façam referência a valores graduáveis ("coisa alheia móvel", "vantagem ilícita"[78]) ou, ainda, em outras circunstâncias que permitam aferir que, na prática de determinado crime, exista a possibilidade de extrair um critério de intensidade (por exemplo, nos elementos "violência", "grave ameaça").

Da mesma forma, pode-se extrair para a medida da pena um fator de graduação a partir das hipóteses de exclusão do injusto. Uma causa de justificação, como a legítima defesa, quando presente, leva à graduação do injusto até o "ponto zero". De outro lado, quando não preenchidos completamente os requisitos dessa causa de justificação, a proximidade com essa hipótese deve ser considerada na determinação da pena.[79]

A graduabilidade da ilicitude também pode ser vista na hipótese de violação de um dever. Isso se observa nos crimes que preveem um especial dever por parte do agente com relação ao âmbito de proteção da norma, apenados mais gravemente em comparação com a observância de um mero dever geral. É o caso da apropriação indébita e do peculato, tipos penais que preveem a mesma conduta, mas são apenados com penas significativamente distintas: a condição de funcionário público fundamenta um maior desvalor do injusto decorrente da infração do dever funcional.[80] Essas hipóteses têm especial importância na determinação da pena, especialmente quando não se tratar de uma previsão expressa do tipo. A relevância da posição de dever pode ter também uma importante consequência na dosimetria de penas nos casos de concurso de agentes, especialmente nos delitos que pressupõem uma condição especial do autor e a inexistência dessa condição com relação ao partícipe.

---

76. Cf. item 2.1.1, acima.

77. MEIER, Bernd-Dieter. *Strafrechtliche Sanktionen..., op. cit.*, p. 166; ZIPF, Heinz; DÖLLING, Dieter. *Strafrecht. Allgemeiner Teil..., op. cit.*, § 63, Rn. 63; BLOY, René. *Op. cit.*, pp. 579-580.

78. BLOY, René. *Op. cit.*, p. 580.

79. Assim: HILLENKAMP, Thomas. *Vorsatztat und Opferverhalten.* Göttingen: Verlag Otto Schwartz & CO, 1981, pp. 235-236; MEIER, Bernd- Dieter. *Strafrechtliche Sanktionen..., op. cit.*, p. 167.

80. Também o crime de apropriação indébita prevê hipóteses que implicam violação de um dever (cf. 168, § 1º, incisos II e III do CP), apenadas mais gravemente.

2.2.3 *Pena na "medida da culpabilidade" como pena na medida do injusto culpável*

Diante destas delimitações, é possível concluir que culpabilidade na medida da pena é um conceito que deve ser entendido em *sentido amplo* e constitui-se pelos elementos de *injusto,* com capacidade *constitutiva* da pena, e pelo elemento *culpabilidade em sentido estrito*, com função *limitativa.* Essa ideia é bem ilustrada pela metáfora da culpabilidade como um "filtro", na conhecida expressão de *Horn*:

> "O juízo de culpabilidade pode ser melhor ilustrado quando se o entende como um 'filtro', com uma malha ajustável, pelo qual o injusto realizado pelo autor precisa passar no caminho para a pena: conforme houver consciência do injusto (completa culpabilidade) ou – quando não – de acordo com a medida da capacidade para compreender o injusto e a correspondente motivação (culpabilidade diminuída), o injusto total 'desce' ou só uma parte dele; em caso de inimputabilidade todo o injusto realizado permanece pendurado no 'filtro'."[81]

O peso constitutivo da medida da pena é fornecido exclusivamente pelo injusto, com capacidade de agravamento em ambas direções (atenuante e agravante). A culpabilidade (em sentido estrito) possui capacidade de graduação tão somente para atenuar a medida da pena já dada pela carga de injusto do fato. Ainda nas palavras de *Horn*:

> "Pena adequada à culpabilidade deve ser entendida, portanto, na maior parte das vezes – na verdade sempre, quando a culpabilidade não for diminuída – como pena adequada ao injusto. Assim vista, constitutivo para a medida da pena é apenas a gravidade do injusto realizado pelo autor. Para o 'se' da pena a culpabilidade tem uma função constitutiva, para a medida da pena o tamanho da culpabilidade tem apenas uma função limitativa."[82]

Esses fundamentos parecem abrir o caminho para uma *real possibilidade de concretização da pena na medida da culpabilidade*, mas mostra-se, até aqui, bastante asséptico. Falta questionar sob que fundamentos um processo de determinação da pena assim esboçado tem legitimidade e poderia encontrar compatibilidade com o sistema predominantemente preventivo do Código Penal brasileiro.

Minhas considerações, a partir de agora, devem voltar-se à solução da relação de tensão existente entre pena na medida da culpabilidade e finalidades preventivas.

---

81. HORN, Eckhard. *SK-StGB..., op. cit.*, §46, Rn. 41.

82. HORN, Eckhard. *SK-StGB..., op. cit.*, §46, Rn. 42. Adotam este mesmo entendimento: DEMETRIO CRESPO, Eduardo. *Culpabilidad y fines de la pena..., op. cit*, p. 63; HÖRNLE, Tatjana. *Tatproportionale..., op. cit.*, p. 154; ERHARD, Christopher. *Strafzumessung..., op. cit.*, p. 161; STAHL, Dominik. *Strafzumessungstatsachen..., op. cit*, p. 54.

2.3 Fundamentos de compatibilização entre culpabilidade e prevenção

A imposição concreta da pena é um ato estatal que exige justificação perante o apenado e, portanto, não se trata apenas de encontrar um melhor método para fazê-lo, mas, igualmente, de entender a partir de quais fundamentos se pode ou deve apenar.

A concretização da medida da pena ancorada no desvalor do injusto culpável e orientada retrospectivamente ao fato, à primeira vista, parece ser uma pena orientada exclusivamente a uma finalidade retributiva da pena.[83] Embora essa possibilidade não pudesse ser de todo recusada diante da disposição do Código Penal, que prevê a "repressão" como finalidade a ser perseguida pelo magistrado no momento de determinação da pena, de outro lado, a "prevenção" também é considerada pelo Código uma diretriz para a imposição da sanção penal.

Isso impõe enfrentar o problema recorrentemente tomado pela doutrina como uma antinomia inconciliável: a relação entre pena orientada à culpabilidade e considerações preventivas. Para tanto, serão analisadas outras duas teorias de determinação da pena que, diferentemente da teoria da moldura da culpabilidade, orientam-se por uma distinção mais clara entre essas duas esferas. Finalmente, será analisada a possibilidade de compatibilização do modelo de determinação da pena que pretendo defender com as orientações do Código Penal, de modo que o conceito de culpabilidade se mantenha orientado ao fato (injusto culpável) e livre de considerações preventivas ou incrementos alheios ao injusto e à culpabilidade em sentido estrito.

2.3.1 A antinomia entre culpabilidade e prevenção na aplicação da pena

Na aplicação da pena há, entre culpabilidade e prevenção, tanto uma relação de dependência, como de tensão.[84] A culpabilidade do autor, para as teorias de justificação da pena estatal, é o ponto de apoio comum para a determinação da sanção.[85] À exceção de uma perspectiva preventivo especial, orientada na perigosidade do agente e que se vale desta medida para a determinação da medida da pena, a culpabilidade constitui o centro de determinação da pena para todas as demais concepções.[86]

---

83. Como observa *Hörnle*, a dicotomia entre culpabilidade e prevenção é tão comum que a ideia de uma pena adequada à culpabilidade inevitavelmente significaria a renúncia a uma determinação da pena diretamente orientada à prevenção. Cf. HÖRNLE, Tatjana. *Das antiquiertes Schuldverständnis...*, *op. cit.*, p. 1082.

84. MELLO, Sebástian Borges de Albuquerque. *Culpabilidade e pós-finalismo*. Salvador: Juspodivm, 2016, p. 342; DEMETRIO CRESPO, Eduardo. *Prevención general e individualización judicial de la pena...*, *op. cit.*, pp. 69 e ss.

85. FRISCH, Wolfgang. *Zur Bedeutung von Schuld...*, *op. cit.*, pp. 4-6.

86. A orientação preventivo especial sobre a perigosidade do agente, de todo modo, não forneceria uma resposta a respeito de como a pena deve ser determinada, em casos nos quais

Em uma abordagem retributiva, a medida da pena corresponde decididamente à medida da culpabilidade e representa uma resposta ao injusto culpável, ao qual deve ser equivalente, de acordo com o princípio distributivo de justiça.[87] Também de acordo com uma orientação preventivo geral positiva de restauração e confirmação da validade da norma, a medida da pena baseia-se na perturbação da ordem jurídica e, portanto, na medida do injusto e da culpabilidade. Sustenta-se que a pena orientada à culpabilidade seria a pena mais apta a reforçar e consolidar a consciência jurídica da coletividade abalada e, consequentemente, proteger a sociedade contra delitos futuros.[88] Mesmo em uma abordagem preventivo geral negativa, como esclarece *Frisch*, a culpabilidade torna-se o centro da orientação da medida da pena, como resultado do fracasso dos defensores da pena intimidatória e da imposição de penas draconianas.[89] Como fator decisivo para a maior parte das concepções sobre as finalidades da pena, seria possível sustentar a determinação da pena orientada à culpabilidade sem necessidade de impor um determinado fundamento da finalidade sobre o qual haja um consenso definitivo.[90]

De outro lado há entre culpabilidade e considerações preventivas uma relação conflituosa, quando se trata de concretizar a quantidade, a natureza e a forma de execução da pena.[91] Princípio de culpabilidade e necessidades preventivas seriam diretrizes antagônicas para orientar o magistrado no ato de imposição da sanção penal. Penas determinadas exclusivamente para atingir finalidades preventivas podem desviar-se, para cima ou para baixo, da pena que seria adequada, de acordo com o princípio de culpabilidade, ou seja, da pena que resulta da *gravidade do injusto culpável*.[92]

Uma pena orientada à prevenção geral negativa, por observar o destinatário da norma sob a perspectiva de uma relação de custo-benefício, deveria servir para demonstrar a outros potenciais criminosos que a criminalidade não compensa. Isso implicaria uma inversão da lógica da sanção: enquanto o princípio de culpabilidade orienta-se na culpabilidade do autor e no seu injusto, a prevenção geral negativa orienta-se essencialmente na probabilidade de dissuasão, com o que

---

não haja indícios suficientes sobre a perigosidade futura ou quando o autor visivelmente não é perigoso. Cf. FRISCH, Wolfgang. *Zur Bedeutung von Schuld...*, *op. cit.*, p. 6.

87. Cf. JESCHECK, Hans-Heinrich; WEIGEND, Thomas. *Lehrbuch des Strafrechts...*, *op. cit.*, p. 66.

88. Sobre essa perspectiva: FRISCH, Wolfgang. *Zur Bedeutung von Schuld...*, *op. cit.*, pp. 5-6; *idem*, *Gengenwärtiger Stand...*, *op. cit.*, p. 387; REICHERT, Christoph. *Intersubjektivität durch Strafzumessungsrichtlinien – eine Untersuchung mit Bezug auf die "sentencing guidelines" in den USA*. Berlin: Duncker & Humblot, 1999, p. 59; 256.

89. Cf. FRISCH, Wolfgang. *Zur Bedeutung von Schuld...*, *op. cit.*, p. 5.

90. Cf. FRISCH, Wolfgang. *Zur Bedeutung von Schuld...*, *op. cit.*, pp. 6-7.

91. MÜLLER DIETZ, Heinz. Strafzumessung und Folgenorientierung. In: SEEBODE, Manfred (Hsg.). *Festschrift für Günter Spendel zum 70. Geburtstag am 11.* Juli 1992. Berlin: de Gruyter, 1992, pp. 413, 416. Contrariamente: JESCHECK, Hans-Heinrich; WEIGEND, Thomas. *Lehrbuch des Strafrechts...*, *op. cit.*, p. 69.

92. ERBER-SCHROPP, Julia Maria. *Schuld und Strafe...*, *op. cit.*, pp. 29-30.

se perde a proporcionalidade entre culpabilidade e pena, pois quanto maior for pressuposta a necessidade de dissuasão, maior a quantidade da pena.[93] Assim, mesmo em um crime de bagatela, cuja evitação não possa ser obtida de outra forma, poderiam ser impostas penas draconianas e, de forma contrária, delitos graves poderiam ser apenados de forma meramente simbólica, quando não exista perigo concreto de desrespeito à norma por parte de terceiros.[94] A orientação à prevenção geral positiva, de outro lado, também poderia ser objetada do ponto de vista dos limites da culpabilidade. A pena que deve ser imposta para servir à estabilização da confiança na norma não seria mais reação ao delito, serviria, ao contrário, de instrumento de prevenção contra novos crimes em terceiros: faltar-lhe-ia um critério de medida ligado ao fato.[95] Uma pena imposta exclusivamente sob considerações preventivo especiais, de outro lado, rompe com a relação de proporcionalidade entre culpabilidade e sanção. A medida da pena dependeria da medida da perigosidade social do autor e o injusto figuraria como um mero sintoma que justificaria a imposição de medidas de neutralização.[96] Um simples crime de furto poderia ser gravemente apenado quando estivesse pressuposta a existência de um risco de reincidência.[97] De outro lado, a versão positiva de uma pena voltada à ressocialização viola a autonomia moral do indivíduo que é forçado coativamente pelo Estado a "melhorar" por meio da pena.[98]

Vista assim, uma pena determinada sob bases preventivas poderia ser considerada uma pena que não respeita o limite dado pelo princípio da culpabilidade,[99] na medida em que o autor é apenado já não propriamente por seu próprio fato, mas por *utilidades estatais.*[100] Considerações de prevenção não seriam fundamentos legítimos de seguimentos de pena que, dessa forma, seria considerada uma pena injusta.[101] Seria decisivo para a defesa de uma pura culpabilidade pelo fato que a determinação da quantidade de pena na medida da culpabilidade não sofresse a interferência de considerações preventivas, *ao menos não como regra.*

Prognósticos preventivos, por outro lado, são bastante criticados por sua pouca fiabilidade.[102] Tanto o prognóstico de melhora e ressocialização, quanto

---

93. Cf. ERBER-SCHROPP, Julia Maria. *Schuld und Strafe..., op. cit.*, pp. 47-48.

94. Cf. SCHÜNEMANN, Bernd. In: FRISCH, Wolfgang; VON HIRSCH, Andrew, ALBRECHT, Hans-Jörg (Hrsg.). *Tatproportionalität. Normative und empirische Aspekte einer tatproportionalen Strafzumessung.* Heidelberg: C.F. Müller, 2003, p. 186.

95. Cf. ERBER-SCHROPP, Julia Maria. *Schuld und Strafe..., op. cit.*, p. 50.

96. Cf ERBER-SCHROPP, Julia Maria. *Schuld und Strafe..., op. cit.*, p. 49-50.

97. Cf. SCHÜNEMANN, Bernd. *Die Akzeptanz von Normen..., op. cit.*, p. 188.

98. GRECO, Luís. *Lebendiges und Totes..., op. cit.*, p. 436.

99. FREUND, Georg. *Straftatbestand und Rechtsfolgebestimmung..., op. cit.*, p. 533; PERALTA, José Milton. *Motivos Reprochables..., op. cit.*, p. 133.

100. GÜNTER, Hans-Ludwig. *Systematische Grundlagen der Strafzumessung..., op. cit.*, p. 1027.

101. FRISCH, Wolfgang. *Zur Bedeutung von Schuld..., op. cit.*, p. 23.

102. MÜLLER-DIETZ, Heinz. *Strafzumessung und Folgenorientierung..., op. cit.*, pp. 426-428; VON HIRSCH, Andrew. Begründung und Bestimmung tatproportionaler Strafen.

o de reincidência, que justificariam a imposição de penas maiores, são hipóteses que, no juízo de condenação não se baseiam em dados suficientemente seguros.[103] Justificativas para a imposição de uma pena mais grave a partir de critérios de natureza preventivo geral positiva, da mesma forma, possuem um alcance limitado e uma capacidade de comprovação ainda menor. Dificilmente se pode afirmar que em crimes como o homicídio haja necessidade de internalização do valor da norma nos cidadãos.[104] Ademais, no caso concreto, não seria possível demonstrar o quanto de pena seria necessário para alcançar fins preventivos.[105] Não há indícios de que "acréscimos" dentro do âmbito da pena adequada à culpabilidade pudessem aumentar o efeito dissuasório de forma induvidosa[106] ou dados suficientes que possam indicar qual a medida de pena que seja adequada à estabilização da norma.[107] É neste sentido que se sustenta que, não apenas na maior parte dos casos, mas em regra, o verdadeiro problema da determinação da pena é a fixação da pena orientada à culpabilidade, já que sequer seria possível realizar prognósticos futuros.[108]

Essa discussão parece não ter grande relevância na tradição brasileira. As finalidades apontadas no artigo 59 do Código Penal ("repressão" e "prevenção") são tomadas por boa parte da doutrina como uma opção por uma teoria unificadora das finalidades da pena com uma surpreendente aparente possibilidade de conciliação.[109] A antinomia entre retribuição e prevenção é minimizada (melhor,

---

In: FRISCH, Wolfgang; VON HIRSCH, Andrew, ALBRECHT, Hans-Jörg (Hrsg). *Tatproportionalität. Normative und empirische Aspekte einer tatproportionalen Strafzumessung*. Heidelberg: C.F. Müller, 2003, p. 79; SCHÜNEMANN, Bernd. *Die Akzeptanz von Normen...*, *op. cit.*, p. 185 e ss; *idem*, *Plädoyer...*, *op. cit.*, pp. 214-219.

103. FRISCH, Wolfgang. *Gegenwärtiger Stand...*, *op. cit.*, p.370; FREUND, Wolfgang. *Straftatbestand und Rechtsfolgebestimmung...*, *op. cit.*, p. 534.; HORN, Eckhard. *SK-StGb...*, *op. cit.*, § 46, Rn. 27; Cf. SCHÜNEMANN, Bernd. *Die Akzeptanz von Normen...*, *op. cit.*, p. 190.

104. Como observa *Schünemann*, nestes casos, a internalização da norma de proibição é já tão arraigada que dificilmente poder-se-ia temer que o delito pudesse neutralizar o reconhecimento da norma como válida. A justificativa da prevenção geral positiva somente seria apta a justificar formas de delitos mais leves e moderadas. Cf. SCHÜNEMANN, Bernd. *Plädoyer...*, *op. cit.*, p. 221.

105. WEIGEND, Thomas. Sind Sanktionen zu akzeptieren, die sich am Maß der Tatschuld orientieren? In: *Tatproportionalität. Normative und empirische Aspekte einer tatproportionalen Strafzumessung*. Heidelberg: C.F. Müller, 2003, p. 199.

106. Cf. ROXIN, Claus. *Prävention und Strafzumessung...*, *op. cit.*, p. 197; STRENG, Franz. *Strafrechtliche Sanktionen...*, *op. cit.*, Rn. 544, p. 265. Também críticos a respeito de resultados empíricos sobre os efeitos da prevenção geral positiva: VON HIRSCH, Andrew; JAREBORG, Nils. *Strafmaß und Strafgerechtigkeit. Die deutsche Strafzumessungslehre und das Prinzip der Tatproportionalität*. Bonn: Forum Verlag Godesberg, 1991, p. 10.

107. FRISCH, Wolfgang. *Gegenwärtiger Stand...*, *op. cit.*, p. 365; HÖRNLE, Tatjana. *Tatproportionale...*, *op. cit.*, p. 91.

108. Cf. FRISCH, Wolfgang. *Gegenwärtiger Stand...*, *op. cit.*, p. 372.

109. BOSCHI, José Antônio Paganella. *Individualização e aplicação das penas...*, *op. cit.*, p. 343; REALE JÚNIOR, Miguel. *Penas e medidas de segurança...*, *op. cit.*, pp. 163 e ss.

não enfrentada) por uma visão, sobretudo da jurisprudência, que consente com a possibilidade de determinar a pena a partir de considerações preventivas, sem que isso signifique um atrito dificilmente conciliável com o princípio de culpabilidade.[110]

De outro lado, a expressão "repressão", embora interpretada positivamente por alguns autores como uma referência à proporcionalidade entre fato e pena,[111] remete à ideia de uma teoria retributiva que parece suscitar mais rejeição do que uma pena orientada por fins preventivos – ainda que esta seja uma orientação capaz de levar a penas reconhecidamente injustas.[112] Assim, a prescrição do artigo 59 do Código Penal parece consagrar uma pouco questionada fórmula antagônica como regra geral, que agrava a antinomia existente entre culpabilidade e prevenção.

A exemplo dos critérios de determinação da pena do artigo 59, do Código Penal e das dificuldades que sua interpretação impõe para a prática, as finalidades a serem consideradas pelo magistrado parecem ser um desafio à parte, cuja aceitação acrítica somente retarda, ainda mais, o caminho para uma racionalização do processo de determinação judicial da pena.

Sem pretensão de trazer uma solução definitiva para um tema que mereceria um estudo específico, pode ser útil analisar as soluções propostas por teorias de aplicação da pena que enfrentaram a antinomia das finalidades da pena na literatura alemã – a pouco defendida teoria dos níveis e a teoria da pena proporcional ao fato. Ambas as concepções coincidem, a partir de fundamentos distintos, em uma *valoração retrospectiva do fato* na determinação da quantidade da pena, ou seja, um olhar do juiz voltado ao passado e ao *desvalor do injusto culpável* – e não ao futuro, seja do apenado, seja da sociedade – o que reflete, acima de tudo, uma ancoragem forte na ideia de culpabilidade pelo fato.[113] Ambas admitem, de toda forma, uma margem maior ou menor de considerações preventivas na decisão final sobre a pena a ser aplicada.

Uma análise das principais premissas de ambas pode ajudar a elucidar como pode dar-se a relação entre medida da culpabilidade e prevenção, e auxiliar na busca por uma solução que, ao mesmo tempo, preserve a culpabilidade de fatores que lhe sejam estranhos, alheios ao injusto e à culpabilidade em sentido estrito, e que seja compatível com a difícil tarefa prevista pelo legislador de considerar, a um só tempo, "repressão e prevenção".

---

110. Neste sentido a critica de *Roig:* ROIG, Rodrigo Duque Estrada. *Aplicação da pena..., op. cit.*, pp. 29; 117-119.

111. Neste sentido: SALVADOR NETTO, Alamiro Velludo. *Finalidades da pena..., op. cit.*, p. 253; TAVARES, Juarez. *Culpabilidade e individualização da pena..., op. cit.*, p. 124.

112. Exaustivamente sobre as objeções às teorias retributivas: GRECO, Luís. *Lebendiges und Totes..., op. cit.*, pp. 458-478.

113. Veja-se, neste sentido: HORN, Eckhard. Tatschuld-Interlokut und Strafzumessung. *Zeitschrift für die gesamte Strafrechtswissenshaft (ZStW)* 1973, pp. 13-23.

2.3.2 Teoria dos níveis

Originalmente desenvolvida por *Henkel*[114] e defendida por *Horn*[115] e *Schöch*,[116] a chamada "teoria dos níveis" (*Stellenwerttheorie* ou *Stufentheorie*), ancorada na ideia da compensação da culpabilidade, dirige suas críticas à teoria da moldura da culpabilidade, sobretudo, contra a ideia de "prevenção no âmbito da repressão", ou seja, *contra a interação entre considerações preventivas e retribuição da culpabilidade.*

Horn aponta que, de acordo com o pensamento e jurisprudência dominantes na Alemanha, um juiz ao decidir sobre a aplicação de uma pena, na maior parte dos casos, faz uma dupla valoração de aspectos preventivos: quando ele estabelece a quantidade de pena aplicável para o caso e, novamente, quando ele decide sobre o seu cumprimento ou suspensão.[117] Mas a ideia de que o sentido e a finalidade da pena devem ser a linha diretriz da determinação da quantidade de pena seria plausível apenas se se tratasse da determinação de uma pena privativa de liberdade.[118] Para *Horn,* não é possível negar que uma pena privativa de liberdade, penas restritivas e suspensão condicional da pena *são sanções orientadas por finalidades bastante distintas.* A única finalidade "geral" da pena que se poderia reconhecer é a "resposta ou reação que se deve dar ao delito".[119]

---

114. HENKEL, Heinrich. Die "richtige" Strafe. Gedanken zur richterlichen Strafzumessung. In: *Recht und Staat in Geschichte und Gegenwart.* Tübingen, Mohr, 1969, Heft 381/382, pp. 3-52. *Henkel* já enfatizava que a busca pela pena adequada à culpabilidade pela teoria da moldura de culpabilidade e pela teoria da pena exata baseia-se no equívoco de conceber que exista "uma" pena adequada à culpabilidade a ser *encontrada* pelo juiz. Com acerto, o autor sustentava que a determinação da pena é um ato de valoração individualizada do magistrado e, como tal, deve ser orientado em um princípio de medição claro, que ele afirma ser a gravidade da culpabilidade. *Idem, ibidem,* pp. 30-34; 45.

115. Cf. HORN, Eckhard. Zum Stellenwert der Stellenwerttheorie. In: FRISCH, Wolfgang; SCHMID, Werner (Hrgs). *Festschrift für Hans-Jürgen Bruns zum 70. Geburtstag.* Köln, Berlin, Bonn, München: Carl Heymanns, 1978, pp. 165-181; HORN, Eckhard. Wider der "doppelspurige" Strafhöhenzumessung. In: GRÜNWALD, Gerald; MIEHE, Olaf; RUDOLPHI, Hans-Joachim; SCHREIBER, Hans-Ludwig (Hrgs.). *Festschrift für Friedrich Schaffstein zum 70. Geburtstag am 28.* Juli 1975. Göttingen: Otto Schartz, 1975, pp. 241-254. Uma posição precursora encontra-se já em *Noll*: "Determinação da pena de acordo com a medida da culpabilidade significa, em primeiro lugar, determinação da pena de acordo com a gravidade da lesão ao bem jurídico, na medida que o autor possa ser responsabilizado por isso". NOLL, Peter. *Schuld und Prävention unter dem Gesichtspunkt der Rationalisierung des Strafrechts..., op. cit.*, p. 231. Tradução livre.

116. SCHÖCH, Heinz. Grundlage und Wirkungen der Strafe. In: GRUNDWALD, Gerald. *Festschrift für Schaffstein zum 70. Geburtstag am 28.* Juli 1975. Göttingen: Otto Schwartz, 1975, pp. 257-259.

117. HORN, Eckhard. *Wieder die "doppelspurige" Strafhöhenzumessung..., op. cit.*, p. 242. Ao que *Henkel* referiu-se como algo "simplesmente absurdo". HENKEL, Heinrich. *Die "richtige" Strafe..., op.* cit., p. 49.

118. HORN, Eckhard. *SK-StGB..., op. cit.*, § 46, Rn. 23.

119. *Idem, ibidem, loc. cit.*

O argumento de *Horn* sustenta que aspectos preventivos devem bastar e ser exclusivamente tomados apenas em um segundo nível da determinação da pena. Seria adequado considerar aspectos de prevenção especial e geral na escolha da imposição de uma pena de liberdade nos casos de uma pena fixada abaixo de 6 meses (§ 47 StGB), na decisão sobre a substituição da pena inferior a um ano (§ 56 StGB), na admoestação com reserva de pena (§ 59 StGB) e na decisão sobre renúncia à imposição da sanção, nos casos de consequências do crime que atingem gravemente o próprio agente, quando a pena é fixada abaixo de um ano (§ 60).[120] Todas essas disposições legais fazem referências específicas a considerações preventivas.

Diferente, contudo, a decisão sobre a quantificação da pena. Aqui não caberia ao juiz, ainda, considerar os efeitos que são de se esperar para a vida futura do agente. *Horn* entende que não está definido, até este momento, se uma pena (ou uma multa) será concretamente imposta (ou renunciada) e efetivamente cumprida (ou suspensa).[121] De todo modo, não seria possível ao juiz fazer uma afirmação prognóstica a respeito da duração necessária ou adequada de uma pena a partir de considerações preventivas[122] nem haveria critérios à disposição do juiz para tanto.[123]

A medida da pena, ao contrário, deveria ser estabelecida exclusivamente pela compensação da culpabilidade e dependeria da *medida do injusto culpável.*[124] Não se fala, portanto, em "prevenção no âmbito da repressão". A prevenção encontra um espaço reservado a um segundo nível no processo de determinação da pena, de forma que não interfira no primeiro, ou seja, na quantificação da pena. Afirma-se, por isso, que a teoria dos níveis teria dado uma solução elegante para o problema da antinomia das penas ao dividir em dois momentos o ato de determinação da sanção penal.[125]

A principal objeção à teoria dos níveis dirige-se à sua incompatibilidade com o código penal alemão. Ao lado da culpabilidade como critério fundamental de determinação da pena (§ 46 I S. 1), o § 46 I S.2 do StGB prescreve a denominada "cláusula social", que exige que o juiz considere "os efeitos da pena que são esperados para o futuro da vida do autor na sociedade". Discute-se se tal disposição estaria referida já à decisão sobre a quantidade de pena, ou seja, se se trata de um

---

120. HORN, Eckhard. *Wieder die "doppelspurige" Strafhöhenzumessung...*, *op. cit.*, p. 249.

121. *Idem, ibidem*, p. 247.

122. HORN, Eckhard. *Zum Stellenwert der "Stellenwertheorie"...*, *op. cit.*, p. 165.

123. HORN, Eckhard. *SK-StGB...*, *op. cit.*, § 46, Rn. 26.

124. HORN, Eckhard. *Zum Stellenwert der "Stellewerttheorie"...*, *op cit.*, p. 165; 172; *idem, Wieder die "doppelspurige" Strafhöhenzumessung... op. cit.*, pp. 243; 246; *idem, SK-StGB... op. cit.*, § 46, Rn. 34.

125. MEIER, Bernd-Dieter. *Strafrechtliche Sanktionen...*, *op. cit.*, p. 169.

dispositivo que promove uma modificação na pena adequada à culpabilidade.[126] A localização do dispositivo legal e sua relação com o § 46 Ab. I S. 1 não deixariam dúvidas, segundo sustentam os opositores da teoria dos níveis, de que se trata de uma orientação preventivo especial que deve ser observada já na determinação da pena *stricto sensu* e não poderia ser relegada apenas à decisão sobre o tipo de pena e sua forma de execução.[127] Isso teria uma importante consequência para quantidades de pena fixadas acima de dois anos "puramente determinadas pela culpabilidade", já que as disposições especificas do código penal alemão não permitem, nestes casos, a suspensão da pena privativa de liberdade. Com isso, a cláusula social prevista no § 46 Ab. I S. 2 estaria restrita a penas abaixo de dois anos.

Essas críticas, como se vê, resultam propriamente de especificidades das disposições do Código Penal alemão e não seriam oponíveis ao ordenamento brasileiro, sobretudo porque não há uma previsão semelhante a uma "cláusula social" que determine sejam observados, na imposição da sanção, os efeitos que se deve esperar da pena para a vida futura do autor em sociedade.[128] Não haveria incompatibilidade, em tese, entre as diretrizes da teoria dos níveis e a orientação do Código Penal brasileiro quanto às finalidades de "repressão" e "prevenção". Pelo contrário: dispor essas duas finalidades da pena em níveis distintos – pena-base ou determinação da pena *stricto sensu*,[129] integralmente ancorada na medida do injusto culpável, e considerações preventivas no momento da decisão sobre a natureza da pena e a possibilidade de sua substituição, ou determinação da pena *lato sensu,* a partir de considerações preventivas.

A objeção mais importante que merece a teoria dos níveis, parece-me, refere-se à sua ancoragem retributiva: a *compensação* da culpabilidade. A determinação da pena sob essas bases significaria uma "absolutização" do pensamento retributivo,[130] ideia amplamente rejeitada em um Direito Penal preventivo desti-

---

126. Cf. HORN, Eckhard. *Zum Stellenwert der "Stellenwertheorie"..., op. cit.*, pp. 166-168; 172.

127. Neste sentido *Roxin* critica alguns aspectos da teoria dos níveis, sobretudo, o isolamento da prevenção especial fora do momento de escolha da quantidade de pena, mas entende que ela está correta quando sustenta que na decisão da quantidade de pena não devem incidir considerações de natureza preventiva geral. Sua principal objeção dirige-se contra a impossibilidade de interferências de natureza preventivo especial na quantificação da pena, coerente, portanto, com a sua concepção de um Direito Penal preventivo. Cf. ROXIN, Claus. *Prävention und Strafzumessung..., op. cit.*, pp. 188; 192-204. Também: MÜLLER-DIETZ, Heinz. *Strafzumessung und Folgenorientierung..., op. cit.*, p. 419.

128. O mesmo refere *Feijoo Sánchez* a respeito do ordenamento espanhol: FEIJOO SÁNCHEZ, Bernardo José. *Individualización de la pena y teoria de la pena proporcional al hecho. El debate europeo sobre los modelos de derterminación de la pena.* Disponível em: www.indret.com, p. 11.

129. Cf. HORN, Eckhard. *Wider die "doppelspurige" Strafhöhenzumessung..., op. cit.*, p. 243.

130. STRENG, Franz. *Strafrechtliche Sanktionen..., op. cit.*, pp. 313-314.

nado à proteção de bens jurídicos.[131] Assim, *Weigend* aponta que penas retributivas embora satisfaçam o sentimento de justiça natural, apresentam a falha de não preencherem finalidades sociais positivas reconhecíveis e, portanto, dificilmente poderiam ser legitimadas como instituição em uma sociedade secular.[132] Uma pena adequada à culpabilidade que forneça uma correspondente medida da pena,[133] como já esboçado acima,[134] não poderia ser reconhecível pelo juiz, daí porque afirma-se que a crítica da teoria dos níveis contra uma impossibilidade de reconhecer a pena que corresponda à necessidade preventiva seria uma crítica contra ela mesma, pois tampouco existiria uma relação de correspondência entre culpabilidade e pena.[135]

Apesar de todos os esforços, sobretudo de *Horn*, no sentido de concretizar a medida da "pena adequada à culpabilidade" como sinônimo de "pena na medida do injusto culpável"[136] e de eliminar do âmbito da culpabilidade elementos preventivos, a ancoragem da sua concepção na ideia retributiva de compensação da culpabilidade estaria sujeita a uma grande rejeição.[137] Ademais, o entendimento da culpabilidade em um contexto retributivo está ligado à tradicional concepção moralizante da culpabilidade, que se vale de elementos individuais ligados à atitude interior do acusado, sua personalidade e condução de vida, o que já restou amplamente rejeitado.[138]

---

131. NOLL, Peter. *Schuld und Prävention..., op. cit.*, p. 227; SCHÜNEMANN, Bernd. *Entwicklung der Schuldlehre..., op. cit.*, p. 148; *idem, Die Funktion des Schuldprinzips im Präventionsstrafrecht..., op. cit.*, p. 189; *idem, Plädoyer..., op. cit.*, p. 210; ALBRECHT, Hans-Jörg. *Strafzumessung bei schwerer Kriminalität..., op. cit.*, p. 52; MELLO, Sebástian Borges de Albuquerque. *O conceito material de culpabilidade..., op. cit.*, pp. 338-339.

132. WEIGEND, Thomas. *Sind Sanktionen zu akzeptieren, die sich am Maß der Tatschuld orientieren?..., op. cit.*, p. 199.

133. HÖRNLE, Tatjana. *Tatproportionale..., op. cit.*, p. 103.

134. Cf. item 1.4, no Cap. 1.

135. ROXIN, Claus. *Prävention und Strafzumessung..., op. cit.*, p. 192.

136. HORN, Eckhard. *SK-StGB..., op. cit.*, § 46, Rn. 41-43. *Horn* pretende extrair do âmbito da medida do injusto culpável todos os fatores passados e futuros, ou seja, alheios ao injusto e à culpabilidade, relegando-os às considerações preventivas e à decisão sobre a natureza e forma de cumprimento da pena. Esse procedimento retira do critério de culpabilidade fatores que lhe são estranhos, especialmente, a análise da personalidade e da subjetividade do autor. Contra esse posicionamento, veja-se a crítica de *Bruns*: BRUNS, Hans-Jürgen. "Stellenwerttheorie" oder "Doppelspurige Strafhöhenbemessung"? In: JESCHECK, Hans-Heinrich; LÜTTGER, Hans. *Festschrift für Eduard Dreher zum 70. Geburtstag*. Berlin, New York: Walter de Gruyter, 1977, p. 262.

137. E também à impossibilidade de conciliação com dispositivos legais que preveem hipóteses de exclusão ou redução de pena. Cf. FEIJOO SÁNCHEZ, Bernardo José. *Retribución y prevención general. Un estudio sobre la teoria de la pena y las funciones del Derecho Penal*. Buenos Aires: Editorial B. de F., 2007, p. 122.

138. Cf. SCHÜNEMANN, Bernd. *Die Akzeptanz von Normen..., op. cit.*, p. 188.

As demais propostas da teoria dos níveis, conforme se verá abaixo, não são, contudo, de se descartar de antemão.[139]

O que poderia ser designado como um aperfeiçoamento da teoria dos níveis, sobretudo quanto ao sentido da culpabilidade como a medida do injusto culpável, observa-se no âmbito de propostas mais recentes orientadas à determinação da *pena proporcional ao fato*.[140] Elas coincidem com a teoria dos níveis, principalmente, na intenção de restringir consideravelmente aspectos preventivos na quantificação da pena, sem eliminá-los por completo.[141] É no âmbito de uma perspectiva da pena proporcional ao fato que o conceito de culpabilidade se livra de aspectos ligados ao mundo interior do agente, da sua origem metafísica e, sobretudo, da interferência de elementos ligados à prevenção no âmbito da pena orientada à culpabilidade.[142]

2.3.3 Teoria da pena proporcional ao fato

Antes de abordar as versões de uma teoria proporcional ao fato na doutrina alemã, devo fazer uma justificativa a respeito da minha opção de abordagem.

Teorias que defendem a proporcionalidade entre pena e fato são largamente discutidas e, atualmente, dominantes na literatura anglo-saxã. Elas também inspiraram mudanças legislativas na Finlândia[143] e na Suécia,[144] bem como orientam as chamadas *sentencing guidelines* em jurisdições federais dos Estados Unidos da América, no país de Gales e Inglaterra.[145]

Seria desnecessário para os fins aqui pretendidos analisar as premissas e diferentes posicionamentos de autores destes países, ou detalhar como funcionam aqueles sistemas na prática. Em primeiro lugar, porque não pretendo defender

---

139. Cf. item 2.3.2, abaixo. A despeito das divergências, assim também reconheceram *Bruns* e *Roxin*: BRUNS, Hans-Jürgen. *Stellenwerttheorie...*, *op. cit.*, p. 257; ROXIN, Claus. *Prävention und Strafzumessung...*, *op. cit.*, pp. 191-192.

140. *Grosse-Wilde* qualifica a teoria dos níveis como uma "parente" da teoria da pena proporcional ao fato: GROSSE-WILDE, Thomas. *Erfolgszurechnung in der Strafzumessung...*, *op. cit.*, p. 66. Também *Giannoulis* refere-se à teoria da pena proporcional ao fato e sua relação com a prevenção como uma "ressuscitação" da teoria dos níveis: GIANNOULIS, Georgios. *Studien Zur Strafzumessung...*, *op. cit.*, p. 25; 409. Também: ESCHELBACH, Ralf. *Op. cit.*, § 46, Rn. 41.

141. VON HIRSCH, Andrew; NILS, Jareborg. *Strafmaß und Gerechtigkeit...*, *op. cit.*, pp. 29-32.

142. REICHERT, Christoph. *Intersubjektivität...*, *op. cit.*, p. 123.

143. Cf. LAPPI-SEPAPÄLÄ, Tapio. Das Proportionalitätsprinzip in der finnischen Strafzumessungspraxis. In: *Tatproportionalität...*, *op. cit.*, pp. 261-262.

144. VON HIRSCH, Andrew; JAREBORG, Nils. *Strafmaß und Strafgerechtigkeit...*, *op. cit.*, pp. 35 e ss.

145. Detalhadamente a respeito: CAMPOS, Gabriel Silveira de Queirós. Discricionariedade judicial e sistema de aplicação da pena. In: *Sentença criminal e aplicação da pena...*, *op. cit.*, pp. 207-237.

a criação de regras para a elaboração de uma escala de gravidade entre penas e delitos, objetivo que parece orientar fundamentalmente aquelas versões.[146] Em segundo lugar, porque meu objetivo é utilizar fundamentos que sejam aplicáveis ao sistema brasileiro, onde vige o direito positivado e que se vale de categorias específicas da dogmática jurídico penal. Como pretendo demonstrar mais adiante, a principal teoria da pena proporcional ao fato desenvolvida na Alemanha trabalha com critérios da teoria do delito (injusto de ação, de resultado e culpabilidade) e sobre eles se centra para fornecer outros critérios de medição de pena que auxiliem e racionalizem o processo de determinação judicial da sanção. Neste ponto, distancia-se substancialmente de outras versões de uma pena proporcional.[147] De outro lado, embora muitas de suas premissas coincidam com fundamentos, sobretudo, da doutrina de *von Hirsch*, não seria correto afirmar que se trata de *uma* teoria da proporcionalidade.[148] Ao contrário, distintas abordagens foram desenvolvidas a partir de argumentos autônomos e independentes uns dos outros.[149] Principalmente, a ideia de uma determinação da pena proporcional ao fato é *defendida a partir de distintas visões sobre a teorias de justificação da pena*, e de forma alguma apenas a partir de teorias absolutas.[150]

A despeito do surgimento de propostas recentes voltadas à criação de escalas de gravidade entre crimes e penas[151] e à elaboração de esquemas de aplicação da pena inspirados nas *sentences guidelines* americanas[152] – que, particularmente, parecem-me implicar um engessamento da atividade judicial – a maior contribuição das versões de uma teoria pena proporcional ao fato na Alemanha, ao contrário, consiste em fornecer *critérios claros de determinação da pena como opção à atividade judiciária intuitiva e carente de um ponto de orientação para*

---

146. Também críticos a respeito: HÖRNLE, Tatjana, *Tatproportionale...*, *op. cit.*, pp. 362-364; FRISCH, Wolfgang. Maßstäbe der Tatproportionalität und Veränderungen des Sanktionenniveaus. In: *Tatproportionalität...*, *op. cit.*, p. 166; GOMES, Mariângela Gama de Magalhães. *O Princípio da proporcionalidade no Direito Penal.* São Paulo: Editora Revista dos Tribunais, 2003, pp. 181-182.

147. Embora haja grande semelhança com a estrutura de *harm* e *culpability* presente teoria da proporcionalidade formulada por *von Hirsch*, *Jareborg* e *Ashworth*, principais defensores deste modelo na literatura inglesa: VON HIRSCH, Andrew. *Doing Justice*: *The choice of punishments (Report of the Committee for the study of incarceration).* Boston: Northeastern University Press, 1986, p. 69; VON HIRSCH, Andrew; JAREBORG, Nils. Gauging criminal harm: a living-standard analysis. *Oxford Journal of Legal Studies*, vol. 11, n. 1, 1991, p. 2; VON HIRSCH, Andrew; ASHWORTH, Andrew; ROBERTS, Julian (org.). *Principled Sentencing. Readings on Theory and Policy.* Oxford: Hart Publishing, 2009, p. 144.

148. Assim, expressamente, *Grosse-Wilde*: "Não existe 'a teoria' de determinação da pena proporcional ao fato". GROSSE-WILDE, Thomas. *Erfolgszurechnung in der Strafzumessung...*, *op. cit.*, pp. 67-68. Tradução livre.

149. Cf. GIANNOULIS, Georgios. *Studien zur Strafzumessung...*, *op. cit.*, p. 19.

150. Cf. GIANNOULIS, Georgios. *Studien zur Strafzumessung...*, *op. cit.*, p. 68.

151. Assim: GIANNOULIS, Georgios. *Studien zur Strafzumessung...*, *op. cit.*, pp. 314 e ss.

152. Assim: REICHERT, Christoph. *Intersubjetivität...*, *op. cit.*, pp. 251 e ss; 294.

o caso concreto. O que basta registrar aqui é que uma perspectiva de aplicação da pena proporcional ao fato, em suas diversas e variadas versões, serve e pretende realizar muito mais do que isso.[153]

Na doutrina alemã, as abordagens que conferem ênfase à pena aplicada de forma proporcional e retrospectiva à gravidade do fato surgem a partir do final da década de 1980 e ocupam-se das dificuldades impostas pela dominância da teoria da moldura da culpabilidade, como a insegurança da margem da culpabilidade, a não resolução das antinomias entre as finalidades de retribuição da culpabilidade e prevenção, além de outras até então pouco enfrentadas pela doutrina dominante.[154] A ideia de uma aplicação da pena proporcionalmente ao fato delitivo é defendida a partir de diferentes fundamentos sobre os fins que legitimam a pena estatal e o ato de inflição da pena.

Apesar da variedade de justificações para uma pena proporcional, parece haver um consenso geral: a sanção determinada proporcionalmente ao fato é uma orientação que possui um caráter *hierarquicamente superior a considerações preventivas* que, embora possam ser admitidas, somente podem ser consideradas em medida bastante restrita, e desde que respeitem a regra da proporcionalidade da pena com o fato.

a) Teoria da pena proporcional ao fato sob fundamentos de prevenção geral de integração

Schünemann foi quem pela primeira vez propôs uma teoria de aplicação da pena proporcional ao fato[155] em um artigo dedicado, sobretudo, a expor as insuficiências da teoria da moldura da culpabilidade, sua incapacidade de resolução da antinomia das finalidades de pena e apontar a negligência da doutrina na interpretação do papel da culpabilidade para a medida da pena.

O autor não detalha pormenorizadamente como seria concretizada a pena no caso concreto, de acordo com a sua proposta. Mas ele se dedicou, sobretudo, a consolidar fundamentos teóricos de acordo com a nova orientação preventiva do Direito Penal e em consideração a resultados empíricos de natureza criminológica a respeito dos efeitos da pena.[156] Essencialmente, o autor refuta o alicerce retributivo do conceito de culpabilidade sobre o qual se ancora a teoria da moldura de culpabilidade, considerado obsoleto no âmbito de um Direito Penal que se justifica na proteção de bens jurídicos, e formula fundamentos de justificação da pena

153. Para uma visão geral, na doutrina brasileira: CAMPOS, Gabriel Silveira de Queirós. *Discricionariedade judicial e sistema de aplicação da pena...*, *op. cit.*, pp. 197-250.

154. Cf. item 1.4, no Cap. 1.

155. SCHÜNEMANN, Bernd. *Plädoyer...*, *op. cit.*, pp. 209-238.

156. *Idem, ibidem*, p. 237.

que seriam válidos para realizar a dupla função de servir a finalidades preventivas e, de outro lado, justificar a pena frente ao apenado.

Finalidades preventivo especiais, tanto de melhoria (positiva) como de segurança (negativa) seriam de pouca fiabilidade empírica e apresentariam incompatibilidades normativas com a finalidade de proteção de bens jurídicos.[157] A ideia de ressocialização por meio da imposição da pena deveria ser vista como uma premissa ilusória, já que a pretensão de tratamento intramural seria uma mera construção ideológica, e a prisão não exerceria o seu atribuído papel de educação e exercício da responsabilidade social.[158]

Também abordagens de prevenção geral positiva (prevenção geral de integração) necessitariam de um complemento, na medida em que não seriam suficientes para explicar a pena em todas as suas formas de manifestação, especialmente, na criminalidade mais grave, hipótese na qual não se poderia temer um enfraquecimento do reconhecimento do valor da norma.[159] Este complemento deveria ser buscado em uma teoria social empírica apta, sobretudo, a esclarecer a criminalização de crimes de delitos leves e moderados o que, segundo o autor, somente poderia derivar de uma perspectiva de prevenção geral dissuasória.[160] *Schünemann* considera essa abordagem da finalidade da pena, do ponto de vista do afetado, sob um enfoque "econômico", um cálculo de custo benefício que seria levado em conta pelo autor, antes da prática do delito.[161] Ainda que seu apoio empírico seja igualmente escasso, como reconhece o autor, o efeito ameaçador preventivo geral da norma penal, nesta nova configuração da prevenção geral negativa,[162] pareceria muito mais sustentável do que em suas antigas formulações, que remontam à ideia de coação psicológica.[163]

Essa perspectiva que associa prevenção geral positiva e prevenção geral dissuasória, contudo, não poderia ser completamente transportada para a aplicação da pena, âmbito no qual importa a *legitimidade da pena perante o acusado*,[164] já que não é possível orientar a aplicação da pena a partir de efeitos empíricos comprováveis.[165] De outro lado, haveria problemas de legitimação: é certo que por razões de prevenção geral, lesões a bens jurídicos deveriam ser apenadas de forma bastante expressiva. De outro lado, a eficácia preventiva geral positiva somente

157. SCHÜNEMANN, Bernd. *Plädoyer...*, *op. cit.*, p. 218.
158. *Idem, ibidem*, p. 215.
159. *Idem, ibidem*, p. 221.
160. *Idem, ibidem*, p. 221.
161. *Idem, ibidem*, p. 222.
162. Sobre a legitimidade da prevenção geral negativa como teoria de justificação da pena sob um viés liberal, veja-se: GRECO, Luís. *Lebendiges und Totes...*, *op. cit.*, p. 356 e ss.
163. SCHÜNEMANN, Bernd. *Plädoyer...*, *op. cit.*, p. 222.
164. Com mais referências: SCHÜNEMANN, Bernd. *Die Akzeptanz von Normen...*, *op. cit.*, pp. 189-193.
165. SCHÜNEMANN, Bernd. *Plädoyer...*, *op. cit.*, p. 223.

poderia derivar uma orientação da sanção no desvalor quantificado do fato em alguns casos, mas não em todos, já que por meio de sanções graves seria comunicado um desvalor igualmente grave do fato, e vice-versa. Ademais, no caso concreto não seria possível comprovar o quanto de pena é exatamente necessário para o controle da sociedade e cumprir o efeito de internalização do valor da norma.[166]

A solução proposta pelo autor é apoiar a determinação da pena *nos princípios da igualdade e da proporcionalidade.*[167] Desta forma seria possível, ao mesmo tempo, assegurar a finalidade de proteção de bens jurídicos e legitimar a imposição da pena frente ao afetado. Somente seriam consideradas necessárias aquelas penas que servem para a estabilização da consciência jurídica geral, a internalização do respeito aos bens jurídicos, a redução das lesões às normas ou a proteção da sociedade contra delitos futuros. Somente seriam admissíveis aquelas penas cuja inflição contra o afetado possa ser justificada pelo princípio de culpabilidade e por meio da atenuação dos seus efeitos dessocializadores.[168]

Na proposta de *Schünemann*, o papel retributivo de fundamentação da pena tradicionalmente atribuído à culpabilidade seria reduzido a uma função meramente limitadora. A culpabilidade como critério de determinação da pena livra-se de seu entendimento ontológico e mantém apenas sua função limitativa.[169] Disso resultam duas ideias que serão centrais para desenvolvimentos posteriores de uma teoria da pena proporcional ao fato: "*apenas as circunstâncias imputáveis ao autor a título de culpa devem construir o fundamento real de determinação da pena*"[170] o que leva já a uma limitação das circunstâncias de fato na determinação da pena – sobretudo, a personalidade do agente[171] – e conduz a uma maior previsibilidade das sanções penais.

A teoria da pena proporcional sustentada por *Schünemann* fundamenta-se, em resumo, sobre as bases de uma "*prevenção geral através da justa retribuição*"[172] de acordo com a qual *o desvalor quantificado do fato* ou a *gravidade do injusto*[173] fornece o critério decisivo da determinação da quantidade de pena.[174]

---

166. *Idem, ibidem, loc. cit.*
167. *Idem, ibidem*, p. 224.
168. *Idem, ibidem*, pp. 224-225.
169. *Idem, ibidem*, p. 225.
170. *Idem, ibidem, loc. cit.*
171. *Idem, ibidem*, pp. 226-227.
172. SCHÜNEMANN, Bernd. *Die Akzeptanz von Normen..., op. cit.*, p. 186.
173. SCHÜNEMANN, Bernd. *Die Akzeptanz von Normen..., op. cit.*, p. 194; *idem, Die Funktion des Schuldprinzips..., op. cit.*, p. 193.
174. SCHÜNEMANN, Bernd. *Plädoyer..., op. cit.*, p. 225. Atualmente, outros autores seguem essa orientação preventiva de integração na defesa de uma teoria da pena proporcional ao fato. Assim *Reichert* sustenta sua proposta de uma teoria proporcional amparada na prevenção geral de integração ou associativa, concepção segundo a qual a determinação da quantidade da pena deve ser realizada de acordo com a medida da reprovabilidade do

No ato de imposição da pena, portanto, considerações preventivas estariam, como regra, fora de consideração.[175]

b) Teoria da pena proporcional ao fato sob fundamentos de uma teoria expressiva da pena

No final da década de 1990, *Hörnle* desenvolve sua teoria de pena proporcional ao fato,[176] em certa medida influenciada pela doutrina de *von Hirsch* e sua ideia central de censura.[177] Segundo essa abordagem, a justificação da imposição da sanção penal é entendida a partir de uma teoria expressiva e do papel da censura como elemento de expressão de reprovação. Censura seria o elemento capaz de distinguir, por exemplo, entre uma pena pecuniária e o dever de pagar um imposto: ela expressa a reprovação por um comportamento anterior. Este ato expressivo da censura seria um elemento essencial da pena e constituiria um juízo de desvalor feito em nome da sociedade, necessariamente orientado retrospectivamente, ou seja, dirigido ao fato ocorrido no passado.[178]

A censura como elemento da pena exerceria os papéis de promover a estabilização da norma, já que expressar a reprovação contém um apelo ao autor e a terceiros para que tomem conhecimento do fato, comunicando-lhes que o comportamento sancionado era errado e que comportamentos semelhantes no futuro devem ser evitados;[179] comunicar a vítima que a perda por ela sofrida é resultado de um injusto reconhecido e punido pelo Estado e, na inflição concreta

comportamento, de forma retrospectiva e, segundo sua proposta, nos moldes das *sentencing guidelines* americanas. REICHERT, Christoph. *Intersubjektivität...*, *op. cit.*, pp. 123; 256; 294-296.

175. O autor concebe a possibilidade excepcional de considerações preventivo especiais limitadas a decisões prognósticas apenas em benefício do autor. Cf. SCHÜNEMANN, Bernd. *Die Funktion des Schuldprinzips...*, *op. cit.*, p. 193.

176. Uma proposta de implementação de um sistema de determinação da pena proporcionalmente ao fato já havia sido publicada na Alemanha por *von Hirsch* e *Jareborg*, em 1991 na qual traçam linhas gerais de uma teoria proporcional ao fato fundada na ideia de censura e pretendem adaptá-la para o ordenamento jurídico alemão. Cf. VON HIRSCH, Andrew, JAREBORG, Nils. *Strafmaß und Strafgerechtigkeit. Die deutsche Strafzumessungslehre und das Prinzip der Tatproportionalität.* Bonn: Forum Verlag Godesberg, 1991.

177. VON HIRSCH, Andrew. *Doing Justice...*, *op. cit.*, pp. 45 e ss.

178. Cf. HÖRNLE, Tatjana. *Tatproportionale...*, *op. cit.*, p. 114. Contrariamente, *Weigend* contesta a ideia de que a justificação da pena se baseie no elemento da censura, muito embora ela seja um elemento inseparável da pena. Ele entende ainda que não é possível sustentar que penas devam ser proporcionais ao fato apenas sob o fundamento do conteúdo de censura existente nas penas. WEIGEND, Thomas. *Sind Sanktionen zu akzeptieren...*, *op. cit.*, p. 204. Também crítico a respeito da caracterização da pena como reprovação, já que a censura seria insuficiente para fundamentar o conceito de pena: GRECO, Luís. Schuldprinzip und Strafbarkeit juristischer Person. *Goltdammer's Archiv für Strafrecht (GA)* 162, 2015, pp. 510-511.

179. HÖRNLE, Tatjana. *Tatproportionale...*, *op. cit.*, p. 116.

da pena, ela seria o elemento que *justificaria o argumento da proporcionalidade.*[180] A medida da inflição do mal da pena refletiria, inevitavelmente, a medida da censura e, essa, por sua vez, deve corresponder ao desvalor do comportamento. A ideia de proporcionalidade entre fato e pena estaria baseada na sua relação com a medida da censura: medida da pena depende da *medida de desvalor do fato.*[181]

Neste contexto, finalidades preventivas, que sempre possuíram um papel proeminente na tradição de determinação judicial da pena, não devem ser perseguidas no ato de concretização da pena no caso concreto. Se a gravidade da inflição da pena inevitavelmente expressa a medida da censura, a quantidade de pena não pode ser dependente de aspectos que se situem fora do fato pelo qual o autor é censurado.[182] Uma separação da quantidade de pena em uma parte retrospectiva e outra preventiva não seria possível, em razão da conexão entre censura e inflição da pena.[183] O fundamento teórico de justificação de uma pena proporcional ao fato, segundo a concepção de *Hörnle, não se situa em uma concepção absoluta da pena,* mas no elemento e na função da censura.[184]

Para a teoria de *Hörnle* é também decisiva uma separação que parece não encontrar qualquer correspondente nas teorias tradicionais de determinação da pena: a autonomia entre os contextos de *justificação* do sistema penal e de *inflição da pena em concreto.* Essa distinção, que a autora fundamenta na doutrina de *Hart*, implica a ideia de que os fins que justificam a existência da pena não devem ser necessariamente perseguidos na concretização da medida da pena.[185] *Hart* esclarece que uma coisa é utilizar a palavra "retribuição" para designar a justificação geral da finalidade do sistema e outra seria utilizá-la para referir-se à *distribuição da pena.* Seria plenamente possível, segundo o autor, afirmar que a finalidade de justificação geral da prática da pena é sua consequência utilitária geral e ao mesmo tempo, que a perseguição dessa finalidade deveria ser qualificada ou restrita sem consideração aos princípios de distribuição, os quais requerem que a pena deva apenas existir para um ofensor em razão de uma ofensa.[186] No âmbito da distribuição da pena, ou seja, na inflição da pena, seria admissível realizar restrições

---

180. *Idem, ibidem, loc. cit.*
181. *Idem, ibidem*, p. 143.
182. *Idem, ibidem*, p. 388.
183. *Idem, ibidem*, p. 389.
184. *Idem, ibidem*, p. 387.
185. Contrariamente: FEIJOO SÁNCHEZ, Bernardo José. *Retribución y prevención general..., op. cit.*, p. 677; RODRIGUES, Anabela Miranda. *A determinação da medida da pena privativa de liberdade..., op. cit.*, pp. 570 e ss.
186. Cf. HART, H.L.A. *Punishment and Responsibility. Essays in the Philosophy of Law.* Oxford: Claredon Press, 1968, p. 9. Contrariamente: DOLINKO, David. Some Thoughts about Retributivism. *Ethics*, vol. 101, n. 3, 1991, p. 541; FINNIS, John. The Restoration of Retribution. Analysis, vol. 32, Issue 4, 1 March 1972, p. 135.

que não seriam coerentes com uma justificação lógica utilitarista da pena.[187] A essa ideia *Hörnle* acrescenta que considerações orientadas à prevenção de delitos, embora desempenhem certamente um papel na teoria da pena, o fazem de uma forma *mista*, ou seja, ao lado de outras considerações não teleológicas, nomeadamente, *simbólico-expressivas* (censura). Não seria possível, neste sentido, derivar dos componentes orientados às finalidades da teoria da pena uma correspondente finalidade para a inflição concreta da pena.

c) Teoria da pena proporcional ao fato como corolário dos princípios da culpabilidade e da legalidade

Uma teoria de aplicação da pena proporcional ao fato que foi formulada para o direito brasileiro, inspirada na doutrina alemã, enfatiza mais claramente um distanciamento de aspectos preventivos no ato de imposição da pena, defendendo uma relativa autonomia entre finalidades de justificação da pena e de determinação judicial da sanção.

Teixeira parte da distinção entre os planos de ameaça da pena e inflição concreta da pena: do ponto de vista da ameaça da pena, a função de prevenção geral de delitos, ou seja, prevenção geral intimidatória, seria a justificação que melhor explicaria, do ponto de vista de sua legitimidade, a existência da pena perante a sociedade.[188] No plano da imposição concreta da pena, ao contrário, o efeito preventivo geral não teria qualquer relevância. Aqui se trata da esfera onde importa a legitimação da pena perante o afetado e na qual devem incidir princípios que atuem como barreiras ético e jurídico-constitucionais contra o exercício do poder estatal. Neste âmbito, os limites do poder estatal encontrariam uma barreira efetiva, em primeiro lugar, no princípio de culpabilidade, o que significa que as circunstâncias a serem valoradas na determinação da pena são aquelas que o autor podia conhecer e evitar[189] – do que se conclui que "*nada além do injusto e da culpabilidade stricto sensu pode fundamentar um determinado seguimento de pena*".[190]

O autor, no entanto, não entende que apenas do princípio de culpabilidade seja possível derivar a exigência de uma pena proporcional ao fato, livre de considerações preventivas, e acrescenta-lhe um fundamento complementar que decorre

---

187. HÖRNLE, Tatjana. *Tatproportionale...*, *op. cit.*, pp. 126-127. Esta ideia fica mais clara a partir do exemplo citado por *Hart* e comentado por *Hörnle*: embora no âmbito do Direito Civil os contratos partam do pressuposto da livre vontade individual das partes, que se concretiza nos termos do acordo, haveria evidentemente a necessidade de proteger as partes contratantes de erros ou equívocos, o que conduz a que, na interpretação da declaração de vontade das partes, sejam utilizados critérios objetivos. *Idem, ibidem*, p. 127; HART, H.L.A. *Punishment and Responsibility...*, *op. cit.*, p. 10.

188. TEIXEIRA, Adriano. *Teoria de aplicação da pena...*, *op. cit.*, pp. 97-98.

189. Cf. TEIXEIRA, Adriano. *Teoria de aplicação da pena...*, *op. cit.*, p. 106.

190. *Idem, ibidem, passim.*

do princípio de legalidade.[191] Ele observa que a determinação da pena não deve ser relegada ao arbítrio judicial e neste sentido, o princípio de legalidade seria capaz de conferir à atividade judicial previsibilidade e calculabilidade, pautando-a em critérios transparentes e reconduzíveis à lei.[192] O imperativo de uma pena proporcional ao fato derivaria, portanto, da observância destes dois princípios fundamentais do Direito Penal: da culpabilidade e da legalidade.[193]

Essas premissas parecem deixar mais claro que *a justificação para uma teoria da pena proporcional ao fato não se vincula necessariamente a uma concepção expressiva da pena, tampouco a uma teoria retributiva.* Sobretudo, estas distintas posições e argumentos para uma pena proporcional ao fato demonstram que a importância da discussão a respeito da antinomia das finalidades da pena na determinação concreta da pena atenua-se no âmbito de uma teoria proporcional.[194] Distintas versões desta mesma perspectiva são sustentadas a partir de fundamentos muito distintos a respeito dos fins que justificam a ameaça de pena. Parece mais claro, portanto, que entre justificação da pena e o seu princípio de medida há, portanto, uma *inevitável ruptura.*[195]

Concretamente, esta ideia ganha sentido quando se reconhece a impossibilidade de submeter o juiz à tarefa de avaliar empiricamente a pena cabível a cada caso concreto que produza efeitos de prevenção geral e especial; na injustiça que encerraria ao apenado a imposição de penas que extrapolem o que deve ser limitado pelo princípio de culpabilidade e na duvidosa aceitação da interferência de prognoses acerca da "necessidade de pena para a melhoria pessoal ou dissuasão pessoal" ou "repressão" do potencial criminoso em terceiros. Sob o ponto de vista da legitimidade, *os fundamentos que dependem de uma análise dos motivos da justificação dos fins da pena perante a sociedade* não são os mesmos que os *do ponto de vista do apenado.*

Determinante para uma pena proporcional ao fato é a separação entre os contextos de justificação do sistema penal e de determinação da pena concreta, assim como a orientação retrospectiva ao desvalor do fato.[196] A teoria da pena

---

191. Ele cita o exemplo de uma pena imposta mais severamente com a finalidade de conter delitos com um número crescente de incidência na comunidade, ou seja, uma pena motivada pela necessidade de um maior efeito preventivo geral. Partindo-se da suposição de que o acusado tenha ciência desse fato (o aumento expressivo do mesmo tipo de crime), seria possível afirmar que se trata de circunstância que ele sabia e portanto, podia evitar. Aquele seguimento maior de pena não poderia ser considerado, segundo esse raciocínio, uma lesão ao princípio de culpabilidade. *Idem, ibidem*, pp. 107-108.

192. *Idem, ibidem*, p. 109.

193. *Idem, ibidem, passim.*

194. Também: GROSSE-WILDE. *Erfolgszurechnung..., op. cit.*, pp. 90-91.

195. Criticamente: WEIGEND, Thomas. *Sind Sanktionen zu akzeptieren..., op. cit.*, p. 203; PAWLIK, Michael. Person, Subjekt, Bürger. Berlin: Duncker & Humblot, 2004, p. 49.

196. Cf. HÖRNLE, Tatjana. *Tatproportionale..., op. cit.*, p. 388.

proporcional ao fato, portanto, ignora a pergunta sobre "por que punir" e concentra-se na questão sobre "quanto punir".[197]

Isso não significa que a imposição concreta de uma pena orientada à gravidade do injusto culpável não preencha e exerça necessidades preventivas, especialmente, a necessidade de prevenção geral.[198] É neste sentido que *von Hirsch* concebe que a imposição do mal da pena possui não apenas a função de expressar a censura e mostrar ao autor do delito que a reprovação do Estado é séria, mas também uma função preventiva geral que serve como "*razão prudencial*": os resultados negativos do delito serviriam como uma forma de evitar que as pessoas cometam comportamentos puníveis e, desta forma, dá aos cidadãos razões morais e prudenciais para não cometerem delitos.[199] A pena também certamente age sobre o sentenciado – embora em uma medida que não é possível demonstrar – como um desestímulo para o cometimento de novos delitos. Mas disso não decorre que tais finalidades devam concretizar-se na *atividade judicial de determinação da pena.*[200]

Uma pena determinada de forma proporcional ao injusto culpável também não é meramente asséptica ou "sem finalidades", o que representaria mera imposição do mal, sem justificativas. Enquanto o princípio de culpabilidade pelo fato for diretriz fundamental da determinação da sanção, a inflição da pena no caso concreto poderá ser justificada perante o apenado.[201] Uma pena ancorada na culpabilidade do autor o concebe como sujeito responsável e consciente de sua capacidade de evitação do mal da pena.

Os fins que fundamentam a existência da pena estatal é um tema inerente ao âmbito teórico de justificação do sistema criminal, independente e muito mais complexo do âmbito da determinação da pena, com o qual a prática judicial não precisa ocupar-se.

d) Adoção da perspectiva proporcional ao fato como modelo de determinação judicial da pena

Uma observação da evolução do direito de aplicação da pena na doutrina alemã permite afirmar que muitas premissas assumidas por uma teoria da pena proporcional ao fato possuem raízes em discussões e reflexões anteriores, que

---

197. GIANNOULIS, Georgios. *Studien zur Strafzumessung...*, *op. cit.*, p. 17; REICHERT, Christoph. *Intersubjektivität...*, *op. cit.*, p. 124.

198. Assim: NOLL, Peter. *Schuld und Prävention...*, *op. cit.*, p. 222.

199. VON HIRSCH, Andrew. *Begründung und Bestimmung tatproportionaler Strafen...*, *op. cit.*, p. 55. Também: FRISCH, Wolfgang. *Zur Bedeutung von Schuld...*, *op. cit.*, p. 20

200. Assim também: TEIXEIRA, Adriano. *Teoria de aplicação da pena...*, *op. cit.*, p. 72. Contrariamente: RODRIGUES, Anabela Miranda. *A determinação da medida da pena privativa de liberdade...*, *op. cit.*, p. 570.

201. SCHÜNEMANN, Bernd. *Die Funktion des Schuldprinzips...*, *op. cit.*, p. 190.

foram se consolidando progressivamente. Exemplo disso é a doutrina de *Frisch* quem, também no final da década de 1980,[202] lançou fundamentos que viriam constituir a base de ancoragem da teoria de determinação da pena elaborada posteriormente por *Hörnle*.[203]

A falta de reconhecimento empírico a respeito dos efeitos da imposição de penas por meio de prognósticos fictícios ("*para expiação da culpabilidade, dois anos; para a melhora do autor, três anos e para a dissuasão geral quatro ou cinco anos*"[204]) é apontada por ele como reflexo de uma supervalorização do pensamento preventivo e da antinomia das finalidades da pena. O fundamento decisivo para a proibição de um aumento de pena por razões preventivas estaria no fato de que a censura social somente pode ser aplicada na medida em que a responsabilidade do autor seja suficiente, ou seja, se o injusto por ele causado pode ser a ele censurado.[205] A recusa à orientação tradicional da doutrina nas finalidades da pena como diretriz decisiva, como visto, é premissa fundamental de uma perspectiva proporcional ao fato.[206]

Frisch dedicou-se também ao esclarecimento do papel do critério da culpabilidade para a medida da pena, criticando sua alegada capacidade de agravamento segundo a concepção majoritária à época.[207] Sua crítica volta-se contra a equivocada ideia da existência de elementos ligados ao autor capazes de "agravar" a medida da culpabilidade, demonstrando que o substrato básico em que se apoiam todas as concepções da culpabilidade na teoria do delito é o entendimento da culpabilidade como o "poder agir de modo diverso".[208] O apoio da prática de determinação da pena na teoria do delito, não apenas na compreensão do conceito de culpabilidade, mas em sentido amplo, é outro aspecto que se pode atribuir à doutrina de *Frisch*, e que constitui alicerce importante de uma pena proporcional ao fato.[209]

---

202. FRISCH, Wolfgang. Gegenwärtiger Stand und Zukunftsperspektiven der Strafzumessungsdogmatik. *Zeitschrift für die gesamte Strafrechtswissenschaft (ZStW) 99*, 1987, pp. 349-388; 751-805.

203. Embora não tenha defendido propriamente uma teoria de pena proporcional ao fato, *Frisch* já havia apontado para a importância da determinação da pena orientada à teoria do delito também como forma de possibilitar um sistema comparativo de gravidade de penas de acordo com a incidência de fatores agravantes e atenuantes do injusto e da culpabilidade, e o estabelecimento de uma escala de gravidade. FRISCH, Wolfgang. *Strafsystem und Strafzumessung..., op. cit.*, pp. 28 e ss.

204. Cf. FRISCH, Wolfgang. *Gegenwärtiger Stand..., op. cit.*, p. 364.

205. Cf. FRISCH, Wolfgang. *Gegenwärtiger Stand..., op. cit.*, p. 366.

206. *Idem, ibidem, loc. cit.* A essa análise crítica, *Bruns* respondeu com uma nova publicação: BRUNS, *Neues Strafzumessung? Reflexionen über eine geforderte Umgestaltung*. Köln: Heymann, 1988.

207. FRISCH, Wolfgang. *Gegenwärtiger Stand..., op. cit.*, pp. 382 e ss; *idem, Unrecht und Schuld..., op. cit*, p. 240 e ss.

208. FRISCH, Wolfgang. *Gegenwärtiger Stand..., op. cit.*, p. 382.

209. FRISCH, Wolfgang. *Strafsystem und Strafzumessung..., op. cit.*, pp. 5 e ss.

Esse conjunto de reflexões não são, portanto, uma "descoberta" da teoria proporcional, mas encontraram nela uma *estruturação lógica*, sobretudo com o esclarecimento do papel da culpabilidade para a medida da pena.[210] Somente a partir de um entendimento restrito da culpabilidade em sentido estrito e da subordinação do conceito em sentido amplo ao elemento de injusto seria possível estabelecer limites para considerações preventivas na aplicação da pena.[211]

Em uma teoria de aplicação da pena proporcional ao fato a valoração apenas indireta ou indiciária do injusto, como tradicionalmente se observa na prática de determinação da pena, cede lugar a uma disposição deste elemento *como critério central e determinante*. Essa perspectiva elimina resquícios de uma tradição voltada à valoração da atitude interior como fator independente de pena – por exemplo, a graduação do dolo como "acentuado", independentemente do exame do tipo penal realizado na ação.[212] O critério do injusto assume uma posição decisiva à qual a culpabilidade em sentido estrito fica subordinada: determinada a carga de injusto, é analisada a possibilidade de uma eventual redução decorrente da presença de alguma circunstância atenuante da culpabilidade.[213]

Consequências de uma determinação da pena apoiada nestes dois elementos são a *eliminação de resquícios de uma culpabilidade pessoal* que possa ser agravada por elementos ligados à subjetividade do agente e a redução considerável de um grande número de circunstâncias judiciais de aplicação de pena,[214] possibilitando a "*definitiva despedida de uma anacrônica abrangente avaliação da personalidade do autor*",[215] na medida em que fica esclarecido como e por que determinados critérios importam para a graduação do injusto e da culpabilidade em sentido estrito. Por facilitar a valoração qualitativa e quantitativa dos aspectos relevantes de um fato – diferentemente do nosso tradicional sistema de circunstâncias judiciais – ficam fora de consideração critérios que não tenham qualquer relação com o injusto culpável; neste sentido, uma pena proporcional ao fato respeita e orienta-se, rigorosamente, pelo *princípio de culpabilidade pelo fato*.

Mas o que fala definitivamente a favor da teoria da pena proporcional ao fato é a *eliminação da antinomia entre as finalidades da pena na determinação concreta da sanção* – aspecto fundamental para a defesa de uma culpabilidade exclusivamente pelo fato.

Por todas essas razões, assumo, a partir daqui, a adoção de um modelo de determinação da pena proporcional ao fato como fundamento teórico. Adotá-lo

---

210. HÖRNLE, Tatjana. Tatproportionale..., *op. cit.*, pp. 151-154.

211. Cf. HÖRNLE, Tatjana. *Kriterien...*, *op. cit.*, p. 123.

212. Cf. HÖRNLE, Tatjana. *Tatproportionale...*, *op. cit.*, p. 150.

213. Cf. HÖRNLE, Tatjana. *Tatproportionale...*, *op. cit.*, p. 145.

214. *Idem, ibidem*, p. 147. Também: SCHÜNEMANN, Bernd. *Plädoyer...*, *op. cit.*, p. 226; *idem*, *Die Funktion des Schuldprinzips...*, *op. cit.*, p. 191.

215. GIANNOULIS, Georgios. *Studien zur Strafzumessung...*, *op. cit.*, p. 22.

impõe o desafio de compatibilizá-lo com as disposições do Código Penal brasileiro, segundo o qual finalidades preventivas deveriam orientar o juiz na aplicação da pena. Portanto, a seguir, pretendo responder à questão a respeito de como um modelo de pena proporcional ao fato pode ser compatível com finalidades preventivas.

2.3.4 Proporcionalidade e margem preventiva?

Até aqui, procurei enfatizar que uma aplicação da pena que respeite o limite delineado por uma culpabilidade pelo fato não admite incrementos que resultem da análise da esfera íntima do agente ou considerações preventivas na determinação da pena "na medida da culpabilidade". A orientação retrospectiva ao delito, que encontra em uma teoria da pena proporcional sua maior expressão, impede que prognósticos especulativos – evitar a prática de novos delitos pelo autor, defesa da sociedade, contenção de delitos em terceiros – tenham espaço predominante na determinação da pena orientada à culpabilidade. O que cabe indagar, diante da previsão contida no Código Penal brasileiro no sentido de que o juiz deverá orientar-se segundo a finalidades de "repressão" e "prevenção", é se, a despeito da prioridade da concretização da pena orientada à gravidade do injusto, seria possível considerar margens preventivas ou desvios da pena proporcional.[216]

A esta pergunta defensores de uma teoria de aplicação da pena proporcional ao fato respondem de formas distintas. Alguns autores negam a possibilidade de qualquer desvio da proporcionalidade com o fato por razões preventivas, mas admitem um desvio da proporcionalidade por razões "excepcionais".[217] Outros autores irão sustentar que não há qualquer incompatibilidade entre uma perspectiva de determinação da pena proporcional ao fato com uma margem de prevenção, especialmente quando se tratar da decisão de determinação *lato sensu* da pena.[218] Tais respostas também são distintas, quando se trata de conceber desvios para cima de uma pena adequada à proporcionalidade ou para baixo dela.

Von Hirsch observa que a ideia fundamental da teoria da proporcionalidade é o estabelecimento de uma prioridade entre as finalidades da pena: é mais importante a imposição de penas de acordo com sua proporcionalidade com o fato do que a perseguição de outras finalidades, como impedir pessoas com um suposto

---

216. A respeito das diferentes versões de uma teoria da proporcionalidade com o fato e a admissão de hipóteses excepcionais de desvio da máxima da proporcionalidade, veja-se: DUFF, R.A. *Was ist Proportionalität...*, *op. cit.*, pp. 39-40.

217. HÖRNLE, Tatjana. *Tatproportionalität...*, *op. cit.*, pp. 332-338. Aparentemente, também: TEIXEIRA, Adriano. *Teoria de aplicação da pena...*, *op. cit.*, pp. 171 e ss.

218. VON HIRSCH, Andrew. *Begründung und Bestimmung tatpropotionalen Strafen... op. cit.*, p. 77, DUFF, R.A. *Was ist Proportionalität...*, *op. cit.*, pp. 39-46; WEIGEND, Thomas. *Sind Sanktionen zu akzeptieren...*, *op. cit.*, p. 206; GIANNOULIS, Georgios. *Studien zur Strafzumessung...*, *op. cit.*, pp. 25-26; REICHERT, Christoph. *Intersubjektivität...*, *op. cit.*, p. 280.

risco de reincidência de cometerem outros delitos.[219] Em determinada medida, um modelo de pena proporcional ao fato poderia deixar espaço para outras considerações, desde que estejam em concordância com a prioridade da proporcionalidade.[220] Um desvio para baixo da pena proporcional por razões preventivas é aceito pelo autor desde que em uma medida muito reduzida e sem que conflite com o âmbito da gravidade da pena orientado pela proporcionalidade. Assim seria o caso, por exemplo, quando o magistrado tiver que escolher entre duas penas não privativas de liberdade de igual gravidade. A preferência por qualquer uma das duas penas a partir de considerações de prevenção especial não feriria o princípio de proporcionalidade,[221] já que o sistema manter-se-ia proporcional. A prevenção especial não poderia influenciar a pena em sua medida, ou seja, sua severidade; de outro lado, ela seria decisiva na decisão sobre a forma de cumprimento de penas de mesma gravidade (penas pecuniárias, serviços comunitários etc.) e sua consideração, neste âmbito restrito, não violaria o princípio da proporcionalidade.[222] Assim também sustenta *R.A. Duff*, para quem um juiz deve estar autorizado a um determinado grau de flexibilidade na determinação da pena, nomeadamente, na escolha entre sanções não privativas de liberdade.[223] Desta forma, os juízes devem poder escolher entre um espectro mais amplo de penas (penas alternativas) não segundo a proporcionalidade e a gravidade do fato, mas de acordo com a adequação da sanção para o delito concreto e seu autor.[224]

Uma outra hipótese concebe a possibilidade de desvios na própria quantidade de pena não por fundamentos preventivos, mas em hipóteses excepcionais de "clemência" com relação ao autor, ou seja, uma margem de individualização dentro de uma pena proporcional. Neste sentido, *Teixeira* sustenta a possibilidade de uma atenuação da pena estabelecida pela proporcionalidade por razões excepcionais, nas quais se deve considerar a especial condição do apenado no momento da condenação. O autor cita como exemplo, hipóteses de grande sensibilidade em relação à sanção, como uma grande vulnerabilidade que possa conduzir a uma punição especialmente dolorosa (doenças graves ou terminais, deficiência física)

---

219. VON HIRSCH, Andrew. *Begründung und Bestimmung tatpropotionalen Strafen...*, *op. cit.*, p. 77; *idem*, VON HIRSCH, Andrew; ASHWORTH, Andrew; ROBERTS, Julian (org.). *Principled Sentencing. Readings on Theory and Policy.* Oxford: Hart Publishing, 2009, p. 121; *idem*, *Proportionate Sentencing...*, *op. cit.*, p. 161.

220. *Idem*, *ibidem*, *passim*.

221. Cf. VON HIRSCH, Andrew. *Begründung und Bestimmung tatpropotionalen Strafen...*, *op. cit.*, p. 77; VON HIRSCH, Andrew; JAREBORG, Nils. *Strafmaß und Gerechtigkeit...*, *op. cit.*, p. 31.

222. VON HIRSCH, Andrew; JAREBORG, Nils. *Strafmaß und Gerechtigkeit...*, *op. cit.*, p. 31.

223. DUFF, R.A. *Was ist Tatproportionalität...*, *op. cit.*, p. 44. No mesmo sentido: GIANNOULIS, Georgios. *Studien zur Strafzumessung...*, *op. cit.*, pp. 28-29; WEIGEND, Thomas. *Sind Sanktionen zu* akzeptieren..., *op. cit.*, pp. 206-207; REICHERT, Christoph. *Intersubjektivität...*, *op. cit.*, p. 280.

224. *Idem*, *ibidem*, p. 44.

ou em casos nos quais terceiros sejam dependentes do apenado para sua sobrevivência, bem com de uma *poena naturalis*, em que o próprio fato constitui para o autor uma punição antecipada.[225] Para estes casos, *Teixeira* entende haver espaço para consideração pelo juiz no art. 66, do CP, que prevê hipótese de atenuação genérica ou inominada da pena, que seria bastante compatível com a orientação do Código Penal que já prescreve, para os crimes de homicídio e lesão corporal culposa, causas de isenção de pena quando as consequências do crime atingem o próprio agente.[226]

Neste mesmo sentido é o entendimento de *Hörnle*. A autora recusa a tese[227] que sustenta uma hipótese de redução da pena sob o argumento de evitar um risco de dessocialização do autor e, da mesma forma que *Teixeira*, enxerga na especial sensibilidade do réu à pena uma hipótese excepcional que nada teria a ver com prevenção especial.[228] O argumento do risco de dessocialização para sustentar uma redução de pena para autores bem adaptados e socializados levaria os juízes, na prática, a privilegiar determinados grupos de pessoas que se encaixem no *standard* de vida que corresponda ao exercício fixo de uma profissão e a uma vida familiar organizada.[229] A autora sustenta que a ideia de uma suposta "desnecessidade de ressocialização" pressuporia que a pena teria *alguma* possibilidade de ressocialização, o que, em uma estimativa realista dos alegados efeitos "ressocializadores" da pena, é uma ideia equivocada: também para autores menos bem adequados não se poderia partir da premissa de que a pena seja útil.[230] Ao contrário, hipóteses de sensibilidade do réu à pena – assim indica *Hörnle*, como sendo graves e excepcionais prognósticos de saúde, sérias consequências do delito para o próprio autor ou consequências agravantes da pena (como necessidades existenciais) para terceiros – poderiam ser consideradas como desvios permitidos da pena proporcional ao fato.[231]

Como se observa, uma orientação proporcional ao fato *não proíbe desvios da proporcionalidade* e, em maior ou menor medida, contempla ou hipóteses excepcionais de *redução da pena proporcional ao fato* ou *margens preventivas* na escolha da espécie e da forma de cumprimento de pena – o que demonstra que não há uma exigência absoluta de que a seja determinada exclusivamente segundo

---

225. TEIXEIRA, Adriano. *Teoria de aplicação da pena..., op. cit.*, pp. 173-174.

226. TEIXEIRA, Adriano. *Teoria de aplicação da pena..., op. cit.*, pp. 175-176. Assim a previsão do art. 121, § 5º: "Na hipótese de homicídio culposo, o juiz poderá deixar de aplicar a pena, se as consequências da infração atingirem o próprio agente de forma tão grave que a sanção penal se torne desnecessária" e a remissão a ele contida no art. 129, § 8º, do CP.

227. Neste sentido: ROXIN, Claus. *Prävention und Strafzumessung..., op. cit.*, p. 204; DEMETRIO CRESPO, Eduardo. *Prevención general..., op. cit.*, p. 410.

228. HÖRNLE, Tatjana. *Tatproportionale..., op. cit.*, p. 337.

229. *Idem, ibidem, passim.* Assim também: TEIXEIRA, Adriano. *Teoria de aplicação da pena... op. cit.*, p. 172.

230. Cf. HÖRNLE, Tatjana. *Tatproportionale..., op. cit.*, p. 337.

231. *Idem, ibidem*, pp. 342-348.

a gravidade do delito.[232] Apenas em uma perspectiva absoluta da culpabilidade, que deve ser expiada sempre que estiver presente, e de uma suposta capacidade constitutiva de pena a partir da medida da culpabilidade,[233] é que não haveria espaço para individualizações.[234]

Mais problemáticas são as hipóteses de desvio da pena proporcional para cima, ou seja, de aumentos de pena por razões preventivas. *Von Hirsch* e *Jareborg* consideram um aumento da pena proporcional à gravidade do delito sob fundamentos preventivos injustificado, na medida em que compromete o princípio da proporcionalidade, além de deparar-se com os já mencionados problemas de aferibilidade empírica a respeito da quantidade de pena necessária para provocar efeitos dissuasórios no autor e na sociedade.[235] *R. A. Duff* também entende injustificável um desvio da proporcionalidade para cima. Se a pena deve transmitir a censura pelo fato, ela não poderá ser mais grave do que o delito que é censurado merece.[236]

Hipóteses que poderiam justificar um desvio para cima da pena proporcional ao fato seriam casos de especial gravidade, como crimes sexuais violentos e homicídios praticados por réus com antecedentes graves e alta probabilidade de reincidência. Assim seriam os casos em que, a despeito de se tratar de réus imputáveis, seria difícil negar a existência de uma "periculosidade" em sentido atécnico. Na doutrina sustenta-se que a periculosidade como justificativa para uma pena maior seria um fundamento inadequado em uma pena proporcional ao fato, e que essa espécie de justificação se destina às medidas de segurança, e não à pena orientada à culpabilidade.[237]

Essa discussão é especialmente sensível no sistema brasileiro, que não contempla medidas de segurança para imputáveis e orienta a aplicação da pena na culpabilidade do autor. Aparentemente, haveria uma espécie de lacuna normativa desde a Reforma da Parte Geral do Código Penal, que impediria considerar uma especial perigosidade do réu identificada em casos excepcionalmente graves já

---

232. Na doutrina espanhola, também acenam favoravelmente a uma margem de prevenção dentro de uma perspectiva proporcional ao fato: SILVA SÁNCHEZ, Jesús-Maria. *La teoría de determinación de la pena...*, *op. cit.*, p. 6; FEIJOO SÁNCHEZ, Bernardo José. *Individualización de la pena...*, *op. cit.*, p. 10.

233. FRISCH, Wolfgang. *Zur Bedeutung von Schuld...*, *op. cit.*, p. 5.

234. FRISCH, Wolfgang. *Gegenwärtiger Stand...*, *op. cit.*, p. 367.

235. VON HIRSCH, Andrew; JAREBORG, Nils. *Strafmaß und Gerechtigkeit...*, *op. cit.*, p. 30.

236. DUFF, R.A. *Was ist Tatproportionalität...*, *op. cit.*, pp. 40-41.

237. GRECO, Luís. *Lebendiges und Totes...*, *op. cit.*, p. 450; FREUND, Wolfgang. *Straftatbestand und Rechtsfolgebestimmung...*, *op. cit.*, p. 534; FRISCH, Wolfgang. *Gegenwärtiger Stand...*, *op. cit.*, p. 374; HÖRNLE, Tatjana. *Tatproportionale...*, *op. cit.*, p. 335, TEIXEIRA, Adriano. *Teoria de aplicação da pena...*, *op. cit.*, p. 168.

na determinação da quantidade de pena pelo magistrado.[238] Isso parece ter sido solucionado pelo legislador com a promulgação da Lei dos Crimes Hediondos (Lei 8.072/1990), que impõe condições mais severas no cumprimento da pena, dificuldade na obtenção de benefícios como a progressão de regime e a previsão, para réus de "alta periculosidade", de cumprimento da pena em estabelecimentos penitenciários de segurança máxima. A decisão de etiquetagem de determinados crimes na lei de crimes hediondos é uma decisão político criminal do legislador e parece que as hipóteses de criminalidade mais graves estão mais do que suficientemente contempladas. Ao juiz, portanto, não cabe acrescentar seguimentos de pena para além da proporcionalidade com fato com base em prognósticos de perigosidade. Quando se tratar de réus inimputáveis e perigosos, as medidas de segurança são a opção a ser considerada. Em se tratando de réus imputáveis, caberá ao magistrado aplicar a legislação especial, se o caso, e nada mais. Na prática, contudo, a pena orientada à culpabilidade acaba sendo menoscabada com imposições de penas mais graves com fundamento na perigosidade do autor[239] – geralmente sob o fundamento da "personalidade voltada para o crime" ou da "acentuada culpabilidade" – não apenas em casos de delitos sexuais graves, contra a vida e a liberdade individual, mas também em crimes patrimoniais e no tráfico de drogas.[240]

Minhas considerações sobre este tema, de todo modo, não devem avançar mais do que isso. Elas devem voltar-se a uma outra possibilidade de influências preventivas na aplicação judicial da pena, em uma determinação da pena proporcional ao fato: a determinação *lato sensu* da pena. A discussão desta hipótese parece necessária por dois motivos. O primeiro, é que o processo de determinação da pena, segundo o artigo 59 do Código Penal, não se limita à determinação da quantidade de pena, mas à escolha do regime inicial, à forma de cumprimento e possibilidade de substituição da pena. Em segundo lugar, é necessário compatibilizar minha proposta de interpretação do conceito de culpabilidade do art. 59 do Código Penal também com as previsões contidas nestes outros dispositivos legais (artigos 33, §3; 44, inciso III e 77, inciso II, do Código Penal), nos quais novamente a culpabilidade é invocada como critério de decisão.

---

238. Assim como no sistema proporcionalista finlandês, que prevê, excepcionalmente, normas de detenção preventivas baseadas na perigosidade, hipótese reservada a delitos que foram cometidos com severa violência por autores que representem um perigo concreto para a vida e a saúde de terceiros. Cf. LAPPI-SEPPÄLÄ, Tapio. *Das Proportionalitätsprinzip in der finnischen Strafzumessungspraxis...*, *op. cit.*, p. 269.

239. Veja-se neste sentido: TJ/SP, Ap. 0000757-28.2012.8.26.0566; TJ/SP, Ap. 0003431-79.2014.8.26.0025.

240. Neste sentido: STJ, HC 410.537/RJ; HC 409.551/RJ; AgRg no HC 322.402/MS; HC 309.243/SP; HC 354.719/PE.

a) Proporcionalidade e prevenção: proposta de separação em dois níveis

A determinação da pena, segundo a disposição do artigo 59 do Código Penal, compreende três decisões a serem tomadas pelo magistrado: a determinação das penas aplicáveis dentre as cominadas (inciso I), a quantidade de pena aplicável (inciso II), o regime inicial de cumprimento de pena privativa de liberdade (inciso III) e a eventual substituição da pena privativa (inciso IV). A adoção de uma perspectiva proporcional de aplicação da pena deve ser compatível, portanto, com todas as fases de aplicação judicial da pena, e não somente com a determinação da sua quantidade.

Quanto às decisões relativas à substituição da pena (artigos 44 e 77 do Código Penal) – que compreendem, obrigatoriamente, o tipo de pena,[241] sempre que se tratar de uma pena não privativa de liberdade – parece claro que são decisões orientadas por uma *perspectiva preventiva.* A previsão expressa da reincidência como requisito obrigatório sugere que o legislador parece ter considerado a necessidade de demonstrar ao autor que o cometimento de novos delitos é fator que impede a concessão de benefícios importantes relacionados ao cumprimento da pena. Ademais, a finalidade prioritária que deve orientar o magistrado nestas hipóteses é uma avaliação sobre a mais adequada às condições pessoais do apenado. Ambas as abordagens são, claramente, de natureza preventivo especial, na qual a gravidade do injusto culpável tem importância menor para orientar a decisão, na medida em que o marco delineado pela quantidade da pena apenas aponta, como requisito objetivo, quais benefícios poderão ser concedidos ou não.

Embora a redação do artigo 59 pareça indicar que a escolha da quantidade de pena, do regime inicial e a possibilidade de suspensão sejam decisões equivalentes a serem tomadas em um mesmo nível, a partir dos mesmos requisitos previstos para a determinação da pena base (*caput* do artigo 59, CP), as redações dos artigos 33, 44 e 77 do Código Penal demonstram o contrário, pois elencam já outros critérios mais amplos, também de natureza preventiva, que devem ser considerados pelo magistrado.

No caso da substituição de pena, o artigo 44, §3º, faz referência expressa à necessidade de observar se a medida é "*socialmente recomendável*"; para a concessão da suspensão condicional, o artigo 77, § 2º, faz uma clara concessão à prevenção especial positiva ao permitir a substituição da pena privativa de liberdade para condenados a penas acima de 4 (quatro) anos, caso o autor tenha mais de 70 (setenta) anos ou se, por razões de saúde, a substituição seja indicada. Estes critérios, de outro lado, não têm qualquer interferência na escolha da quantidade de pena, que é determinada pelas circunstâncias judiciais previstas no artigo 59,

241. Ou seja, os diversos tipos de penas restritivas de direitos: prestação pecuniária, perda de bens e valores, interdição temporária de direitos e limitação de fim de semana.

caput, do CP e as demais causas de aumento e diminuição, agravantes e atenuantes.[242]

Isso sugere que, respeitando-se a orientação do Código Penal, nas decisões que se referem ao tipo e à forma de execução da pena, a ideia de proporcionalidade deve ceder espaço ao pensamento preventivo, já que claramente a gravidade do injusto pouco auxilia na decisão do juiz.[243] Isso não acarreta incoerência ou incompatibilidade com uma perspectiva de aplicação da pena proporcional ao fato, já que uma pena orientada à culpabilidade e considerações preventivas não entram em relação de tensão quando se trata de separar o âmbito da determinação da quantidade da pena do âmbito da escolha da sua natureza e forma de cumprimento.[244]

Essa proposta, nos moldes da teoria dos níveis, garante que a quantidade de pena seja determinada exclusivamente pela gravidade do injusto, respeitando-se o âmbito da culpabilidade pelo fato, e confere à prevenção especial um papel secundário em um espaço reservado pelo legislador para a análise da possibilidade de substituição da pena e a escolha, entre penas de mesma gravidade, da pena que seja mais adequada às condições pessoais do acusado. *Weigend* sustenta, neste sentido, que dentro do limiar da pena determinada pela proporcionalidade, haveria um significativo número de reações pensáveis a um comportamento punível que ainda podem ser considerados adequados à medida da culpabilidade e no qual sanções de igual gravidade poderiam ser escolhidas segundo uma perspectiva preventiva. Com relação à escolha de sanções de igual gravidade dentro deste marco, a ideia de proporcionalidade nada diz. Aqui tratar-se-ia de uma decisão a ser tomada com base em critérios de prevenção individual que vise à menor intervenção possível na vida do agente.[245]

Problemática, no entanto, é a decisão a respeito do regime inicial de cumprimento de pena (art. 59, inciso III, e art. 33 do Código Penal[246]). Segundo as pres-

---

242. Com exceção da reincidência, referida por todos os três dispositivos como um requisito obrigatório a ser observado, que é também elencado pelo legislador como circunstância agravante genérica.

243. HORN, Eckhard. *Wieder die "doppelspurige" Strafhöhenzumessung...*, *op. cit.*, p. 248.

244. Favoráveis a essa solução: VON HIRSCH, Andrew. *Begründung und Bestimmung tatproportionalen Strafen...*, *op. cit.*, p. 77; *idem*, *Fairness, Verbrechen und Strafe: Strafrechtstheoretische Abhandlungen*. Berlin: Berliner Wissenschafts-Verlag, 2005, p. 153; DUFF, R.A. *Was ist Tatproportionalität...*, *op. cit.*, pp. 43-44; GIANOULLIS, Georgios. *Studien zur Strafzumessung...*, *op. cit.*, pp. 26-29: WEIGEND, Thomas. *Sind Sanktionen zu akzeptieren...*, *op. cit.*, pp. 206-207; FEIJOO SÁNCHEZ, Bernardo José. *Individualización de la pena...*, *op. cit.*, p. 10. Aproximadamente, na doutrina brasileira: JESUS, Damásio E. de. *Comentários ao Código Penal...*, *op. cit.*, p. 615.

245. WEIGEND, Thomas. *Sind Sanktionen zu akzeptieren...*, *op. cit.*, pp. 205-206.

246. "Art. 33 (...) 2º – As penas privativas de liberdade deverão ser executadas em forma progressiva, segundo o mérito do condenado, observados os seguintes critérios e ressalvadas as hipóteses de transferência a regime mais rigoroso: a) o condenado a pena superior a 8

crições do artigo 33, §2º, alínea "*a*", a gravidade do delito determina sozinha a forma de cumprimento de pena mais grave, em regime fechado. As hipóteses das alíneas "*b*" e "*c*", diferentemente, parecem confundir critérios de gravidade da pena e considerações preventivas, impondo uma aparente hipótese de exceção à possibilidade de separação em dois níveis (proporcionalidade com o fato como critério de imposição da quantidade de pena, e prevenção especial como diretriz para a forma de cumprimento de pena).

Imagine-se o caso de um réu que tenha cumprido pena em regime fechado há mais de 5 anos e, portanto, considerado tecnicamente primário, atualmente bem reintegrado à sociedade, condenado a uma pena de 6 (seis) anos de reclusão. Segundo a alínea "*b*" do artigo 33, §2º, do CP, ele "poderá" iniciar o cumprimento da pena em regime semiaberto. A redação do texto legal parece sugerir, neste exemplo, que o que seria decisivo para a análise sobre se a aplicação do regime inicial semiaberto é a indicada para o caso, seria exclusivamente uma avaliação preventiva sobre os efeitos e a necessidade de imposição de um regime fechado a um acusado reintegrado à sociedade.

A hipótese, contudo, é precisamente contrária.

Os casos das alíneas do artigo 33, §2º, tratam de uma extensão da gravidade da pena. Uma pena a ser cumprida em regime semiaberto e uma a ser cumprida em regime aberto são, certamente, penas de *gravidades diferentes* e não somente um caso de diferentes "formas de cumprimento" de pena. O critério que deve ser priorizado em se tratando de gravidade da pena é a proporcionalidade com o fato, segundo a gravidade do injusto culpável (art. 33, §3º, do CP).[247] Como apontam *von Hirsch* e *Jareborg*, casos nos quais está em questão a gravidade da sanção – como é a opção entre os regimes fechado, semiaberto e aberto – poderia ferir a proporcionalidade utilizar a prevenção especial como critério decisivo.[248]

De acordo com uma perspectiva proporcional, seria vedado ao juiz optar, para o réu do nosso exemplo acima, por uma forma ou outra de regime inicial com base nos antecedentes, na personalidade ou na "agravada culpabilidade" que supostamente demonstrariam que o regime inicial semiaberto não seria o mais indicado para a "ressocialização".[249] Esta seria uma interpretação que segue a

(oito) anos deverá começar a cumpri-la em regime fechado; b) o condenado não reincidente, cuja pena seja superior a 4 (quatro) anos e não exceda a 8 (oito), poderá, desde o princípio, cumpri-la em regime semiaberto; c) o condenado não reincidente, cuja pena seja igual ou inferior a 4 (quatro) anos, poderá, desde o início, cumpri-la em regime aberto".

247. Contudo, um considerável empecilho que a disposição do Código apresenta para esta interpretação é a reincidência como um dos fatores decisivos para a decisão a respeito dos regimes aberto e semi-aberto de cumprimento de pena.

248. VON HIRSCH, Andrew; JAREBORG, Nils. *Strafmaß und Gerechtigkeit...*, *op. cit.*, p. 31.

249. STJ, HC 88.853/MS.

tradicional tendência subjetivista do nosso Código Penal, amparada em argumentos de natureza preventiva.

De lege ferenda, seria recomendável a eliminação de marcos tão desiguais predeterminados pelo legislador que são um embaraço à ideia de proporcionalidade e de distribuição de justiça, bem como da exigência da primariedade do autor como requisito para um regime mais brando. A amplitude das molduras de penas previstas nas três alíneas insere em um mesmo patamar de "gravidade" quantidades de penas muito distintas. De outro lado, os pontos de fricção entre as faixas de gravidade predeterminadas também são problemáticos. Fere a perspectiva proporcional que uma pena fixada em três anos e onze meses possa ser cumprida em regime aberto, e uma pena fixada em quatro anos e um mês deva ser cumprida em regime semiaberto. O mesmo vale para uma pena fixada em sete anos e 11 meses, cumprida em regime semiaberto, e uma fixada em oito anos e um mês, a ser cumprida em regime fechado.

De lega lata, entendemos que caberá ao juiz, de acordo com a quantidade de pena, fixar o regime mais brando previsto em lei. As alíneas "*b*" e "*c*" do art. 33, § 2º, do Código Penal deveriam ser interpretadas não como uma opção do magistrado: o réu condenado a penas entre quatro e oito anos *iniciará* o cumprimento de pena em regime inicial semiaberto e o réu condenado a penas inferior a quatro anos *cumprirá*, desde o início, a pena em regime aberto, independentemente da presença da reincidência ou não, por ser a solução menos gravosa para o acusado. Ela também é a solução que se compatibiliza com a ideia de que existe, entre os três níveis de gravidade entre as faixas previstas nas alíneas "*a*", "*b*" e "*c*" uma ideia de proporcionalidade. Essa proposta evidentemente não elimina a clara discrepância entre os valores limites entre as penas previstas nas três alíneas, mas ao menos impede que a decisão final a respeito de um regime mais brando, portanto, *uma decisão a respeito da gravidade da pena*, seja exclusivamente orientada por prognósticos preventivos pouco fiáveis de ressocialização ou neutralização.

b) O critério da culpabilidade nas decisões sobre substituição e suspensão da pena

A culpabilidade é novamente invocada, juntamente como os antecedentes, conduta social, personalidade, motivos e circunstâncias do crime, como critério para as decisões previstas nos artigos 44, III, e 77, II, do Código Penal, a respeito da substituição da pena e da suspensão condicional da pena.[250] A partir do entendi-

250. "Art. 44. As penas restritivas de direitos são autônomas e substituem as privativas de liberdade, quando:

I – aplicada pena privativa de liberdade não superior a quatro anos e o crime não for cometido com violência ou grave ameaça à pessoa ou, qualquer que seja a pena aplicada, se o crime for culposo; II – o réu não for reincidente em crime doloso; III – a culpabilidade, os antecedentes, a conduta social e a personalidade do condenado, bem como os motivos e

mento da culpabilidade como sinônimo de injusto culpável, que papel ela poderia exercer na tomada destas decisões que como, visto acima, são orientadas por considerações preventivas?

A invocação destes critérios parece seguir a mesma lógica válida para a determinação da quantidade de pena, segundo a tradição "subjetivista" do nosso ordenamento: a partir de uma análise "geral" da pessoa e da personalidade do autor, o juiz poderia decidir segundo considerações preventivas de "melhora" a respeito da aplicação das penas restritivas de direito cabíveis e da possibilidade de suspensão condicional da pena.[251] Essa interpretação se mostra *incabível* quando se reflete a questão a partir de uma perspectiva liberal do Direito Penal.

Como demonstra exaustivamente *Greco*, finalidades preventivas de melhora comportam uma objeção insuperável: *a autonomia do cidadão proíbe que o Estado imponha a coação com o fim de melhora.* Melhoria e ressocialização deveriam apenas ser *oferecidas, mas não impostas*;[252] o Estado não pode melhorar alguém contra sua própria vontade.[253] Tampouco seria de se cogitar que se trata de uma análise que se oriente pela finalidade de neutralização. Mas se pena é *reação,* ainda segundo *Greco*, impor uma pena que não reage a nada e que se volta unicamente ao futuro, é um fim ilegítimo.[254]

Ainda que se superasse a falta de legitimidade e a impossibilidade prática de aferição do mundo interior do autor com fins de melhora e neutralização, essa interpretação possivelmente não seria capaz de atingir seu próprio objetivo, já que não há sequer clareza a respeito *de por qual razão e em que medida esses elementos poderiam ser relevantes para decidir se seria mais indicada uma pena de prestação de serviços à comunidade ou o pagamento de multa.* De que forma os motivos, por exemplo, poderiam indicar ao juiz que é mais adequada ao caso a imposição de prestação de serviços à comunidade? De que maneira a análise da personalidade do agente é capaz de autorizar a decisão de suspensão condicional da pena?

Menos problemático seria avaliar se, segundo as *condições pessoais do autor* (financeiras, familiares, suas aptidões pessoais, profissionais, hábitos etc.) seria indicada a imposição de determinada pena como substituição de uma pena curta

---

as circunstâncias indicarem que essa substituição seja suficiente." "Art. 77. A execução da pena privativa de liberdade, não superior a 2 (dois) anos, poderá ser suspensa, por 2 (dois) a 4 (quatro) anos, desde que: I – o condenado não seja reincidente em crime doloso; II – a culpabilidade, os antecedentes, a conduta social e a personalidade do agente, bem como os motivos e as circunstâncias autorizem a concessão do benefício; III – não seja indicada ou cabível a substituição prevista no art. 44 deste Código."

251. Assim observa, criticamente: SOUZA, Luciano Anderson de. *Da aplicação da pena..., op. cit.*, p. 234.

252. GRECO, Luís. *Lebendiges und Totes..., op. cit.*, p. 437.

253. *Idem, ibidem*, p. 436.

254. *Idem, ibidem*, p. 450.

de liberdade (menor que quatro anos) ou a suspensão condicional para penas de até dois anos. Considerando que segundo o art. 33, §2º, *alínea* "c", este patamar de penas enseja o regime inicial aberto de cumprimento, a proporcionalidade da pena estaria respeitada e, portanto, aqui poderia ser valorizada a perspectiva preventivo especial, nomeadamente, a finalidade de não dessocialização.

Essa possibilidade não se limitaria à análise sobre eventual substituição ou suspensão da pena, mas serviria também na escolha entre penas restritivas de direito. Assim, seria possível imaginar a escolha entre uma pena de multa, prestação de serviços à comunidade pelo período de seis meses ou a proibição de frequentar determinados lugares. O juiz poderá avaliar se, de acordo com os rendimentos percebidos pelo réu, seria sacrificante para seu sustento e da sua família, impor a multa; se, de acordo com as suas condições atuais de trabalho, seria plausível impor um serviço comunitário que o afastasse de suas atividades profissionais por um tempo prolongado ou se a proibição de frequentar determinados lugares o manteria longe do convívio benéfico com a sociedade que pareça ser, de acordo com a situação específica do caso, importante para a construção dos seus valores e da realização do seu plano pessoal de vida. Uma pena de multa alta a um réu muito pobre, a inviabilização da atividade profissional a quem não tem outros recursos e a limitação do livre convívio em sociedade pela pena estatal geram consequências em uma dimensão pessoal e social. Ponderações dessa natureza não encontrariam qualquer objeção: elas estão dadas pelo legislador e podem ser exercidas pelo juiz neste estreito âmbito que ele encontra à disposição.[255]

Um sentido mais legítimo (ou menos objetável) e que parece contornar a persistente dificuldade de fazer conjecturas a respeito da esfera íntima do réu, seria, portanto, atribuir a estes critérios (culpabilidade e demais critérios pessoais) um sentido "genérico", interpretando-os como o conjunto de elementos que expressam uma referência às *condições pessoais do réu*,[256] termo utilizado pela Lei de Execuções Penais quando trata a respeito da forma de cumprimento de penas restritivas de direito.[257] O mesmo vale para a menção aos mesmos critérios no artigo 77, inciso II, do Código Penal.

---

255. Assim acena positivamente *Greco* quanto à possibilidade, dentro de limites estreitos, dados pelo legislador, o juiz evitar a dessocialização do apenado, especialmente com a imposição de penas curtas de liberdade. GRECO, Luís. *Lebendiges und Totens...*, *op. cit.*, p. 448.

256. Assim parecia sinalizar já *Reale Júnior* ao tempo da Reforma da Parte Geral, ao ponderar que, para a suspensão condicional da pena, na avaliação dos requisitos subjetivos "trata-se de uma avaliação globalizante, mas que não exige a presença favorável de todos os dados de estimação da pena, mas sim que da reunião da maioria, ou da preponderância de um deles, resulte conforme à suspensão condicional da pena". REALE JÚNIOR, Miguel. *Penas e medidas de segurança...*, *op. cit.*, p. 216.

257. "Art. 148. Em qualquer fase da execução, poderá o Juiz, motivadamente, alterar a forma de cumprimento das penas de prestação de serviços à comunidade e de limitação

As propostas aqui sugeridas são certamente passíveis de inúmeras críticas. Especialmente por não serem propriamente *de lege lata* mas dependentes de uma mudança no texto da lei, portanto, já *de lege ferenda.*[258] Elas são insuficientes sobretudo diante da falta de uniformidade na lei e da inadequação de muitos critérios de determinação da pena e de outros aspectos ligados à forma de cumprimento da pena.[259] Mas ainda parece preferível sustentar uma proposta limitada, que se esforça em harmonizar o sistema penal, do que outra que se prenda excessivamente ao texto positivado, mas deixe o magistrado livre (e pouco orientado) para apontar o que acredita, pessoalmente, ser relevante para a tomada dessas decisões.

Para o tema que aqui me propus a analisar, contudo, interessam propriamente os aspectos de *determinação de medida da pena no caso concreto* e, para tanto, a questão que tratarei no próximo Capítulo diz respeito a como é possível graduar a pena, de acordo com os critérios centrais do injusto e da culpabilidade em sentido estrito, em uma perspectiva proporcional ao fato.

2.4 Síntese do segundo capítulo

O critério da culpabilidade para a determinação da pena somente serve à função de constituir uma determinada quantidade de sanção quando entendido como um conceito amplo e como sinônimo de *injusto culpável* (injusto e culpabilidade em sentido estrito). Este é o critério central que fornece elementos capazes de serem manejados pelo juiz para a determinação da pena base. Ao elemento de injusto compete a função de fornecer a quantidade de pena, com ampla capacidade de agravamento e atenuação; ao elemento da culpabilidade em sentido estrito, compete a função de limitar o peso do injusto: quando se tratar de culpabilidade reduzida, nem todo o injusto será considerado na determinação da quantidade da sanção. A capacidade de poder agir de modo diverso será sempre completa ou reduzida, mas nunca poderá superar sua forma completa. Portanto, ao contrário do

---

de fim de semana, ajustando-as às condições pessoais do condenado e às características do estabelecimento, da entidade ou do programa comunitário ou estatal."

258. Assim também a observação de *Horn* sobre a teoria dos níveis, referida por ele como uma proposta de interpretação do direito penal vigente, e não propriamente como uma concepção teórica ou político criminal. HORN, Eckhard. *SK-StGB...*, *op. cit.*, § 46, Rn. 40.

259. O Código Penal aponta para todas as circunstâncias do artigo 59, do CP, na escolha do regime de cumprimento de pena (art. 33 do CP), inclusive o comportamento da vítima. Para as hipóteses de substituição e suspensão da pena (artigos 44 e 77 do CP) o legislador indica os critérios ditos "subjetivos" (culpabilidade, personalidade, conduta social, antecedentes motivos) e as circunstâncias do crime, ou seja, exclui apenas as consequências do crime e o comportamento da vítima. Já na Lei n. 7.210/1984, a conversão da pena privativa em liberdade em restritiva de direitos indica apenas os antecedentes e a personalidade do agente, ou seja, não há uniformidade entre os dispositivos do Código Penal, tampouco entre a redação do Código Penal e a Lei de Execução Penal. Na medida em que se trata de dispositivos referentes à forma de cumprimento da pena, deveriam importar os mesmos critérios legais.

que sustentam doutrina e jurisprudência majoritárias, *não é possível falar em uma forma agravada de culpabilidade em sentido estrito que deva funcionar como elemento agravante na medida da pena.*

Essa estruturação do conceito de culpabilidade previsto no artigo 59 do Código Penal é a mais importante mudança de perspectiva com relação ao entendimento dominante na doutrina e jurisprudência brasileiras que, majoritariamente, identifica-o com o conceito sistemático de culpabilidade da categoria do delito, por meio da referência vaga à ideia de "reprovabilidade", conferindo-lhe ampla capacidade de agravamento. Entendido o conceito de culpabilidade na determinação da pena como um termo com sentido amplo, que não é idêntico ao conceito da culpabilidade como categoria sistemática, podem ser abandonadas as tentativas sempre fracassadas de interpretá-lo como a "medida da reprovabilidade". Isso permite que a graduação da pena não seja dependente de uma medida abstrata e arbitrária e, assim, é possível deixar de lado a igualmente impossível tarefa de buscar a "pena na medida da culpabilidade".

A concretização da medida da pena sob essas bases fundamenta-se na ideia central de que *os critérios de aplicação da pena devem ser uma extensão das categorias da teoria do delito* e, portanto, na determinação judicial da sanção, devem importar os mesmos elementos que são relevantes para a análise de um fato como punível. É sob essas bases que se estruturou a teoria da pena proporcional ao fato, na doutrina alemã, que aqui adoto como um modelo a ser definitivamente assumido para o sistema de aplicação de penas brasileiro. É no âmbito desta teoria que o conceito ainda nebuloso e pouco refletido de culpabilidade para a medida da pena, contemplado pelo artigo 59 do Código Penal, encontra uma interpretação que lhe confere *aptidão para um manejo racional na prática de aplicação da pena* e perde seu tradicional caráter moralizante, ganhando contornos mais precisos com a referência e subordinação de seu conteúdo ao elemento de injusto.

Adotar um modelo de pena proporcional ao fato significa, sobretudo, determinar a pena exclusivamente com base na *gravidade do delito* e não em fundamentos preventivos, afastando, assim, penas arbitrárias que extrapolem os limites dados pela culpabilidade pelo fato. A possibilidade de desvios da proporcionalidade, notadamente, na escolha entre tipos de penas de igual gravidade e na possibilidade de substituição e suspensão, por sua vez, permite um melhor ajustamento da pena à situação concreta do indivíduo. Essa solução harmoniza a antinomia tradicionalmente identificada entre culpabilidade e finalidades preventivas, pois compreende o processo de aplicação da pena como um processo dividido em dois níveis. Em um primeiro nível, na decisão a respeito da quantidade e regime inicial de cumprimento de pena, prevalece a *ideia da proporcionalidade*, em respeito à culpabilidade pelo fato. Em um segundo nível, nas decisões a respeito da escolha entre penas de igual gravidade, possibilidade de suspensão e substituição da pena, considerações preventivas ganham relevância.

Estruturados os fundamentos para a graduação da culpabilidade na medida da pena, as questões que se colocam a partir de agora referem-se à forma de *concretização da pena na medida do injusto culpável.*

Seria impossível esgotar todas as constelações possíveis de casos e analisar todas as imagináveis configurações de distintos graus de injusto e de culpabilidade em sentido estrito. Dentro dos limites que este espaço permite, pretendo analisar adiante quais são os *principais critérios que podem ser valorados pelo juiz no caso concreto*, para concretizar as categorias de injusto e culpabilidade em sentido estrito, em um modelo de aplicação da pena proporcional ao fato. Será útil para ilustrar o que poderia ser uma modificação de paradigmas, partir de julgados extraídos da jurisprudência brasileira, analisando-os sob esta nova perspectiva.

CAPÍTULO 3

DETERMINAÇÃO DA PENA PROPORCIONAL À MEDIDA DO INJUSTO CULPÁVEL

3.1 Concepção de injusto para a determinação da pena

A ancoragem na teoria do delito pode levar a dificuldades que resultam do próprio estado de discussão no âmbito da dogmática, que podem refletir-se no nível de aplicação da pena. As discussões teóricas a respeito das categorias sistemáticas poderiam ser reproduzidas nesta área levando a resultados muito distintos a respeito dos fatores que podem ou não ser admitidos como legítimos como critérios de aplicação da pena. Assim seria, por exemplo, a discussão entre os fundamentos de imputação objetiva do resultado e a concepção tradicional ancorada na teoria da causalidade, entre a definição tradicional de dolo e definições mais recentes que excluem o elemento volitivo deste conceito, dentre inúmeras outras. Aqui, não pretendo enfrentar discussões dogmáticas de maior espectro, nem me parece que impor determinada concepção seja admissível diante do dinamismo da ciência penal e sua constante evolução. Mas, dentro dos limites do que interessa, é possível tomar algumas posições e refletir para a aplicação da pena as consequências dessas escolhas, na busca por um processo de determinação da pena *mais racional*.

O que talvez mais importe para a adoção de uma teoria de aplicação da pena proporcional ao fato é *manter coerência entre teoria do delito e aplicação da pena* e isso parece ser possível independentemente dos conceitos dogmáticos que se adote. Desde que essa premissa seja respeitada, a arbitrariedade no momento de imposição da pena é já consideravelmente reduzida.

Uma das discussões com relevância para a determinação da pena trata da definição de injusto. A inclusão de elementos subjetivos no injusto não parece oferecer maiores problemas: o reconhecimento do dolo e da culpa como elementos do tipo, ideia sustentada sobretudo com a doutrina finalista – mas também consolidada independentemente dela[1] – a despeito das disputas do passado, parece hoje uma concepção consolidada na doutrina.[2] A concepção de um duplo componente de injusto (de ação e de resultado) não parece ser mais objeto de disputas atuais, do que seriam exemplo definições extremas que conceberam o injusto exclusivamente como expressão da ação ou exclusivamente como expressão do resultado do fato. Uma abordagem exclusivamente subjetivista do injusto (teoria *monista-subjetiva*) defendida na doutrina alemã por *Zielinski*, sustentava a ideia de que a realização do injusto esgotar-se-ia na realização do comportamento proibido ou na omissão do comportamento que seria exigido.[3] Segundo aquele autor, a lesão ao bem jurídico sem que haja, ao mesmo tempo, um comportamento reprovável, embora possa ser denominado de "injusto", não seria relevante para o Direito Penal, já que esse "injusto" não estaria em relação com uma determinada norma. O motivo para uma reação penal contra uma lesão a bens jurídicos não seria a lesão em si, senão o comportamento que viola o comando da norma.[4] Uma tal concepção ancorada exclusivamente no componente de ação, conduziria a que, do ponto de vista do agente, será sempre fruto do acaso[5] se a tentativa se transforma em consumação, ou se um comportamento que viola um dever de cuidado resulta em uma lesão, porque nega que entre ação e resultado existe uma relação de dependência.[6] Ela também levaria, no âmbito de determinação da pena, a uma

---

1. ROXIN, Claus. *Strafrecht, AT I..., op. cit.*, § 10, Rn. 89; HIRSCH, Hans Joachim. Der Streit um Handlungs-und Unrechtslehre, insbesondere im Spiegel der Zeitschrift für die gesamte Strafrecthswissenchaft. *Zeitschrift für die gesamte Strafrechtswissenshaft (ZStW)* 93, 1981, p. 833; 838-839; CEREZO MIR, José. Doppelstellung des Vorzates. *Zeitschrift für die gesamte Strafrechtswissenschaft (ZStW)* 93, 1981, p 1017-1022.

2. ROXIN, Claus. *Strafrecht, AT I..., op. cit.*, § 10, Rn 88; JESCHECK, Hans-Heinrich; WEIGEND, Thomas. *Lehrbuch des Strafrechts..., op. cit.*, p. 239; GRÜNEWALD, Anette. *Das vorstzliche Tötungsdelikt..., op. cit.*, p. 146; ERHARD, Christopher. *Strafzumessung bei Vorbestrafen..., op. cit.*, p. 192; MEIER, Bernd-Dieter. *Strafrechtliche Sanktionen..., op. cit.*, p. 188; SILVEIRA, Renato de Mello Jorge. *Direito Penal Econômico como Direito Penal de Perigo*. São Paulo: Editora Revista dos Tribunais, 2006, p. 74; TAVARES, Juarez. *Teoria do injusto penal..., op. cit.*, pp. 298 e ss.

3. ZIELINSKI, Diethart. *Handlungs-und Erfolgsunwert im Unrechtbegriff.* Berlin: Duncker & Humblot, 1973, p. 127.

4. *Idem, ibidem, loc. cit.*

5. Com mais referências: GROSSE-WILDE, Thomas. *Erfolgszurechnung..., op. cit.*, pp. 128-135.

6. Contrariamente à concepção subjetivista de *Zielinski*, *Maiwald* argumenta que os delitos culposos de resultado comprovam que entre ação e resultado está pressuposta uma ligação que, ao contrário, não é fruto de mero acaso, mas da violação de um dever. MAIWALD, Manfred. Die Bedeutung des Erfolgsunwertes im Unrecht – Der Einfluss der Verletztenposition auf eine Dogmatische Kategorie. In: SCHÖCH, Heinz (Hrsg.). *Wieder-*

completa irrelevância dos resultados.[7] Hoje, parece dificilmente defensável um tal conceito de injusto exclusivamente orientado no componente de ação.[8]

Na aplicação da pena, a relevância do injusto de resultado para o nosso sistema jurídico-penal pode ser constatada nos crimes qualificados pelo resultado, nas causas de aumento de pena e na previsão das consequências do crime como critério elencado no artigo 59 do Código Penal, para a fixação da pena-base. Também hipóteses de diminuição ou exclusão da pena resultantes da restituição da coisa à vítima refletem um menor desvalor do injusto de resultado e são amplamente contempladas na lei penal[9] como hipóteses que se refletem na quantidade de pena.[10]

Fala a favor de uma definição de injusto composto do desvalor da ação e do desvalor do resultado, para a tese aqui defendida, sobretudo, a defesa de um Direito Penal cuja autoridade está limitada à proteção de bens jurídicos e não à imposição de moralidade. Uma concepção não moralizante do Direito Penal deve tomar como principal ponto de referência o resultado de uma ação, não exclusivamente sua qualidade e, portanto, o estabelecimento de simples normas de comportamento.[11] Do contrário, instalar-se-ia o perigo da utilização da pena e dos órgãos do Estado para o controle da autodeterminação dos cidadãos.[12]

Essa abordagem, contudo, ainda não esclarece precisamente a respeito dos fatores de determinação da pena que podem ser qualificados como relevantes para o injusto de ação e de resultado. Ao contrário, ela somente poderá ser realmente concretizada a partir do entendimento de injusto a ser adotado.

3.1.1 Injusto de ação

Na doutrina de aplicação da pena, a discussão sobre os elementos que constituem o injusto não é unânime. Para a determinação da pena, uma definição mais

---

gutmachung und Strafrecht. München: Wilhelm Fink Verlag, 1978, p. 69. No mesmo sentido: ROXIN, Claus. *Strafrecht, AT I...*, *op. cit.*, § 10, Rn. 96.

7. ZIELINSKI, Diethart. *Handlungs-und Erfolgsunwert...*, *op. cit.*, p. 215.

8. Cf. ROXIN, Claus. *Strafrecht, AT I...*, *op. cit.*, § 10, Rn. 88. Assim também observa *Grosse-Wilde* que um entendimento monista subjetivo de injusto encontra, atualmente, menos defensores do que nas décadas de 1970 e 1980. GROSSE-WILDE. Thomas. *Erfolgszurechnung...*, *op. cit.*, p. 117.

9. GOMES, Mariângela Gama de Magalhães. *Teoria geral da Parte Especial do Direito Penal*. São Paulo: Editora Atlas, 2014, p. 127.

10. Isso parece confirmar a ideia sustentada por *Grosse-Wilde* de que a inclusão do resultado como elemento do injusto na determinação da pena justifica-se no reconhecimento do direito subjetivo da vítima à consideração das consequências do delito. Cf. GROSSE-WILDE. Thomas. *Erfolgszurechnung...*, *op. cit.*, pp. 142 e ss. Também: PAWLIK, Michael. *Das Unrechts des Bürgers*. Tübigen: Mohr Siebeck, 2012, p. 112.

11. Cf. HÖRNLE, Tatjana. *Tatproportionale...*, *op. cit.*, p. 205.

12. MAIWALD, Manfred. *Die Bedeutung des Erfolgsunwertes im Unrecht...*, *op. cit.*, p. 71.

restrita do injusto de ação bastar-se-ia com a inclusão do dolo e da culpa como elementos exclusivos do injusto pessoal. Ao contrário, adotar uma concepção de injusto mais ampla poderia admitir a consideração, no âmbito do injusto pessoal, de critérios subjetivos tradicionalmente atribuídos como relevantes para a culpabilidade e sua valoração como critérios com capacidade tanto de agravamento, como de atenuação de pena.[13] Aspectos referidos ao autor, tradicionalmente tidos como relevantes para a fixação da pena, como os móveis ou motivos do agente, a vontade empregada no fato, a energia criminal e a atitude interior expressada no delito poderiam ser "objetivados" como elementos pertencentes ao injusto de ação.[14] Portanto, é decisivo para uma aplicação da pena proporcional ao fato estabelecer, no plano do injusto pessoal, quais fatores podem ser valorados como agravantes ou atenuantes.

Sobre este tema, é possível apontar duas definições principais na dogmática que, embora pareçam antagônicas à primeira vista, parecem coincidir quanto à admissibilidade de uma certa flexibilização do conceito de injusto de ação e comportar, de forma mais ou menos ampla, elementos de natureza subjetiva neste âmbito.

a) Compreensão ideal de injusto como "perturbação da paz jurídica"

Uma corrente que compreende o injusto como *conceito ideal* é defendida sob a denominação de perturbação da paz jurídica ou abalo à validade da norma, cuja fundamentação está proximamente ligada a uma justificação preventivo geral positiva da pena.[15] Em linhas gerais, afirma-se que o injusto de um delito não se esgota na lesão ou ameaça ao bem jurídico, mas compreende a perturbação da paz jurídica nele representada e considera relevante o efeito causado pelo delito sobre a coletividade.[16] Para a determinação da pena, isso significa que o injusto não é mensurado apenas de acordo com o delito individual, mas em consideração

---

13. FRISCH, Wolfgang. *Unrecht und Schuld...*, *op. cit.*, p. 251.

14. "O injusto de ação situa-se tanto na modalidade exterior do comportamento do autor como também em circunstâncias que se situam na pessoa do autor. Consequentemente deve-se distinguir entre injusto de ação referido ao fato e referido ao autor (pessoal)". Cf. JESCHECK, Hans-Heinrich; WEIGEND, Thomas. *Lehrbuch des Strafrechts...*, *op. cit*, p. 24. Tradução livre. Também: SCHÄFER, Gerhard; SANDER, Günther M.; GEMMEREN, Gerhard van. *Praxis der Strafzumessung...*, *op. cit.*, Rn. 603-604.

15. Nessa linha, *Stahl* entende o delito como a contestação da validade fática da norma e a pena como meio de estabilização de expectativas. O injusto seria entendido como o "valor de saída" *(Ausgangsgröße)* dessa contestação: STAHL, Dominik. *Strafzumessungstatsachen...*, *op. cit.*, p. 93. Ainda: FRISCH, Wolfgang. *Unrecht und Schuld...*, *op. cit.*, p. 253 e ss; *idem*, *Gegenwärtiger Stand...*, *op. cit.*, p. 379 e ss; SCHÜNEMANN, Bernd. *Die Funktion des Schuldprinzips...*, *op. cit.*, p. 191; *idem*, *Plädoyer...*, *op. cit.*, p. 227; KÖHLER, Michael. Über den Zusammenhang von Strafrechtsbegründung und Strafzumessung erörtert am Problem der Generalprävention. Heidelberg: C.F. Müller, 1993, pp. 50-51.

16. Cf. KÖHLER, Michael. Über den Zusammenhang..., *op. cit.*, p. 51.

ao contexto geral que compreende essa perturbação da paz jurídica, segundo o seu significado geral.[17] A possibilidade de apreensão e consideração de elementos mais amplos no âmbito do injusto estaria justificada na necessidade de estabilização da contestação à validade da norma causada pelo delito.[18]

Essa concepção de injusto é assumida por *Frisch* em um contexto bastante relacionado com a sua compreensão a respeito do âmbito de aplicação da pena como uma continuação da qualificação do fato como delito. De um lado, *Frisch* reconhece que determinados aspectos do fato, como a atitude ilícita, os objetivos censuráveis perseguidos pelo autor com seu fato, sentimentos fúteis expressados no crime, o cometimento de um segundo delito, apesar de uma relevante condenação anterior etc., seriam fatores importantes para a determinação da pena, que descreveriam muita coisa a respeito da qualificação de um fato como delito.[19] De outro lado, o autor nega que tais aspectos e necessidades preventivas possam ser inseridos como "realces" ao conceito de culpabilidade da medida da pena: para ele, o elemento *culpabilidade em sentido estrito* que integra o conceito amplo de culpabilidade continua sendo o desvio do direito apesar da capacidade de se orientar de acordo com a norma.[20]

A partir dessas reflexões, o autor questiona o conceito tradicional de injusto que, segundo entende, estaria cristalizado na teoria do delito como um conceito que se esgotaria na inclusão do dolo e da culpa como elementos subjetivos do tipo. Apesar da inclusão do componente pessoal no conceito injusto (a pessoa do autor, sua decisão e seus objetivos com relação ao bem jurídico) sua definição, segundo a doutrina tradicional, teria sido mantida de uma forma mais ou menos *concreta*.[21] A objeção a uma definição mais concreta de injusto, segundo *Frisch*, é que ela não seria capaz de integrar aquelas circunstâncias vistas tradicionalmente como relevantes na aplicação da pena e que tradicionalmente seriam valoradas no âmbito da culpabilidade. Seria indiferente, de acordo com um entendimento de injusto concreto, se o autor comete um crime pela primeira vez ou pela quinta vez, se comente o crime por compaixão ou necessidade, com objetivos bastante censuráveis ou ilícitos; nada disso produziria qualquer efeito sobre o injusto,

---

17. *Idem, ibidem*, p. 51-52.

18. Assim sustenta *Schünemann* quem, embora defenda uma pena proporcional ao fato, fundamenta sua concepção na prevenção geral integradora e sustenta que, na determinação da pena, deve-se seguir uma orientação especialmente voltada à lesão externa do bem jurídico. Por isso seriam também relevantes para a aplicação da pena aspectos como o comportamento do agente antes e após o fato, a "energia criminal" (pela intensidade da perigosidade do fato) e os motivos, na medida em que seriam fatores importantes "[...] para o abalo à confiança na norma pela sociedade". Cf. SCHÜNEMANN, Bernd. *Plädoyer..., op. cit.*, p. 227; *idem, Die Funktion des Schuldprinzips..., op. cit.*, p. 191. Tradução livre.

19. FRISCH, Wolfgang. *Unrecht und Schuld..., op. cit.*, pp. 241 e ss.

20. *Idem, ibidem*, p. 249.

21. *Idem, ibidem*, p. 251.

já que a perturbação do bem jurídico praticado dolosamente é igual.[22] Um tal entendimento não poderia, segundo o autor, promover a reparação da vítima ou o portador do bem jurídico por meio da pena.[23] Isso somente seria possível quando o injusto fosse visto a partir de um substrato que faça a pena parecer útil e legitimável, e isso somente se dá quando se o concebe sob o prisma da *contestação da norma*, que coloca em questão a sua validade. Injusto seria a contestação, o não reconhecimento ou o descaso com relação à norma.[24]

Essa definição tem como consequência que, na aplicação da pena, as circunstâncias relevantes para a medida do injusto seriam *mais amplas*. Seria possível, a partir deste conceito ideal, considerar aspectos subjetivos referidos ao autor, como a busca de objetivos reprováveis, o comportamento decorrente de uma atitude censurável ou a lesão à norma para a concretização de objetivos ilícitos. Na medida em que tais aspectos revelariam um especial desprezo à norma, sua valoração na determinação da pena estaria justificada.[25]

b) A valoração do injusto como violação aos interesses do portador do bem jurídico

Uma outra concepção de injusto que se poderia afirmar mais concreta define-o como *danosidade social*.[26] O conceito de injusto situa-se em um contexto social e contém, sob a perspectiva do que é permitido ou proibido, uma valoração dos conflitos de interesses que resultam da interação social.[27] Comete injusto aquele que, no âmbito de um tal conflito de interesses, interfere em um bem jurídico protegido sem que esteja amparado por uma causa de justificação, ou seja, quem intoleravelmente se comporta de forma socialmente danosa.[28] Injusto designa, como danosidade social e concreta de um comportamento, a punibilidade típica em uma forma menos abstrata do que o tipo penal.[29]

---

22. *Idem, ibidem*, p. 252.
23. *Idem, ibidem*, p. 253.
24. *Frisch* pretende relativizar a abstração do seu conceito de injusto alegando que não se trata de uma ordem jurídica abstrata. O direito que é colocado em questão com a prática do delito abrangeria a relação jurídica com a vítima e a sociedade; o injusto seria precisamente a contestação dessa relação jurídica. *Idem, ibidem*, p. 254. Criticamente: HÖRNLE, Tatjana. *Tatproportionale...*, *op. cit.*, pp. 207 e ss.
25. FRISCH, Wolfgang. *Unrecht und Schuld...*, *op. cit.*, p. 255. Essa definição de injusto também seria capaz de justificar o papel agravante da reincidência. Reincidir na prática do delito deixaria transparecer um mais claro não reconhecimento da norma e a colocação de sua validade em questão de forma mais intensa do que quando no primeiro delito. *Idem, ibidem*, p. 256.
26. ROXIN, Claus. *Strafrecht, AT I...*, *op. cit.*, §7, Rn. 66; SCHÜNEMANN, Bernd. *Die Funktion der Abgrenzung...*, *op. cit.*, p. 160.
27. Cf. ROXIN, Claus. *Strafrecht, AT I...*, *op. cit.*, §7, Rn. 66.
28. *Idem, ibidem, loc. cit.*
29. *Idem, ibidem, loc. cit.*

Essa concepção de injusto é criticada por *Hörnle* por ainda padecer de vagueza e falta de concretude. Tal como a "perturbação da paz jurídica", a definição de injusto como danosidade social seria ainda insuficiente para uma clara delimitação entre o que é uma *valoração retrospectiva do injusto concreto* e o que são circunstâncias de aplicação da pena orientadas preventivamente.[30] Assim, enquanto a ideia de perturbação da paz jurídica seria incapaz de fornecer critérios para a medida de uma tal "perturbação",[31] de outro lado, a "danosidade social" tampouco seria capaz de concretizar para quais pessoas ou grupos de pessoas o comportamento teria sido danoso.[32] Sem precisão a respeito da perspectiva de valoração do injusto, diversos aspectos poderiam ser considerados sob um viés moralizante e com o emprego de critérios vagos.[33] Um comportamento socialmente danoso tanto pode ser aquele que se teme seja reiterado pelo autor ou aquele que venha a ser reproduzido por outros autores*: a falta de contornos precisos para a concepção de injusto faria resvalar novamente em considerações preventivo especiais ou gerais.*[34]

Hörnle propõe conferir precisão à ideia ainda vaga de danosidade social submetendo sua análise a um *filtro normativo que restrinja e melhor delimite quais fatores podem vir a ser considerados legítimos para a graduação do injusto de ação.* Seguindo a sugestão de *Schünemann*,[35] *Hörnle* propõe fundamentar na *perspectiva da vítima* a danosidade social a ser determinada no caso concreto.[36] Em termos práticos, significa definir concretamente, em cada caso, o que representa a danosidade social de um comportamento *de acordo com o ponto de vista do portador do bem jurídico lesado ou ameaçado.*[37]

As consequências dessa ideia para a determinação da pena são fundamentais em uma teoria de aplicação da pena proporcional ao fato, que se baseia na

---

30. Cf. HÖNRLE, Tatjana. *Tatproportionale..., op. cit.*, p. 217.
31. Cf. HÖNRLE, Tatjana. *Kriterien..., op. cit.*, p. 102.
32. *Idem, ibidem*, p. 119.
33. *Idem, ibidem, loc. cit.*
34. *Idem, ibidem, loc. cit.*
35. SCHÜNEMANN, Bernd. *Die Funktion der Abgrenzung..., op. cit.*, p. 160.
36. HÖRNLE, Tatjana. *Tatproportionale..., op. cit.*, p. 217; *idem, Kriterien..., op. cit.*, p. 103; *idem, Strafzumessungsrelevante Umstände der Tat..., op. cit.*, p. 121.
37. *Hörnle* procura antecipar as críticas que posteriormente se dirigiram a ela pelo aspecto demasiadamente privilegiado de sua concepção, no que se refere aos interesses da vítima. A autora sustenta que não se trata de tomar os interesses particulares da vítima como fundamento de determinação a pena, mas apoiar a valoração do que seria relevante para o injusto no caso concreto, a partir da perspectiva externa de uma "vítima ponderada" (ideal) ou de um "observador sensato". Cf. HÖRNLE, Tatjana. *Kriterien..., op. cit.*, p. 120; *idem, Tatproportionale..., op. cit.*, p. 219. Criticamente: FEIJOO SÁNCHEZ, Bernardo José. *Individualización de la pena y teoria de la pena proporcional ao hecho..., op. cit.*, p. 8; *idem*, Positive Generalprävention. Gedanken zur Straftheorie Günter Jakobs. In: PAWLIK, Michael; ZACZYK, Rainer (Hrsg.). *Festschrift für Günther Jakobs zum 70. Geburtstag am 26. Juli 2007.* Köln; München (u.a.), 2007, p. 87.

valoração retrospectiva da gravidade do injusto culpável e se esforça em eliminar critérios preventivos que influenciem essa medida. Por exemplo, os motivos do agente, que são referidos na jurisprudência majoritária como um critério relevante de aplicação da pena, são normalmente irrelevantes em um crime patrimonial, quando se observa o fato a partir da perspectiva da vítima. É indiferente para ela se a motivação do agente para a prática do crime era simplesmente passar férias em um *resort* cinco estrelas ou dividir o montante com seu amigo que passa por necessidades financeiras: para a vítima é indiferente se o autor teve motivações egoístas ou altruístas.[38] Se na aplicação da pena se considera especialmente reprovável a "crueldade do autor" como hipótese agravante (geralmente, da culpabilidade), deve-se analisar se essa alegada crueldade realmente concretizou-se no fato na forma de uma lesão ou ameaça especialmente graves com relação à vítima e se interferiu na gravidade do injusto. A mera referência abstrata à crueldade, em si, não passa de uma afirmação vaga, tal como uma motivação egoísta.[39]

O conceito de injusto de ação de *Hörnle* para a aplicação da pena, embora contemple critérios subjetivos referidos ao agente, submete-os, assim, a um filtro mais apto a garantir que apenas circunstâncias que possuam uma relação clara com o mundo exterior possam ser consideradas, por serem ameaçadoras sob a perspectiva da vítima.[40] Isso significa que a representação dos aspectos subjetivos do injusto de ação apenas terá relevância se influir *concretamente* na lesão ou na ameaça percebidas sob a perspectiva externa do portador do bem jurídico.[41] Mais adiante, veremos que a perspectiva da vítima também é um critério central para a análise do injusto de resultado.

c) Circunstâncias admissíveis para a graduação do injusto de ação

A doutrina alemã, de maneira geral, parece conceber um conceito mais amplo de injusto para a aplicação da pena, com a inclusão de fatores referentes ao autor e ao delito.[42] Tanto a concepção de injusto como perturbação da paz

---

38. HÖRNLE, Tatjana. *Strafzumessungsrelevante Umstände der Tat...*, *op. cit.*, p. 121.
39. *Idem, ibidem, loc. cit.*
40. Cf. GIANNOULIS, Georgios. *Studien zur Strafzumessung...*, *op. cit.*, p. 105.
41. "Quando se toma a premissa da relação entre a interioridade do autor com relação ao mundo exterior, contam-se aqui fatores que foram relevantes para a execução do fato. De acordo com a manifestação da vontade no mundo exterior, encontramo-nos no âmbito da realização objetiva do fato. Decisiva é a conexão da vontade interior com a forma de execução, e não apenas a graduabilidade de uma representação da vontade abstrata per si, sem que ela afete a amedrontabilidade percebida sob a perspectiva da vitima". *Idem, ibidem*, p. 112. Tradução livre.
42. SCHÄFER, Gerhard; SANDER, Günther M.; GEMMEREN, Gerhard van. *Praxis der Strafzumessung...*, *op. cit.*, Rn. 605-622; FRISCH, Wolfgang. *Gegenwärtiger Stand...*, *op. cit.*, pp. 765 e ss; STAHL, Dominik. *Strafzumessungstatsachen...*, *op. cit.*, pp. 130e ss.; ERHARD, Christopher. *Strafzumessung bei Vorbestraften...*, *op. cit.*, pp. 210 e ss. Mais restritivo: GIANNOULIS, Georgios. *Studien zur Strafzumessung...*, *op. cit.*, p. 110 e ss.

jurídica, como a ideia de danosidade social consentem com a inclusão no âmbito do injusto de fatores como os motivos, a atitude interior que se expressa no fato, a vontade empregada no fato, a medida da infração ao dever, a forma de execução do delito e o comportamento do réu antes e depois do crime. Essas circunstâncias relacionadas ao injusto encontram-se previstas no § 46, Ab 2 StGB.

No direito brasileiro, nem todas essas circunstâncias estão previstas no Código Penal. O rol de circunstâncias elencadas no artigo 59 do CP é reduzido em comparação com o dispositivo legal alemão. Isso não significa que algumas daquelas circunstâncias não devam ou não possam ser consideradas para a determinação da pena, na medida em que forem relevantes para a análise do peso do injusto. Se se pretende aqui sugerir *de lege ferenda* uma nova interpretação do conceito de culpabilidade para a medida da pena, concebido dentro de um contexto que contempla o âmbito de aplicação da pena como uma concretização das categorias do delito, o conceito de injusto de ação a ser tomado como fundamento de medida do injusto culpável pode ir além das circunstâncias judiciais fornecidas pelo Código Penal. Já ficou demonstrado, de outro lado, que as circunstâncias judiciais elencadas o artigo 59 do Código Penal são insuficientes para refletir o grau de gravidade de um delito. O mais importante é fundamentar por que determinadas circunstâncias têm ou não relevância para a concretização da medida da pena e como elas devem ser manejadas no caso concreto.

A ampliação do rol de circunstâncias relevantes para o injusto de ação não pode, contudo, ameaçar as principais premissas aqui assumidas: 1- que a determinação da gravidade pena deve ser orientada exclusivamente na valoração retrospectiva do injusto culpável; 2- a ilegitimidade de incursões na esfera íntima do agente que representem mera imposição de moralidade e 3- que na determinação da severidade da sanção penal devem ficar fora de consideração aspectos preventivos. Para tanto, a orientação da valoração do injusto de ação sob a perspectiva da vítima, em muitos casos, é fundamental.

Inicialmente, apontei que na jurisprudência brasileira a gravidade do injusto, embora apareça usualmente como um aspecto do fato em segundo plano, em certa medida, serve de referência para o grau de reprovabilidade que forneceria a medida da culpabilidade, e que essa perspectiva parece um desvio de foco que necessita de ajuste. Orientar a aplicação da pena não mais à interioridade do autor, mas na gravidade concreta do delito é fundamental para impedir julgamentos intuitivos e considerações preventivas que não encontram fundamento normativo.

O ponto de vista da vítima limita a importância de determinados critérios tradicionalmente referidos na aplicação da pena como de natureza subjetiva, nomeadamente, os motivos, os sentimentos expressados no fato, e as finalidades reprováveis perseguidas pelo agente. Sem um limite justificador para esses fatores, corre-se o risco de apenas mudar de lugar sistemático todas aquelas circunstâncias que, como visto, não são admissíveis em um Direito Penal do fato; significaria esvaziar a carga subjetivista do conceito tradicional de culpabilidade e preencher o conteúdo do injusto de ação com toda sorte de incursões na atitude interior do autor.[43]

A partir dessa perspectiva limitada, analisarei, a seguir, as circunstâncias que considero admissíveis para a graduação do injusto de ação (mais abaixo, também, injusto de resultado – item 3.1.2 – e culpabilidade em sentido estrito – item 3.2) na determinação da pena base, fazendo um cotejo comparativo com algumas decisões que representam a majoritária jurisprudência sobre estes fatores de determinação da pena.

aa) Graduações do dolo

Dolo é um tema que mereceria um espaço muito maior que permitisse enfrentar as dificuldades a ele relacionadas. A quantidade de teorias e a expressão da discussão em torno dos critérios de imputação me impedem de fazer afirmações mais assertivas ou definitivas.[44] Portanto, aqui devo me limitar a apontar alguns problemas mais frequentemente identificados na jurisprudência e tentarei evitar tomar posições dogmáticas muito conclusivas.

A valoração do dolo para a graduação da pena pela jurisprudência brasileira é feita a partir de diversos aspectos ligados ao fato e ao autor, mas observa-se que muitos deles não possuem uma relação normativa clara com essa categoria. A intensidade do dolo é aferida, por exemplo, pelo fato de o crime ter sido praticado em concurso de agentes,[45] ou porque o réu desferiu um tiro em uma roda de pessoas,[46] porque resistiu à prisão em flagrante[47] ou porque se trata de funcionário público.[48] Não fica claro em que medida tais aspectos têm relação com a inten-

---

43. Assim: SCHÄFER, Gerhard; SANDER, Günther M.; GEMMEREN, Gerhard van. *Praxis der Strafzumessung..., op. cit.*, Rn. 607-622; ZIPF, Heinz; DÖLLING, Dieter. *Strafrecht. Allgemeiner Teil..., op. cit.*, § 63, Rn. 22; ESCHELBACH, Ralf. *Op. cit.*, §46, Rn. 93-102.

44. Na doutrina brasileira, com fartas referências: VIANA, Eduardo. *Dolo como compromisso cognitivo*. São Paulo: Marcial Pons, 2017.

45. "O fato de a conduta criminosa ter sido realizada em concurso de pessoas e a destruição do corpo de delito por fogo revelam a intensidade do dolo dos agentes" (STJ, HC 325.306/RS).

46. "O magistrado singular, corroborado pelo Tribunal de origem, logrou indicar elementos concretos que justificam a exasperação da pena-base, consistentes na intensidade do dolo e na frieza na execução do crime, mediante disparo de arma de fogo no meio de uma roda de pessoas" (STJ, HC 183.548/SP).

47. "O fato de o réu ter resistido à polícia por ocasião do flagrante, colocando em risco a vida dos agentes públicos, por meio dos disparos efetivados revela a intensidade de seu dolo" (STJ, HC 285.490/PE). O crime em questão era roubo.

48. "O fato de ser o réu um servidor público ligado à Secretaria de Administração Penitenciária revela a intensidade de seu dolo e a maior reprovabilidade da conduta" (STJ, HC 363.497).

sidade do dolo – o que sugere que o termo, muitas vezes, seja utilizado em um sentido quase atécnico.

Também a localização da valoração do elemento subjetivo na graduação da pena não segue grande preciosismo dogmático: a graduação do dolo é comumente considerada no âmbito da culpabilidade – aquela que o entendimento majoritário toma como sinônimo da culpabilidade como categoria do delito – ou seja, em uma posição sistematicamente equivocada. Aqui, observa-se um papel importante que a referência geral a uma "maior reprovabilidade" exerce nesses casos: ela serve de elo de ligação entre o dolo e a culpabilidade. A reprovabilidade presta-se, portanto, a vincular duas categorias sistemáticas com a finalidade de agravar a pena. Essa ideia poderia ser resumida na seguinte fórmula: "dolo intenso, logo, maior reprovabilidade, logo, maior culpabilidade".[49]

De outro lado, não se encontram julgados que contemplem um aspecto que parece, à primeira vista, ser relevante a ser avaliado nos casos concretos sob o ponto de vista da graduação da pena: a distinção quantitativa entre dolo eventual e dolo direto. Essa distinção, apesar de bem aceita na doutrina, geralmente não é objeto de consideração na prática judicial.[50]

Por fim, pode-se mencionar o entendimento que pretende graduar mais intensamente um crime praticado com dolo direto – ou mesmo com dolo eventual – de acordo com circunstâncias específicas do fato. Fala-se com muita frequência em "maior intensidade do dolo" quando se trate de um crime especialmente grave, ou cometido com muita violência ou, ainda, quando esteja presente uma alegada intensa vontade de matar.[51] A impossibilidade de analisar todas as constelações possíveis de casos impõe que aqui sejam analisados apenas alguns mais exemplificativos destas questões problemáticas.

1- Valoração do dolo no âmbito do injusto

A correta localização do dolo como elemento do injusto de ação é fundamental para o entendimento dessa categoria na determinação da pena. São comuns na jurisprudência brasileira as referências no sentido de que a culpabi-

---

49. "Aquele que reitera no cometimento do ilícito tributário, por meio de diversos tipos de fraude, demonstra dolo intenso na consecução do intento criminoso e, por isso, deve ter aumentado o desvalor de sua culpabilidade" (STJ, HC 115.951/SC). No mesmo sentido, sob fundamentos diversos: STJ, HC 406.773/AC; HC 377.677/SP; HC 83.066/DF; HC 86.418/PR. Em sentido contrário: STJ, HC 161.389/PE.

50. MIRABETE, Julio Fabrini; FABRINNI, Renato N. *Manual de Direito Penal..., op. cit.*, p. 283.

51. "A elevação da pena-base sob o título da culpabilidade restou suficientemente fundamentada, haja vista a constatação que o paciente, além de desferir vários tiros contra as vítimas, muitos deles foram realizados pelas costas, o que demonstra maior grau de reprovabilidade da conduta e a intensidade do dolo do agente" (STJ, HC 298.714/MS). No mesmo sentido: HC 403.310/SP; HC 306.407/RJ; HC 185.036/PE; HC 148.381/MG.

lidade do réu seria especialmente reprovável, em razão da intensidade do dolo, justificando uma maior reprovabilidade do fato e, portanto, maior pena.[52] Como já apontei anteriormente, o argumento da "maior reprovabilidade" justifica sempre graduações da culpabilidade para cima e oculta análises subjetivas e moralizantes, que não deveriam interferir na valoração da gravidade da sanção aplicável.[53] Se entendemos que a culpabilidade em sentido estrito não é agravável para cima,[54] tratar uma maior gravidade do dolo como justificativa para um aumento de pena sob o critério da culpabilidade somente seria possível no âmbito do injusto – o que é, aliás, uma exigência sistemática. Dolo é elemento do injusto e não da culpabilidade em sentido estrito.[55] Apesar de alguns posicionamentos já sustentados na doutrina que conferem ao dolo uma dupla posição[56] (como elemento do tipo e da culpabilidade), na doutrina brasileira, parece atualmente consolidado o entendimento de que os componentes subjetivos da ação pertencem à categoria sistemática do injusto pessoal e não à culpabilidade como categoria da teoria do delito.[57] E assim também deve ser na aplicação da pena. A importância desta localização não é puro preciosismo: o perigo da valoração do dolo no âmbito da culpabilidade em sentido estrito é a referência à fórmula geral da "reprovabilidade", argumento que não encontra limites contra aumentos indevidos de pena.

2- Distinção entre dolo direto e eventual

O Código Penal brasileiro não trata o dolo eventual e o dolo direto como hipóteses de distintas graduações de intensidade. A redação do artigo 18, inciso I, do CP limita-se a fornecer o conceito de dolo e contemplar o dolo eventual como uma modalidade do tipo doloso. De outro lado, a falta de menção a uma distinção entre essas duas formas nos dispositivos legais que tratam da determinação da pena – diferentemente do que ocorre com os âmbitos penais previstos para crimes culposos e crimes dolosos – parece ser o motivo para a prática judiciária ignorar eventual diferença quantitativa entre dolo eventual e dolo direto. Afirma-se que no dolo eventual haveria um componente a menos, a ausência de *vontade* e isso

---

52. Dentre inúmeros julgados do STJ: HC 298.714/MS; HC 329.933/SC; HC 325.306/RS; HC 363.497/SP; HC 285.490/PE.

53. Cf. item 1.2.2, no Cap.1.

54. Cf. item 2.2.1, no Cap. 2.

55. Por todos: FRAGOSO, Heleno Cláudio. *Lições de Direito Penal...*, *op. cit.*, p. 201.

56. GALLAS, Wilhelm. *Zur gegenwärtigen Stand...*, *op. cit.*, p. 46; JESCHECK, Hans-Heinrich; WEIGEND, Thomas. *Lehrbuch des Strafrechts...*, *op. cit.*, p. 243. Contrariamente: CEREZO MIR, José. *Zur Doppelstellung des Vorsatzes...*, *op. cit.*, pp. 1018-1019. Veja-se na jurisprudência: STJ, HC 9.584/RJ.

57. Mas, de todo modo, pretende-se considerar o dolo como relevante para a culpabilidade na medida da pena para avaliar o "grau de censurabilidade". BITENCOURT, Cezar Roberto. *Código Penal comentado*. São Paulo: Saraiva, 2002, p. 208.

caracterizaria uma forma de dolo menos intensa.[58] Sem condições de analisar com profundidade os fundamentos para a distinção qualitativa entre dolo eventual e direto, partirei de uma ideia quase intuitiva: um crime praticado sem propósito de realização do resultado, mas apenas com a mera representação dele como possível e o consentimento quanto à sua eventual ocorrência parece merecer menos reprimenda do que um crime desejado e representado com segurança pelo agente.[59] *Eduardo Viana* identifica essa distinção qualitativa presente na doutrina majoritária brasileira em um duplo enfraquecimento dos componentes psíquicos do dolo eventual.[60] Enquanto aqui predomina a dúvida quanto ao resultado, no dolo direto, a ação é orientada a ele. A relação menos intensa de dependência entre a representação do agente e a possibilidade do resultado aliado à ausência do conteúdo volitivo seria a justificativa para a tradicional qualificação do dolo eventual como uma modalidade mais branda. Uma possibilidade de redução de pena, neste sentido, poderia ser sustentada[61] em razão deste menor conteúdo de injusto.[62]

Um outro argumento a favor da distinção qualitativa, com reflexos na pena, entre dolo eventual e dolo direto é sustentado por *Hörnle,* e se centra no seu componente volitivo: o dolo eventual conteria uma menor carga de injusto pois, da perspectiva da vítima, um crime praticado com *vontade de atingir a finalidade* seria mais perigoso, em uma perspectiva *ex ante*. A autora entende que uma ação intencional, voltada a uma finalidade de lesão estaria ligada a um grande potencial de perigo, enquanto que um autor que apenas aceita o resultado como possível, representaria uma menor ameaça. "*De um autor que age com dolo direto, a vítima pode esperar que eventualmente aja mais vezes para alcançar seu objetivo, enquanto que no dolo eventual, existe a chance de poder escapar do ataque*".[63] A princípio, essa justificação parece um tanto subjetivista e fundada em argumentos preventivos.[64] Não se deve confundir o perigo que oferece o agente com o perigo

---

58. JESCHECK, Hans-Heinrich; WEIGEND, Thomas. *Lehrbuch des Strafrechts..., op. cit.*, p. 299; GIANNOULIS, Georgios. *Studien zur Strafzumessung..., op. cit.*, p. 113. Veja-se, ainda, a observação crítica de: SILVEIRA, Renato de Mello Jorge. Os crimes de trânsito e a questão do elemento subjetivo. In: SILVEIRA, Renato de Mello Jorge; RASSI, João Daniel (org.). *Estudos em homenagem a Vicente Greco Filho*. São Paulo: LibeArs, 2014, pp. 499 e ss.

59. ESCHELBACH, Ralf. *Op. cit.*, §46, Rn. 93; HORN, Eckhard. *SK-StGB..., op. cit.*, §46, Rn. 111.

60. VIANA, Eduardo. *Dolo como compromisso cognitivo..., op. cit.*, p. 75.

61. Neste sentido: THEUNE, Werner. Grundsätze und Einzelfragen der Strafzumessung; aus der Rechtsprechung des Bundesgerichtshofs. *Strafverteidiger* 4, 1985, p. 206.

62. JESCHECK, Hans-Heinrich; WEIGEND, Thomas. *Op. cit.*, p. 299.

63. HÖRNLE, Tatjana. *Tatproportionale..., op. cit.*, p. 263.

64. Em um sentido próximo, portanto, daqueles argumentos criticados por *Greco*, que justificam a relevância da vontade no dolo em razão da maior periculosidade do autor: por ter desejado lesar o bem jurídico uma vez, pode ser que o deseje novamente. Essa prognose empírica sobre a capacidade de agir futura do agente "levaria a que puníssemos o autor não

que deriva de sua ação concreta. De todo modo, não necessariamente uma ação praticada com dolo eventual pode ser menos perigosa para a vítima ou para outras pessoas. Ademais, a análise sobre a perigosidade da ação para a determinação da pena deveria ser feita *ex post* e não *ex ante*.

Na jurisprudência brasileira, apesar do reconhecimento da distinção entre essas duas figuras, casos de dolo eventual não apenas não recebem uma pena diminuída, mas podem sofrer *aumentos decorrentes de uma "maior intensidade"*, ainda que os fundamentos para esse agravamento não estejam claros. Um exemplo: o Superior Tribunal de Justiça reformou sentença de primeira instância em crime praticado com dolo eventual, em um caso de homicídio causado por um réu que participava de "racha". Sem ingressar na discussão a respeito da correção ou não da classificação do caso como crime doloso, o que vale mencionar é que a sentença condenatória, na análise da culpabilidade, considerou-a "*provada pelo dolo do agente, potencializado pela ousadia e irresponsabilidade do acusado*" e agravou a pena mínima em um ano.[65] Corretamente, o STJ entendeu inidôneo o agravamento da culpabilidade baseado naquilo que serviu de fundamento para a própria condenação por crime doloso: a imprudência.[66] A própria classificação do caso como doloso e não culposo foi o que levou o acusado a julgamento pelo júri e a responder por um delito mais grave, com âmbitos penais maiores. Novamente recorrer a esse argumento, sem que se demonstre que o caso concreto apresenta um aspecto com especial gravidade, viola a proibição de *non bis in idem*. O agravamento do dolo eventual é injustificado.[67]

Embora o argumento utilizado pela sentença seja genérico (irresponsabilidade e audácia) e, portanto, não ajude muito na identificação do elemento do fato

---

pelo que ele fez, mas pelo que ele pode vir a fazer. Tal é próprio não de um direito penal de fato, e sim de autor". Cf. GRECO, Luís. Dolo sem vontade. In: SILVA DIAS, Augusto *et alii*, *Liber Amicorum de José de Sousa e Brito*. Coimbra: Almedina, 2009, p. 899.

65. Criticamente sobre o entendimento da majoritária jurisprudência nacional, neste tema: SILVEIRA, Renato de Mello Jorge. *Os crimes de trânsito e a questão do elemento subjetivo..., op. cit.*, pp. 492 e ss.

66. Assim a fundamentação do acórdão: "Veja-se que a consideração do homicídio doloso, e não culposo, na hipótese, levou em consideração justamente o fato de o agente participar de um "racha", ou seja, por dirigir com extremada imprudência e irresponsabilidade. Deflui-se que a configuração do crime doloso, por tal circunstância, já trouxe ao réu uma situação desfavorável, pois passou a configurar pena em maior proporção. Por consequência, as alegadas ousadia e irresponsabilidade não poderiam ser novamente levadas em conta de forma genérica para o fim do agravamento da pena na primeira fase da dosimetria, na medida em que, por óbvio, se exige do julgador maior concretude e melhor detalhamento da conduta irresponsável para além do núcleo de imputação do dolo eventual" (STJ, HC 295.642/ES, p. 9).

67. Não parece ser por acaso que a sentença invocou também um juízo de valor sobre a conduta "audaciosa" do réu para fundamentar o aumento da pena: sentimentos negativos sempre são considerados como "mais reprováveis" e, por isso, dispensam maiores argumentações.

que teria permitido o magistrado qualificar a hipótese como mais grave, a princípio, *um agravamento do dolo eventual parece apontar para uma única direção: dolo direto*. Qualquer atitude mais intensa do agente no sentido da concretização do resultado, ao contrário de demonstrar uma "maior intensidade do dolo eventual", parece indicar já uma qualificação da conduta como dolo direto.[68]

Em conclusão, é difícil fornecer aqui uma resposta definitiva sobre a possibilidade de redução de pena nos casos de dolo eventual.[69] Se se toma como correta a distinção qualitativa entre essas duas modalidades, então ela deve refletir-se de forma quantitativa na medida da pena. O que, ao contrário, parece claro é que considerar um agravamento do próprio dolo eventual, um "dolo eventual mais intenso", é inapropriado.

3- Dolo intenso?

Resta analisar a recorrente linha jurisprudencial que afirma a existência de um "dolo (direto) intenso" que mereceria uma resposta penal mais grave. Para isso é necessário averiguar o seu conteúdo e analisar se ele é um elemento agravável. Essa tarefa, como já referi, seria hercúlea. Fornecer fundamentos dogmáticos neste tema exigiria um trabalho à parte. O que pretendo é fornecer fundamentos aproximados e muito provisórios, mas um mínimo de posicionamento será necessário.

Na jurisprudência brasileira, em matéria de aplicação da pena, são recorrentes as menções à intensidade do dolo direto. Os fundamentos utilizados, como visto, são bastante diversos.[70] Os julgados demonstram que quase tudo que diga respeito ao fato pode servir de fundamento para um dolo intenso. A questão que se coloca é: existe dolo (direto) mais ou menos *intenso*?

Segundo a definição tradicional, dolo é "conhecimento e vontade da realização de um tipo objetivo".[71] Ao componente de vontade confere-se uma relevância bastante destacada na jurisprudência de aplicação da pena e *este* parece ser o ponto de encontro que justifica a confusão entre intensidade do dolo e reprovabilidade da culpabilidade: a vontade, porque inerente à subjetividade, seria aquilo que está em algum lugar do interior do agente e, portanto, deveria ser valorado

---

68. Cf. VIANA, Eduardo. *Dolo como compromisso cognitivo...*, *op. cit.*, p. 76.

69. *Peralta* posiciona-se contrariamente a um agravamento de pena em caso de dolo direto. Se a intenção do agente é irrelevante para a danosidade social da ação e para a possibilidade de evitação, punir mais severamente um caso de dolo direto significa punir a atitude interna do agente. PERALTA, José Milton. Elementos subjetivos del ilícito en la determinación de la pena. *Anuario de Derecho Penal y Ciencias Penales*. Madrid, vol. 63, 2011, p. 262.

70. Como, por exemplo, a premeditação do crime (STJ, HC 406.773/AC; HC 377.677/SP); o grande número de disparos contra a vítima (STJ, HC 403.310/SP; HC 306.407/RJ; AgRg no AREsp 370.722/AP) ou a brutalidade da agressão (STJ, HC 185.036/PE; HC 148.381/MG).

71. Cf. FRISCH, Wolfgang. *Vorsatz und Risiko*. Köhl, Berlin, Bonn, München: Carls Heymanns Verlag, 1983, p. 255.

como relevante também no âmbito da culpabilidade (entendida segundo a tradicional concepção subjetivista) – onde não raramente também se confunde *com a motivação do* autor.[72] E a vontade, sempre que for "mais reprovável", justificaria a afirmação de um dolo "intenso". Quando o crime denota uma suposta maior intensidade do desejo de perpetrar o crime, uma atitude interior mais cruel, uma *vontade maior* de cometer o crime, estaria justificado punir mais.[73] O que está por trás deste entendimento, portanto, é que se *confunde dolo como sinônimo de vontade.*

Uma primeira distinção deve ser feita para esclarecer este mal-entendido: maior gravidade do crime não é necessariamente maior dolo. Não há distinção entre o dolo do agente que comente um homicídio com o emprego intravenoso de uma substância que mata eficientemente em poucas horas, sem causar dor, e o dolo do agente que pratica o crime desferindo várias facadas contra a vítima. A vítima, neste segundo caso, evidentemente sofreu muito mais e, sob a sua perspectiva, o injusto é mais grave, já que o meio de execução do crime é especialmente cruel. A gravidade do crime, contudo, não determina a *intensidade* do dolo do agente. Nada sugere que o autor do primeiro exemplo tinha um dolo "menos intenso" do que o segundo; pelo contrário, seria possível supor que o autor do primeiro homicídio, um médico anestesista conhecedor da eficiência da substância ministrada, estava absolutamente certo e seguro de que a dose seguramente mataria a vítima e, neste caso, afirmar-se-ia um "maior dolo". De modo contrário, um pequeno delito pode ser cometido com um desejo fervoroso de realização e, em razão tão somente da insignificância do crime não se pode afirmar uma insignificância do dolo.[74] *Somente uma concepção de dolo que dá relevo à "vontade má" é capaz de sustentar que a gravidade do crime demonstra sempre a maior intensidade do dolo.*

De outro lado, a vontade não aumenta nem diminui o grau de perigo de uma ação.[75] *Greco* convence ao demonstrar que os fundamentos que procuram sustentar a própria relevância da vontade como componente do dolo não resistem a uma observação mais próxima, que revela que o distintivo para categorizar um comportamento como doloso é o componente psicológico do conhecimento, entendido como domínio.[76] O agente que age com domínio de sua ação tanto

72. Neste sentido a crítica de KRÜMPELMANN, Justus. Vorsatz und Motivation. *Zeitschrift für die gesamte Strafrechtswissenschaft (ZStW)* 25, 1975, p. 889.

73. "A elevação da pena-base sob o título da culpabilidade restou suficientemente fundamentada, haja vista a constatação que o paciente, além de desferir vários tiros contra as vítimas, muitos deles foram realizados pelas costas, o que demonstra maior grau de reprovabilidade da conduta e a intensidade do dolo do agente" (STJ, HC 298.714/MS).

74. HÖRNLE, Tatjana. *Tatproportionale..., op. cit.*, p. 150.

75. Neste sentido, também: GRECO, Luís. *Dolo sem vontade..., op. cit.*, pp. 898-899; VIANA, Eduardo. *Dolo como compromisso cognitivo..., op. cit.*, p. 164; 167; SILVEIRA, Renato de Mello Jorge. *Os crimes de trânsito..., op. cit.*, p. 503.

76. CF. GRECO, Luís *Dolo sem vontade..., op. cit.*, p. 892.

apresenta um maior perigo, como uma maior responsabilidade do que aquele que não domina sua conduta.[77] Argumentos que sustentam a importância da vontade empregada no fato, portanto, não se prestam nem a fundamentar o dolo, quanto menos fornecer justificativa para um "dolo mais intenso".[78]

Assim, ao contrário do entendimento dominante, afirmar uma maior intensidade do dolo sob o fundamento de uma maior vontade de cometer o crime é equivocado. Diferente pode ser quando se tratar do componente de conhecimento (domínio). O exemplo do médico anestesista poderia ser substituído pelo residente que intenciona fazer a vítima adormecer para aproveitar-se sexualmente dela, mas nada sabe sobre a substância, não sabe como ela opera, nem qual a dose que precisa ministrá-la de forma que a vítima não desperte e ele consiga realizar seu intento.[79] A princípio, não parece errado supor que haverá crimes nos quais o domínio do agente é maior e que o perigo resultante dele também (quando poderia ser menor, no caso de um menor conhecimento, de um menor domínio). Essa valoração do dolo como maior, contudo, somente se justifica *quando concretamente manifestou-se na forma de um perigo objetivo (mais intenso) para a vítima.*

Assim, a mera afirmação de um dolo mais intenso justificada na intensidade da agressão ou nos vários disparos efetuados contra a vítima é fruto de uma concepção *que confunde dolo com vontade de cometer o crime*. Ao contrário, a graduação do dolo deveria voltar-se à análise do *componente do conhecimento do agente* a respeito da produção do resultado e sobretudo, do grau de perigo gerado à vítima como decorrência desse conhecimento.

Por isso, parece inadequado o entendimento majoritário que analisa o dolo na determinação da pena como sinônimo de vontade e o gradua segundo a

---

77. E nesse sentido, *Greco* sustenta uma *teoria do dolo sem o componente da vontade*: "Não parece possível que, num direito penal de fato, uma mera vontade, sem domínio, possa equivaler ao domínio. O fato de que o autor queira realizar o que não domina não gera nem uma maior necessidade de prevenção, uma vez que o fato não é tão perigoso, nem uma maior responsabilidade do autor, uma vez que a eventual ocorrência do resultado se dá em parte por acaso. Com o que chegamos a mais uma conclusão intermediária: a de que, nos chamados casos de dolo direto de primeiro grau, tem de existir um conhecimento tal que confira ao autor o domínio sobre aquilo que ele está a ponto de realizar. A mera vontade não pode transformar em dolosa uma realização de tipo objetivo que o autor não domina". GRECO, Luis. *Dolo sem vontade...*, *op. cit.*, p. 895. Sustentando a irrelevância do componente da vontade para o conceito de dolo, já no início da década de 1980: FRISCH, Wolfgang. *Vorsatz und Risiko...*, *op. cit.*, pp. 300-301. Com muitas referências: VIANA, Eduardo. *Dolo como compromisso cognitivo...*, *op. cit.*, pp. 161 e ss.

78. SCHÄFER, Gerhard; SANDER, Günther M.; GEMMEREN, Gerhard van. *Praxis der Strafzumessung...*, *op. cit.*, Rn. 618.

79. Parece claro que, do ponto de vista da gravidade do perigo no delito de homicídio, não se pode falar em uma graduação do injusto para cima quando sua valoração está condicionada às consequências concretas para a vítima. "Uma forma mais grave de homicídio do que a morte da vítima não existe". Cf. GRÜNEWALD, Anette. *Das vorsätzliche Tötungsdelikt...*, *op. cit.*, p. 147. Tradução livre.

"intensidade" desse componente volitivo, bem assim o que o valora no âmbito da culpabilidade em sentido estrito, como expressão de maior "reprovabilidade".

bb) Graduações da culpa

1- Violação ao dever de cuidado

Na concepção tradicional da doutrina causalista, a "infração ao dever de cuidado" e a previsibilidade são critérios centrais para a imputação de crimes culposos.[80] O grau de violação ao dever de cuidado, a princípio, poderia fornecer critérios que orientem a aplicação pena. É possível falar em distintas formas de violações que podem ser graduadas, no caso concreto, em maior medida (por exemplo, o motorista que dirige embriagado, a 100 km/h, invadindo, sem notar, uma área de lazer para crianças) ou menor (o motorista que dirige às 3h00 da madrugada, em região erma e, por medo de ser assaltado, ultrapassa o sinal vermelho sem observar que um pedestre cruza a faixa).[81]

A jurisprudência brasileira oscila entre considerar – à exemplo do dolo, também impropriamente no âmbito da culpabilidade em sentido estrito, e não do injusto – o grau de violação ao dever de cuidado como fator de exasperação,[82] de um lado, e afastar esse critério no momento de fixação da pena, de outro, geralmente sob o argumento de que se trata de elemento do tipo culposo.[83] Aspectos também enfatizados na graduação da pena nos crimes culposos, surpreendentemente, são ligados à interioridade do agente (como motivos, personalidade etc.).[84]

---

80. Cf. TAVARES, Juarez. *Teoria do crime culposo*. Rio de Janeiro: Editora Lumen Juris, 2009, p. 424.

81. ESCHELBACH, Ralf. *Op. cit.*, §46, Rn. 82; HÖRNLE, Tatjana. *Tatproportionale...*, *op. cit.*, p. 266; ERHARD, Christopher. *Strafzumessung bei Vorbestraften...*, *op. cit.*, p. 211.

82. "Houve excessivo e por que não dizer, absurdo grau de reprovação (culpabilidade) inserido no comportamento do réu, que trafegava em altíssima velocidade, de modo que atravessou três pistas, chocou-se com a guia da calçada, destruiu dois coqueiros e depois inutilizou completamente o carro da vítima, matando-a, conforme demonstram as fotos acostadas a partir de fls.34, confirmadas por aquelas contidas na perícia" (STJ, AgRg REsp 1.185.549/RJ); "Reprovabilidade da conduta do apelante mostra-se bastante acentuada, uma vez que ele descumpriu duas importantes normas de trânsito, em que pese a existência de sinalização no local: trafegou em velocidade superior à máxima permitida e ultrapassou vários veículos em local proibido" (STJ, AgRg HC 1.382.565/RS).

83. "O excesso de velocidade não constitui fundamento apto a justificar o aumento da pena-base pela culpabilidade, por ser inerente ao delito – de homicídio e lesões corporais culposos, praticados na direção de veículo automotor –, caracterizando a imprudência, modalidade de violação do dever de cuidado objetivo, necessária à configuração dos delitos culposos" (STJ, AgRg HC 153.549/DF).

84. Ilustrativo o seguinte caso: em um homicídio culposo em concurso com lesão corporal no trânsito, a sentença de primeira instância considerou predominantemente como fatores de exasperação, a personalidade (o réu era usuário de drogas), antecedentes (com processo por tráfico em curso e condenações anteriores) personalidade (voltada para o crime e sem profissão definida), periculosidade e motivos (levar drogas a uma festa). No âmbito

A perspectiva da doutrina causalista tradicional, contudo, pode apresentar algumas dificuldades na dosimetria da pena. A relação estrita entre a teoria tradicional da causalidade e a ideia de previsibilidade do resultado pode criar dificuldades por conduzir a juízos genéricos com relação à capacidade individual do agente de prever o resultado,[85] moralizações indevidas (maior "reprovabilidade") ou a recursos incompatíveis com uma pena proporcional ao fato, como é o apelo à experiência *ex ante* a respeito do que "ordinariamente acontece" em casos semelhantes[86] ou à "experiência geral de vida".[87]

Esses problemas talvez possam encontrar melhor solução quando utilizados critérios de imputação objetiva do resultado.[88]

2- Grau de risco ou perigo causados e não permitidos

Os critérios de imputação objetiva permitiriam a atribuição do resultado nos delitos culposos sem necessidade de critérios mais amplos, como o grau de evitabilidade, a cognoscibilidade ou a possibilidade de reconhecimento[89] do resultado.[90] Se um autor não causou qualquer perigo juridicamente relevante, falta violação ao dever de cuidado. Nesse sentido, deve-se concordar com *Roxin* quando afirma que o critério da violação de um dever de cuidado é, portanto, desnecessário.[91] Utilizar critérios de imputação objetiva na determinação da medida do injusto de ação, permitiria a aferição mais concreta daquilo que, de um lado, pertence à esfera de responsabilidade do autor – porque não é fruto do acaso, mas sim resultado de um risco não permitido concretizado e causado por ele – e de outro lado, à esfera de responsabilidade da própria vítima. Não se trata de mensurar o grau de lesão

---

da culpabilidade, considerou a alta velocidade com que que o réu trafegava como fator de exasperação. O STJ, apesar de ter afastado o excessivo aumento em razão dos argumentos subjetivos invocados, considerou que a velocidade empreendida pelo réu não é fator legítimo, já que seria o "[...] elemento que caracteriza a imprudência, modalidade de violação do dever de cuidado objetivo, necessária à configuração dos delitos culposos". Cf. STJ, AgRg HC 153.549/DF.

85. Sobre essa discussão: TAVARES, Juarez. *Teoria do crime culposo..., op. cit.*, pp. 289-296.

86. Também: JESCHECK, Hans-Heinrich; WEIGEND, Thomas. *Lehrbuch des Strafrechts..., op. cit.*, p. 579.

87. TAVARES. Juarez. *Teoria do crime culposo..., op. cit.*, p. 294.

88. Sobre um panorama geral da teoria da imputação objetiva na literatura brasileira: GRECO, Luís. *Um panorama da teoria da imputação objetiva.* São Paulo: Editora Revista dos Tribunais, 2013.

89. Sobre a dificuldade de se estabelecer critérios (subjetivos ou objetivos) a respeito da possibilidade de reconhecimento do resultado: WEIGEND, Thomas. Zum Verhaltensunrecht der fahrlässigen Straftat. In: DÖLLING, Dieter; ERB, Voller (Hrsg.). *Festschrifft für Karl Heinz Gössel zum 70. Geburtstag am 16. Oktober 2002.* Heidelberg: C.F. Müller Verlag, 2002, pp. 139-141.

90. ROXIN, Claus. *Strafrecht, AT I..., op. cit.*, § 24, Rn 10.

91. ROXIN, Claus. *Strafrecht, AT I..., op. cit.*, § 24, Rn 12.

a uma norma de cuidado abstrata, mas de valorar a gravidade de um risco não permitido concretamente realizado.[92] Essa concepção também mantém o desvalor do injusto de ação atrelado à exteriorização ou concretização do risco[93] e, desse modo, orientado em uma perspectiva objetiva externa, que mantém uma ligação mensurável entre o grau do injusto de ação e o perigo não permitido causado para o bem jurídico da vítima.[94]

cc) Forma de execução

Na jurisprudência nacional, muitas circunstâncias que se referem à forma de execução do delito têm grande relevância para a determinação da pena. A localização sistemática da análise desses fatores oscila entre o campo da culpabilidade como expressão de "reprovabilidade" e as circunstâncias do crime. Quando se trata determinada circunstância sob a palavra-chave "reprovabilidade", como já mencionei, perde-se qualquer referência a respeito do que pode ou não ser considerado relevante para a determinação da pena, na medida em que reprovável pode ser qualquer coisa. Tratar determinados fatores relevantes para a pena no correto âmbito do injusto de ação, demonstra quão reduzido é o seu espectro, sobretudo quando se observa a perspectiva da vítima.

Na literatura são considerados importantes fatores de determinação da pena o meio empregado para a prática do fato, inclusive o uso de arma como forma de ameaça, a intensidade da conduta, a premeditação do crime e outros fatores relacionados ao momento e ao local do fato.[95] A perspectiva da vítima permite esclarecer até que ponto, realmente, esses fatores têm influência na gravidade do injusto.

1- Emprego de brutalidade e meios cruéis

Em crimes praticados com violência, a análise da gravidade da manifestação da ação do autor sobre a vítima pode ser considerada na aplicação da pena como hipótese de agravamento do injusto de ação. Na doutrina, há, contudo, um certo dissenso sobre se a forma de execução cruel de um delito está ligada a um maior desvalor do injusto de ação[96] ou de resultado.[97]

---

92. Assim, aproximadamente: WEIGEND, Thomas. *Zum Verhaltensunrecht der fahrlässigen Straftat...*, *op. cit.*, p. 133.

93. Na imputação subjetiva, o desvalor objetivo da ação ganha a componente objetiva da criação de um risco juridicamente desaprovado e a responsabilização do autor pressupõe a concretização desse risco. Cf. GRECO, Luís. *Um panorama da teoria da imputação subjetiva...*, *op. cit.*, pp. 30; 91-98.

94. HÖRNLE, Tatjana. *Tatproportionale...*, *op. cit.*, p. 267.

95. ESCHELBACH, Ralf. *Op. cit.*, §46, Rn.79-81.

96. STRENG, Franz. *Strafrechtliche Sanktionen...*, *op. cit.*, Rn. 560, p. 273; SCHÄFER, Gerhard; SANDER, Günther M.; GEMMEREN, Gerhard van. *Praxis der Strafzumessung...*, *op. cit.*, Rn. 635; STREE, Walter; KINZIG, Jörg. *Op. cit.*, §46, Rn. 21.

Tal como na jurisprudência brasileira, observa-se na literatura de determinação da pena alemã uma ênfase a aspectos subjetivos ligados ao autor quando se trata de graduar a pena em casos de especial brutalidade. A previsão da circunstância "atitude interna do autor que se expressa no fato", no rol de circunstâncias do § 46 Ab. 2 StGB, contribui para que a gravidade do fato seja associada a um sentimento negativo e reprovável do agente que se expressa no crime, o que recorrentemente é tratado como uma manifestação de maior perigosidade.[98]

Na jurisprudência brasileira a relevância desses aspectos é discutida, especialmente, nos crimes de roubo, latrocínio, homicídio e nos crimes sexuais, nos quais a forma de execução seja especialmente grave.[99] A maior parte dos julgados avalia casos de grande brutalidade como expressão de frieza e crueldade e, sob essas circunstâncias, graduam a pena de acordo com a reprovabilidade.[100] Aqui deve ser novamente enfatizada a diferença entre uma indevida graduação moralizante da "crueldade"[101] e a correta análise da gravidade concreta do fato sob a perspectiva da vítima: a referência à gravidade do injusto sob a perspectiva do maior sofrimento imposto à vítima é o que basta para valorar uma especial gravidade do delito, sem necessidade de recorrer a análises subjetivas a respeito da vontade ou dos sentimentos do agente.[102]

2- Abuso de condições de vulnerabilidade da vítima

Uma especial condição de vulnerabilidade da vítima no momento do fato é prevista em alguns dispositivos que tratam de fixação da pena, na tipificação de determinados delitos e em algumas figuras qualificadoras. A maior gravidade do injusto de ação justificaria um agravamento da pena no caso de abuso dessa condição de vulnerabilidade para a prática do delito. O Código prevê, dentre

---

97. *Eschelbach* recomenda que injusto de ação e de resultado sejam observados na determinação da pena em conjunto, na medida em que podem ser mutuamente influenciados. ESCHELBACH, Ralf. *Op. cit.*, § 46, Rn. 76, p. 375.

98. ESCHELBACH, Ralf. *Op. cit.* § 46, Rn. 102, p. 380.

99. Conforme será detalhado a seguir, quanto maior o grau de afetação à qualidade de vida da vítima, maior a gravidade do injusto de resultado (Cf. item 3.1.2, *c*). Para o modelo teórico aqui adotado como fundamento, meios cruéis e brutalidade deveriam ser considerados como hipótese agravante, sobretudo, no delito de homicídio, que representa o maior injusto de resultado possível, mas cuja forma de execução deve ser considerada na dosimetria da pena.

100. "O ora paciente desferiu diversos golpes de martelo na cabeça da vítima, e a jogou em uma cova no próprio quintal, e, embora tenha escutado seus gemidos, continuou no seu desiderato de matá-la. Após ceifar a vida da mãe de seus filhos, telefonou diversas vezes para sua sogra, com o celular da vítima, para que ela pensasse que estava viva. Assim, tais circunstâncias concretas denotam uma crueldade e frieza anormais ao tipo" (STJ, HC 267.677/RJ). No mesmo sentido, dentre outros: STJ, HC 623.61/RJ; HC 28.912/MS.

101. Em acórdão do Tribunal de Justiça do Rio de Janeiro, o relator chegou a afirmar que a vítima teria sido abatida cruelmente por "três bestas humanas" (STJ, HC 34.072/RJ).

102. Assim, corretamente: STJ, AgRg no HC 200.073/MS.

outras tantas, hipóteses de recrudescimento de pena quando se tratar de crime praticado em concurso de agentes (art. 157, inciso II, CP), durante o repouso noturno (art. 155, § 1º, CP) ou em razão de uma situação que represente uma maior impossibilidade de defesa.[103] Também dentre as circunstâncias agravantes genéricas previstas no art. 61, do Código Penal, várias delas referem-se ao abuso dessas circunstâncias.[104] No caso de a situação específica de vulnerabilidade ter sido relevante para a prática do delito – desde que não presente no tipo, na forma de um de delito qualificado ou em circunstância agravante da Parte Geral – essa circunstância também pode ser considerada na dosimetria da pena como hipótese agravante do injusto, sobretudo quando esteja evidente uma restrita possibilidade de autodefesa contra um perigo.[105]

A jurisprudência assim já o faz, mas sem uma orientação clara. Como essas hipóteses frequentemente são consideradas como expressão da "reprovabilidade da culpabilidade"[106] – e a maior reprovabilidade justifica sempre qualquer aumento de pena[107] – muitos fatores que não poderiam fundamentar qualquer recrudescimento de pena são tomados como relevantes. Assim, como exemplo, o fato de o crime ter sido praticado em "plena luz do dia" ou de madrugada, sem que haja um contexto de menor possibilidade de autodefesa, ou simplesmente por ter sido premeditado pelo agente.[108]

Para determinar quais são as circunstâncias idôneas a justificar um aumento de pena nestes casos, segundo uma perspectiva proporcional ao fato, é necessário

---

103. Art. 121, inciso VI e § 7º, incisos I, II e III, do Código Penal; Art. 149-A, § 1º, inciso II ("se o crime for cometido contra criança, adolescente ou pessoa idosa ou com deficiência"), dentre tantos outros.

104. No inciso II, do art. 61, o Código Penal elenca hipóteses em que o agente tenha cometido o crime "c) à traição, de emboscada, ou mediante dissimulação, ou outro recurso que dificultou ou tornou impossível a defesa do ofendido"; "f) com abuso de autoridade ou prevalecendo-se de relações domésticas, de coabitação ou de hospitalidade, ou com violência contra a mulher na forma da lei específica"; "g) com abuso de poder (...)"; "h) contra criança, maior de 60 (sessenta) anos, enfermo ou mulher grávida"; "j) em ocasião de incêndio, naufrágio, inundação ou qualquer calamidade pública, ou de desgraça particular do ofendido".

105. HÖRNLE, Tatjana. *Tatproportionale...*, *op. cit.*, p. 275; *idem*, *Kriterien...*, *op. cit.*, p. 122.

106. "O fato do agente se aproveitar da situação de vulnerabilidade emocional e psicológica da vítima para a prática do crime, é motivo idôneo para a valoração negativa de sua culpabilidade ante a maior reprovabilidade de sua conduta" (STJ, HC 264.459/SP).

107. Ilustrativo sobre a preocupante capacidade de agravamento da culpabilidade pela especial "reprovabilidade", nesses casos: "Acentuada a reprovabilidade da conduta da paciente, pois valeu-se da relação de confiança e amizade que mantinha com a vítima, com quem trabalhara na mesma empresa, e aproveitou-se do fato de conhecer a sua rotina – o que certamente facilitou a prática criminosa – autorizam a exacerbação da pena em 5 (cinco) anos acima do mínimo legal" (STJ, HC 200.990/PR).

108. Cf. STJ, HC 292.311/SP; AgRg no AREsp 568.445/DF; AgRg no AREsp 348.048/SP; HC 250.713/SP.

levar em conta se no caso concreto a condição de vulnerabilidade foi tomada pelo agente como forma facilitadora para o crime e se, em razão disso, foi criado um maior perigo concreto para a vítima. Seriam as hipóteses, por exemplo, da prática do crime em determinadas condições de tempo e lugar que restringem a capacidade de defesa, em coautoria, com efetiva redução de possibilidade de opor resistência ou com quebra de relação de confiança entre autor e vítima, desde que dentro de um contexto que demonstre a facilitação do delito.

A premeditação, de outro lado, apesar de recorrentemente valorada como hipótese relevante, somente poderá funcionar como causa de agravamento do injusto na pena se, pelas circunstâncias, for possível concluir que facilitou a prática do crime, contribuindo para uma redução da possibilidade de oferecimento de resistência.[109] Neste sentido, não parece correta a linha jurisprudencial que entende relevante a premeditação nos crimes de tráfico de drogas.[110] A premeditação, neste e em outros tantos delitos, apenas assegura um maior sucesso na empreitada criminosa do agente. De outro lado, a referência à premeditação como expressão de frieza tampouco é fundamento admissível para agravamentos de pena.[111]

Ademais, para que determinada circunstância seja considerada como causa de exasperação sob a justificativa de uma situação de maior vulnerabilidade da vítima é imprescindível que tal condição seja de conhecimento do agente. Esta é já uma exigência do princípio de culpabilidade que se reflete na determinação da pena e que proíbe sejam imputados ao autor fatores que ele não conhecia nem podia evitar. Neste sentido, não parece acertado o entendimento jurisprudencial que sustenta que, para a aplicação da agravante prevista no art. 61, II, alínea "h", do Código Penal, não importa que o agente não tenha conhecimento de que se tratava de vítima idosa, nem que no caso concreto o agente não tenha se valido deste fato para a prática do delito, por se tratar de "vulnerabilidade presumida".[112] Essa circunstância somente deveria ser considerada como hipótese agravante se essas condições forem de conhecimento do agente e tenham sido por ele aproveitadas no momento da prática do fato.

---

109. STJ, HC 385.220/ES; AgRg no AREsp 959.045/MS; HC 360.511/MS; AgRg no REsp 1529944/DF; AgRg no REsp 1529944/DF.

110. STJ, AgRg no AREsp 959.045/MS; REsp 1391929/RJ; HC 322.351/SP; HC 360.511/MS.

111. "Mostra-se válido o aumento da pena-base, tendo em vista a culpabilidade do réu, considerada elevada, em razão de ter agido com sangue frio e premeditação na prática do delito, circunstâncias que denotam especial reprovabilidade, aptas a justificar o desvalor" (STJ, HC 318.815/RS). No mesmo sentido: HC 132.866/MS; HC 311.011/PE.

112. "Por se tratar de agravante de natureza objetiva, a incidência do art. 61, II, "h", do CP independe da prévia ciência pelo réu da idade da vítima, sendo, de igual modo, desnecessário perquirir se tal circunstância, de fato, facilitou ou concorreu para a prática delitiva, pois a maior vulnerabilidade do idoso é presumida" (STJ, HC 356.924/SC).

dd) Infração de dever por ocupação de cargo, função ou posição profissional

A infração de um dever especial como hipótese de aumento de pena é tratada na jurisprudência brasileira também no âmbito da culpabilidade em sentido estrito, como sinônimo de uma maior reprovabilidade.[113] Quanto aos deveres típicos, ou seja, aqueles considerados já no tipo penal (corrupção, peculato, concussão etc.) uma parte da jurisprudência considera impossível o aumento de pena nesses casos, por se tratar de elemento do tipo.[114] Outra corrente jurisprudencial entende cabível o aumento sob o fundamento da maior reprovabilidade, pois se espera de determinadas figuras ocupantes de cargos relevantes ou, em especial, de função pública, um "dever maior" de atender às expectativas da sociedade e de observância da moralidade ou, ainda, porque a ocupação de determinado cargo implica um maior conhecimento do injusto.[115] Portanto, a prática de um delito quando o agente ocupa determinada posição profissional significaria uma "culpabilidade agravada".[116] Também quando se trata de deveres extratípicos, encontram-se julgados nos quais o aumento de pena é aplicado tanto com fundamento na "maior culpabilidade", como na incidência da agravante genérica prevista no art. 61, inciso II, alínea "g", do Código Penal.[117]

---

113. Assim também alguns autores consideram a violação ao dever como uma hipótese de graduação da culpabilidade e não do injusto: MEIER, Bernd-Dieter. *Strafrechtliche Sanktionen..., op. cit.*, p. 198.

114. STJ, HC 117.749/DF.

115. "No crime de concussão, previsto no art. 316 do Código Penal, embora a condição de funcionário público integre o tipo penal, não configura *bis in idem* a elevação da pena na primeira fase da dosimetria quando, em razão da qualidade funcional ocupada pelo agente, exigir-se-ia dele maior grau de observância dos deveres e obrigações relacionados ao cargo que ocupa" (STF, 132.990/PE); "A exasperação da pena-base decorrente do acentuado grau de reprovabilidade da conduta do agente, manifestado pela grave afronta aos deveres e obrigações ínsitos ao cargo eletivo por ele ocupado à época dos fatos, encontra respaldo no art. 59 do Código Penal. 3. A condição de Deputado Federal do agente não se confunde com a qualidade funcional ativa exigida para a prática do crime de concussão. A quebra do dever legal de representar fielmente os anseios da população e de quem se esperaria uma conduta compatível com as funções por ela exercidas, ligadas, entre outros aspectos, ao controle e à repressão de atos contrários à administração e ao patrimônio público, distancia-se, em termos de culpabilidade, da regra geral de moralidade e probidade administrativa imposta a todos os funcionários públicos" (STF, RHC 132.657); "A culpabilidade do réu foi intensa, dado o grau de reprovabilidade de sua conduta, mormente por se exigir do chefe do Poder Executivo atuação pautada com moralidade, afastado daquelas práticas que visam esquivar-se da correta aplicação dos comando legais que informa a Administração Pública" (STJ, HC 163.714/MG).

116. "*In casu*, a culpabilidade do agente foi elevada, uma vez que, tendo exercido cargo de chefia no INSS, sua consciência do ilícito é acentuada" (STJ, AgRg no AREsp 463.494/RJ).

117. STJ, HC 180.771/SP.

Situar esta análise no âmbito da culpabilidade, segundo a tese aqui defendida, é evidentemente inadmissível (agravável é apenas o injusto). Mas sequer seria necessário defender a impossibilidade de agravamento da culpabilidade em sentido estrito, como aqui sustento, para compreender a violação de um dever como matéria relativa ao âmbito do injusto. Se toda ilicitude é uma violação a uma proibição prevista na ordem jurídica, a lesão de um dever especial, que recai sobre determinados agentes que ocupam posições específicas, apenas representa uma maior ilicitude, pois o dever especial tem um valor maior do que o simples dever geral que recai sobre todo cidadão.[118] O fundamento do agravamento de pena em razão da violação de um dever típico, portanto, não representa uma "maior reprovabilidade", mas um *maior desvalor do injusto.*

Majoritariamente, entende-se que nos delitos que prescrevem deveres típicos, agravar a pena por conta da violação do dever configura *bis in idem.* Mas quando se parte da ideia de que as categorias do delito constituem elementos graduáveis para a pena, a medida da ilicitude caracterizada pela gravidade da violação ao dever típico mostra-se um fator de graduação da pena legítimo. A importância do dever funcional violado ou o maior significado que sua violação representa em termos de danosidade devem ser considerados na dosimetria da pena.[119] O importante é que o fundamento desta valoração encontre um correto tratamento: não se trata de apenar mais gravemente o autor de um delito com violação de dever porque se atribui um "dever maior" dessas pessoas em atender às expectativas da sociedade ou de um especial dever de observância da moralidade. O que importa nestes casos é a relevância do dever violado e a extensão das consequências que a sua violação provocou.

Quando se tratar de um dever extratípico, diante da previsão de circunstância agravante no art. 61, inciso II, alínea "g", do Código Penal deve-se analisar o aumento do injusto nesta fase de aplicação da pena.[120] A questão que parece ainda necessitar de melhor esclarecimento é quando um dever extratípico pode ensejar a aplicação da agravante da Parte Geral. O que se deve questionar, nestes casos, é *qual é a natureza desse dever* e qual a *relação que ele tem com o delito concreto.*

Na doutrina, afirma-se que para a valorar a violação de um dever como hipótese de agravamento de pena seria necessário haver um contexto ou uma *relação interna* entre a posição ocupada pelo agente e o crime.[121] Como exemplos, poderiam ser citados o caso do advogado que se apropria dos valores pertencentes ao seu cliente, resultantes da vitória em uma causa, ou o do funcionário de

---

118. KERN, Eduard. *Grade der Rechtwidrigkeit..., op. cit.*, pp. 270-272.

119. HÖRNLE, Tatjana. *Tatproportionale..., op. cit.*, p. 278; TEIXEIRA, Adriano. *Teoria da aplicação da pena..., op. cit.*, p. 143.

120. STJ, REsp 1448566/SP.

121. ESCHELBACH, Ralf. *Op. cit.*, §46, Rn.83, p. 376; FISCHER, Thomas. *Op. cit.*, § 46, Rn. 44; STREE, Walter; KINZIG, Jörg. *Schönke/Schröder Strafgesetzbuch..., op. cit.*, § 46, Rn. 23.

alto escalão da empresa, com amplo poder de mando, que se vale da sua posição para simular o pagamento de notas de serviços não tomados pela pessoa jurídica e desviá-los em seu benefício. Nestas hipóteses, observa-se que a quebra da confiança decorrente da posição ocupada pelo agente está em contexto estrito com o delito e com uma maior vulnerabilidade da vítima. Outra corrente entende essa relação interna entre dever e delito um tanto vaga e inespecífica, e propõe critérios mais restritivos.[122] Neste sentido, *Frisch* entende que relações laborais ou deveres civis não são fundamentos para um aumento do injusto: um agravamento requer um forte e especial dever do autor que ele identifica como um dever de garante com relação ao bem jurídico. Ele faz referência ao caso no qual o policial rouba durante a sua ronda ou o agente de alfândega pratica contrabando.[123] Aparentemente na mesma linha restritiva, *Hörnle* entende que o critério para a capacidade de um agravamento de pena decorrente de uma posição profissional do autor é uma relação de confiança qualificada: determinadas profissões do agente podem estar em relação com uma situação de vulnerabilidade da vítima (como o médico ou o advogado).[124] A profissão ou o cargo têm relevância para a determinação da pena quando, em primeiro lugar, ela fundamenta uma relação de confiança qualificada e, em segundo lugar, quando o autor tenha se aproveitado dessa posição para lesar o bem jurídico da vítima.[125]

O que ambas as correntes têm em comum é a ideia de que não é qualquer posição *ou cargo ocupado pelo agente que sustenta, por si só, o agravamento de pena* e que o simples aproveitamento de uma posição ocupada pelo autor não implica, sempre, a violação de um dever. Tampouco se trata de um dever moral que decorra da importância social da posição ocupada pelo autor ou da quebra de expectativas da sociedade com relação a ela (por exemplo, um juiz que pratique crimes sexuais ou o policial sonegador de impostos).

Nos crimes contra bens jurídicos individuais, somente um dever que esteja em ligação estrita com a situação de vulnerabilidade da vítima e que se caracterize como uma relação de confiança qualificada do agente deveria prestar-se a fundamentar a aplicação do aumento. Em alguns crimes contra bens jurídicos coletivos, um dever que coloque o autor em uma posição de dever de proteção ao bem jurídico, também tem relevância para fundamentar um maior aumento do injusto.[126]

---

122. FRISCH, Wolfgang. *Gegenwärtiger Stand...*, *op. cit.*, p. 764.

123. *Idem, ibidem, passim.* Na legislação brasileira essas hipóteses já são tratadas como tipos penais específicos.

124. HÖRNLE, Tatjana. *Kriterien...*, *op. cit.*, p. 122.

125. HÖRNLE, Tatjana. *Tatproportionale...*, *op. cit.*, p. 282.

126. Este aspecto será tratado mais adiante, no item 4.6.1, no Cap. 4.

3.1.2 Injusto de resultado

a) Resultados típicos

Valorar o injusto de resultado de um delito na determinação da pena, ao contrário do que com alguma recorrência afirma-se na jurisprudência brasileira,[127] trata-se precisamente da graduação qualitativa e quantitativa da concreta manifestação do conjunto de elementos típicos de um tipo penal.[128] Devem importar para essa análise, por exemplo, a gravidade das lesões no crime de lesão corporal, a intensidade da violência ou da grave ameaça empregadas no delito de roubo, o período de restrição à liberdade da vítima, no crime de sequestro e assim em diante.[129] Em outros casos, os elementos típicos podem não fornecer indicativos a respeito de uma maior ou menor gravidade, mas isso não impede que um *critério de medida seja atribuído* a um elemento descrito no tipo, para aferição da gravidade do injusto. Um exemplo ilustrativo é o do crime de furto: embora a descrição do tipo penal não se refira ao valor da coisa alheia móvel, a extensão do dano patrimonial é considerada critério de medida da gravidade neste delito.[130] De outro lado, ao contrário do que se observa em alguns julgados, o "valor da vida" de uma vítima de homicídio não é fator legítimo de graduação de pena. Referências como "vítima jovem",[131] "com muitos anos de vida pela frente"[132] ou, ainda,

---

127. Não há "dupla valoração" ou *bis in idem* na graduação dessas manifestações do caso concreto – e este parece ser um ponto nevrálgico para a aplicação de uma pena proporcional ao fato. A jurisprudência brasileira insistentemente refere-se a uma suposta proibição da consideração de fatores ligados *ao próprio delito* como fatores de determinação da pena, quando, em realidade, tais fatores são os únicos legítimos a fundamentar uma pena contra o autor: "Esta Corte Superior pacificou o entendimento de que elementares do tipo penal não podem ser consideradas como circunstância judicial desfavorável para majorar a pena-base" (STJ, HC 322.039/SP; HC 355.732/RS.). Também na doutrina: AGUIAR JÚNIOR, Ruy Rosado. *Aplicação da pena...*, *op. cit.*, p. 67. Criticamente a respeito: TEIXEIRA, Adriano. *Aplicação da pena...*, *op. cit.*, p. 28.

128. BLOY, René. *Die Berücksichtigungfähigkeit...*, *op. cit.*, p. 58; HORN, Erckhard. *SK-StGB...*, *op. cit.*, § 46, Rn; 104; ZIPF, Heinz; DÖLLING, Dieter. *Op. cit.*, § 63, Rn. 25; SCHÄFER, Gerhard; SANDER, Günther M.; GEMMEREN, Gerhard van. *Praxis der Strafzumessung...*, *op. cit.*, Rn. 588.

129. ZIPF, Heinz; DÖLLING, Dieter. *Op. cit.*, § 63, Rn. 26; SCHÄFER, Gerhard; SANDER, Günther M.; GEMMEREN, Gerhard van. *Praxis der Strafzumessung...*, *op. cit.*, Rn. 588; MEIER, Bernd-Dieter. *Strafrechtliche Sanktionen...*, *op. cit.*, p. 188; HÖNRLE, Tatjana. *Tatproportionale...*, *op. cit.*, pp. 195-197; *idem*, *Strafzumessungsrelevante Umstände der Tat...*, *op. cit.*, pp. 115-116.

130. Cf. HÖNRLE, Tatjana. *Strafzumessungsrelevante Umstände der Tat...*, *op. cit.*, p. 115.

131. STJ, HC 171.395/RS.

132. "As consequências do crime foram graves, uma vez que a vítima teve a sua vida violentamente ceifada com apenas quarenta e oito anos de idade (fl. 14) – considerando a expectativa de vida atual, a vítima ainda tinha muitos anos pela frente. Assim, seus familiares e amigos se viram abruptamente tolhidos de sua convivência" (STJ, AgRg REsp 1.382.565/RS).

considerações a respeito do caráter da vítima ("homem de bem") não podem ser consideradas como aptas a agravar a pena do homicídio, à luz da garantia constitucional de que todos são iguais perante a lei.[133]

Na valoração dos danos segundo a manifestação concreta dos elementos típicos ou de critérios de medida a eles relacionados, deve-se levar em conta a extensão do dolo do agente, ou seja, se está presente o dolo com relação a todos aqueles fatores que eventualmente podem agravar a medida do injusto. Também na determinação da pena é relevante a hipótese de erro a respeito, por exemplo, do valor real de um objeto furtado, no exemplo do autor que entra em uma casa modesta e antiga, de onde subtrai para si, dentre outros objetos insignificantes, um vaso altamente valioso, crendo tratar-se de uma quinquilharia.[134] Somente quando o autor conheça todas as circunstâncias relacionadas ao seu delito é possível imputar-lhe como agravantes aquelas que são importantes para a valoração do desvalor do injusto de resultado.[135] De todo modo, entende-se suficiente a culpa quando a circunstância for reconhecível pelo agente e quando o fato for punível na forma culposa (o que não é o caso do furto).[136]

Mas os resultados de um delito não se limitam à manifestação concreta dos elementos típicos e podem ir muito além deles. Assim seria o caso de um crime de lesões corporais que deixe a vítima paraplégica e, em razão disso, lhe acarrete a perda do emprego; ou o crime de homicídio que gere consequências financeiras devastadoras para os filhos ou familiares da vítima. Outras consequências podem levar já a outros resultados típicos, como no exemplo do furto de uma mala dentro da qual havia, dentre outras coisas de valor, um medicamento sem o qual a vítima não sobrevive e, caso demore para ingeri-lo, pode sofrer ainda mais danos à sua condição de saúde.

Essas circunstâncias, que são tratadas no artigo 59, do Código Penal, como "consequências do delito" são componentes do injusto de resultado e, por essa razão, devem ser tratadas nesse contexto. Elas não se confundem com os *resultados (intra) típicos*, na medida em que vão além da concretização do conjunto de elementos típicos de um crime.[137] Embora constituam, igualmente, uma mani-

---

133. SCHÄFER, Gerhard; SANDER, Günther M.; GEMMEREN, Gerhard van. *Praxis der Strafzumessung...*, *op. cit.*, Rn. 590; MEIER, Bernd-Dieter. *Strafrechtliche Sanktionen...*, *op. cit.*, p. 189; STREE, Walter; KINZIG, Jörg. *Op. cit.*, § 46, Rn. 20; HÖRNLE, Tatjana. *Strafzumessungsrelevante Umstände der Tat...*, *op. cit.*, p. 116.

134. STREE, Walter; KINZIG, Jörg. *Op. cit.*, § 46, Rn. 26, b; ZIPF, Heinz; DÖLLING, Dieter. *Op. cit.*, §63, Rn. 45

135. HÖRNLE, Tatjana. *Tatproportionale...*, *op. cit.*, p. 250; STREE, Walter; KINZIG, Jörg. *Op. cit.*, § 46, Rn. 26b; GIANNOULIS, Georgios. *Studien zur Strafsumessung...*, *op. cit.*, p. 99.

136. SCHÄFER, Gerhard; SANDER, Günther M.; GEMMEREN, Gerhard van. *Praxis der Strafzumessung... op. cit.*, Rn. 588; HORN, Eckhard. *SK-StGB...*, *op. cit.*, § 46, Rn.106.

137. GOMES, Mariângela Gama de Magalhães. *Teoria geral da Parte Especial...*, *op. cit.*, p. 68.

festação do resultado típico, superam os limites do delito perpetrado pelo agente. É por essa razão que a elas se denomina *consequências culpáveis extra típicas.*

b) Resultados extratípicos

A jurisprudência brasileira quando trata das consequências de um delito como circunstância judicial de determinação da pena não faz distinção clara entre resultados típicos e extratípicos, tampouco oferece critérios que orientem a forma de aferição daqueles resultados que podem ser considerados fundamento de imposição de uma pena mais grave. São tomados como relevantes desde os danos mais intensos à vítima, como o trauma psicológico causado pelo crime[138] e os prejuízos eventualmente causados a terceiros, do que é exemplo a consideração das consequências do crime para familiares da vítima, amplamente contemplada pela jurisprudência brasileira.[139]

Em uma pena proporcional ao fato são necessários limites para admissibilidade dessas consequências. Considerações preventivas, por não terem espaço na determinação da pena-base, nunca deverão ser consideradas hipóteses agravantes. Isso significa que fundamentos ligados à prevenção geral como, por exemplo, a grande repercussão ou publicidade do delito ou ainda a descrença na lei gerada pela prática do crime não são argumentos válidos.[140] De outro lado, deve-se questionar até que ponto a consideração de consequências mais amplas não extrapolaria os limites da proporcionalidade, se não por argumentos preventivos, mas por guardar uma distância considerável com os contornos do injusto culpável.

---

138. "As consequências do delito consistem no conjunto de efeitos danosos provocados pelo crime. No caso em tela, essa circunstância mostrou-se de extrema gravidade, porquanto causou à vítima pesado trauma, nos termos de laudo psicológico, o que culminou na mudança forçada da rotina de toda a família. Constatou-se que a ofendida adquiriu aumento de peso, alguns meses após o fato, de quase 10 (dez) quilos, dorme por meio de medicamentos, apesar da pouca idade, tem pesadelos constantes, mudou de escola, afastou-se dos colegas e até tentou o suicídio" (STJ, HC 282.206/SP). No mesmo sentido: AgRg no AREsp n. 694.061/SP; HC 215432/TO.

139. "O fato de a vítima do crime de homicídio ser ainda jovem e ter deixado órfã uma criança de tenra idade justifica a conclusão pela desfavorabibilidade das consequências do delito" (STJ, HC 226.128/TO); "A morte da vítima que deixa órfãos quatro filhos menores constitui fundamento idôneo para a avaliação negativa das consequências do crime. Precedentes". (STJ, AgRg no AREsp 648.151/MS). No mesmo sentido: HC 199.426/MG; HC 178.482/PE; HC 81.987/SE.

140. "No presente caso, as instâncias ordinárias se utilizaram de dados genéricos e vagos para justificar a exasperação da pena-base, ao valorar negativamente as consequências do crime, uma vez que a afirmação de que o crime gerou descrença da população, no sentido de que os processos de votação podem ser viciados, maculados, recaindo no descrédito o Poder Legislativo Municipal não justifica a valoração negativa dessa circunstância, motivo pelo qual não pode ser sopesada, pois não aponta para maior reprovabilidade da conduta, tratando de fundamentação baseada em considerações abstratas" (STJ, AgRg no REsp 1.604.434/RN).

As posições doutrinárias a respeito dos critérios que devem ser utilizados para a análise e valoração das consequências extratípicas são variadas e podem chegar a resultados bastante distintos. Dois são os aspectos controvertidos: de um lado, a respeito das exigências de imputação subjetiva, ou seja, a discussão a respeito da exigência do dolo do agente[141] na causação das consequências extratípicas ou da suficiência da culpa, especialmente, da *previsibilidade* do resultado.[142] De outro lado, a discussão a respeito dos critérios de imputação objetiva, cuja discussão envolve, fundamentalmente, a exigência de um nexo causal entre o comportamento típico do autor e a concretização de um perigo não permitido. Parece dominante na doutrina alemã o tratamento deste tema a partir de critérios de imputação objetiva ou, em outras palavras, parece definitivamente abandonada a concepção tradicional da doutrina clássica da causalidade, como teoria suficiente para a atribuição do resultado.[143] Este ponto de partida dogmático não impede que aqui se façam considerações que possam ser aplicáveis ao sistema de aplicação da pena no Brasil, mas isso requer alguns cuidados.[144] Em primeiro lugar, porque na prática judiciária brasileira, a imputação objetiva não encontra ressonância relevante. Pretender oferecer um modelo de aplicação da pena que possa ser incompreensível para a jurisprudência seria um trabalho sem utilidade. Em segundo lugar, porque os critérios de imputação objetiva podem levar, em alguma medida, *a resultados incompatíveis com uma pena proporcional ao fato* (como se observará, mais adiante, na teoria de *Grosse-Wilde*, voltada especificamente para a determinação judicial da pena). De todo modo, estas razões não descartam este modelo de imputação de forma absoluta.

Reconheço que, quando se trata da análise das consequências extratípicas de um delito, apenas os critérios tradicionais de imputação podem não ser suficientes para uma resposta a respeito da relevância e da legitimidade de determinado resultado como fator de graduação da pena. Para o caso do vaso valioso tomado pelo agente por uma quinquilharia, como visto, não seria legítimo, na análise da gravidade do resultado *típico*, considerar como fator agravante da pena o alto valor da coisa furtada, já que o dolo do agente não contemplou o valor do objeto.[145] O autor do delito poderia, perfeitamente, alegar que se tivesse conhecimento de que

---

141. *Bloy* considera que a concepção que defende que bastaria a culpa na causação de consequências extratípicas representa um vestígio de um Direito Penal do resultado. Somente quando o bem jurídico afetado também é protegido contra ataques na forma culposa, é que a culpa poderia ser considerada suficiente. Cf. BLOY, René. *Op. cit.*, p. 593. Também: STREE, Walter; KINZIG, Jörg. *Op. cit.*, § 46, Rn. 26 b.

142. JESCHECK, Hans-Heinrich; WEIGEND, Thomas. *Lehrbuch des Strafrechts…, op. cit.*, p. 888; HORN, Erckhard, *Op. cit.*, § 46, Rn. 109.

143. Uma discussão detalhada das diversas teorias da relação de causalidade, com fartas referências: ROCHA, Ronan. *A relação de causalidade no Direito Penal*. Belo Horizonte: Editora D'Plácido, 2016.

144. Neste sentido: TEIXEIRA, Adriano. *Aplicação da pena..., op. cit.*, p. 28.

145. ZIPF, Heinz; DÖLLING, Dieter. *Op. cit.*, §63, Rn. 45, p. 787.

o objeto era tão valioso, não correria o risco de praticar o delito e sofrer uma pena mais alta em razão disso.[146] Diferente é o caso do agente que age em erro, não quanto a algum elemento do tipo, mas com relação ao próprio desdobramento do fato. *Hörnle* cita o exemplo do agente que, para fazer crer à sua vítima de extorsão que sua ameaça é séria, pretende ferir o cãozinho de estimação dela, apenas superficialmente. No momento da ameaça, o cãozinho surpreendentemente defende-se e, aquela lesão que o agente pretendia que fosse apenas superficial, acaba sendo fatal e tira-lhe a vida. Neste caso, o critério da previsibilidade seria insuficiente para limitar a aplicação da consequência mais gravosa: a especial situação de perigo não permitido criada pelo comportamento doloso do agente não permitiria que ele se valesse de um alegado desconhecimento para não sofrer uma pena mais grave.[147] Nestes casos, afirma-se que o critério de imputação das consequências culpáveis deve ser outro. A pergunta que se coloca é quais critérios podem ser estabelecidos.

A seguir serão analisadas brevemente algumas das principais correntes da doutrina alemã e tomados alguns casos ilustrativos para demonstrar quão controversos os critérios para a imputação de consequências extratípicas na aplicação da pena parecem ainda ser e, especialmente, como o ponto de partida para o estabelecimento deles pode levar a diferentes resultados.

aa) Os critérios de juízo de adequação e âmbito de proteção da norma de Wolfgang Frisch

A abordagem deste problema a partir da ideia da causação de um perigo não permitido foi sustentada por *Frisch,* ainda em 1972. O autor dedicou-se à formulação de requisitos para a consideração das consequências culpáveis como fator de graduação da pena baseados na doutrina da imputação objetiva.[148] A proposta de *Frisch* parte de um paralelo das consequências (típicas e extratípicas) culpáveis do delito com a estrutura dos crimes agravados pelo resultado:[149] o autor enxerga a essência dessas figuras qualificadas não na maior gravidade dos seus resultados, mas no reconhecimento de que comportamentos típicos dolosos, de

146. Assim o argumento de *Hörnle:* HÖRNLE, Tatjana. *Tatproportionale..., op. cit.*, p. 250.

147. Cf. HÖRNLE, Tatjana. *Tatproportionale..., op. cit.*, pp. 250-251.

148. FRISCH, Wolfgang. Die "verschuldeten" Auswirkungen der Tat. Zugleich ein Beitrag zur Irrtumsproblematik im Strafzumessungsrecht. *Goltdammer's Archiv für Strafrecht (GA)* 1972, pp. 321-347. Também *Puppe* procurou frutificar a teoria da imputação objetiva na determinação das consequências culpáveis como fundamento de determinação da pena, divergindo criticamente da posição de *Frisch* especialmente quando à sua definição de "âmbito de proteção da norma". Cf. PUPPE, Ingeborg. Die verschuldeten Folgen der Tat als Strafzumessungsgründe. In: SEEBODE, Manfred (Hrsg.). *Festschrift für Günter Spendel zum 70. Geburtstag am 11. Juli 1992.* Berlin; New York: de Gruyter, 1992, pp. 451-468.

149. Criticamente a respeito: PUPPE, Ingeborg. *Die verschuldeten Folgen der Tat..., op. cit.*, p. 453; BLOY, René. *Op. cit.*, pp. 590-591.

acordo com a experiência de vida, produzem um perigo bastante específico.[150] A previsão de penas mais graves nos delitos qualificados pelo resultado pressupõe a efetiva ocorrência deste perigo. Sob o seu aspecto funcional, o delito principal, segundo *Frisch*, teria o sentido não apenas de evitar a lesão do bem jurídico protegido pelo tipo penal, mas também de evitar o perigo de uma ampliação típica de danos.[151] Consequências extratípicas do fato somente poderiam ser consideradas agravantes da pena se estiverem na mesma relação com o tipo penal principal: elas devem representar *um perigo típico* criado com a perpetração do crime, não compreendido pelo dolo, e cuja prevenção seja já finalidade do tipo penal principal.[152] Apenas são consequências aptas a agravar o injusto aquelas que se possa descrever como um *injusto penal*. Assim, consequências de natureza cível ou administrativa ficam fora de consideração.[153]

A partir do quadro delineado pela figura dos delitos qualificados pelo resultado, o autor extrai, para a determinação da pena, o que ele denomina de um *juízo de adequação*: consequências do delito que não possam ser qualificadas, de acordo com a experiência de vida, como comuns ou típicas do resultado visado pelo delito doloso estariam fora do "círculo de perigos" e, portanto, não seriam consideradas como consequências agravantes.[154]

O outro critério da proposta de *Frisch* é o "âmbito de proteção da norma", que serviria como um limitador normativo.[155] Seria possível extrair do sentido e da finalidade da lei quais os perigos que o legislador quis impedir e que, portanto, podem ser considerados como agravantes na determinação da pena, ainda que se trate de uma consequência que se refira a um bem jurídico distinto.[156]

As críticas aos critérios elaborados por *Frisch* dirigem-se, especialmente, à falta de clareza a respeito de que seria constituído o denominado "círculo de perigos típicos". Não fica suficientemente claro quais seriam os perigos que "pela experiência de vida" podem ser considerados típicos de um determinado delito.[157]

---

150. FRISCH, Wolfgang. *Die "verschuldeten" Auswirkungen..., op. cit.*, p. 332.

151. Essa perspectiva permitiria, ainda, uma melhor classificação do injusto que extrapola o delito principal: dependendo se o que se pretende acentuar é o aspecto da causação de perigo ou uma considerável violação a um cuidado objetivo, seria possível compreender os *delitos qualificados pelo resultado* como "delitos de perigo qualificados", em razão da ocorrência de um resultado ou como "delitos culposos qualificados", em razão de uma especial natureza do comportamento violador do cuidado. *Idem, ibidem, passim.*

152. FRISCH, Wolfgang. *Die "verschuldeten" Auswirkungen..., op. cit.*, pp. 346-347.

153. *Idem, ibidem*, p. 341.

154. *Idem, ibidem*, p. 332.

155. FRISCH, Wolfgang. *Idem, ibidem*, p. 333; *idem, Gegenwärtiger Stand..., op. cit.*, p. 753. Também: JESCHECK, Hans-Heinrich; WEIGEND, Thomas. *Lehrbuch des Strafrechts..., op. cit.*, p. 888; HORN, Eckhard. *SK-StGB..., op. cit.*, § 46, Rn. 109.

156. FRISCH, Wolfgang. *Die "verschuldeten" Auswirkungen..., op. cit.*, p. 333; 343; *idem, Gegenwärtiger Stand..., op. cit.*, p. 754.

157. Assim as críticas de *Grosse-Wilde*: GROSSE-WILDE, Thomas. *Erfolgszurechnung..., op. cit.*, p. 276. Também: HÖRNLE, Tatjana. *Tatproportionale..., op. cit.*, p. 257.

De outro lado, o dito âmbito de proteção da norma não é apreensível de forma simples, como o autor afirma.[158] Como exemplo, *Frisch* refere que nos crimes patrimoniais a lei pretende proteger não apenas a conservação da coisa, senão também assegurar o bem-estar físico e material que decorrem da sua propriedade.[159] Com essa afirmação, ele justifica, para o exemplo do furto de medicamento com consequências para a saúde da vítima, que eventuais danos concretos à saúde poderiam ser considerados como agravantes da pena, bastando para tanto, a previsibilidade do resultado.[160]

A referência pouco clara a respeito dos limites do âmbito de proteção da norma leva a divergências importantes na decisão a respeito da admissibilidade de determinadas consequências na determinação da pena. Enquanto, para alguns, no caso de um crime de falso testemunho que conduza à condenação de um inocente, o âmbito de proteção da norma seria apenas a "administração da justiça" e, portanto, a consequência gravosa não poderia ser considerada como consequência culpável agravante,[161] para outros, como *Frisch*, a condenação injusta de um inocente seria um resultado que a norma também pretende proteger.[162] Um critério que especifique com mais clareza o que delimita aquilo que pertence ao "âmbito de proteção da norma" parece necessário.

bb) O âmbito de proteção do bem jurídico de René Bloy

Neste sentido, *Bloy* propõe como critério para limitar o âmbito de proteção da norma os contornos dados pela *esfera de proteção do bem jurídico*. As consequências extratípicas admissíveis como agravantes de pena estariam restritas àquelas cuja proteção esteja inserida no espectro da tutela do bem jurídico referido ao delito principal. O injusto de um delito específico nunca poderia ser agravado pela lesão de outros bens que o bem jurídico atingido pelo comportamento do autor não proteja, sob pena de se perpetrar uma *punição indireta*.[163] Usando o exemplo do furto de medicamento, de acordo com a concepção de *Bloy*, as consequências para a saúde da vítima não poderiam ser consideradas como agravantes da pena a ser imposta ao autor, já que ultrapassam o âmbito de proteção do bem jurídico "patrimônio".[164] Segundo *Bloy*, embora o bem jurídico deva ser entendido segundo o significado que possui para o seu portador, a propriedade continua

158. Cf. FRISCH, Wolfgang. *Die "verschuldeten" Auswirkungen...*, *op. cit.*, p. 336. Criticamente: PUPPE, Ingeborg. *Die verschuldeten Folgen der Tat...*, *op. cit.*, p. 454.

159. FRISCH, Wolfgang. *Die "verschuldeten" Auswirkungen...*, *op. cit.*, p. 337.

160. *Idem, ibidem, loc. cit.*

161. Neste sentido HORN, Eckhard. *SK-StGB...*, *op. cit.*, §46, Rn. 109.

162. PUPPE, Ingeborg. *Die verschuldeten Folgen der Tat...*, *op. cit.*, p. 454.

163. BLOY, René. *Die Berücksichtigungsfähigkeit...*, *op. cit.*, p. 587.

164. BLOY, René. *Die Berücksichtigungsfähigkeit...*, *op. cit.*, p. 587; 592. Contrariamente: FRISCH, Wolfgang. *Die "verschuldeten" Auswirkungen...*, *op. cit.*, p. 337; GROSSE-WILDE. *Erfolgszurechnung...*, *op. cit.*, p. 288.

sendo um bem jurídico individual que não compreende a proteção à vida e à saúde.[165] O círculo de circunstâncias extratípicas admissíveis para a determinação da pena, aparentemente, é mais reduzido.

cc) Causalidade por violação de dever de cuidado e os critérios de imputação objetiva de resultados de Grosse-Wilde

Mais recentemente, uma nova proposta é formulada por *Grosse-Wilde*, com apoio dogmático na doutrina da imputação objetiva. O autor sugere critérios para a imputação de resultados na determinação da pena que nem se vinculam ao âmbito de proteção da norma ou do bem jurídico, nem à ideia de um perigo típico. *Grosse-Wilde* sustenta que os critérios determinantes para identificar as consequências relevantes para a determinação da pena são, em primeiro lugar, a *causalidade de uma violação de um dever de cuidado.*[166] Significa, em princípio, que existe consequência culpável de um delito quando aquelas características que tornam o comportamento do autor um comportamento *típico* estão presentes na explicação causal dos danos consequentes.[167] Segundo critério de imputação é que entre as consequências do delito e o respectivo comportamento violador do dever de cuidado do autor exista uma *cadeia de situações proibidas*, a denominada exigência de continuidade.[168]

Preenchidos esses dois requisitos, seria admissível considerar como consequências culpáveis agravantes na determinação da pena inclusive danos ou perigos causados a terceiros.[169] Para *Grosse-Wilde*, uma vez que o sistema jurídico reconhece o direito de terceiros a indenização na esfera civil por um delito praticado contra um familiar, seria possível sustentar que danos causados a terceiros (como, por exemplo, os traumas causados em razão do homicídio de um familiar) sejam tratados como causa agravante da "culpabilidade pelo fato".[170]

Ao contrário da concepção majoritária da doutrina, *Grosse-Wilde* descarta a importância da previsibilidade psicológica do resultado mais gravoso.[171] O fator decisivo, ao contrário, seria a possibilidade de afirmar que o resultado é reconduzível a características violadoras de um dever de cuidado típico existente no comportamento do autor, ao qual as consequências estejam ligadas por uma

---

165. BLOY, René. *Die Berücksichtigungsfähigkeit...*, *op. cit.*, p. 588.

166. GROSSE-WILDE, Thomas. *Erfolgszurechnung...*, *op. cit.*, p. 207. Também: PUPPE, Ingeborg. *Die verschuldeten Folgen der Tat...*, *op. cit.*, pp. 455-458.

167. GROSSE-WILDE, Thomas. *Erfolgszurechnung...*, *op. cit.*, p. 277. Sobre as exigências da causalidade relevante: PUPPE, Ingborg. *Die verschuldeten Folgen der Tat...*, *op. cit.*, pp.455 e ss.

168. GROSSE-WILDE, Thomas. *Erfolgszurechnung...*, *op. cit.*, pp. 281; 407. Também: PUPPE, Ingeborg, *Die verschuldeten Folgen der Tat...*, *op. cit.*, pp. 460 e ss.

169. GROSSE-WILDE, Thomas. *Erfolgszurechnung...*, *op. cit.*, pp. 394; 409.

170. *Idem, ibidem*, pp. 394-395.

171. *Idem, ibidem*, p. 551.

cadeia de situações não permitidas.[172] Neste sentido, o autor considera uma hipótese justificadora de agravamento de pena quando o autor de um primeiro delito de furto, irritado por não encontrar dinheiro na bolsa furtada da vítima – dentro da qual estão a chave e o endereço da casa dela – joga fora a coisa furtada. Essa atitude do autor do furto violaria "uma posição de garante" na qual ele se colocou ao criar o perigo não permitido e, portanto, se um segundo criminoso encontra a bolsa contendo as chaves e o endereço, invade a casa da vítima e comete um novo furto, este resultado seria imputável como consequência culpável ao primeiro autor – embora este não tenha participado, nem sequer tomado conhecimento da ocorrência do segundo delito.[173] O critério da cadeia causal de situações não permitidas, como se vê, conduz à imputação agravante de resultados já bastante distantes do delito principal, aparentemente, independente de uma exigência de previsibilidade.[174]

E ao contrário da concepção majoritária que, no exemplo do vaso valioso, exclui a possibilidade de um agravamento de pena em razão do considerável valor do objeto, *Grosse-Wilde* considera este entendimento equivocado, pois mesmo os delitos dolosos (como neste caso, o furto) conteriam implicitamente "*todas as estruturas de imputação de um correspondente delito culposo*".[175] Em delitos dolosos, a forma culposa com relação às consequências típicas e extratípicas seria suficiente.[176]

Como é possível notar, os critérios propostos por *Grosse-Wilde* parecem chegar a resultados inadmissíveis em uma pena proporcional ao fato. Ele pretende tratar como consequências culpáveis na determinação da pena inclusive a causação de um perigo abstrato, os possíveis danos psicológicos a terceiros

172. Para o autor, preenchidos os critérios de imputação objetiva acima descritos, exceto quando o resultado seja fruto de uma auto-colocação em perigo por parte da vítima, todos os resultados que deles decorrerem são consequências culpáveis a serem consideradas na determinação da pena. *Idem, ibidem, loc. cit.*

173. A conduta do primeiro autor do furto o colocaria em uma posição de garante que exige que ele impeça a ocorrência de um outro perigo. Ao tirar a bolsa da vítima fora com as chaves e o endereço residencial dela dentro, o autor do primeiro furto teria violado aquele dever de garante, possibilitando novos ataques ao bem jurídico da vítima e, por isso, o resultado pode ser a ele imputado. O autor não menciona, sequer de forma remota, a exigência ou não previsibilidade. *Idem, ibidem*, pp. 468; 473.

174. Isso se observa em outro exemplo semelhante: no caso de furto de fotografias "picantes" de uma jovem, que foram posteriormente publicadas em um jornal, cuja exposição provocou-lhe sérios problemas psíquicos, *Grosse-Wilde* considera os resultados posteriores ligados ao furto por uma cadeia de circunstâncias proibidas, aptas a agravar o injusto daquele fato e, portanto, fatores idôneos de agravamento da pena. Para ele, a questão tampouco depende da análise sobre se o âmbito de proteção da norma (o delito de furto) tem como finalidade proteger a vítima de eventuais danos psíquicos. *Idem, ibidem*, p. 474.

175. *Idem, ibidem*, p. 569.

176. *Idem, ibidem, loc. cit.*

em crimes contra a vida[177] ou o perigo para a vida e a saúde decorrentes de um crime patrimonial.[178] Quando se toma a culpabilidade pelo fato em sério, *imputar consequências mais gravosas na determinação da pena deve ser, ao contrário, uma hipótese excepcional e restrita.*[179]

Mas se a ampla capacidade de comportar consequências culpáveis observável na proposta de *Grosse-Wilde* deve ser uma opção a se descartar em um modelo de determinação da pena proporcional ao fato, de outro lado, a referência ao âmbito de proteção da norma, proposta mais restritiva e majoritariamente defendida, tampouco parece suficiente.[180] Será realmente plausível justificar a consideração dos danos psicológicos sofridos pela vítima como circunstâncias culpáveis agravantes da pena de um autor de crime sexual, porque tais danos estariam dentro do âmbito de proteção do bem jurídico?[181] Embora pareça um resultado previsível e esperado em um delito desta natureza, é questionável se, de fato, é adequado considerar que danos psicológicos pertencem ao âmbito de proteção do bem jurídico quando, a princípio, trata-se aqui da tutela da liberdade sexual, e não da integridade da saúde mental da vítima. Uma resposta satisfatória dependeria do grau de elasticidade na interpretação dos bens jurídicos penais e, certamente, da elaboração de um tratado sobre os valores tutelados por cada um deles, o que, evidentemente, não poderia ser realizado neste trabalho.

O que é possível desde já identificar é que a referência ao bem jurídico não parece ser critério suficientemente esclarecedor. Não apenas porque na doutrina, como visto, é controverso, inclusive, o que se entende como inerente ao âmbito

---

177. GROSSE-WILDE, Thomas. *Op. cit.*, pp. 399 e ss. Criticamente, *Schünemann* aponta, com acerto, que tanto o choque causado em terceiros decorrentes do delito principal, como danos já muito distantes temporalmente (por exemplo, a morte de uma pessoa infectada, anos antes, com o vírus HIV) realizam-se fora do âmbito de influência dos danos primários e não são influenciáveis por um determinado controle daquele comportamento, de modo que "[...] politico-criminalmente não faz sentido apenar mais gravemente o autor dos danos primários porque resultaram em danos tardios e consequências danosas". SCHÜNEMANN, Bernd. Über die objektive Zurechnung. *Goltdammer's Archiv für Strafrecht (GA)* 1999, p. 214.

178. GROSSE-WILDE, Thomas. *Op. cit.*, p. 413.

179. Outras críticas podem ser dirigidas à posição de *Grosse-Wilde*, a partir da perspectiva aqui defendida. O autor não vê razões para não considerar a interioridade do agente relevante para o Direito Penal e os motivos como fator agravante do injusto, como por exemplo, a finalidade de enriquecimento no crime de usura – o que conflita com a ideia de um sentido liberal do Direito Penal. Ele tampouco entende a culpabilidade da medida da pena como um conceito apenas graduável para *baixo*, o que colide, por sua vez, com os fundamentos estruturais de uma pena proporcional ao fato. GROSSE-WILDE, Thomas. *Op. cit.*, pp. 87-88; 102-114.

180. Cf. SCHÄFER, Gerhard; SANDER, Günther M.; GEMMEREN, Gerhard van. *Praxis der Strafzumessung...*, *op. cit.*, Rn. 600; ESCHELBACH, Ralf. *SSW-StGB...*, *op. cit.*, §46, Rn. 103.

181. Favoravelmente: TEIXEIRA, Adriano. *Aplicação da pena...*, *op. cit.*, p. 32; SCHÄFER, Gerhard; SANDER, Günther M.; GEMMEREN, Gerhard van. *Praxis der Strafzumessung...*, *op. cit.*, Rn. 598 (em crimes sexuais contra crianças).

de cada bem jurídico, mas porque, em muitos casos, apenas a partir deste fator de delimitação poucas conclusões podem ser extraídas para a aplicação da pena. Por exemplo, em um crime de formação de cartel, os prejuízos financeiros decorrentes da ruína de uma empresa em razão da incapacidade de concorrer livremente, pois se recusou a firmar acordo de fixação de preços com seus concorrentes, parece ser uma consequência bastante plausível a ser considerada como agravante da pena a ser imposta àqueles que praticavam divisão de mercado e ajuste de preços. Mas apenas a mera referência ao bem jurídico "livre-concorrência" como critério decisivo levaria, em princípio, à negativa da consideração de tais danos como hipótese de agravamento da sanção, já que o patrimônio não é objeto de proteção do mesmo bem jurídico.[182]

A proposta que parece melhor adequar as premissas fundamentais de uma pena proporcional ao fato e reduzir o espectro das consequências culpáveis a serem consideradas na determinação do desvalor do injusto de resultado, respeitando os limites determinados pelo princípio da culpabilidade, provém precisamente dos principais expoentes da teoria da pena proporcional ao fato: *von Hirsch* e *Hörnle*.

dd) A determinação do injusto de resultado sob a perspectiva do portador do bem jurídico na teoria de Tatjana Hörnle

Ao tratar do conceito de injusto de ação,[183] já referi que a concepção ideal de injusto como "perturbação da paz jurídica" encontra objeções e dificuldades na determinação da pena.[184] O mesmo deve ser dito com relação à determinação do injusto de resultado: porque não é possível medir o grau de perturbação da paz jurídica nem determinar a medida do abalo à confiança na validade da norma, é necessário que a medida do injusto de resultado na determinação da pena parta de uma concepção não abstrata de injusto e que seja *individualmente centrada.*[185]

---

182. Neste mesmo sentido, a observação de *Hörnle:* "Consequências que não afetem o bem jurídico protegido não poderiam, já por motivos de definição do conceito, ser aplicáveis para o desvalor do resultado". HÖRNLE, Tatjana. *Tatproportionale..., op. cit.*, p. 210. Tradução livre.

183. Cf. item 3.1.1, acima.

184. Cf. HÖRNLE, Tatjana. *Tatproportionale..., op. cit.*, pp. 207-208; *idem, Kriterien..., op. cit.*, p. 102.

185. HÖRNLE, Tatjana. *Kriterien..., op. cit.*, pp. 102-103; *idem, Strafzumessungs-relevante Umstände der Tat..., op. cit.*, p. 115. Contrariamente: MONTENBRUCK, Axel. *Abwägung und Umwertung..., op. cit.*, pp. 76-80. *Hörnle* entende que nos delitos contra indivíduos o injusto de resultado situa-se nos prejuízos sofridos pela pessoa afetada e que nos delitos contra a coletividade tratar-se-ia da maior ou menor probabilidade de se chegar a uma modificação nos bens jurídicos coletivos. Conforme se verá mais adiante, em alguns delitos contra bens jurídicos coletivos, uma pena proporcional ao fato deve centrar-se na *perspectiva individual*, mas de uma forma bastante distinta da que se dá nos crimes contra bens individuais. Cf. abaixo, no Cap. 4.

Esta é precisamente a proposta de *Hörnle*. A autora questiona, pelas mesmas razões acima aduzidas, que a referência ao grau de lesão ao bem jurídico como medida do injusto de resultado não é critério suficiente, já que o prejuízo de uma estrutura abstrata não é quantificável.[186] De outro lado, a valoração do injusto em sentido precisamente oposto, centrada na lesão ao objeto protegido pela norma penal, tampouco seria capaz de fornecer um critério suficiente, como já demonstrado quando tratei da quantificação dos resultados típicos no crime de furto: o objeto da ação (a coisa alheia móvel) não é lesado pela conduta do autor; ele permanece intacto. Lesado é o sujeito portador do direito relacionado a esse objeto, ou seja, a vítima.[187] Neste sentido, a autora parte da definição de injusto de resultado como *lesão ao portador de um bem jurídico*, a partir da qual critérios práticos e tangíveis podem ser utilizados para escalonar distintos níveis de gravidade dos danos.[188]

1- Teoria do dano de acordo com o grau de redução de qualidade de vida da vítima

Von Hirsch e *Jareborg*, ainda na década de 1990, buscaram desenvolver uma teoria do dano que permitisse a valoração comparativa de gravidade de crimes, a partir de uma análise normativa, cujo ponto de partida é a *perspectiva da qualidade de vida da vítima.*[189] Os autores procuram fornecer uma escala de danos que possa ser utilizada como critério de comparação de gravidade entre crimes, como contribuição para o estabelecimento da proporcionalidade entre delitos e penas.[190] Sua utilidade prática poderia servir tanto para sistemas de determinação

186. Cf. HÖRNLE, Tatjana. *Tatproportionale...*, *op. cit.*, p. 210.

187. Cf. HÖRNLE, Tatjana. *Tatproportionale...*, *op. cit.*, p. 211.

188. *Idem, ibidem*, p. 211.

189. Segundo os autores, a gravidade de um delito possui duas dimensões: "*harm*" e "*culpability*". "*Harm*" refere-se à lesão causada ou arriscada com o ato delitivo, enquanto "*culpability*" refere-se aos fatores pessoais ligados à intenção, motivação e demais circunstâncias que determinam a extensão pela qual o ofendido deve ser tido como responsável pelo crime. Ambas as dimensões afetariam a severidade de um delito: um crime doloso é mais grave do que um culposo e um homicídio é mais grave que um roubo. Mas ao contrário da análise de culpabilidade, o dano seria o aspecto mais negligenciado pela doutrina e é sobre esta dimensão que a proposta dos autores se dedica. Cf. VON HIRSCH, Andrew; JAREBORG, Nils. *Gauging criminal harm: a living-standard analysis*, *Oxford Journal of Legal Studies*, vol. 11, n. 1, 1991, pp. 2-3; VON HIRSCH, Andrew. Begründung und Bestimmung tatproportionalen Strafen. In: *Tatproportionalität...*, *op. cit.*, pp. 69 e ss.; *idem*, *Fairness, Verbrechen und Strafe...*, *op. cit.*, pp. 142 e ss. Essa concepção ainda é defendida por *von Hirsch* atualmente: VON HIRSCH, Andrew. *Deserved Criminal Sentences. An Overview*. Oxford; Portland: Hart Publishing, 2017, pp. 64 e ss.

190. Sobre a crescente importância da ideia de proporcionalidade na determinação da pena, sob influência das teorias retributivistas: VON HIRSCH, Andrew. *Fairness, Verbrechen und Strafe...*, *op. cit.*, pp. 131 e ss.; DOLINKO, David. Some Thoughts about Retributivism. *Ethics*, vol. 101, n.3, 1991, p. 537; SADURSKI, Wojciech. *Giving Desert Its Due. Social Justice and Legal Theory*. Dordrecht; Boston; Lancaster: Reidel, 1985, p. 237.

da pena pré-estabelecidos por comissões, como as *sentencing guidelines* numéricas, como para modelos de determinação da pena judiciais, nos quais é tarefa do juiz atribuir o "valor penal concreto" de gravidade de determinado crime, a partir de parâmetros ligados ao injusto do fato e da culpabilidade do autor.[191] *Hörnle*, de outro lado, ao adotar a teoria de *von Hirsch* e *Jareborg* como marco teórico, preocupa-se com o estabelecimento de parâmetros para uma *determinação da pena judicial* – recusando, expressamente, a possibilidade de estabelecer um sistema pré-fixado de crimes e penas.[192]

Como observam os autores, para a construção de uma teoria do dano é quase intuitivo que a análise de gravidade esteja centrada em crimes que possuem consequências claramente danosas, ou seja, crimes com vítimas individualizadas.[193] A elaboração de uma escala de danos sob a perspectiva da vítima na teoria de *von Hirsch* e *Jareborg*, no entanto, não deve ser entendida como uma análise que valora um dano particular contra uma pessoa individual, mas sim como um certo *standard* de gravidade relacionado a determinados tipos de delito.[194] Isso não exclui a possibilidade, conforme será detalhado a seguir, de desvios justificados daqueles níveis padronizados sob circunstâncias especiais, que poderão operar como modificadores do *standard* de gravidade.[195] A importância da adoção de uma perspectiva padronizada de prejuízos à vítima justificar-se-ia, especialmente, por um princípio de justiça. Uma perspectiva subjetiva-individual, que se centrasse no prejuízo subjetivamente sentido pelo portador do bem jurídico dificultaria a possibilidade de comparação entre gravidade de crimes distintos[196] e tornaria o processo penal uma arena de interesses pessoais.[197] Para um modelo de pena proporcional ao fato amparada no desvalor do injusto não é possível que a medida de pena dependa da perspectiva subjetiva da pessoa lesada, pois

---

191. Assim o exemplo mencionado pelos autores do Código Penal sueco, que foi reformulado integralmente para estabelecer um sistema proporcional de gravidade, segundo o qual a gravidade de determinado delito depende da sua comparação com outros mais ou menos graves. Cf. VON HIRSCH, Andrew; JAREBORG, Nils. *Gauging criminal harm...*, *op. cit.*, p. 37.

192. HÖRNLE, Tatjana. *Tatproportionale...*, *op. cit.*, pp. 362-363.

193. Os autores deixam clara a ressalva a respeito do caráter igualmente danoso de crimes que tutelam bens coletivos (como crimes ambientais). Mas a análise do grau de danosidade destes crimes, segundo observam, é muito mais problemática. VON HIRSCH, Andrew; JAREBORG, Nils. *Gauging criminal harm...*, *op. cit.*, p. 4.

194. "Atos criminosos particulares são muito diversos para serem avaliados sob bases individuais". *Idem, ibidem*, p. 4. Tradução livre.

195. *Idem, ibidem*, p. 5.

196. O roubo de um objeto que foi um presente de um ente querido, mas de pouco valor econômico, poderia ser sentido pela vítima como a perda de um bem de grande valor. Cf. HÖNRLE, Tatjana. *Tatproportionale...*, *op. cit.*, p. 223.

197. VON HIRSCH, Andrew; JAREBORG, Nils. *Gauging criminal harm...*, *op. cit.*, p. 5.

significaria permitir que sentimentos como raiva ou desejo de vingança fossem admitidos como critérios de graduação de pena.[198]

A proposta de valoração de danos sob a perspectiva da vítima de *von Hirsch* e *Jareborg,* adaptada posteriormente por *Hörnle*, combina a análise de critérios objetivos padronizados, em um primeiro passo, no qual a valoração da gravidade do dano é observada segundo o que tipicamente resulta para uma vítima, e critérios objetivos individuais, em um segundo passo, no qual são analisadas eventuais circunstâncias especiais da vítima concreta que possam influenciar na valoração do injusto de resultado.[199]

2- Danos primários e níveis de gravidade

De acordo com *von Hirsch* e *Jareborg*, danos devem ser graduados de acordo com *a extensão pela qual eles afetam o standard de vida de alguém.* Para determinar estes níveis de gravidade, os autores propõem quatro graus de afetação:

Nível	*Categoria*	*Descrição geral**
1º	Subsistência	Sobrevivência, mas com a preservação de não mais do que capacidades humanas elementares
2º	Bem-estar mínimo	Preservação de um nível mínimo de conforto e dignidade
3º	Bem-estar adequado	Preservação de um nível adequado de conforto e dignidade
4º	Bem-estar aumentado	Significativo aumento na qualidade de vida acima do nível meramente adequado
* Cf. VON HIRSCH, Andrew; JAREBORG, Nils. Gauging *criminal harm..., op. cit.*, p. 17.		

Essa escala corresponderia, na verdade, a cinco níveis de gravidade: dano severo (nível 1), dano grave (nível 2), dano de gravidade média (nível 3), dano de gravidade baixa (nível 4) e dano insignificante (5), que não prejudica nenhum interesse dos quatro níveis de qualidade de vida.[200] No primeiro nível de afetação não está pressuposta a presença de qualquer forma de conforto, mas unicamente a preservação de capacidades físicas e cognitivas elementares.[201] Isso não significa que a destruição da vida não esteja aqui incluída como o mais alto nível de gravi-

198. HÖNRLE, Tatjana. *Tatproportionale..., op. cit.*, p. 224.
199. *Idem, ibidem*, p. 226.
200. HÖRNLE, Tatjana. *Tatproportionale..., op. cit.*, pp. 228-228.
201. VON HIRSCH, Andrew; JAREBORG, Nils. *Gauging criminal harm..., op. cit.*, p. 18.

dade de um delito. O que pretendem demonstrar os autores é que, no primeiro nível de gravidade, situam-se aqueles crimes que afetem a subsistência, ainda que em distinta intensidade.[202]

Danos de gravidade média não afetam o nível da sobrevivência, apenas o conforto e a dignidade. Isso significa a manutenção de um certo nível de suporte material e um mínimo de privacidade e autonomia.[203] Um crime de gravidade baixa é aquele que afeta a manutenção de um nível adequado de conforto e dignidade. Isso pressupõe um certo grau de suporte material, não mais do que o necessário para uma existência confortável, um grau adicional de privacidade e a preservação contra um tratamento degradante.[204] Um delito de gravidade mínima afeta a esfera de manutenção de condições que permitem uma boa qualidade de vida, como seria o caso da privação de bens materiais (uma casa de praia ou um carro de passeio) que asseguram um elevado nível de bem-estar.[205]

A escala de danos de acordo com os níveis padronizados de afetação na qualidade de vida da vítima fica assim esboçada:

Graduação dos danos	*Nível de afetação do padrão de vida**
I – severo	Subsistência
II – grave	Bem-estar mínimo
III – gravidade média	Bem-estar adequado
IV – gravidade baixa	Bem-estar aumentado
V – mínimo	Inexistência de afetação ou afetação mínima
* VON HIRSCH, Andrew; JAREBORG, Nils. Gaug*ing criminal harm...*, *op. cit.*, p. 29.	

Crimes que possam ser classificados em um mesmo nível de gravidade, contudo, podem afetar distintas dimensões de interesses da vítima. Um roubo com invasão de domicílio afeta não apenas o patrimônio, mas atinge a esfera de privacidade e, a depender da hipótese, pode implicar a submissão da vítima a um tratamento degradante. Por essa razão, *von Hirsch* e *Jareborg* sugerem que a análise de gravidade tome em consideração também e ao menos as seguintes esferas de interesses: integridade pessoal, suporte material, proteção contra humi-

202. *Idem, ibidem, loc. cit.*
203. *Idem, ibidem, loc. cit.*
204. *Idem, ibidem, loc. cit.*
205. *Idem, ibidem*, p. 19. HÖRNLE, Tatjana. *Tatproportionale...*, *op. cit.*, pp. 227-228. *von Hirsch* modifica essa estrutura em uma publicação posterior para excluir o nível do chamado "bem-estar aumentado": VON HIRSCH, Andrew; ASHWORTH, Andrew. *Proportionate sentencing. Exploring the principles.* Oxford: Oxford Univ. Press, 2005, p. 146.

lhação e privacidade/autonomia.[206] Cada uma dessas dimensões seria avaliada no caso concreto e analisada segundo os critérios iniciais de gravidade.

Uma escala de danos assim construída sob a perspectiva de afetação da qualidade de vida da vítima permitiria que o magistrado pudesse analisar *com mais objetividade o concreto e real grau de gravidade de determinadas condutas*. Não se trata de predeterminar níveis de penas correspondentes a cada uma das faixas de gravidade, mas de *fornecer parâmetros concretos sobre os quais a atividade judicial possa operar sem remissões a uma gravidade referida à interioridade do agente ou a elementos que sequer seriam passíveis de prova.*[207] A vinculação do *standard* de escala de danos a elementos do caso concreto, de todo modo, não permitiria eleger penas predeterminadas, já que a combinação dos critérios de gravidade com as distintas dimensões de interesses afetados revela como esse procedimento depende de dados do caso concreto.

Uma outra vantagem dessa combinação é que ela esclarece o que são resultados danosos que ainda podem ser considerados típicos, sem que seja necessário recorrer a critérios mais complexos de imputação das consequências culpáveis.[208] Tome-se novamente como exemplo o crime sexual com consequências psíquicas para a vítima. Se à enumeração de interesses elaborada por *von Hirsch* e *Jareborg* fosse acrescida "a integridade psíquica", seria possível analisar esse resultado ainda no âmbito dos danos primários.[209]

O mesmo vale para o mencionado caso de lesões corporais com consequências tão graves que resultem na perda do emprego. Quando os danos primários são analisados a partir da perspectiva da qualidade de vida da vítima, é desnecessário valorar as consequências posteriores de forma dissociada daqueles.[210] Sob essa perspectiva, também seria possível valorar, ainda na esfera dos danos primários de um delito sem consequências materiais significativas, outros aspectos que são relevantes para a mensuração da gravidade. Se um delito de roubo com invasão de

---

206. *Idem, ibidem*, p. 19. Outros interesses poderiam ser incluídos nessa lista que, segundo os autores, não é exaustiva.

207. Veja-se, contudo: HÖRNLE, Tatjana. *Tatproportionale...*, *op. cit.*, p. 373 e ss.

208. Cf. item 3.1.2, b), aa), acima.

209. Os autores intencionalmente não incluem danos psíquicos ao rol de interesses da vítima afetados, por considerarem uma cláusula genérica que poderia confundir-se com emoções geradas pela vitimização decorrente do crime (como raiva, vergonha, medo). De todo modo, eles não discordam da ideia de que o sofrimento causado pelo delito *pode ser considerado parte da dimensão de interesse afetada*. Assim, nos crimes que afetam a esfera da privacidade, impactos emocionais estão nela compreendidos, assim como em delitos que ferem a esfera da dignidade pessoal, impactos resultantes da humilhação também estão. *Idem, ibidem*, p. 23. No mesmo sentido, *Hörnle* entende que os "danos psicológicos já estão contidos na valoração do injusto de resultado", portanto, não possuem um valor autônomo na determinação da pena. HÖRNLE, Tatjana. *Tatproportionale...*, *op. cit.*, p. 238. Tradução livre.

210. HÖRNLE, Tatjana. *Kriterien...*, *op. cit.*, p. 108; *idem*, *Tatproportionale...*, *op. cit.*, p. 233.

domicílio resulta em prejuízos materiais insignificantes (por exemplo, gravidade em nível 4), de outro lado, pode ter afetado a esfera privada da vítima de forma considerável (como em uma hipótese em que o agente praticou o crime durante a madrugada, enquanto a vítima e seus filhos pequenos dormiam), fato que deve ser levado em consideração como prejuízo importante à qualidade de vida. Também neste caso, apenas a referência ao bem jurídico patrimônio negligenciaria um fator significante, que reflete uma maior gravidade do injusto de resultado.

Outros aspectos alteram as conclusões que resultam da análise de gravidade a partir dos critérios de padronização de danos acima referidos. *Von Hirsch e Jareborg* destacam que circunstâncias como uma especial vulnerabilidade da vítima concreta (como uma situação de considerável privação de condições econômicas) devem ser consideradas como hipóteses agravantes do dano.[211] Também o aspecto temporal pode relativizar a intensidade da gravidade: a análise sobre o padrão de qualidade de vida diz respeito àquilo que afeta a vida entendida em uma perspectiva temporal mais ampla.[212] Um delito especialmente degradante pode abalar de forma significativa a qualidade de vida, enquanto que um pequeno furto pode não representar mais um impacto significativo depois de um ano. De outro lado, a fungibilidade do objeto retirado da vítima em um crime patrimonial também importa, em casos especiais: enquanto que para uma vítima muito abastada financeiramente é perfeitamente possível substituir o carro roubado, reduzindo o grau de afetação gerado pelo crime na sua qualidade de vida, para uma vítima sem absolutamente qualquer recurso financeiro, essa situação é bastante distinta. Ambas as hipóteses deveriam implicar uma modificação atenuante/agravante do *standard* de gravidade.[213]

A perspectiva centrada na afetação da qualidade de vida permite, ainda, que nos delitos praticados com uso de ameaça, o desvalor do injusto de resultado possa ser mensurado de acordo com a medida do perigo concreto. Isso permitiria valorar de forma distinta uma ameaça à vida ou à saúde, mediante emprego de uma arma de brinquedo ou descarregada, daquela praticada mediante uso de uma arma de fogo municiada, já que se trata de ameaças de distintos graus de gravidade.[214] A

211. VON HIRSCH, Andrew; JAREBORG, Nils. *Gauging criminal harm...*, *op. cit.*, p. 21. Também: HÖRNLE, Tatjana. *Tatproportionale...*, *op. cit.*, p. 242; MEIER, Bernd-Dieter. *Strafrechtliche Sanktionen...*, *op. cit.*, p. 194.

212. VON HIRSCH, Andrew; JAREBORG, Nils. *Gauging criminal harm...*, *op. cit.*, p. 22.

213. VON HIRSCH, Andrew; JAREBORG, Nils. *Gauging criminal harm...*, *op. cit.*, pp. 22-23; HÖRNLE, Tatjana. *Kriterien...*, *op. cit.*, p. 109.

214. Antes da revogação do inciso I do § 2º do art. 157 do Código Penal, a discussão a que se limitava a jurisprudência nacional limitava-se à questão da não aplicação da revogada causa especial de aumento, sob o fundamento de não existir potencial lesivo "ao bem jurídico", no caso de ameaça exercida mediante uso de arma de brinquedo. Uma graduação de distintos níveis de gravidade do próprio elemento típico "ameaça" não é objeto de consideração: "Com o cancelamento da Súmula n. 174 do Superior Tribunal de Justiça, ficou assentado o entendimento segundo o qual a simples atemorização da vítima pelo emprego da arma de

perspectiva subjetiva da vítima concreta com relação ao perigo suposto não deve ser decisiva para determinar a medida de desvalor do injusto, mas sim o real perigo a que está sujeita a sua qualidade de vida. Uma ameaça perpetrada com arma de brinquedo ou desmuniciada é muito menos perigosa do que aquela mediante uso de arma de fogo carregada. É neste sentido que *Hörnle* sugere como critério de determinação do grau de gravidade da ameaça a medida de quanto a efetiva concretização do perigo seria capaz de afetar a qualidade de vida da vítima.[215]

Vistos os danos primários a partir dessa perspectiva, consequências como a ruína causada por um crime de estelionato de grande monta, os danos psicológicos decorrentes de um delito sexual ou as lesões gravíssimas que impossibilitam o exercício da profissão são valorados *ainda no âmbito do injusto de resultado típico*.

Consequências extratípicas, de outro lado, serão consideradas aquelas "*que modificam a qualidade do prejuízo por meio do desdobramento ocorrido após o fato e que conduzem a um agravamento adicional dos danos primários*".[216] Estes, que podem ser denominados *danos secundários*, podem ser uma *continuação* dos danos típicos, que resultam em um aprofundamento daqueles[217] ou uma ampliação daqueles danos primários para a própria vítima ou para terceiros.[218]

A seguir, será retomada a discussão a respeito dos critérios de imputação das consequências extratípicas e apresentadas as soluções propostas para o tratamento desses resultados, segundo o modelo de pena proporcional ao fato de *Hörnle*.

3- Danos secundários: aprofundamento e expansão de danos

No âmbito dos resultados típicos apontei que o erro com relação a determinada circunstância do fato afasta a possibilidade de um agravamento da pena. Em um modelo de aplicação de pena que se baseia na teoria do delito, o tratamento dado ao erro de tipo deve refletir-se também no âmbito de determinação da pena. Diferente, como já dito, seria o caso da criação de um risco proibido que crie um aprofundamento ou expansão dos danos primários, hipótese na qual, de um lado, os critérios tradicionais parecem insuficientes para solucionar determinados casos. No entanto, os critérios de imputação objetiva acima analisados demons-

---

brinquedo não mais se mostra suficiente para configurar a causa especial de aumento de pena, dada a ausência de incremento no risco ao bem jurídico, servindo, apenas, para caracterizar a grave ameaça já inerente ao crime de roubo" (STJ, HC 219.524/SP). No mesmo sentido: STJ, HC 94.956/DF; HC 93.106/SP. Criticamente sobre a desproporcionalidade deste tratamento jurisprudencial: ABREU FERREIRA, Luísa Moraes. *Penas iguais para crimes iguais? Um estudo da individualização da pena com base em crimes de roubo julgados pelo Tribunal de Justiça do Estado de São Paulo*. Dissertação de mestrado oferecida à Faculdade de Direito da Universidade de São Paulo, 2014, pp. 121; 124-127.

215. HÖRNLE, Tatjana. *Tatproportionale...*, *op. cit.*, p. 238.

216. *Idem, ibidem*, p. 252. Tradução livre.

217. Como um agravamento no estado de saúde da vítima decorrente de um longo período de hospitalização, em razão de um crime de lesões corporais. *Idem, ibidem*, p. 252.

218. *Idem, ibidem*, p. 253.

traram resultados aparentemente incompatíveis com um modelo de determinação da pena amparado, substancialmente, na medida do injusto, cuja concepção está estritamente ligada com a restrição ao direito do portador de um bem jurídico.

Hörnle propõe um modelo mais restritivo, sugerindo dois critérios para a consideração de consequências extratípicas culpáveis na determinação da pena. O primeiro é a *previsibilidade das consequências.* Na hipótese de um risco não permitido criado pelo agente, ele não poderia se valer da afirmação de que não teria praticado a conduta, se soubesse da possibilidade da ampliação ou da expansão das consequências. Para estes casos, a previsibilidade seria suficiente. Mas não será qualquer consequência que, bastando ser previsível e decorrente de um risco criado pelo comportamento do autor, poderá ser imputada como agravante do injusto de resultado. Apenas resultados que possam ser considerados ligados à função de apelo da norma podem ser imputados a título de danos secundários ou consequências "extratípicas".[219] Isso pressupõe que os danos decorrentes do comportamento do agente devem ser tomados por ele como evidentes no momento do fato e que estejam ligados à exigência contida na norma de proibição.

Significa, especialmente nos casos de crimes contra bens jurídicos individuais, que estariam descartadas as consequências danosas de um determinado delito para terceiros, como o choque dos familiares de uma vítima de homicídio, já que o mandamento contido na norma que tipifica este crime ("não matar") não contempla a exigência de evitar prejuízos emocionais ou financeiros a terceiros.[220] Como se observa, modificados os critérios para determinação das consequências culpáveis, chega-se a resultados muito distintos. Na concepção de *Frisch*, tais danos certamente poderiam ser considerados, já que sua perspectiva se baseia na probabilidade empírica dos danos e na consideração de que eles fazem parte do círculo de perigos ligados ao comportamento típico de um delito de homicídio.[221] O problema dessa abordagem em um modelo de pena proporcional ao fato é que o conceito de injusto é ampliado e, portanto, um agravamento de pena sob esse fundamento extrapolaria os limites da culpabilidade pelo fato. Ao contrário, segundo a concepção de *Hörnle*, consequências que atinjam outros bens jurídicos, não devem ser consideradas na determinação da medida do injusto, assim como danos causados a terceiros.

---

219. *Idem, ibidem*, p. 257.

220. *Idem, ibidem, loc. cit.*

221. Essa possibilidade também é aceita por *Bloy*, como uma *exceção ao âmbito de proteção do bem jurídico.* (Cf. BLOY, René. *Op. cit.*, p. 595). Também *Grosse-Wilde* admite a imputação deste resultado na determinação da pena sob dois fundamentos que nos parecem pouco claros: que a norma penal tem uma perspectiva também social – ainda que se trate de um bem jurídico personalíssimo, como no caso do homicídio – e porque a família da vitima possui um direito civil a indenização e legitimidade como parte no processo penal, o que seria aparentemente suficiente para justificar a consideração dos danos a ela causados. Cf. GROSSE-WILDE, Thomas. *Op. cit.*, pp. 394; 406.

Com base nesses critérios, a autora admite um âmbito altamente restrito de circunstâncias extratípicas – ou de danos secundários – aptos a agravarem a medida do injusto de resultado. Seria possível, por exemplo, considerar como agravantes eventuais complicações ao estado de saúde da vítima, como um *aprofundamento dos danos primários* em um crime de lesão corporal (uma embolia pulmonar após um longo período de internação) ou a divulgação por terceiros de uma difamação perpetrada pelo autor. Ambos são casos que demonstram uma ligação estreita com a função de apelo da norma e o risco de ocorrência de danos maiores é inerente ao comportamento proibido pelo tipo. Danos concretos causados na realização de um crime de perigo poderiam ser considerados resultados agravantes, porque o risco de criação de um dano é elemento inerente à estrutura destes crimes.[222]

Em todos os casos de expansão e aprofundamento de danos, *Hörnle* observa que eventual colocação da vitima em situação de perigo retira a possibilidade de atribuição de resultados mais gravosos ao autor.[223]

A proposta de *Hörnle* parece ser a que trata de forma mais restritiva e consequente o rol de consequências extratípicas culpáveis como agravantes do injusto de resultado. Nos crimes que tutelam bens individuais, no âmbito dos danos primários, como regra, eventuais *aprofundamentos dos danos* não devem ser tidos como agravantes de forma autônoma. Isso poderá excepcionalmente ser o caso, em hipóteses muito restritas, desde que haja uma ligação estreita entre os danos secundários e o perigo criado com o comportamento típico do autor, e que sejam previsíveis as consequências, de forma evidente no momento do fato. Danos mais *amplos* que afetem outros bens jurídicos e terceiros não devem ser considerados consequências culpáveis, ainda que eles estejam ligados por uma cadeia causal "de perigos não permitidos" com o comportamento do agente.

Conceber um âmbito restrito de circunstâncias culpáveis nos delitos contra bens individuais parece ser uma postura fundamental para uma pena proporcional ao fato. Essas conclusões, contudo, devem alterar-se na medida em que *crimes que tutelam bens jurídicos coletivos concebem injustos de outra natureza e não se limitam à tutela de proteção de um bem jurídico individual.* Para esses casos, como veremos mais adiante, os critérios para consideração das consequências culpáveis deverão respeitar o conceito de injusto destes delitos.

3.2 Circunstâncias atenuantes do injusto e da culpabilidade em sentido estrito

Em um modelo de determinação da pena ancorado na teoria do delito e, portanto, nas categorias injusto e culpabilidade em sentido estrito, circunstâncias que são relevantes para o âmbito da imputação refletem-se na determinação da

---

222. HÖRNLE, Tatjana. *Tatproportionale...*, *op. cit.*, p. 258.
223. *Idem, ibidem*, p. 257.

pena também como causas atenuantes do injusto e da culpabilidade do autor. Algumas delas serão a seguir tratadas por, aparentemente, merecerem uma atenção destacada, mas evidentemente não esgotam o universo de possibilidades que podem surgir no caso concreto. Essas circunstâncias, conforme será demonstrado a seguir, vão muito além daquelas previstas no artigo 59, do Código Penal. E dentre as que são elencadas neste dispositivo, uma delas, timidamente tratada por doutrina e jurisprudência brasileiras, revela um papel significativo como elemento de atenuação do injusto: o comportamento da vítima.

3.2.1 Atenuantes do injusto

a) Comportamento da vítima relevante para a medida do injusto: consentimento e provocação

Ainda no plano de imputação, o consentimento da vítima tem um papel reconhecidamente relevante para o fato como causa excludente da ilicitude.[224] Mas também situações próximas a um consentimento, que não autorizem uma completa exclusão da ilicitude, podem ser relevantes para uma redução da medida da pena.[225] As disposições do Código Penal que preveem penas reduzidas para o homicídio privilegiado (art. 121, §1º) e para o aborto com consentimento da gestante (art. 126) são exemplos paradigmáticos que demonstram a importância do consentimento parcialmente relevante como hipótese de redução da medida do injusto.[226] Seria possível afirmar um consentimento com alcance apenas parcial, por exemplo, em casos nos quais, embora a vítima seja portadora do bem jurídico protegido, um consentimento total está descartado, pois não se trata de um valor protegido pela lei que esteja exclusivamente na sua esfera de disposição.[227]

---

224. Sobre os fundamentos de exclusão da ilicitude no consentimento, sob a perspectiva liberal da doutrina do bem jurídico referida ao indivíduo: ROXIN, Claus. *Strafrecht, AT I...*, *op. cit.*, §13, Rn. 12, p. 545. Veja-se, também: GRECO, Alessandra Orcesi Pedro. Vítima e consentimento. In: SILVEIRA, Renato de Mello Jorge; RASSI, João Daniel (org.). *Estudos em homenagem a Vicente Greco Filho...*, *op. cit.*, pp. 23-37.

225. FRISCH, Wolfgang. *Gegenwärtiger...*, p. 760; HÖRNLE, Tatjana. *Tatproportionale...*, *op. cit.*, p. 288; REALE JÚNIOR, Miguel. *Penas e medidas de segurança...*, *op. cit.*, p. 162.

226. HILLENKAMP, Thomas. *Vorsatztat und Opferverhalten.* Göttingen: Verlag Otto Schwartz & Co., 1981, p. 243; PERALTA, José Milton. *Motivos Reprochables...*, *op. cit.*, p. 131.

227. Detalhadamente: HILLENKAMP, Thomas. *Vorsatztat und Opferverhalten...*, *op. cit.*, pp. 240 e ss. Também: STREE, Walter; KINZIG, Jörg. *Schönke/Schröder Strafgesetzbuch...*, *op. cit.*, § 46, Rn. 25. Essa discussão é referida com relação ao crime previsto no §315c StGB (crime de perigo no trânsito), por exemplo, quando um passageiro aceita a carona de um motorista bêbado e fere-se em um acidente. Aqui, argumenta-se que o consentimento é irrelevante, já que não apenas a saúde e a vida são objetos de proteção da lei, mas, acima de tudo, a segurança no trânsito, que não pode ser objeto da disposição da vítima. ROXIN, Claus. *Strafrecht, AT I...*, *op. cit.*, §13, Rn. 35, p. 557.

Também significativo para uma redução do injusto é a presença de um comportamento da vítima que possa ser qualificado como *provocação* de um outro delito. Na literatura, fala-se em corresponsabilidade relevante para a determinação da pena quando um comportamento da vítima se situe na gênese do fato delitivo, ou seja, quando por um comportamento ilícito e culpável, ela tenha contribuído para o ataque posterior que lhe é dirigido.[228] O resultado de um comportamento também causado pelo ofendido não poderia ser colocado exclusivamente na conta do autor, pois ele é, em parte, atribuível à própria vítima.[229]

O tratamento dessa hipótese, na doutrina, é associado à legítima defesa: os requisitos de uma situação justificante que, no caso concreto, não estiverem completamente preenchidos – ou porque os meios utilizados não podem ser considerados na hipótese "moderados" nem "necessários", ou porque o momento entre a provocação e a reação do autor não pode ser considerado mais atual ou iminente – ganham relevância na medida do injusto atribuível ao autor provocado. Para casos nos quais houve um excesso em termos de intensidade, que afaste, portanto, a possibilidade de justificação completa, afirma-se que aquela parte do comportamento que ainda possa ser considerada necessária para a defesa do interesse do autor, deve ser excluída no momento de determinação da pena.[230] Mesmo tratando-se, ainda, de um comportamento ilícito, ele possui uma carga de injusto menor do que um comportamento no qual não há uma situação próxima da legítima defesa.[231] Em tais casos seria possível utilizar como critério de redução da pena, por analogia, a disposição do Código Penal relativa ao estado de necessidade exculpante, previsto no art. 24, §2º, do Código Penal: diante de um excesso menor, diminuir a pena em dois terços, no caso de um excesso maior, em um terço.

Uma segunda forma de excesso na legítima refere-se ao aspecto temporal: quando a reação do autor não puder mais ser considerada "atual", haveria uma hipótese mais próxima a um caso de retaliação, do que de defesa do interesse

---

228. STREE, Walter; KINZIG, Jörg., *Schönke/Schröder Strafgesetzbuch...*, *op. cit.*, §46, Rn. 24; SCHÄFER, Gerhard; SANDER, Günther M.; GEMMEREN, Gerhard van. *Praxis der Strafzumessung...*, *op. cit.*, Rn. 591; ESCHELBACH, Ralf. *SSW-StGB...*, *op. cit.*, §46, Rn. 92.

229. FRISCH, Wolfgang. *Gegenwärtiger Stand...*, *op. cit.*, pp. 760-761.

230. HILLENKAMP, Thomas. *Vorsatztat und Opferverhalten...*, *op. cit.*, p. 272. Para a compreensão dessa relação inversa entre o excesso na legítima defesa e a gravidade do injusto é de utilidade vislumbrar a causa de justificação da forma como ilustra *Peralta*: quanto menos justificado o fato, maior o injusto, quanto mais justificado, menos grave o injusto. A esse respeito trataremos no item 3.2.3, abaixo. Cf. PERALTA, José Milton. Motive im Strafrecht. In: HEINRICH, Manfred (Hrsg.). *Strafrecht als Scientia Universalis. Festschrift für Claus Roxin zum 80. Geburtstag am 15. Mai 2011.* Berlin: Walter de Gruyter, 2011, pp. 262 e ss.

231. NOLL, Peter. Übergesetzliche Milderungsgründe aus vermindertem Unrecht. *Zeitschrift für die gesamte Strafrechtswissenschaft (ZStW)* 68, 1956, p. 187.

ameaçado (excesso extensivo na legitima defesa).[232] Seria possível admitir uma redução do injusto, nesses casos, quando a atitude do autor provocado, mesmo que tardia, tinha como finalidade reestabelecer a situação anterior (por exemplo, a vítima de um roubo retoma a coisa levada ou invade a casa do autor do furto para reavê-la).[233] A carga atenuante do injusto em um excesso extensivo da legítima seria menor do que na hipótese de excesso intensivo, no qual o perigo causado pela vítima com sua agressão justificaria uma reação eventualmente excessiva do autor provocado.[234]

Outras formas de corresponsabilidade da vítima podem atenuar a medida do injusto, sobretudo quando seja possível afirmar a existência de uma parcela de contribuição na causação do resultado. Essa discussão é tratada, sobretudo, em delitos culposos de trânsito:[235] um comportamento inesperado da vítima ou uma atitude imprudente que tenha restringido a previsibilidade do agente e colaborado para o resultado, embora não afaste a responsabilidade penal do autor, pode refletir-se na medida da pena, como hipótese atenuante do injusto.[236]

b) Reparação do dano

Como fator relevante para a medida da pena situado temporalmente após o delito, a reparação dos danos é considerada um elemento com reflexo significativo na medida do injusto.[237] Na jurisprudência brasileira, os casos de reparação de dano com reflexos atenuantes da pena limitam-se quase que exclusivamente a crimes patrimoniais ou com efeitos patrimoniais, nos quais haja a restituição quase imediata da coisa ou a restituição do valor subtraído.[238] Uma atenuação da pena em crimes contra outros bens jurídicos personalíssimos é largamente refutada.[239] A reparação simbólica de danos imateriais poderia ser admitida, contudo,

---

232. HILLENKAMP, Thomas. *Vorsatztat und Opferverhalten...*, *op. cit.*, p. 275; HÖRNLE, Tatjana. *Tatproportionale...*, *op. cit.*, p. 289.

233. HILLENKAMP, Thomas. *Vorsatztat und Opferverhalten...*, *op. cit.*, pp. 275-276.

234. HÖRNLE, Tatjana. *Tatproportionale...*, *op. cit.*, p. 289.

235. Neste sentido: "A existência de culpa concorrente para o evento criminoso, embora não exclua a responsabilidade penal, pode repercutir no momento da aplicação da pena, no que diz respeito à circunstância judicial relativa ao comportamento da vítima, como constatou o Tribunal *a quo* (fl. 87). Isso porque o comportamento da vítima constitui circunstância neutra ou favorável ao réu no cômputo da pena basilar, vale dizer, não pode ser considerado desfavoravelmente ao agente, mas apenas em seu benefício" (STJ, HC 193.759).

236. HILLENKAMP, Thomas. *Vorsatztat und Opferverhalten...*, *op. cit.*, p. 295; STREE, Walter; KINZIG, Jörg., *Schönke/Schröder Strafgesetzbuch...*, *op. cit.*, §46, Rn. 24; SCHÄFER, Gerhard; SANDER, Günther M.; GEMMEREN, Gerhard van. *Praxis der Strafzumessung...*, *op. cit.*, Rn. 591; HÖRNLE, Tatjana. *Tatproportionale...*, *op. cit.*, p. 292.

237. Com muitas referências: BRAUNS, Uwe. *Die Wiedergutmachung der Folgen der Straftat durch den Täter*. Berlin: Duncker & Humblot, 1996, pp. 177 e ss.

238. STJ, REsp 1561276/BA; REsp 1352418/RS.

239. Excetuados os crimes de calúnia e difamação, nos quais a retratação do agente possui previsão expressa na lei como causa de extinção de punibilidade (art. 143, do Código Penal).

em outros crimes,[240] que não tenham natureza patrimonial.[241] Essa possibilidade, de todo modo, não deve receber uma interpretação de natureza preventivo geral positiva, como sustentam alguns autores, que consideram relevante o simples esforço do autor na minimização dos danos e consequências, ainda que sem sucesso, como uma demonstração de "reconhecimento do valor da norma".[242] A reparação do dano, para ter um efeito atenuante da medida injusto, deve possuir um efeito compensatório concreto, do que seria exemplo o pagamento de indenização em dinheiro que custeie gastos com cuidados médicos, em crimes de lesões corporais.[243] Porque o tratamento deste tema na legislação brasileira não se reflete diretamente na discussão a respeito da pena base, pois encontra previsão expressa como causa atenuante pelo artigo 65, inciso III, alínea "b", e tratamento especifico no artigo 16 do Código Penal (arrependimento posterior), parece desnecessário discuti-lo aqui em detalhes.

Outras hipóteses de atenuação do injusto seriam imagináveis em casos nos quais haja uma proximidade do comportamento do agente com outras causas de exclusão da ilicitude. Uma situação que ultrapasse os limites do estado de necessidade justificante, onde não seja mais possível falar em exclusão total do injusto por conta de um eventual excesso na conduta do autor, pode refletir como atenuante da pena, diante do reduzido peso do injusto de ação.[244]

3.2.2 Atenuantes da culpabilidade em sentido estrito

Tomando-se como ponto de partida um conceito sistemático de culpabilidade moralmente neutro derivam consequências importantes para a interpretação

240. De acordo: MEIER, Bernd-Dieter. *Strafrechtliche Sanktionen..., op. cit.*, p. 407.

241. Tanto é assim que nos crimes de participação em peculato culposo (art. 312, §3º, do Código Penal) e apropriação indébita previdenciária (art. 168-A, §3º, inciso I, do Código Penal), além dos demais crimes fiscais previstos em lei especial (Lei n. 8.137/1990) a reparação do dano tem reflexos para a pena e a punibilidade do agente. Estes crimes, apesar de envolverem uma consequência patrimonial, tutelam bens jurídicos coletivos e, portanto, não se limitam a uma relação entre vítima individual/autor.

242. Assim: MEIER, Bernd-Dieter. *Strafrechtliche Sanktionen..., op. cit.*, p. 215.

243. BRAUNS, Uwe. *Die Wiedergutmachung der Folgen der Straftat..., op. cit.*, pp. 268, 269; STRENG, Franz. *Srafrechtliche Sanktionen..., op. cit.*, Rn. 589, p. 291; HÖRNLE, *Tatproportionale..., op. cit.*, p. 301. A autora concebe, inclusive, a possibilidade de uma atenuação do injusto em crimes sexuais, nos quais há submissão da vítima a uma situação humilhante. As desculpas do autor e o reconhecimento do delito perante a vítima poderiam representar um ato restaurador da dignidade do ofendido, com efeitos atenuantes para a medida do injusto.

244. Assim é o exemplo clássico de *Noll:* um homem que, para proteger-se de uma avalanche, invade uma cabana onde consegue manter-se vivo, alimentando-se dos mantimentos ali armazenados pelos donos, age de forma inteiramente justificada. Sua conduta superaria os limites de uma causa de exclusão da ilicitude, quando, além do alimento, o homem tomasse para si determinada quantia em dinheiro que ele ali encontrasse. NOLL, Peter. Übergesetzliche Milderungsgründe aus vermindertem Unrecht..., *op. cit.*, p. 185.

do conceito de culpabilidade para a determinação da pena. Não apenas a *impossibilidade de graduação da culpabilidade em sentido estrito para cima*, como já amplamente demonstrado, mas também a irrelevância da "reprovabilidade" da formação da vontade e de qualquer interpretação moralizante a respeito da capacidade de agir de acordo com a norma.[245]

Se a culpabilidade como categoria sistemática é definida pelo conjunto dos requisitos normativos que permitem a atribuição do delito ao autor, em um modelo de determinação da pena que se ancora nas categorias do delito, este sentido permanece o mesmo quando se trata de analisar a culpabilidade em sentido estrito como elemento que compõe o conceito de culpabilidade em sentido amplo, previsto no artigo 59 do Código Penal.[246] Por isso, para a graduação da culpabilidade em sentido estrito na determinação da pena devem importar *os pressupostos que possam justificar uma menor atribuição da carga de injusto do fato em razão do cumprimento apenas parcial de determinados requisitos de imputação penal.*

A carga de moralidade atribuída tradicionalmente ao juízo de culpabilidade não tem qualquer relevância, o que significa, concretamente: não se julga, a partir do ponto de vista moral de um terceiro se o comportamento do agente, com sua opção contrária ao direito, é reprovável nem o quanto o é.[247] Julga-se se é possível atribuir completamente o injusto do fato ao seu autor, ou se uma eventual redução desta medida merece ser considerada, ou seja, uma eventual redução da capacidade de imputabilidade, de potencial conhecimento do injusto ou da possibilidade de conduta diversa. Mas também a análise a respeito do cumprimento parcial de todos estes requisitos deve ser livre de moralizações e subjetivismos, o que significa que devem prevalecer *critérios objetivos de valoração.*

a) Diminuição da capacidade de compreensão do injusto e de autodeterminação

Dentre as causas de diminuição de pena previstas na lei em razão da culpabilidade reduzida, algumas podem ser mais problemáticas para aferição no caso concreto. Questiona-se, mesmo para as hipóteses de redução de pena em razão de uma perturbação mental, que tenha afetado a capacidade de compreensão e autodeterminação do autor (parágrafo único, do artigo 26 do Código Penal) a real possibilidade de atestá-la empiricamente, de forma retroativa ao momento do fato.[248] A mesma dúvida recai sobre as causas atenuantes que tratam de uma

245. Cf. item 2.2.1, no Cap. 2.
246. FRISCH, Wolfgang. *Unrecht und Schuld...*, *op. cit.*, p. 242.
247. STRENG, Franz. *Strafrechtliche Sanktionen...*, *op. cit.*, p. 256.
248. Céticos a respeito: JESCHECK, Hans-Heinrich; WEIGEND, Thomas. *Lehrbuch des Strafrechts...*, *op. cit.*, p. 411; STRENG, Franz. *Strafrechtliche Sanktionen...*, *op. cit.*, p. 425; SCHÄFER, Gerhard; SANDER, Günther M.; GEMMEREN, Gerhard van. *Praxis der*

afetação emocional momentânea[249] e em outras circunstâncias fora das hipóteses legais, consideradas relevantes pela doutrina, como nos mencionados delitos por razões de consciência[250] ou por influência de terceiros na formação da vontade.[251]

A primeira questão que importa, neste contexto, é se, para a determinação do "poder agir" relevante para o Direito Penal, ou seja, determinante para a atribuição do injusto, é devido fazer uma incursão na subjetividade do agente e na sua história de vida para derivar conclusões a respeito da capacidade pessoal de se decidir de outra forma no momento do fato. Todos esses casos apresentam uma dificuldade maior de valoração no caso concreto, porque fortemente vinculados a uma disposição interna do agente.

Tradicionalmente, como já visto, defende-se um exame "amplo" da personalidade, inclusive para determinação da quantidade de pena.[252] Autores que refutam incursões no mundo subjetivo do autor, de outro lado, procuram resguardar um espaço "legítimo" do exame da personalidade no âmbito da culpabilidade em sentido estrito.[253] Significaria que o exame da personalidade, que se considera indevido no âmbito da culpabilidade em sentido amplo, como elemento de determinação de medida de pena, poderia encontrar um espaço de consideração mais restrito, quando se trate de valorar eventuais limitações ao poder agir. Este argumento, contudo, não convence.

Uma ampla incursão na personalidade do acusado na forma de uma profunda individualização do juízo sobre o poder agir depara-se com muitos dos óbices já apontados, quando foi refutada a possibilidade de um juízo de culpabilidade orientado à atitude interior. Um juízo de culpabilidade personalíssimo, que pretenda investigar as raízes da motivação do autor, os valores interiorizados por ele ou o conjunto de elementos que levaram à formação da decisão contrária à ordem jurídica não é nem realizável pelo juiz, nem legítimo, quando se trata de uma culpabilidade pelo fato e quando é refutada uma opção por qualquer versão que se assemelhe a uma culpabilidade pela condução de vida.[254] Dentro das funções

---

Strafzumessung..., *op. cit.*, Rn. 957; HÖRNLE, Tatjana. *Tatproportionale...*, *op. cit.*, pp. 308-309.

249. Como no homicídio privilegiado, praticado "sob o domínio de violenta emoção, logo em seguida a injusta provocação da vítima" (art. 121, § 1º, do Código Penal) e o infanticídio, praticado sob "estado puerperal" (art. 123, do Código Penal).

250. GIANNOULIS, Georgios. *Studien zur Strafzumessung...*, *op. cit.*, p. 116.

251. SILVA SÁNCHEZ, Jesús-Maria. La actuación en una empresa como atenuante del delito. *Indret*, Mayo/2009, p. 2; HÖRNLE, Tatjana. *Tatproportionale...*, *op. cit.*, p. 314.

252. Por todos: BRUNS, Hans-Jürgen. *Das Recht der Strafzumessung...*, *op. cit.*, p. 147.

253. Neste sentido: ERHARD, Christopher. *Strafzumessung bei Vorbestraften...*, *op. cit.*, p. 250; SCHAFFSTEIN, Friedrich. *Spielraum-Theorie, Schuldbegriff und Strafzumessung...*, *op. cit.*, p. 110.

254. Assim: HÖRNLE, Tatjana. *Grenzen der Individualisierung von Schuldurteil...*, *op. cit.*, p. 99; 102;105; *idem*, *Tatproportionale...*, *op. cit.*, p. 309; ERHARD, Christopher. *Strafzumessung bei Vorbestraften...*, *op. cit.*, pp. 236-237.

atribuídas ao magistrado, de todo modo, não seria possível apontar qualquer construção que permita reproduzir, no presente, a situação na qual o agente esteve no momento delito e fornecer uma resposta fiável a respeito do quanto a capacidade de agir com compreensão do injusto e autodeterminação era reduzida.[255] De outro lado, a recusa absoluta de uma análise a respeito da capacidade pessoal de compreensão e autodeterminação do agente não parece sustentável.[256]

Uma alternativa possível parece ser deduzir, de forma indiciária, uma limitação da capacidade de compreensão e autodeterminação, a partir de situações concretas que circundam o fato. Seriam hipóteses nas quais tipicamente seria possível supor uma redução na capacidade de compreensão e autodeterminação.[257] Essa análise, contudo, não deveria ser dissociada de dados empíricos disponíveis para determinados grupos de casos. A própria lei parece partir de presunções, ao prever circunstâncias atenuantes de pena obrigatórias para autores menores de 21 anos e maiores de 70 anos (art. 65, inciso I, do Código Penal); em situação de desconhecimento da lei (art. 65, inciso II, do Código Penal) ou no caso de uma coação resistível (art. 65, inciso III, alínea "*c*", do Código Penal). Em se tratando de redução de pena, não parece haver um óbice insuperável a uma construção indiciária, em casos de difícil constatação.

Na doutrina, afirma-se plausível presumir uma afetação relevante, especialmente quando se trate de homicídio, quando surgem manifestações incomuns no autor, como perda de memória, ou atos extremos, como uma tentativa de suicídio em momento próximo do delito.[258] A história anterior do relacionamento entre autor e vítima – como uma longa relação de abusos, que culmina em um ato

---

255. GRÜNEWALD, Anette. *Das vorsätzliche Tötungsdelik...*, *op. cit.*, p. 336.

256. Neste sentido é o posicionamento mais recente adotado por *Hörnle*. Apesar de sempre demonstrar pessimismo quanto à possibilidade de se fazer afirmações retrospectivas empiricamente fundadas a respeito da redução da capacidade de autodeterminação do réu nestas hipóteses, em publicações anteriores, a autora chegou a considerar casos que poderiam deixar demonstrar a existência de uma capacidade diminuída (HÖRNLE, Tatjana. *Tatproportionale...*, *op. cit.*, pp. 310-323). Após uma proposta de normativizar o dispositivo legal que trata das causas de redução da pena em razão de perturbações mentais (*idem*, *Zur Relevanz von Beweggründen... op. cit.*, p. 665), o posicionamento da autora parece ter evoluído para uma recusa, inclusive, de um juízo de culpabilidade e pela sugestão de revogação do § 21 StGB (equivalente ao art. 26, parágrafo único, do Código Penal brasileiro) (*idem*, *Kriminalstrafe ohne Vorwurf...*, *op. cit.*, p. 76). Finalmente, a autora posicionou-se pela impossibilidade de considerar como atenuantes da culpabilidade e da pena, hipóteses que não possam ser qualificadas nas causas de diminuição por doença mental, sustentando a exclusão de um juízo de censura do injusto apenas nos casos previstos nos §§17, 33 e 35 do StGB (erro de proibição, causas de não punibilidade do excesso na legítima defesa por emoções incontroláveis e estado de necessidade exculpante) (*idem*, *Grenzen der Individualizierung...*, *op. cit.*, p. 106).

257. HÖRNLE, Tatjana. *Tatproportionale...*, *op. cit.*, p. 310.

258. STRENG, Franz. *Strafrechtliche Sanktionen...*, *op. cit.*, p. 442; HÖRNLE, Tatjana. *Tatproportionale...*, *op. cit.*, p. 312.

delituoso da vítima contra seu agressor – também poderia oferecer indicativos de afetação momentânea.[259]

Na jurisprudência alemã, os tribunais partem de elementos indiciários para concluir por uma culpabilidade diminuída especialmente no homicídio e outros delitos praticados com violência, quando há consumo de álcool, utilizando como critério central a quantidade consumida.[260] Outros critérios são avaliados em conjunto na análise de casos que estejam abaixo dos percentuais considerados como parâmetro, como nos casos de autores muito jovens ou não habituados ao consumo de bebida alcoólica.[261] Essas questões ficam fora da discussão jurisprudencial brasileira diante da disposição legal proibitiva de qualquer diminuição de pena para casos de embriaguez voluntária. Este tema parece merecer, contudo, uma ampla revisão legislativa. Com maiores razões, o consumo de substância entorpecente mereceria tratamento cuidadoso antes de se concluir pela culpabilidade e por uma resposta penal completas.[262] Deve-se levar em consideração que o consumo de drogas por anos seguidos conduz a consideráveis alterações psíquicas com consequências para a capacidade de autodeterminação. Especialmente em casos de dependência química severa, os efeitos da síndrome de abstinência ou o próprio medo de sofrer seus efeitos deveriam ser levados em consideração, em delitos praticados neste contexto.[263]

b) Erro de proibição evitável

Partir de um conceito de culpabilidade que não faz concessões a versões moralizantes ou aproximadas a uma culpabilidade pela condução de vida, impõe também adotar critérios para a análise a respeito da presença de um erro de proibição evitável (art. 21, parágrafo único do Código Penal) que não recorram a fundamentos tradicionais como "a qualquer pessoa na situação do autor era exigível informar-se a respeito do conteúdo de proibição" ou no sentido de que o

---

259. *Streng* reporta-se a um estudo que aponta uma série de circunstâncias típicas constatadas em casos de perturbação profunda em casos dessa natureza, que constituiriam elementos importantes para a avaliação pelos tribunais. Dentre outros fatores, uma história específica anterior ao delito, como conflitos na relação entre autor e vítima, e desproporcionalidade entre o motivo do delito e a reação, serviriam de indícios a auxiliar a decisão por uma atenuação de pena. Cf. STRENG, Franz. *Strafrechtliche Sanktionen...*, *op. cit.*, Rn. 887, p. 441. Também: SCHÄFER, Gerhard; SANDER, Günther M.; GEMMEREN, Gerhard van. *Praxis der Strafzumessung...*, *op. cit.*, Rn. 989.

260. Cf. SCHÄFER, Gerhard; SANDER, Günther M.; GEMMEREN, Gerhard van. *Praxis der Strafzumessung...*, *op. cit.*, Rn. 962.

261. SCHÄFER, Gerhard; SANDER, Günther M.; GEMMEREN, Gerhard van. *Praxis der Strafzumessung... op. cit.*, p. Rn. 970; MEIER, Bernd-Dieter. *Strafrechtliche Sanktionen...*, *op. cit.*, p. 209.

262. Neste sentido CARVALHO, Salo de. *Penas e medidas de segurança...*, *op. cit.*, p. 352.

263. SCHÄFER, Gerhard; SANDER, Günther M.; GEMMEREN, Gerhard van. *Praxis der Strafzumessung... op. cit.*, p. 980; MEIER, Bernd-Dieter. *Op. cit.*, p. 210.

autor "conduziu sua vida de forma negligente", por deixar de observar o conteúdo de proibição da norma, antes de realizar um comportamento.

É neste sentido que *Alaor Leite* aclara o fundamento do erro de proibição evitável, construído sobre a ideia de um suposto mero dever geral do cidadão de se informar a respeito do caráter proibitivo de determinado comportamento.

O autor, corretamente, adverte que um Direito Penal inserido na tradição liberal orienta-se nos princípios da legalidade e da culpabilidade e, portanto, não é compatível com a possibilidade de punição que decorra de uma norma inexistente – pois não existe um tal "dever geral de informação positivado" – nem com a ideia de punibilidade por uma conduta de vida negligente, consistente em deixar de observar a ordem jurídica, sempre que se pratique determinada ação.[264] *Leite* aponta, ao contrário, que o que fundamenta a punibilidade reduzida no erro de proibição evitável é a presença de situações específicas e objetivas nas quais se pode afirmar que o autor tinha motivos para se informar.[265] Haverá erro de proibição evitável, a justificar uma redução de pena, quando o agente, mesmo diante da existência de um desses motivos qualificados para se informar, age independentemente disso, levando adiante a sua conduta que, em realidade, é ilícita.[266]

Decisivo neste juízo é que, para que se possa afirmar que o agente podia, no caso concreto, ter a representação correta a respeito do conteúdo de ilicitude de determinada conduta, o parâmetro a ser considerado seja a situação concreta do próprio agente – e não a de um "homem médio" ou de qualquer outra figura que sirva de parâmetro para a uma análise comparativa.[267]

c) Restrições à possibilidade de agir de acordo com a norma

Outras limitações, fora das hipóteses legais, que envolvam uma situação de perigo ou similar ao estado de necessidade também podem ser consideradas hipóteses atenuantes, diante de excepcional situação pessoal do autor.

Aqui poderiam ser incluídos casos de crimes patrimoniais praticados por pessoas em estado de miserabilidade, que vivam em um contexto de grande desamparo social.[268] Seria possível deduzir da situação pessoal do autor se, em

---

264. LEITE, Alaor *Dúvida e erro sobre a proibição no Direito Penal*. São Paulo: Atlas, 2012, p. 127; *idem*, Existem deveres gerais de se informar no Direito Penal? Violação de um dever, culpabilidade e evitabilidade do erro de proibição. *Revista dos Tribunais (RT)* 22, pp. 330-338.

265. Esses seriam: a dúvida a respeito da proibição, a atuação do agente em âmbitos especificamente regulados, uma situação que pareça ao próprio agente uma violação a uma proibição moral ou um ato com capacidade para lesar terceiros ou a coletividade. LEITE, Alaor. *Existem deveres..., op. cit.*, p. 339.

266. *Idem, ibidem*, p. 339.

267. *Idem, ibidem*, p. 338.

268. STRENG, Franz. *Strafrechtliche Sanktionen..., op. cit.*, Rn. 570, p. 279; ESCHELBACH, Ralf. *SSW-StGB..., op. cit.*, §46, Rn. 96; TANGERINO, Davi de Paiva

situações dessa natureza, havia uma concreta redução na capacidade de agir de acordo com a norma.

3.3 Circunstâncias "além do injusto e da culpabilidade"

Restringir a aplicação da pena base exclusivamente às circunstâncias judiciais previstas no artigo 59 do Código Penal, como parece a essa altura mais claro, pode negligenciar a análise de fatores relacionados ao delito com importante significado para uma correta valoração da conduta delitiva. As categorias de injusto e culpabilidade em sentido estrito, ao contrário, constituem critérios seguros sobre os quais o magistrado pode amparar-se e que refletem exatamente os elementos que são significativos para o juízo de imputação.[269]

A maior dificuldade de um modelo assim estruturado encontra-se na sua incompatibilidade com os ditos "critérios subjetivos" previstos no artigo 59 do Código Penal, que possuem pouca relevância para a medida do injusto culpável (motivos, conduta social, antecedentes e personalidade do agente). Fora de uma perspectiva preventiva, como já demonstrado, dificilmente será possível conferir a esses critérios alguma justificação como fundamentos de imposição de pena. Em um modelo de determinação da pena proporcional ao fato, amparado rigorosamente na ideia de *culpabilidade pelo fato*, elementos ligados à condução de vida, à formação da vontade ou da personalidade não encontram espaço legítimo de consideração.

Aqui, assumo definitivamente o entendimento no sentido de que os antecedentes, a personalidade do agente e a conduta social, por não exercerem influência sobre a medida do injusto ou da culpabilidade em sentido estrito, seja como atenuantes, seja como agravantes, *não devem ser manejados para a determinação da pena base.*[270] A estes critérios seria possível conceder um limitadíssimo espaço na determinação da forma de cumprimento de pena, desde que interpretados em conjunto, como uma referência do legislador às condições pessoais do agente, e não como um indicativo de periculosidade.[271]

Uma reflexão em apartado deve ser dedicada, no entanto, aos motivos do agente, critério de determinação da pena tradicionalmente considerado um elemento agravante da culpabilidade. Pretendo questionar esse posicionamento entrando em uma discussão bastante minoritária, que sustenta a capacidade deste

---

Costa. *Apreciação crítica dos fundamentos da culpabilidade...*, *op. cit.*, p. 212.

269. Cf. item 2.1, Cap. 2.

270. Assumindo este posicionamento, revejo minha opinião anterior (expressada em STOCO, Tatiana de Oliveira. *A personalidade do agente....*, *op. cit.*, p. 141), que sustentava que tais fatores poderiam influenciar a medida da pena como critérios atenuantes. Após estudo mais profundo sobre o tema, concluo que tais critérios não podem ser valorados pelo juiz, sequer para diminuição da quantidade de pena a ser aplicada.

271. Cf. item 2.3.4, b), no Cap. 2.

critério de funcionar como atenuante da medida do injusto ou da culpabilidade em sentido estrito.

3.3.1 Motivos

A discussão a respeito da capacidade atenuante dos motivos para a medida do injusto ou da culpabilidade é minoritária na doutrina. Majoritariamente, os motivos do agente são tidos como um elemento agravante da culpabilidade: motivos fúteis, crueldade, ganância, finalidade de lucro fácil são apontados como indicativos de uma "maior reprovabilidade" com o que estaria justificada uma pena maior.[272] Esse posicionamento, como visto, colide tanto com a ideia de um direito penal cuja tarefa limita-se à proteção de bens jurídicos, como com um fundamento elementar de ancoragem para a posição aqui defendida: *culpabilidade não é reprovabilidade.*[273] No juízo de culpabilidade não se indaga a respeito do caráter reprovável de determinado fato delitivo ou de determinada característica pessoal do autor, mas sim a respeito do grau de responsabilidade do agente pela prática do injusto.[274]

Outra direção agravante dos motivos é apontada com relação à medida do injusto. Sustenta-se uma capacidade de agravamento em razão dos motivos especialmente quando se trata da forma qualificada de homicídio pelos motivos torpes e fúteis.[275] A questão principal a respeito de em que os motivos do autor do crime acrescentam um elemento agravante a um delito de homicídio, cujo resultado (a morte) é o mais grave possível, a justificar a diferença entre penas, não é debatida. A relevância dos motivos, na doutrina brasileira, centra-se predominantemente em questões de ordem moral e ligadas a uma análise da personalidade do autor.[276]

272. ESCHELBACH, Ralf. *SSW-StGB..., op. cit.*, §46, Rn. 96; MEIER, Bernd-Dieter. *Strafrechtliche Sanktionen..., op. cit.*, p. 199; FISCHER, Thomas. *StGB-Kommentar..., op. cit.*, §46, Rn. 26; BOSCHI, José Antonio Paganella. *Das penas e seus critérios de aplicação..., op. cit.*, p. 219; 270; NUCCI, Guilherme de Souza Nucci. *Individualização da pena..., op. cit.*, pp. 180-184.

273. Neste sentido, *Peralta* observa: "Sob um conceito de culpabilidade que apenas cumpre a função de avaliar se ao sujeito se pode imputar o fato, os motivos não podem ter outra função que a de assinalar variações nos elementos que permitem essa imputação (...). Só são relevantes na medida em que possam indicar uma redução da capacidade de obrar conforme a norma, mas nunca para fundamentar culpabilidade". Cf. PERALTA, José Milton. *Motivos Reprochables..., op. cit.*, p. 193. Tradução livre.

274. PERALTA, José Milton. Homicidios por odio como delitos de sometimiento. Sobre las razones para agravar el femicidio, el homicidio por odio a la orientación sexual y otros homicidios por odio. *Indret*, 4/2013, p. 8; *idem, Motivos Reprochables..., op. cit.*, p. 193.

275. ESCHELBACH, Ralf. *SSW-StGB..., op. cit.*, §46, Rn. 96.

276. Sobre a relação entre os motivos e a análise de personalidade, com referência à Escola Positivista italiana: VERGARA, Pedro. *Dos motivos determinantes no Direito Penal.* Rio de Janeiro: Forense, 1980.

Na doutrina de determinação da pena, um debate crítico a esse respeito é empreendido especialmente pelo penalista argentino *Peralta* e por *Hörnle*.[277]

Para *Hörnle*, quando se parte de um conceito de injusto fundado na ideia de lesão à liberdade do portador de um bem jurídico, conclui-se que diante do injusto máximo (eliminação da vida) seria irrelevante um agravamento em razão dos motivos do autor.[278] Também em outros delitos, como crimes patrimoniais, do ponto de vista do portador do bem jurídico, pouco importa se o crime foi cometido por ganância ou por piedade com um terceiro em dificuldades financeiras: os motivos do autor, na perspectiva da vítima que perde o seu bem, seriam irrelevantes. Uma exceção sustentada pela autora refere-se a casos nos quais determinados motivos tenham caracterizado o próprio surgimento do delito e quando, a partir da perspectiva da vitima, eles representaram algo especialmente ameaçador ou degradante. São exemplos destes casos os delitos por ódio, caracterizados pela aversão do autor a uma determinada caraterística da vítima (por pertencer a um determinado grupo racial, gênero sexual ou religião).[279] Nessas hipóteses, contudo, parece que os motivos não são os reais responsáveis por um maior merecimento de pena, senão a hipótese concreta de submissão da vítima a um maior perigo ou a uma maior humilhação.[280] Uma graduação dos danos na forma da perspectiva da afetação da qualidade de vida da vítima já permite contemplar a maior gravidade de injusto decorrente da submissão a uma situação humilhante, sem necessidade de recorrer à motivação do autor. Tanto é assim que a própria autora sustenta que, nos casos nos quais essa motivação não se exteriorize nem seja reconhecível

277. Na doutrina brasileira, *Lucas Montenegro* dedica um profundo estudo sobre os fundamentos de justificação para a qualificação do homicídio, a partir dos motivos do agente: MONTENEGRO, Lucas. *Por que se qualifica um homicídio..., op. cit.*, pp. 129 e ss.

278. HÖRNLE, Tatjana. *Tatproportionale..., op. cit.*, p. 271.

279. HÖRNLE, Tatjana. *Tatproportionale..., op. cit.*, p. 272; HÖRNLE, Tatjana. *Kriterien..., op. cit.*, p. 118; *idem, Strafzumessungsrelevante Umstände der Tat..., op. cit.*, p. 121. Também *Greco* fundamenta um agravamento do injusto nos delitos de ódio, a partir de um outro fundamento. O homicídio por ódio não poderia ser qualificado como um simples homicídio, pois ele não representa apenas uma negação ao bem jurídico *vida*. Ele se baseia em uma negação ao direito de se viver livremente, de acordo com a nossa representação pessoal de uma boa vida, portanto, uma negação ao direito à própria autonomia. GRECO, Luís. Ehrenmorde im deustchen Strafrecht. *Zeitschrift für Internationale Strafrechtsdogmatik (ZIS)*, 2014, p. 318. Em sentido semelhante, *Peralta* observa que nos delitos por ódio há um contexto de fundo que envolve a relação autor e vítima, que seria o elemento verdadeiramente responsável pelo incremento do desvalor do injusto. Não se justificaria um aumento de pena, nestes casos, simplesmente em razão da imoralidade do motivo como tal, mas porque este motivo indica uma outra coisa, intimamente vinculada: o motivo assinala uma ideia de *submissão*. Seja nos casos de delitos por ódio racial, religioso ou em razão da orientação sexual, a ideia fundamental por trás destes delitos é que o autor não tolera que a vítima siga sua vida como bem pretende e como a ordem jurídica lhe autoriza. PERALTA, José Milton. *Homicidios por odio..., op. cit.*, pp. 10-14.

280. HÖRNLE, Tatjana. *Tatproportionale..., op. cit.*, p. 272; TEIXEIRA, Adriano. *Teoria de aplicação da pena..., op. cit.*, p. 141.

no fato, não é possível falar em agravamento de pena.[281] Portanto, também uma capacidade de aumento por esses fundamentos, não convence suficientemente.

Uma demonstração convincente da incapacidade de aumento do injusto e da pena em razão dos motivos é apresentada por *Peralta*. O autor procura fundamentar a justificativa para a relevância dos motivos na determinação da pena por meio de uma relação que poderia ser estabelecida entre *motivo e causas de justificação*. Causas de justificação desempenham uma função exclusivamente negativa, ou seja, "*apenas podem negar a ilicitude penal assinalada pelo tipo, mas nunca podem afirmar a ilicitude penal de um fato atípico*".[282] Na determinação da medida da pena, isso significa que a análise das causas de justificação nunca poderá aumentar a gravidade do ilícito, pois elas apenas admitem a atenuação da pena que vem indicada para o tipo penal, nunca seu agravamento.[283] Considerando que as causas de justificação são fatores graduáveis e que são compreendidas como uma determinada "razão" ou "motivo" para o cometimento de um fato típico, *Peralta* propõe uma aproximação entre motivos reprováveis e causas de justificação. Isso poderia ser entendido de acordo com uma escala de importância: no topo, estariam razões que podem excluir completamente um ilícito; em um nível intermediário, estariam razões que tornam um delito em certa medida compreensível e, portanto, capazes de conduzir a uma parcial justificação; por fim, no último nível, estariam os motivos fúteis e banais, que nada justificam, senão autorizam imputar completamente o injusto.[284] Entendidos os motivos do agente desta forma, significa dizer que *um delito praticado com um motivo reprovável ou* fútil *apenas* é *um delito que não estaria justificado por qualquer razão relevante.*[285] O motivo reprovável significa que o agente se motivou por algo que não tem qualquer relevância eximente ou atenuante do delito.[286] É assim que *Peralta* conclui: "*motivos inferiores não aumentam o conteúdo de injusto de um delito, ao contrário, a sua presença exclui uma atenuação*".[287]

Esta visão insere-se em uma *concepção liberal do Direito Penal*, tal como aqui defendo, que concebe o cidadão como um ser livre para conduzir-se segundo seu próprio projeto de vida e, assim sendo, não tem autoridade para sancionar

---

281. HÖRNLE, Tatjana. *Tatproportionale...*, *op. cit.*, p. 273.

282. PERALTA, José Milton. *Motivos reprochables...*, *op. cit.*, p. 202.

283. *Idem*, *ibidem*, p. 207.

284. PERALTA, José Milton. *Motive im Strafrecht...*, *op. cit.*, p. 262; *idem*, *Motivos reprochables...*, *op. cit.*, p. 205. Neste mesmo sentido, com respeito ao crime de homicídio: MONTENEGRO, Lucas. *Por que se qualifica o homicídio?...*, *op. cit.*, pp. 107-108.

285. PERALTA, José Milton. *Motive im Strafrecht...*, *op. cit.*, p. 26. Assim também *Hörnle* entende que quando há provocação da vítima, os motivos do autor provocado justificariam uma atenuação do injusto: HÖRNLE, Tatjana. *Kriterien...*, *op. cit.*, p, 119.

286. PERALTA, José Milton. *Motivos reprochables...*, *op. cit.*, p. 208.

287. *Idem*, *ibidem*, *loc. cit*; *idem*, *Motivos Reprochables...*, *op. cit.*, pp. 208-209.

atitudes internas por si mesmas, nem para impor determinado modo de vida ou de pensar, independentes do fato cometido.[288]

Por fim, quanto à possibilidade de atenuação da culpabilidade em razão dos motivos, parece-me também questionável afirmar que determinada motivação do agente possa restringir o poder agir.[289] Tomemos como exemplo a hipótese atenuante da culpabilidade debatida no contexto dos motivos "de relevante valor social ou moral", como o homicídio privilegiado.[290] Sustenta-se que, nestes casos, os motivos do autor justificariam uma redução da pena, quando o crime for praticado por misericórdia, para tirar a vítima de sofrimento intenso.[291] Entendo, ao contrário, que aquele que pratica um homicídio movido por piedade não age com culpabilidade reduzida – salvo quando o conceito de culpabilidade é entendido segundo a moralizante interpretação de sinônimo de "reprovabilidade". A capacidade de compreensão do injusto e de autodeterminação de acordo com a norma daquele que comete um delito por misericórdia, para tirar a vítima de seu sofrimento, permanecem intocadas. O decisivo, segundo entendo, é que se o crime é praticado com consentimento da vítima, o que há é uma *menor gravidade do injusto de ação*. Sem o consentimento da vítima, ao contrário, não se deveria falar em redução de pena.[292] Assim como a "maldade" não modifica a medida da culpabilidade, a "bondade" ou a "misericórdia" do agente igualmente a deixam inalterada. *O relevante (ou o mais degradante) valor moral ou social de uma conduta não deveria importar ao Direito Penal.*[293]

Aos motivos, como critério de determinação da pena, parece restar apenas um limitado espaço que, em hipóteses que envolvam causas de justificação (seja uma justificação completa ou parcial), autorizam a exclusão ou a atenuação da

---

288. *Idem*, *Motivos Reprochables...*, *op. cit.*, p. 133. A respeito, criticamente, veja-se a observação precisa de *Lucas Montenegro*, quem considera que "[...] a valoração de circunstâncias internas só possa se dar para imputar ao agente uma conduta externa" e, ainda "que essa valoração se faça com base em boas razões, ou seja, que sejam sempre priorizados argumentos dotados de neutralidade moral". MONTENEGRO, Lucas. *Por que se qualifica um homicídio?...*, *op. cit.*, p. 126.

289. Assim: FRISCH, Wolfgang. *Unrecht und Schuld...*, *op. cit.*, pp. 241-242.

290. Art. 121, § 1º, do Código Penal.

291. HÖRNLE, Tatjana. *Zur Relevanz von Beweggründen...*, *op. cit.*, pp. 667-668; *idem*, *Kriterien...*, *op. cit.*, p. 123; TEIXEIRA, Adriano. *Teoria de aplicação da pena...*, *op. cit.*, p. 139. Entendendo o relevante valor moral ou social como "atenuantes da reprovabilidade": MEIER, Bernd-Dieter. *Strafrechtliche Sanktionen...*, *op. cit.*, p. 199; REALE JÚNIOR, Miguel. *Penas e medida de segurança...*, *op. cit.*, p. 185.

292. TEIXEIRA, Adriano. *Teoria de aplicação da pena...*, p. 139, nota n. 541. A respeito, *Peralta* observa que um homicídio cometido por essa motivação, sem consentimento da vítima, é um homicídio sem atenuantes, ainda que o motivo não seja reprovável, "[...] pois não existe justificação alguma para cometê-lo". Não há qualquer razão próxima a uma causa de justificação para cometer o crime. Cf. PERALTA, José Milton. *Motivos Reprochables...*, *op. cit.*, p. 272.

293. PERALTA, José Milton. *Motivos Reprochables...*, *op. cit.*, p. 276.

medida do injusto.[294] Em qualquer caso, ao magistrado nunca caberá aferir, por dedução, os motivos que supostamente residem no interior do autor, mas sim analisá-los a partir de elementos exteriores, reconhecíveis e presentes nas circunstâncias do fato.

3.4 Síntese do terceiro capítulo

Estabelecer um modelo de determinação da pena que se baseie na medida do injusto culpável é um primeiro passo para legitimar o processo de imposição da sanção penal perante o afetado e evitar as arbitrariedades com as quais nos deparamos, com preocupante frequência, na jurisprudência.[295] Mas a forma de determinação da medida de pena também depende da observância de conceitos que obstem novas tentativas de subjetivação e moralizações indevidas, sobretudo quando se trate de analisar a medida do injusto pessoal. É neste sentido que é fundamental estabelecer, no plano do injusto, quais fatores podem ser considerados critérios legítimos de agravamento e atenuação da pena.

Para tanto, adoto a concepção de injusto proposta por *Hörnle*, quem utiliza a *perspectiva da vítima* como um filtro normativo para a concepção de injusto entendido como danosidade social.[296] Isso significa definir, no caso concreto, o que representa a danosidade social de um comportamento *de acordo com o ponto de vista do portador do bem jurídico lesado ou ameaçado*. Essa concepção tem, também, o papel fundamental de reverter o foco da aplicação da sanção, geralmente centrado na subjetividade do agente, para aquilo que se encontra no mundo exterior, permitindo que a valoração da gravidade do injusto leve em consideração, de forma predominante, o real grau de afetação aos interesses do portador do bem jurídico. No âmbito do injusto de resultado, a perspectiva da vítima mostra-se, também, a concepção mais consentânea com a ideia de proporcionalidade com o fato, limitando o alcance das consequências típicas e extratípicas que devem ser relevantes para a pena aplicável.

Esclarecido o entendimento de injusto para a determinação da pena, elenquei os critérios mais relevantes para determinar a medida do injusto de ação e de resultado, demonstrando como eles representam um ganho em racionalidade e possibilidade de manejo prático pelo magistrado, em comparação com a maneira obscura com que, tradicionalmente, opera a jurisprudência. Da mesma forma, para

---

294. Com essa afirmação, modifico meu entendimento anterior também quanto à relevância dos motivos, para conferir-lhes este reduzido espectro de consideração na determinação judicial da pena como atenuantes do injusto, e não como critérios a serem utilizados para uma diminuição de pena sob a orientação de uma finalidade preventivo-especial positiva da pena. Cf. STOCO, Tatiana de Oliveira. *A personalidade do agente...*, *op. cit.*, pp. 137 e ss.

295. FEIJOO SÁNCHEZ, Bernardo José. *Individualización de la pena y teoría de la pena proporcional al hecho...*, *op. cit.*, p. 9.

296. HÖRNLE, Tatjana. *Tatproportionale...*, *op. cit.*, p. 217; *idem*, *Kriterien...*, *op. cit.*, p. 103; *idem*, *Strafzumessungsrelevante Umstände der Tat...*, *op. cit.*, p. 121.

a aferição de uma eventual culpabilidade reduzida do agente, a ser considerada como elemento atenuante da pena, foram apontados critérios que partem de dados objetivos do fato, e não de incursões indevidas no mundo interior do agente.

Determinar a pena "na medida da culpabilidade", de acordo com as categorias do injusto e da culpabilidade em sentido estrito, implicou assumir que aqueles fatores que não se deixam explicar a partir dessas duas categorias são critérios *ilegítimos* de determinação da pena. No caso do artigo 59, do Código Penal, as circunstâncias judiciais relacionadas à condução de vida, à formação da vontade ou da personalidade do agente não encontram, portanto, espaço legítimo de consideração. Assim, sustentei que os antecedentes, a personalidade do agente e a conduta social, por não exercerem influência sobre a medida do injusto ou da culpabilidade em sentido estrito, seja como atenuantes, seja como agravantes, *não devem ser manejados para a determinação da pena-base*, embora seja possível conceder-lhes um limitado espaço na determinação da forma de cumprimento de pena, desde que interpretados como uma referência do legislador às condições pessoais do agente.[297] Aos motivos do agente foi possível reconhecer apenas um papel atenuante da medida do injusto, a partir do entendimento que os concebe como elementos relevantes para caracterizar uma eventual causa de justificação.

Demonstrados os critérios que podem ser analisados pelo magistrado no momento da valoração do que constitui o *injusto culpável,* será necessário, agora, fazer algumas considerações a respeito de eventuais limitações que o modelo aqui proposto pode apresentar.

3.5 Considerações críticas

Apesar das inúmeras vantagens que o modelo ora proposto apresenta em comparação com o sistema de circunstâncias judiciais, conforme demonstrei ao compará-lo com exemplos extraídos da jurisprudência, há críticas a serem consideradas. Algumas delas, especialmente voltadas para o sistema brasileiro, não estão propriamente dirigidas aos principais fundamentos deste modelo. Quanto a essas, demonstrarei que, na realidade, foram formuladas contra uma versão distinta da que aqui proponho e, de outro lado, omitem problemas fundamentais do sistema de aplicação de penas brasileiro.

Outra ordem de objeções dirige-se contra fundamentos estruturais do modelo de determinação da pena orientado na perspectiva da vítima e serão agrupadas em um segundo conjunto. Tais críticas apontam para uma limitação importante deste modelo, que é reconhecida por seus próprios defensores. A essa limitação, pretendo oferecer uma proposta própria de solução.

297. Cf. item 2.3.4, b), no Capítulo 2.

3.5.1 Proporcionalidade x "individualização da pena"

Em uma pesquisa empírica sobre casos de roubo julgados pelo Tribunal de Justiça do Estado de São Paulo, foram levantadas críticas aos modelos de aplicação da pena pautados na ideia de proporcionalidade, especialmente, aqueles vigentes em países de *common law*, apontando para os riscos que a proporcionalidade entre crimes e penas poderia gerar para um sistema de Justiça penal "justo".[298] Apesar da variedade dos argumentos que envolvem essas críticas, é possível resumi-las na seguinte assertiva: uma pena proporcional ao fato levaria a mais desigualdades, pois acarretaria no tratamento de casos muito desiguais de maneira igual, enquanto que um modelo que privilegie a subjetividade e a individualização levaria a resultados mais justos, na medida em que amolda a pena ao caso concreto e ao individuo.[299]

São inúmeros os problemas dessa afirmação e necessários alguns esclarecimentos iniciais. Em primeiro lugar, quanto aos fundamentos teóricos: a teoria da pena proporcional ao fato discutida nas doutrinas alemã e espanhola – e já sustentada no Brasil, em suas linhas fundamentais – ampara-se fundamentalmente nas categorias da teoria do delito (injusto e culpabilidade) como conceitos que fornecem os parâmetros de proporcionalidade para a imposição da pena concreta. Isso significa que aqueles elementos sobre os quais o juiz se debruçou para concluir pela presença dos fundamentos da punibilidade e pela condenação são os mesmos que ele deve analisar para valorar a gravidade do crime e impor a pena – o que necessariamente o coloca em confronto com os elementos do caso concreto, e não com parâmetros de gravidade abstratos ou pré-estabelecidos.[300] Portanto, não se trata de advogar uma proporcionalidade com a infração em abstrato ou com o crime do "tipo penal",[301] senão uma proporcionalidade com o delito *concretamente praticado pelo autor.*[302] Este parece ser um aspecto impor-

---

298. A pesquisa dirige toda sorte de críticas à forma de aplicação ao sistema de penas brasileiro, especialmente, à existência de penas mínimas cominadas abstratamente para os delitos, à falta de coerência da jurisprudência e à ausência de critérios claros para julgamento das circunstâncias relativas ao fato concreto. A solução proposta pela pesquisadora, pouco clara, apenas acena que deveria haver um maior grau de "individualização" e "subjetividade" nos julgamentos e, de outro lado, afirma que a ideia de proporcionalidade na determinação da pena (que parece ser confundida com "uniformidade" na forma de análise dos casos concretos) seria responsável por um sistema penal desigual. Cf. ABREU FERREIRA, Luísa Moraes. *Penas iguais para crimes iguais..., op. cit.*, pp. 166 e ss.

299. *Idem, ibidem*, p. 172.

300. Outras críticas sustentadas na mesma pesquisa, quanto à deficiência na apreciação dos "elementos de fato" pelo magistrado são mais uma crítica ao próprio funcionamento do sistema judiciário brasileiro do que, naturalmente, um problema da teoria da pena proporcional ao fato. *Idem, ibidem*, p. 168.

301. *Idem, ibidem*, p. 33.

302. O que compatibilizaria proporcionalidade e "individualização". Também: GOMES, Mariângela Gama de Magalhães. *O princípio da proporcionalidade no Direito Penal..., op. cit.*, p. 160.

tante a ser distinguido entre o modelo aqui sustentado e outras versões de uma pena proporcional.[303] Enquanto a ênfase à ideia de proporcionalidade ordinal[304] – segundo a qual, autores de crimes com gravidade semelhante merecem receber penas de semelhante gravidade – é uma preocupação central nas versões anglo-americanas da teoria da proporcionalidade com o fato,[305] na Alemanha, a teoria da pena proporcional ao fato desenvolveu-se centrando seus esforços na *formulação de critérios de determinação judicial da sanção.*[306] Portanto, é *equivocado derivar de uma pena proporcional ao fato, especialmente segundo o modelo aqui defendido, um suposto tratamento uniforme e injusto entre casos distintos, que seriam sancionados com "penas iguais"*.

Outro equívoco daquela afirmação reside na ideia de que "individualização" e "subjetividade" seriam garantias de maior segurança ou justiça na imposição de penas e que "*o modelo brasileiro é imune – ou alheio – à subjetividade*".[307] Esse diagnóstico padece de dois grandes enganos. Um parece dever-se à falta de uma análise um pouco mais detida dos dispositivos de aplicação de pena disponíveis no nosso Código Penal, que demonstraria que a subjetividade é a marca fundamental do nosso sistema de penas.[308] O rol de circunstâncias judiciais do artigo

---

303. Não significa que a proporcionalidade entre pena e fato praticado não seja uma premissa elementar também em outras versões de uma pena proporcional. Assim, expressamente: VON HIRSCH, Andrew. *Begründung und Bestimmung tatproportionalen Strafen...*, *op. cit.*, pp. 47; 59; DUFF, R.A. *Was ist Tatproportionalität... op. cit.*, pp. 25-26.

304. A proporcionalidade ordinal compreende a pergunta a respeito de como um crime deve ser apenado em comparação com outros delitos semelhantes e com delitos mais graves ou mais brandos. A ideia central da proporcionalidade ordinal é que pessoas apenadas por fatos com gravidade semelhante devem receber penas de severidade semelhante. Já a proporcionalidade cardinal compreende o escalonamento do sistema de penas de um determinado sistema penal, por exemplo, o quanto de pena, em uma dada sociedade, merece a prática de um determinado delito. A proporcionalidade cardinal refere-se, portanto, à ideia de escalonamento das penas e do nível geral de repressão a delitos. Cf. VON HIRSCH, Andrew; JAREBORG, Nils. *Strafmaß und Strafgerechtigkeit...*, *op. cit.*, pp. 25 e ss.; VON HIRSCH, Andrew. *Begründung und Bestimmung tatproportionalen Strafen...*, *op. cit.*, pp. 62 e ss.

305. VON HIRSCH, Andrew. *Begründung und Bestimmung tatproportionalen Strafen ... op. cit.*, pp. 62-63; DUFF, R.A. *Was ist Tatproportionalität...*, *op. cit.*, pp. 29 e ss.

306. HÖNRLE, Tatjana. *Tatproportionale...*, *op. cit.*, p. 363-364; PERALTA, José Milton. Gesinnungsmerkmale als strafeinschränkende Faktoren? (Zugleich eine Kritik an einer strafrechtdogmatischen Methode) in: KUHLI, Milan; ASHOLT, Martin (Hrsg.) *Strafbegründung und Strafeinschränkung als Argumentationsmuster*. Baden-Baden: Nomos, 2017, p. 135.

307. ABREU FERREIRA, Luísa Moraes. *Op. cit.*, p. 170.

308. Assim já demonstrei, exaustivamente, em outro trabalho, ao apontar a origem histórica dos dispositivos de aplicação da pena e a progressiva subjetivação que invadiu as legislações brasileiras, marca que prevalece até os dias atuais. STOCO, Tatiana de Oliveira. *A personalidade do agente...*, *op. cit.*, pp. 54 e ss. Também neste sentido, com acerto, observa *Teixeira*: "No direito brasileiro pode-se observar uma tendência histórica de privilegiar a utilização de critérios subjetivos, ligados à pessoa do condenado, na aplicação da pena, tendência essa provavelmente impulsionada por uma incorreta interpretação do dogma da

59 do Código Penal conta com cinco critérios referidos ao autor e apenas três relacionados ao delito. Na concorrência de causas agravantes e atenuantes, os critérios preponderantes de decisão previstos pelo artigo 67 do Código Penal são os motivos, a personalidade e a reincidência. A subjetividade permeia, inclusive, as decisões sobre o regime inicial de pena (art. 33, § 3º, do Código Penal), sobre a substituição de penas privativas de liberdade por restritivas de direito (art. 44, inciso I, do Código Penal) e sobre a conversão de pena privativa em pena restritiva, na lei de Execuções Penais (art. 180 da Lei n. 7.210/1984). Em todos esses casos, os critérios pessoais previstos no artigo 59 do Código Penal são novamente invocados.[309] Como parece evidente, subjetividade é um aspecto amplamente contemplado pelo Código Penal brasileiro.

O segundo engano relaciona-se com o conceito de "individualização". Ao contrário do entendimento disseminado na doutrina e jurisprudência brasileiras,[310] individualização não exige "adequar a pena à personalidade do autor"; individualizar a pena significa tão somente considerar a especial situação do condenado no momento da aplicação da sanção, ou seja, "*ponderar os variados graus de sofrimento a que distintos infratores possam submeter-se no cumprimento da pena*".[311] Isso, certamente, ocorrerá em hipóteses excepcionais, como em casos nos quais o próprio fato constitui uma espécie de *poena naturalis* para o agente, ou quando o apenado apresenta um quadro de saúde especialmente grave e delicado. Para esses casos, o Código Penal dispõe do mecanismo previsto no artigo 66,[312] que prevê uma espécie de causa atenuante inominada.

Mas qual seria a "individualização", então, apontada pela autora como capaz de solucionar o problema de desigualdade constatado na aplicação de penas por nossos Tribunais? Pelo que se pode concluir, "individualização" é tomada por ela no sentido de "*adaptar a pena ao caso concreto*"[313] ou como sinônimo da "*possibilidade de abarcar a maior complexidade possível no caso concreto no momento de fixação da pena*".[314] Ocorre que *isso não* é outra coisa senão *a ideia fundamental do modelo de proporcionalidade entre pena e fato aqui sustentado, e está longe de significar uma análise da subjetividade do réu no momento de aplicação da sanção.*

---

individualização da pena". TEIXEIRA, Adriano. *Teoria de aplicação da pena..., op. cit.*, p. 31.

309. Cf. item 2.3.4, no Cap. 2.

310. Cf., por todos, NUCCI, Guilherme de Souza. *Individualização da pena..., op. cit.*, p. 161. Este conceito também parece estar contemplado na Lei de Execuções Penais, que em seu artigo 5º prevê: "Os condenados serão classificados, segundo os seus antecedentes e personalidade, para orientar a individualização da execução da pena".

311. TEIXEIRA, Adriano. *Teoria de aplicação da pena..., op. cit.*, p. 173.

312. "Art. 66. A pena poderá ser ainda atenuada em razão de circunstância relevante, anterior ou posterior ao crime, embora não prevista expressamente em lei."

313. *Idem, ibidem*, p. 64.

314. *Idem, ibidem*, p. 68.

A forma desigual com que são tratados casos tão distintos pelos nossos tribunais é um problema, acima de tudo, de *falta de orientação a respeito dos critérios que devem e podem ser manejados pelo juiz na análise dos casos.* Não se trata de "individualizar" nem "subjetivar" o tratamento dos casos sob julgamento, ao contrário, trata-se de *racionalizar a forma de imposição da pena,* concretizando-a com amparo nas categorias dogmáticas da teoria do delito.

As críticas à proporcionalidade e o apelo a uma suposta necessidade de maior "individualização", como parece agora mais claro, desconhecem os verdadeiros fundamentos de uma pena proporcional ao fato e confundem os conceitos "individualização" e "subjetividade" com "adaptação da pena ao caso concreto".[315] Não se trata, portanto, de apontamentos que possam ser realmente qualificados como críticas, mas de objeções que, ao final, concordam com a ideia de que uma pena proporcional ao injusto culpável é a solução necessária para o nosso problemático sistema de aplicação de penas.

3.5.2 A perspectiva da vítima: limitações

Uma objeção geralmente dirigida contra a teoria do dano centrada na perspectiva da vítima das teorias defendidas por *Hörnle*, *von Hirsch* e *Jareborg* é que elas não se aplicam a uma série de delitos, notadamente, àqueles contra bens jurídicos coletivos e, consequentemente, ignoram a dimensão social do crime.[316] Essa é, de fato, uma limitação reconhecida pelos próprios defensores da teoria da pena proporcional ao fato.[317]

---

315. Entendimento que demonstra ser um equívoco grosseiro, diante do que se observa na prática jurisprudencial, como exaustivamente demonstrado nos tópicos anteriores.

316. FEIJOO SÁNCHEZ, Bernardo José. *Individualización de la pena y teoría de la pena proporcional al hecho..., op. cit.*, p. 8. Mais incisivamente contra: *idem*, *Positive Generalprävention..., op. cit.*, p. 87; HEGMANNS, Michael. Besprechung Tatjana Hörnle, Tatproportionale Strafzumessung. *Goltdammer's Archiv für Strafrecht (GA)* 2005, p. 418; GROSSE-WILDE, Thomas. *Op. cit.*, p. 79.

317. Assim, expressamente, *von Hirsch* e *Jareborg:* "Nossa análise foi direcionada à ofensa vitimizada: um acusado (intencional ou culposamente) lesa (ou cria um risco injustificado de lesão) uma outra pessoa, de uma forma prevista na lei penal. Nossa tese tem sido a de que o delito pode normalmente ser graduado pelo impacto ao *standard* de qualidade de vida da vítima. Este simples paradigma, contudo, não contempla a lei penal em sua totalidade. Vários tipos de crimes envolvem numerosas vitimas, numerosos atores, danos a vítimas voluntárias ou parecem não envolver diretamente danos a nenhuma pessoa [...]. Nossa análise de *standard* de vida tem o objetivo mais modesto de dirigir a dimensão do dano a delitos de vitimização simples: delitos os quais, de fato, ocupam muito dos recursos com o processo penal e o interesse público". VON HIRSCH, Andrew; JAREBORG, Nils. *Gauging criminal harm..., op. cit.*, pp. 33-34. Também *Hörnle*: "No âmbito deste trabalho não é possível desenvolver um esquema abrangente para a valoração do injusto de todos os delitos: o injusto de resultado de delitos contra bens jurídicos coletivos não pode ser discutido, pois este primeiramente exigiria um tratamento analítico destes delitos". HÖRNLE, Tatjana. *Tatproportionale... op. cit.*, p. 212. Tradução livre.

Outras objeções vão além da simples inaplicabilidade da teoria da pena proporcional ao fato a crimes de outra natureza: afirma-se que o modelo de pena proporcional centrado na perspectiva da vitima negligencia que *todo delito* possuiria uma dimensão intersubjetiva e social, que uma teoria de determinação da pena focada no interesse da vítima ignora. Ela tampouco conseguiria esclarecer muitos fatores de determinação da pena que seriam significativos e aparentemente irrenunciáveis para a prática judiciária.[318] Por fim, afirma-se que a mais evidente debilidade da teoria da pena proporcional ao fato é que ela não fornece um critério de determinação da gravidade dos delitos aplicável a *todos os crimes,* o que seria necessário para evitar uma tendência de tratamento desigual.[319]

É possível concordar apenas em parte com essas objeções, especialmente, com o que parece mais evidente: a teoria da pena proporcional ao fato de *Hörnle* é, reconhecidamente, uma proposta limitada. Isso, contudo, não enfraquece o potencial dessa proposta, nem implica necessariamente um motivo suficiente para recusá-la. *Uma pena proporcional ao fato pode ser pensada para outras espécies de delitos.* O que não parece possível é o estabelecimento de um critério único de determinação da gravidade para todos os crimes. Evidentemente, crimes contra bens jurídicos coletivos possuem também a função de assegurar a qualidade de vida de todos – uma lesão ambiental em grande escala teria uma influência direta na qualidade de vida de muitas pessoas[320] – mas este não parece ser o cerne da natureza do injusto de muitos crimes dessa natureza.[321] Nessa direção, *Hörnle* chegou a esforçar-se na tentativa de estabelecer uma ligação entre o critério da qualidade de vida e a proteção de bens coletivos,[322] mas acabou por reconhecer a dificuldade de estabelecer uma classificação hierárquica para todas as estruturas dos bens jurídicos coletivos protegidos, assumindo que seria difícil sustentar, na

---

318. Aqui certamente o autor faz uma referência àqueles fatores de determinação da pena que *Frisch* pretende justificar sob argumentos de prevenção geral positiva – orientação que *Feijoo Sánchez* expressamente reconhece adotar. *Frisch* sustenta que o círculo de fatores relevantes para a medida de injusto (idealmente entendido) de um delito não se esgota nas circunstâncias que o determinam objetivamente. A pena em concreto teria a função também de estabilizar a quebra de expectativa da sociedade provocada pela prática do delito. Outros aspectos que se referem à medida da intensidade do não reconhecimento da norma seriam relevantes, como a atitude interior do agente, os motivos censuráveis perseguidos com o seu delito ou um comportamento praticado por compaixão ou necessidade. Cf. FRISCH, Wolfgang. *Unrecht und Schuld..., op. cit.*, p. 255; *idem, Gegenwärtiger Stand..., op. cit.*, p. 387; FEIJOO SÁNCHEZ, Bernardo José. *Positive Generalprävention..., op. cit.*, p. 88.; *idem, Individualización de la pena..., op. cit.*, p. 8.

319. HEGMANNS, Michael. *Op. cit., loc. cit.*

320. HÖRNLE, Tatjana. *Kriterien... op. cit.*, p. 111.

321. VON HIRSCH, Andrew; JAREBORG, Nils. *Gauging criminal harm..., op. cit.*, pp. 33-34.

322. Esta linha de argumentação, conforme demonstrarei mais adiante, é sustentada por *von Hirsch*, quem enxerga na *ratio* da criminalização de condutas que protegem bens jurídicos coletivos uma afetação à esfera de interesses individuais e, portanto, elas estariam destinadas à proteção direta ou indireta da qualidade de vida das pessoas.

prática judicial, as razões pelas quais determinado delito pode ser considerado mais grave que outro, de acordo com o injusto de resultado.[323] Em crimes dessa natureza, sobretudo em crimes de perigo, a análise a respeito do potencial de dano e de risco é mais complexa do que em delitos com danos concretos.[324]

Mas a afirmação que sustenta haver um dano social em todo delito, que não poderia ser negligenciada na determinação concreta da pena, parece confundir questões distintas.[325] De fato, aqueles autores que sustentam a finalidade preventivo geral positiva como fundamento de justificação da pena e entendem que essa finalidade deve ser perseguida na imposição concreta da sanção, certamente ressentem-se da falta de elementos que vão "além do injusto e da culpabilidade" e que serviriam ao "reestabelecimento da confiança no valor da norma".[326] Porque uma pena proporcional ao fato ampara-se na medida do injusto culpável, critérios de aplicação da pena como a atitude interior do autor que se expressa no delito, os motivos, a confissão etc. seriam elementos que, a rigor, devem ficar fora de consideração ou, ao menos, exigem uma fundamentação específica e excepcional. E este parece ser o maior ponto de desconforto daqueles que defendem a interferência de aspectos preventivos na determinação da pena.

Outra coisa bastante distinta é a afirmação de que haveria uma afirmada "danosidade social" que estaria presente em todo delito e que a teoria da pena proporcional ao fato negligenciaria, ao conferir ao injusto de resultado uma destacada importância, "às custas do elemento expressivo e comunicativo do injusto *do fato*".[327] Para aqueles que pretendem responder com a pena aplicável a um crime de homicídio, em nome do choque causado na sociedade ou do abalo à comunidade e à família, não significa outra coisa senão incrementar a pena sob fundamentos que vão além do injusto e da culpabilidade.[328] Se existe, realmente, um elemento de danosidade social em todo delito, é uma questão que não posso

---

323. *Idem, ibidem, loc. cit.*

324. *Idem, ibidem*, p. 112.

325. FEIJOO SÁNCHEZ, Bernardo José. *Positive Generalprävention..., op. cit.*, p. 88.

326. Neste ponto, *Feijoo Sánchez* sustenta que a pena tem como finalidade, em um olhar para o futuro, a manutenção dos pressupostos necessários à confiança normativa e, portanto, a determinação da pena concreta estaria condicionada à importância da norma lesionada para a ordem social e a relevância comunicativa do delito, a partir da perspectiva da manutenção da confiança na validade da norma. Este o mencionado ponto de concordância entre o entendimento de *Feijoo Sánchez* e de *Wolfgang Frisch*: FEIJOO SÁNCHEZ, Bernardo José. *Positive Generalprävention..., op. cit.*, p. 87, nota n. 19.

327. FEIJOO SÁNCHEZ, Bernardo José. *Positive Generalprävention..., op. cit.*, p. 88.

328. Portanto, parece incoerente a posição de *Grosse-Wilde*, quem entende, de um lado, que a pena deve ancorar-se no injusto e na culpabilidade mas, de outro, sustenta que a perspectiva da vítima na teoria de *Hörnle* negligencia que todo crime é um crime contra o Estado e isso deveria ser considerado na medida da pena. Não fosse todo crime um ato contra o Estado, não estaria nas mãos dele o monopólio de decidir a respeito da liberdade individual dos cidadãos. GROSSE-WILDE., Thomas. *Op. cit.*, p. 79.

responder nesta sede.[329] Mas não há nada que deva ser "incrementado", em nome da sociedade, em crimes que atingem unicamente vítimas individuais. A importância de "elementos expressivo-comunicativos do injusto e seu significado para a ordem social" é legítima, mas não deve ser confundida com a mesma exigência, sempre reivindicada, de imposição de penas preventivas às custas do acusado.[330] Por trás dessa espécie de exigência existe, em realidade, um pano de fundo teórico que concebe o delito como uma violação abstrata à norma, concepção que, por sua vez, ignora o fato de que o delito também representa uma colisão entre os interesses da sociedade e os direitos da vítima.[331] De modo contrário, a posição defendida por *von Hirsch* e *Hörnle* baseia-se em uma vertente da *teoria expressiva orientada à pessoa*, que se concentra no conteúdo de comunicação entre autor e vítima.[332]

Já demonstrei em outra passagem por quê em um processo de aplicação da pena proporcional ao fato não devem refletir diretamente na medida da pena aqueles fins perseguidos pelo Estado com a ameaça de sanção penal, nomeadamente, fins preventivos.[333] Mas, a reivindicação de uma pena em concreto que reflita a danosidade que um delito representa também para a sociedade – quando assim for o caso – não é desarrazoada. É necessário concordar que uma *teoria da pena proporcional ao fato exclusivamente centrada na ideia de injusto entendido como dano ou ameaça de dano aos interesses do portador de um bem jurídico negligencia que muitos delitos tutelam valores e bens sociais.* Seria necessário formular um critério de determinação da pena que pudesse contemplar a gravidade do injusto nestes delitos, bem como fornecer um fundamento que justifique, perante o apenado, que a pena proporcionalmente imposta pela violação dessas normas é justa.

Essas considerações guardam, em certa medida, alguma relação com a última ordem de críticas: fornecer um critério único de aferição do injusto de resultado para todos os delitos é, como bem observa *Grosse-Wilde, impossível.*[334] A perspectiva da vítima como ponto de orientação da proporcionalidade entre delito e

---

329. Neste sentido, acenam positivamente: PAWLIK, Michael. *Das Unrechts des Bürgers..., op. cit.*, p. 107; GROSSE-WILDE, Thomas. *Op. cit.*, p. 402.

330. Assim também: STRENG, Franz. Kommentar zu "Kriterien für die Herstellung von Tatproportionalität". In: FRISCH, Wolfgang; VON HIRSCH, Andrew, ALBRECHT, Hans-Jörg (Hrsg). *Tatproportionalität..., op. cit*, p. 130. Criticamente: WEIGEND, Thomas. *Sind Sanktionen zu akzeptieren..., op. cit.*, p. 201.

331. HÖRNLE, Tatjana. Gegenwärtige Strafbegründungstheorien. In: VON HIRSCH, Andrew; NEUMANN, Ulfrid; SEELMANN, Kurt (Hrsg.). *Strafe-Warum? Gegenwärtige Strafbegründungen im Lichte von Hegels Stratheorie*. Baden-Baden: Nomos, 2011, p. 24.

332. *Idem, ibidem*, p. 25.

333. Cf. item 2.3.3, Cap. 2.

334. "O direito proíbe apenas o tratamento desigual de igualdades essenciais, não de desigualdades essenciais. E o que tem o injusto de resultado de um estupro a ver com aquele da sonegação de impostos? Eu entendo, portanto, o desejo de um único princípio de medida como inaceitável". GROSSE-WILDE, Thomas. *Op. cit.*, pp. 89-90.

pena, em crimes contra bens jurídicos individuais, reflete uma ideia subjacente que se sustenta no reconhecimento dos interesses da vítima e no caráter expressivo-comunicativo da pena. Em outros delitos, sobretudo aqueles que tutelam bens jurídicos coletivos, ao contrário, o critério para a proporcionalidade entre fato e pena pode ter de se amparar em outros elementos, pois, de um lado, *o próprio injusto destes delitos contempla um aspecto distinto e, de outro, o interesse da sociedade está acima do interesse de uma vitima individual.*[335]

A seguir, pretendo formular um critério que possa orientar a aplicação de uma pena proporcional ao fato para alguns crimes que tutelam bens jurídicos coletivos, nos quais a concepção de dano é mais complexa. Para isso é necessário um outro fundamento teórico, que leve em conta a natureza do injusto destes crimes.

---

335. Em especial, os delitos econômicos. Assim: OTTO, Harro. Konzeption und Grundsätze des Wirtschaftsstrafrechts (einschließlich Verbraucherschutz). *Zeitschrift für die gesamte Strafrechtswissenschaft (ZStw)* 96, 1984, Heft 2, p. 342.

CAPÍTULO 4

PENA PROPORCIONAL AO FATO E *UNFAIR ADVANTAGE*

Quando expus a teoria do dano de *von Hirsch* e *Jareborg* mencionei que, de acordo com ela, a pena proporcional ao fato deve estar lastreada em dois elementos: *harm* e *culpability*. A teoria elaborada por esses autores centra-se precisamente em crimes que tutelam bens individuais, perpetrados contra uma vítima concreta e, assim, parece não enfrentar problemas para valorar a gravidade do crime e determinar a respectiva pena proporcional. Os problemas surgem em delitos com natureza distinta. Crimes que atingem várias vítimas, mas de forma insignificante; crimes nos quais somente seria possível falar em um dano efetivo na hipótese de acúmulo de ações por parte de diversos agentes ou, ainda, crimes que envolvem deveres por parte dos cidadãos que, a princípio, não poderiam causar danos imediatos, mas que, se praticados de forma generalizada, poderiam deteriorar o funcionamento regular de órgãos, entidades ou o abastecimento de serviços e bens por parte do Estado.[1]

Von Hirsch, em uma análise comparativa e aproximativa dos dois conceitos utilizados, respectivamente, na literatura anglo-americana (*harm principle*) e na dogmática jurídico-penal alemã (o conceito de bem jurídico) procura explicar a legitimação para a incriminação de delitos contra bens jurídicos coletivos a partir da sua concepção "antropocêntrica" de dano. Para o autor, dano deve ser entendido como a *interferência em um interesse*, nomeadamente, um determinado recurso sobre o qual uma outra pessoa possui um direito.[2] *Recurso* deve ser entendido

---

1. VON HIRSCH, Andrew; JAREBORG, Nils. *Gauging criminal harm...*, *op. cit.*, pp. 33-34.
2. VON HIRSCH, Andrew. *Fairness, Verbrechen und Strafe...*, *op. cit*, p. 75.

como um meio ou uma capacidade que se presta a oferecer qualidade de vida a determinada pessoa.[3] A *ratio* da criminalização de condutas que tutelam bens jurídicos coletivos, para o autor, seria "*a proteção, direta ou indireta, da qualidade de vida das pessoas*".[4] Mas, essa definição realmente basta?

Enquanto esta ideia poderia ser aplicável, por exemplo, a crimes ambientais de resultado, que tutelam um bem que claramente é de interesse fundamental para uma boa qualidade de vida de todos, dificilmente traria uma explicação convincente para a incriminação de delitos com características bastante distintas, como o de utilização de informação privilegiada em negociações no mercado mobiliário de ações (*insider trading*) ou corrupção, nos quais a figura de uma vítima individualizada e um dano correspondente se esvaem. Portanto, parece que o entendimento de bens jurídicos coletivos nesta forma centrada no indivíduo, como o faz *von Hirsch*, novamente encontra limitações.[5]

Ana Elisa Bechara bem observa que os bens jurídicos coletivos, apesar de encontrarem uma referência tangível em interesses vitais de um sujeito individual, não necessariamente provocam um resultado material e tampouco exigem, necessariamente, que os tipos penais dirijam a sua proteção ao indivíduo.[6] É neste sentido, também, que *Renato Silveira* conclui que a tutela de interesses difusos tem *feições próprias* e foge, em muitos aspectos, do que se observa na proteção penal de bens jurídicos individuais ou no que se pode chamar de Direito Penal clássico.[7] Esta distinta feição reproduz-se, igualmente, no âmbito de aplicação da pena: *outro critério que não o dano a uma vítima individualizável será necessário para operar como fator de mensuração da proporcionalidade com o fato.*

---

3. *Idem, ibidem*, p. 74.

4. *Idem, ibidem, loc. cit.* Criticamente: KUHLEN, Lothar. Umweltstrafrecht – auf der Suche nach einer neuen Dogmatik. *Zeitschrift für die gesamte Strafrechtswissenschaft (ZStW)* 105, 1993, p. 704.

5. O que não significa que a proteção de bens jurídicos difusos e coletivos, em termos de legitimidade, deva perder completamente o referencial individual e a ideia de repercussão negativa nos indivíduos, como seres sociais, como bem observa *Renato Silveira*. Cf. SILVEIRA, Renato de Mello Jorge. *Direito Penal supra-individual: Interesses difusos*. São Paulo: Editora Revista dos Tribunais, 2003, p. 57. Também: COSTA, Helena Regina Lobo da. *Proteção penal ambiental: viabilidade, efetividade, tutela por outros ramos do direito*. São Paulo: Saraiva, 2010, p. 23.

6. Como observa a autora, as dificuldades de reconhecimento da legitimidade da tutela de bens jurídicos coletivos decorre da associação entre a ideia de bem jurídico e seu substrato material, levando à falsa percepção de que a lesão a um bem jurídico pressupõe um dano material. "[...] a ofensividade não pode ser interpretada naturalisticamente como o dano provocado em coisas, mas sim como potencial de lesão ao interesse sobre tal coisa". BECHARA, Ana Elisa Liberatore Silva. *Bem jurídico-penal*. São Paulo: Quartier Latin, 2014, p. 228.

7. SILVEIRA, Renato de Mello Jorge. *Direito Penal supra-individual...*, *op. cit.*, p. 157; *idem*, *Direito Penal econômico...*, *op. cit.*, p. 63.

O que será objeto das minhas considerações, a seguir, é *como mensurar a gravidade de condutas delitivas* nas quais não seja mais possível falar em um dano concreto ou remoto, que estejam em um contexto no qual um número maior de pessoas afetadas esteja envolvido ou nas quais não seja possível falar em uma vítima individualizável, para fins de determinação da medida da pena.

Certamente não será possível oferecer uma solução que contemple *todos os delitos*, em todas as suas distintas formas. A estrutura questionável de muitas figuras delitivas modernas é um real empecilho a esta tarefa.[8] Minha proposta é oferecer um *critério adicional* de valoração para a determinação de uma pena proporcional ao fato, que possa suprir a lacuna que caracteriza o modelo que aqui adoto, e demonstrar que é possível sustentar um modelo de pena proporcional também para os crimes, cuja tutela jurídico penal é de interesse para toda a sociedade, e nos quais a aferição de um dano concreto, quando exista, não seja tão simples.

No caminho que pretendo seguir, adotarei uma linha interpretativa acerca da tutela de bens jurídicos coletivos e, a partir dela, demonstrarei que há um elemento ínsito a crimes que tutelam esses bens que pode refletir, com mais objetividade, a gravidade das condutas. Pretendo demonstrar que é o este critério que deve orientar a medida da pena, em alguns delitos.

4.1 *Fairness*, cooperação mútua e tutela penal de bens jurídicos coletivos

Seria possível compreender a natureza da proteção penal de bens e valores públicos a partir da perspectiva da existência de um *dever de cooperação mútua entre os cidadãos*.

Sob bases semelhantes, *Hart* e *John Rawls* sustentaram um fundamento para o surgimento de uma obrigação política, a partir da ideia de que sempre que um número de pessoas conduza uma organização conjunta regida por normas, segundo as quais sua liberdade seja restringida, aqueles que se submeteram a essas restrições possuiriam um direito a uma submissão similar por parte daqueles que se beneficiam de uma tal organização.[9] A mútua cooperação que vincula a todos criaria a obrigação de cada um fazer a sua própria parte e exigiria que ninguém se beneficie da cooperação de outros, sem promover a sua própria contribuição.

---

8. Veja-se a respeito: SILVEIRA, Renato de Mello Jorge. *Direito Penal econômico...*, *op. cit.*, pp. 120 e ss.

9. HART, H.L.A. Are There Any Natural Rights? *The Philosophical Rewiew*, vol. 64, n. 2, 1955, p. 185; RAWLS, John. *A theory of Justice*. Oxford: Oxford University Press, 1971, p. 112.

Isso seria o que aqueles autores assumiram como *princípio de equidade (fairness principle)*.[10]

Arneson, respondendo a críticas que se dirigiram contra as elaborações de *Hart* e *Rawls*, propôs algumas reformulações dessas premissas.[11] A primeira sugere que o princípio de equidade seria plausível apenas se sua aplicação for restrita a tipos específicos de benefícios.[12] Ele sugere o seguinte exemplo: imagine-se que exista um clube de vizinhos que presenteiam seus membros nas datas de seus aniversários e, para tanto, todos contribuem mensalmente com sua parte. Apenas porque, no dia do seu aniversário, um dos membros também ganhará o seu presente, não seria razão suficiente para impor contra ele um dever que possa ser coercitivamente exigido. O vizinho que não quiser mais contribuir, pode abandonar o clube, seu nome será riscado da lista de membros e os demais seguirão com o círculo de vizinhos presenteadores sem a sua participação.[13] A ideia de mútua restrição, neste contexto, não teria uma aplicação apropriada, na medida em que há uma diferença substancial entre a aceitação voluntária de benefícios e obrigações geradas sob o princípio de equidade. O princípio de equidade não conseguiria atender às ambições filosóficas atribuídas a ele por *Hart* a não ser que fosse interpretado como *regulador de esquemas corporativos que envolvam a distribuição de bens públicos*, entendidos como aqueles caracterizados pelo seu uso conjunto, não excludente e de direito de consumo por todos, em iguais proporções.[14]

Uma segunda reformulação proposta por *Arneson* é importante: há *bens coletivos*, cujo consumo por parte dos membros daquela sociedade depende de uma aceitação voluntária, e há *bens públicos* cujo consumo independe de uma escolha individual (assim, por exemplo, a defesa nacional, a proteção da sociedade contra calamidades públicas ou epidemias etc.). Quando um bem público é fornecido a um grupo de pessoas, não se fala em aceitação ou aproveitamento voluntários: uma pessoa pode deixar de assistir a um programa disponível no canal aberto de televisão, mas não recusar a segurança que o sistema de defesa

---

10. O termo "*fairness*", embora possa ser traduzido como "justiça" comporta um sentido mais amplo do que "*justice*". "*Fairness*" compreende os sentidos de equidade e lealdade, os quais parecem ser os termos que melhor expressam as ideias que serão discutidas a seguir.

11. Dentre elas: SIMMONS, A. John. The Principle of Fair Play. *Philosophy and Public Affairs*, vol. 8, n. 4, 1979, p. 312 e ss.

12. ARNESON, Richard J. Principle of Fairness and Free-Rider Problems. *Ethics*, vol. 92, n. 4, 1982, p. 618.

13. Cf. ARNESON, Richard J. *Principle of Fairness and Free-Rider Problems..., op. cit.*, p. 618.

14. ARNESON, Richard J. *Principle of Fairness and Free-Rider Problems..., op. cit.*, p. 618. Assim também: VON HIRSCH, Andrew. *Fairness, Verbrechen und Strafe..., op. cit.*, p. 102: "Um dever jurídico de asseguração de condições nas quais todos devem fazer a sua parte não pode ser vinculado a todo comportamento. Um dever jurídico relevante de colaboração existe apenas quando haja a proteção de um bem jurídico, sobre cuja conservação exista um interesse fundamental da sociedade" (Tradução livre).

nacional lhe fornece.[15] Um cidadão, ainda que não aceite ou não concorde, usufrui da segurança oferecida pelo Governo e, na medida em que recebe os benefícios, é legítimo exigir que faça sua parte e pague seus impostos. Já no caso de bens coletivos, existiria a possibilidade de escolha, mas isso seria o suficiente para falar em obrigação decorrente da mútua cooperação nas seguintes condições: se os custos para integrar o esquema vale a pena, se a divisão de encargos entre os membros é justa e se o bem não é um bem público. Nestes casos, segundo *Arsenon*, a aceitação voluntária do benefício do esquema pelo indivíduo é suficiente para impor sobre ele uma obrigação.[16]

Isso significa que, onde for possível a conduta de um *free rider*[17] as obrigações surgem, como decorrência do princípio de equidade.[18] A versão do princípio de equidade revisitada por *Arneson* seria assim formulada:

> "Onde um esquema de cooperação é estabelecido, de forma que supre um benefício coletivo, cujos custos de cada um que o recebe valem a pena, onde os encargos de cooperação são divididos de forma justa, onde é impossível atrair voluntariamente o cumprimento com o esquema por uma forma suplementária de benefícios privados, e onde o benefício coletivo é ou voluntariamente aceito ou onde tal aceitação voluntária é impossível, aqueles que contribuem com sua parte justamente atribuída dos custos do esquema tem um direito contra os demais beneficiários no sentido de que eles devem também pagar a sua parte."[19]

São essas ideias centrais de que *Feinberg* se utilizou para justificar a *ratio* da criminalização de alguns crimes, especificamente, aqueles onde os danos são meramente contingentes ou, quando isoladamente considerados, podem ser absolutamente inofensivos.[20] *Feinberg* aponta, de um lado, que apesar de a conduta individualizada dificilmente causar um dano significativo ou atingir uma vítima concreta, ela seria relevante do ponto de vista da sociedade, que poderia ser substancialmente afetada caso essa conduta fosse reiteradamente praticada. Estes delitos teriam como marca característica o que *Feinberg* denomina "*injustiça exploradora*" por parte de seus autores, ou seja, a exploração da cooperação dos

---

15. ARNESON, Richard J. *Principle of Fairness and Free-Rider Problems...*, *op. cit.*, p. 619.

16. *Idem, ibidem*, p. 620.

17. Em tradução literal, "*free rider*" significa "viajante sem bilhete". A expressão denota a ideia daquele que se aproveita da conduta dos demais, cumpridores das normas, beneficiando-se da sua colaboração. *Kuhlen* expressa a mesma ideia com o termo "o egoísta racional". Cf. KUHLEN, Lothar. *Umweltstrafrecht...*, *op. cit.*, p. 721.

18. ARNESON, Richard J. *Principle of Fairness and Free-Rider Problems...*, *op. cit.*, p. 623.

19. *Idem, ibidem*, pp. 622-623.

20. FEINBERG, Joel. *The Moral limits of the Criminal Law. Harmless Wrongdoing.* New York; Oxford: Oxford University Press, 1988, p. 13.

demais no cumprimento da norma.[21] Aquele que deixa de cumprir com a sua parte, aproveitando-se do fato de os demais cumprirem com a sua (*free rider*), toma para si uma vantagem, ainda que não cause diretamente dano a alguém.[22]

Em se tratando de bens públicos cujos beneficiários são muitos, a conduta isolada de um indivíduo não irá atingir de forma significativa a quantidade de produção daquele bem.[23] Mas se o comportamento proibido fosse praticado por todos os demais membros da sociedade, seria possível que o dano, até então inexistente ou insignificante, surgisse em grande escala. Assim, a racionalidade para a proibição de condutas, neste contexto, seria proteger a sociedade de possíveis danos sociais que resultariam do descumprimento frequente das normas, *prevenindo a exploração da cooperação dos demais*, por parte daquele que se beneficia injustamente.[24]

A conduta do *free rider*, caracterizada pela exploração desleal da cooperação dos demais, representaria *uma vantagem injusta.*

4.2 Teoria da *unfair advantage*[25]

Estes mesmos argumentos sustentados na filosofia política e tomados como fundamento para justificar a criminalização de determinadas condutas foram retomados, por alguns autores, especialmente durante as décadas de 1980 e 1990, para sustentar uma *teoria retributiva da pena baseada no princípio de equidade.*[26]

Esta versão de uma teoria retributiva da pena difundiu-se entre muitos autores como *unfair advantage theory*,[27] uma abordagem que sustenta que a sanção penal seria uma instituição cujo fim seria manter a *justa distribuição entre benefícios e encargos* na sociedade.[28]

---

21. *Idem, ibidem, loc. cit.*

22. *Idem, ibidem, loc. cit.*; RAWLS, John. *A Theory of Justice*. Cambrige: The Belknap Press of Harvard University Press, 1971, p. 267.

23. RAWLS, John. *A Theory of Justice..., op. cit.*, p. 267.

24. RAWLS, John. *A Theory of Justice..., op. cit.*, p. 211; FEINBERG, Joel. *Harmless Wrongdoing..., op. cit.*, p. 14; 213. Também: KUHLEN, Lothar. *Umweltstrafrecht..., op. cit.*, p. 721; WOHLERS, Wolfgang. *Delikstypen des Präventionsstrafrechts – zur Dogmatik "moderner" Gefährdungsdelikte.* Berlin: Duncker und Humblot, 2000, p. 142. Criticamente: BECHARA, Ana Elisa Liberatore Silva. *Bem jurídico-penal..., op. cit.*, pp. 251, 252; *idem*, Delitos de acumulação e racionalidade da intervenção penal. *Boletim IBCCrim*, São Paulo, vol. 17, n. 208, p. 3-5., mar. 2010.

25. Na literatura esta denominação é encontrada com frequência, embora a mesma teoria seja também referida por muitos autores como "*benefits and burdens theory*".

26. Contra a apropriação da teoria de *John Rawls* por *Jeffrie Murphy*: DUFF, R.A. *Trials and punishment.* Cambridge: Cambridge University Press, 1986, p. 219.

27. Cujos mais representativos e atuais defensores são *George Sher* e *Wojciech Sadurski*.

28. Cf. DAVIS, Michael. *To make the punishment fit the crime: essays in the theory of criminal justice.* Boulder: Westview Press, 1992, p. 8.

Aponta-se que *Herbert Morris* teria sido seu primeiro defensor,[29] no entanto, uma verdadeira teoria justificadora da sanção criminal sob estes fundamentos parece ter sido primeiramente aventada por *Jeffrie Murphy*[30] e *John Finnis.*[31]

As premissas do pensamento de *Hart* e *Rawls* são retomadas, em linhas gerais, para sustentar a ideia de que, em uma sociedade relativamente justa, a lei penal seria uma fonte de criação de práticas cooperativas da qual todos se beneficiam, obtendo segurança e proteção aos seus bens e interesses.[32] O objetivo da justiça criminal seria distribuir direitos e deveres entre os cidadãos de uma sociedade, e as próprias leis seriam os maiores benefícios usufruídos, por assegurar a todos segurança e proteção à vida, à saúde, à liberdade e à propriedade.[33] Direitos criados pela lei penal estariam ligados, na maior parte das vezes, a um correspondente dever de outras pessoas no sentido de não interferir no exercício daqueles direitos. Assim, a auto restrição quanto à violação dos direitos de outros pode ser sentida como um encargo, uma *limitação à esfera de liberdade.*[34] Porque aquele que pratica um crime obtém para si, *deslealmente*, os benefícios, sem suportar os encargos decorrentes da restrição da sua própria liberdade, o balanço geral de distribuição justa de benefícios e encargos é afetado.[35] Com seu crime, o agente obtém uma *vantagem* às custas dos demais cidadãos cumpridores da

---

29. *Michael Davis* esclarece que *Morris* apenas cogitou, na sua sempre citada publicação de 1968 (MORRIS, Herbert. Persons and punishment. *The Monist*, vol. 52, Issue 4, 1968, pp. 475-501) a existência de uma sociedade que possuiria uma estrutura cooperativa e apelou a essa estrutura para explicar como um criminoso poderia ter um *direito a ser punido.* Quando *Morris* veio a fornecer seu fundamento para a justificação da pena criminal, uma década depois, teria formulado uma teoria da pena paternalista, de forma que *Davis* aponta que não se deveria designar *Morris* como um real defensor da teoria da *unfair advantage.* DAVIS, Michael. *To make the punishment fit the crime..., op. cit.*, p. 8. Veja-se, contudo, *Sadurski*, quem explica que a concepção de *Morris*, ao combinar a restauração do balanço entre benefícios e encargos e um direito do criminoso a ser punido, apenas pretendeu demonstrar a superioridade da punição criminal com relação a outras alternativas, como o tratamento. Cf. SADURSKI, Wojciech. *Giving Desert Its Due..., op. cit.*, p. 244. Também: DOLINKO, David. Some Thoughts about Retributivism. *Ethics*, vol. 101, n. 3, 1991, p. 545, nota 26.

30. MURPHY, Jeffrie. Kant's Theory of Criminal Justice. In: BECK, Lewis White. *Proceedings of the Third International Kant Congress – held at the University of Rochester, March 30-April 4, 1970.* Dordrecht: Reidel, 1972, p. 435. Quem, por sua vez, atribui a *Kant* a origem de uma teoria de justificação da pena baseada na reciprocidade social.

31. FINNIS, John. *The restoration of retribution..., op. cit.*, p. 132; *idem, Natural Law and Natural Rights.* Oxford: Claredon, 1980, pp. 263-264.

32. Uma teoria retributiva da pena nesses moldes é sustentada tanto sobre as bases da filosofia política de *John Rawls* (SADURSKI, Wojciech. *Giving Desert Its Due..., op. cit.*, pp. 221 e ss.) como independentemente dela (DAVIS, Michael. *To make punishment fit the crime..., op. cit.*, pp. 18 e ss; *idem*, The Relative Independence of Punishment Theory. *Law and Philosophy* 7, 1989, pp. 321-350).

33. SADURSKI, Wojciech. *Giving Desert Its Due..., op. cit.*, p. 225.

34. *Idem, ibidem*, p. 226.

35. SADURSKI, Wojciech. *Giving Desert Its Due..., op. cit.*, p. 226; FINNIS, John. *The restoration of retribution...*, p. 134.

lei, que suportam sozinhos os encargos.[36] Neste contexto, todo criminoso deve ser visto como um *free rider*, que usufrui dos benefícios da prática cooperativa, enquanto se recusa a cumprir com sua parte, e todo crime representaria a obtenção de uma *vantagem.*[37] Esta, por sua vez, não é meramente a vantagem obtida em prejuízo da vítima; ela seria intrínseca ao crime e, portanto, não corresponderia aos ganhos propriamente decorrentes do fato (como o dinheiro tomado com o furto ou economizado com a sonegação do imposto).[38] A pena seria o meio para nulificar essa vantagem, restaurando a justa distribuição de benefícios e encargos entre os membros da sociedade.

A teoria retributiva baseada no princípio de equidade tem, portanto, duas premissas centrais: a de que todo criminoso deve ser visto como um *free-rider*, que obtém, com o seu ato criminoso, uma vantagem sobre os demais cidadãos cumpridores da lei e a de que a sanção penal se justifica como um pagamento justo que o criminoso deve à sociedade.

Se a justificação para a pena criminal é a justa retribuição e se a mais plausível versão de uma teoria retributiva é aquela sustentada sob o princípio da equidade, é uma questão que aqui não me cabe investigar. Particularmente, eu diria que a teoria da *unfair advantage* como justificativa para a punição criminal falha em inúmeros aspectos[39] e talvez tenha sido tão impulsionada porque é uma alternativa capaz de ressignificar o pensamento retributivo, neutralizando-o contra as críticas de que se trata de uma justificação para a pena criminal que não fornece suficiente explicação para a necessidade de imposição de dor e sofrimento.[40] Quando a imposição de sofrimento pela pena criminal passa a ser vista como restauração de uma situação de iniquidade, que apenas retira do autor do delito uma vantagem tomada injustamente dos demais – ou seja, passa a ser vista *positivamente* – dificilmente o argumento da sanção penal como pura crueldade pode ser arguido.[41] Mas essas questões não são as que realmente importam.

A teoria da *unfair advantage* serve, aqui, tão somente como modelo teórico para sustentar uma teoria de aplicação da pena proporcional ao fato e isso, de acordo com o que já demonstrei, *independe da finalidade da pena que*

---

36. MORRIS, Herbert. *Op. cit.*, p. 477; SHER, George. *Desert.* Princeton: Princeton University Press, 1987, p. 77.

37. Cf. BOONIN, David. *The problem of punishment.* Cambridge: Cambridge University Press, 2008, p. 120.

38. DUFF, R. A. *Trials and punishments..., op. cit.*, p. 206; BOONIN, David. *The problem of punishment... op. cit.*, p. 121.

39. Cf. item 4.4, abaixo.

40. Isso parece claro em: SHER, George. *Desert..., op. cit.*, p. 77.

41. *Boonin*, contudo, demonstra como uma teoria retributiva nessas bases levaria a resultados inadmissíveis, como a punição de alguém que não praticou qualquer crime. Se o Estado poderia punir as pessoas por serem *free-riders*, esses poderiam ser punidos independentemente da prática de delitos. BOONIN, David. *The problem of punishment..., op. cit.*, p. 140.

se sustente.[42] Uma determinação da pena proporcional ao fato ampara-se, sobretudo, no princípio da culpabilidade pelo fato e não decorre, necessariamente, da defesa de uma justificação retributiva da sanção penal como instituição do Estado.

Acima, apontei que a proteção de bens jurídicos coletivos pode ser interpretada a partir da ideia da existência de uma mútua cooperação que vincula aqueles que se beneficiam dos mesmos bens e que impõe os mesmos encargos no cumprimento das regras inerentes a essa forma de cooperação. Todo aquele que adere a uma ordem relativamente justa e regulada por normas, submete-se a um dever que, por outro lado, lhe gera benefícios. Em contextos cooperativos como este, de acordo com o princípio de equidade, aquele que se aproveita do cumprimento das normas pelos demais e deixa de suportar os encargos que lhe cabem, age como um *free-rider*. Ele toma para si uma vantagem que os outros não têm.

Em boa parte destes delitos que protegem bens jurídicos coletivos, cuja violação pode afetar toda a sociedade, a ideia de um dano concreto que possa ser considerado como critério de determinação da gravidade do injusto ou é inútil, ou levaria a uma pena injusta. Imagine-se um crime de corrupção, no qual um empresário promete uma vantagem indevida ao funcionário público para obter uma licença municipal para construção de um grande centro de compras na cidade. A conduta do agente não atinge diretamente vítima alguma, apenas lesa a credibilidade na Administração Pública. Aqui, a ideia de dano, da forma como a tomam *von Hirsch* e *Jareborg*, pouco auxilia para a determinação da gravidade do fato.

Pensemos agora em um crime fiscal cujo montante do valor sonegado seja 5 milhões de reais. Da perspectiva da vítima imediata (os cofres públicos), estas cifras podem representar um prejuízo que não é significativo, se considerados os valores de arrecadação anual. De outro lado, as vítimas que podem vir a ser atingidas por este crime e sofrer as consequências de uma menor disponibilização de recursos e serviços públicos não são facilmente identificáveis. Pensemos também em uma hipótese em que uma grande empresa fabricante de chicletes ilegalmente manipula os preços do produto, dobrando-os, o que causa prejuízos que atingem cada um dos seus consumidores. Os danos, da perspectiva do consumidor, são contingentes: o chiclete que deveria custar 1 real passou a custar 2 reais.[43]

Em todos estes casos, o critério de dano de *von Hirsch* e *Jareborg* levaria a penas claramente injustas. No caso da empresa sonegadora, os valores não são tão significativos para os cofres públicos, mas do ponto de vista do autor, trata-se de uma quantia que pode representar um lucro importante. A empresa que manipula o preço dos chicletes pode somar valores milionários com as perdas acumuladas pelos consumidores. Ainda, aquele que corrompe o funcionário público,

---

42. Cf. item 2.3.3, Cap. 2.
43. Exemplos adaptados de VON HIRSCH, Andrew; JAREBORG, Nils. *Gauguing Criminal Harm..., op. cit.*, pp. 33, 34.

sem lesar ninguém, obtém, de outro lado, a vantagem de conseguir implementar seu empreendimento e usufruir dos seus lucros, o que não seria possível sem a corrupção.

Talvez um exemplo bastante literal deixe essa ideia mais clara. Tomemos o exemplo do *insider trading*. A Lei 6.385/1976, em seu art. 27-D, coíbe o uso de informação relevante por parte do investidor, na compra e venda de ações no mercado mobiliário. Por ter um conhecimento privilegiado que outros não possuem, o agente encontra-se em considerável vantagem e em posição de obter benefícios com a negociação dos papéis, em comparação com os demais investidores. Embora seja possível depararmo-nos com o argumento de que a lei pretende proteger os investidores, que ignoram determinadas informações contra um comportamento desleal daquele que as conhece, dificilmente se pode afirmar a ocorrência efetiva de um dano a uma vítima concreta e individualizável.[44] A tentativa de mensurar tais danos para determinar a medida da pena cabível poderia ser inócua, enquanto, de outro lado, uma análise da perspectiva do agente e do lucro decorrente de sua conduta, forneceria um critério mais revelador.

Todos estes exemplos parecem apontar que *onde o princípio do dano perde força para fornecer um indicativo de gravidade do injusto, a vantagem do agente parece ganhar significado*. Assim, a princípio, no âmbito da aplicação da pena, em se tratando de delitos em cujo contexto se possa falar estarem inseridos em um âmbito de mútua cooperação, a importância da vantagem percebida pelo agente poderia ser um critério a estar em primeiro plano na determinação da gravidade do injusto.

Para seguir nesse caminho, no entanto, não se deve fazer um uso meramente conveniente das premissas que esta teoria fornece. É necessário melhor precisar sob quais fundamentos uma determinação da pena assim delineada poderia ser justificada e a que grupo de casos o conceito de vantagem poderia ser utilizado. Um primeiro passo é analisar o conceito de vantagem para os defensores dessa abordagem, na tentativa de apurar se é possível vincular proporcionalidade na determinação da pena com o critério da vantagem.

---

44. Assim também: FEINBERG, Joel. *Harmless Wrongdoing...*, *op. cit.*, p. 221. Veja-se, contudo, a discussão a respeito da expectativa de lucro dos investidores como prejuízo patrimonial: VEGA GUTIÉRREZ, José Zamyr. Concurso entre el delito de estafa y el uso de información privilegiada bursátil. In: DEMETRIO CRESPO, Eduardo; CALATAYUD, Manuel Maroto. *Crisis financeira y Derecho Penal económico*, 2014, pp. 895 e ss. A respeito da dificuldade de identificação do dano e de vítimas concretas, no delito de *insider trading*: ALONSO, Leonardo. *Crimes contra o mercado de capitais*. Dissertação de Mestrado apresentada ao Departamento de Direito Penal da Faculdade de Direito da Universidade de São Paulo, 2009, p. 98, quem, no entanto, entende que o bem jurídico tutelado pela lei é o prejuízo patrimonial dos investidores.

4.3 *Unfair advantage* e determinação de penas proporcionais

4.3.1 A discussão sobre o conceito de vantagem injusta

A maior parte dos autores que sustentam a teoria da *unfair advantage* como fundamento do direito de punir atribui um significado meramente simbólico ao benefício obtido pelo autor do crime e raramente se dedicou especificamente ao plano da determinação da pena.[45]

No entanto, na discussão sobre o conceito de vantagem, surgem questões decisivas para a determinação da quantidade de pena entre os autores. Para ser sustentável, essa teoria precisa ser capaz não apenas de restringir a pena àquilo que o autor merece, mas limitar o grau de punição ao que o princípio de proporcionalidade determina.[46] Um conceito que leve a resultados que possam ser sentidos como injustos, faz a teoria fracassar tanto em seus fundamentos como em suas consequências. Não raramente, é exatamente este o principal argumento utilizado pelos seus opositores.

As principais definições de vantagem defendidas entre os autores[47] derivam de três conceitos: vantagem injusta como "esfera de não interferência que resulta da obediência geral da lei violada"; como "a não auto restrição pessoal ou excessivo exercício de uma liberdade, da qual os demais se privaram" e como sinônimo de "vantagem por trapacear".[48]

De acordo com a primeira definição, sustentada por *Morris*, o benefício que o criminoso obtém equivale à "esfera de não interferência que resulta da obediência geral da lei violada".[49] A lei, ao incriminar determinada conduta, criaria uma esfera de não interferência nos direitos do cidadão, que constitui um dever a ser respeitado por todos os demais. Se uma pessoa falha no exercício de sua auto restrição, ela renuncia ao dever que outros assumiram voluntariamente e, com isso, ganha uma vantagem que outros, que se contiveram, não possuem.[50]

Para tentar demonstrar a capacidade desse conceito de render resultados para a determinação da pena, seria possível imaginar uma escala de gravidade de acordo com o grau de importância da esfera de não interferência criada pela lei.[51]

---

45. DUFF, R. A. Auctions, Lotteries, and the Punishment of Attempts. *Law and Philosophy*, 9, 1990, p. 4.

46. BURGH, Richard W. *Do the Guilty deserve Punishment?...*, *op. cit.*, p. 204.

47. Para outras definições, minoritariamente defendidas, veja-se: BURGH, Richard W. *Do the Guilty Deserve Punishment?...*, *op. cit.*, p. 203; SCHEID, Don. *Davis and the Unfair Advantage: A Critique...*, *op. cit.*, pp. 155-156.

48. Conforme será visto mais adiante, o ato de "trapacear" (*cheating*) é tomado por *Stuart Green* como um fundamento para a incriminação de determinados delitos. GREEN, Stuart P. *Lying, Cheating and Stealing*. Oxford: Oxford Press, 2006, pp. 54 e ss.

49. MORRIS, Herbert. *Persons and punishment...*, *op. cit.*, p. 477.

50. *Idem, ibidem, loc. cit.*

51. Cf. BURGH, Richard. W. *Do the Guilty Deserve Punishment?...*, *op. cit.*, p. 203.

A lei que proíbe o homicídio cria uma esfera de não interferência com relação à vida; a que define o roubo, cria uma esfera de não interferência com relação ao patrimônio, e assim em diante. Essas esferas de não interferência poderiam ser escalonadas em termos de gravidade. Um crime seria mais grave que outro, na medida em que a lei violada defina um maior valor para determinada esfera de não interferência e, portanto, estabeleça um benefício mais valioso.[52] Este modelo, aparentemente plausível e compatível com o princípio de proporcionalidade, encontra a objeção de que, a depender da conduta incriminada pela lei penal, há esferas de não interferência que compreendem um número menor de pessoas –por exemplo, em crimes que exigem uma condição especial do agente.[53] O critério de *Morris* seria incapaz de fornecer um meio de fixar o grau de merecimento de pena que pudesse compreender todos os delitos.[54]

Tomemos o segundo conceito de vantagem, defendido por *Murphy* e *Finnis*, de acordo com o qual a vantagem que o agente obtém de seu crime equivaleria à excessiva liberdade que o autor se permite na realização de uma preferência pessoal que os demais se contêm em exercer.[55] Dessa ideia poderia resultar que, quanto maior a liberdade exercida, maior seria o merecimento de pena. O problema que decorre dessa concepção é que, por estar fundada na força da inclinação que as pessoas sentem para a prática de determinados crimes, e que elas se abstêm de conter, a definição levaria a resultados inadmissíveis. É correto admitir que a maior parte das pessoas se sente menos inclinada a praticar crimes graves, como homicídio, do que outros crimes tentadores, como a sonegação de tributos, que colocam mais severamente à prova a nossa capacidade de autocontenção. Se a medida da pena depender da quantidade de liberdade exercida, crimes fiscais certamente seriam apenados mais gravemente do que crimes contra a vida.[56]

Na tentativa de oferecer uma solução a essa incoerência e tentar salvar a definição de *Finnis* e *Murphy*, *Sher* procurou associar o exercício de liberdade a um outro elemento. Aquele que infringe a lei obtém uma grande medida extra de liberdade, a liberdade de deixar de cumprir a exigência da lei que ele viola. Quanto mais grave for a proibição da lei violada, maior a liberdade exercida. Portanto, mesmo que o homicida e o sonegador sucumbam aos mesmos impulsos, os seus ganhos, em termos de liberdade, não são os mesmos. O homicídio é uma violação de maior censurabilidade, portanto, o ganho líquido em liberdade é maior

52. *Idem, ibidem*, p. 204.

53. BOONIN, David. *The problem of punishment..., op. cit.*, p. 124.

54. *Idem, ibidem, loc. cit.*

55. FINNIS, John. *The restoration of retribution..., op. cit.*, p. 132. Também: MURPHY, Jeffrie G. *Kant's Theory of Criminal Punishment..., op. cit.*, p. 435.

56. DOLINKO, David. *Some Thoughts about Retributivism..., op. cit.*, p. 546; BOONIN, David. *The problem of punishment..., op. cit.*, p. 122; BURGH, Richard. W. *Do the Guilty Deserve Punishment?..., op. cit.*, p. 209.

e, consequentemente, maior é a pena merecida.[57] Com essa reformulação, *Sher* pretendia demonstrar por que não devemos ir contra a nossa intuição e conceber um crime de homicídio como merecedor de uma pena maior do que um crime fiscal. A pena de um homicídio deve ser maior porque o grau de censurabilidade moral do ilícito praticado é maior, e é isso que qualificaria o exercício excessivo da liberdade.

O fato é que tampouco essa definição se sustenta. Nem todos os crimes possuem um conteúdo de imoralidade: dirigir sem licença e outros delitos que dependem de atos administrativos são moralmente neutros.[58] Se é correta a percepção que afirma a distinção entre crimes que se possam caracterizar como *mala prohibita* e crimes *mala in se*,[59] que seriam imorais mesmo que não houvesse uma lei incriminadora (dos quais seriam exemplos o homicídio, o roubo e o estupro),[60] então o critério de *Sher* não se aplicaria àquelas infrações penais sem um conteúdo de imoralidade e isso resultaria na conclusão de que estes crimes, por ausência de "vantagem", não mereceriam punição.[61] E ainda que se argumentasse, ao contrário, que o conteúdo de imoralidade seria a própria violação à lei, que a vantagem obtida pelo agente decorreria do "dever geral" de obedecer às leis – e não de uma lei em particular – os resultados para a aplicação da pena seriam ainda mais incômodos: todas essas proibições mereceriam a mesma pena. Dirigir sem licença, matar ou sonegar impostos seriam todas formas de obter uma vantagem decorrente do dever geral de obediência às leis, e seriam apenados com a mesma quantidade de pena.[62] Com isso, a teoria novamente fracassaria em oferecer parâmetros de proporcionalidade para a determinação de sanções penais.

Já a definição de vantagem como "vantagem por trapacear" também não parece oferecer bons resultados para a quantificação da pena. Seria possível pensar para alguns crimes, como o de roubo, em multiplicar o valor monetário que o autor tem a ganhar com o crime pelas chances de obtê-lo, como forma de obter um critério de medida.[63] Mas para a maior parte dos delitos, esse procedimento seria inaplicável: como poderia ser determinado o valor da "vantagem por trapacear" nos crimes de estupro, incêndio ou lesão corporal?[64]

---

57. SHER, George. *Desert...*, *op. cit.*, p. 82. Também: SADURSKI, Wojciech. *Giving Desert its Due...*, *op. cit.*, p. 229.

58. DOLINKO, David. *Some Thoughts about Retributivism...*, *op. cit.*, p. 547; BOONIN, David. *The problem of punishment*, *op. cit.*, p. 129.

59. Uma análise crítica a respeito desta distinção em: SILVEIRA, Renato de Mello Jorge. *Direito Penal empresarial: A omissão do empresário como crime.* Belo Horizonte: Editora D'Plácido, 2016, pp. 59 e ss.

60. Neste sentido: DOLINKO, David. *Some Thoughts about Retributivism*, *op. cit.*, p. 547.

61. *Idem, ibidem, loc. cit.*

62. BOONIN, David. *The problem of punishment*, *op. cit.*, p. 126.

63. SCHEID, Don E. *Davis and the Unfair Advantage: a Critique*, *op. cit.*, p. 159.

64. *Idem, ibidem, loc. cit.*

Parece que todas as definições de vantagem não conseguem fornecer parâmetros de proporcionalidade para a pena que respeitem as distintas gravidades das infrações penais e, portanto, aparentemente não se presta como critério para uma determinação de uma pena proporcional ao fato.

Mas antes de concluir neste sentido, é necessário analisar a proposta do único autor que desenvolveu a fundo a ideia de *unfair advantage* no âmbito da aplicação da pena, na busca por uma alternativa possível de utilizar a vantagem como critério de gravidade de determinados delitos.

4.3.2 O mercado de licenças para a prática de crimes de Michael Davis

Michael Davis dedicou-se em detalhes ao desenvolvimento de uma proposta para ser utilizada na elaboração de *statutory penalties*, ou seja, para a fixação de penas em abstrato, na esfera legislativa e, nesse sentido, foi um importante adversário de *von Hirsch* – quem, à época da publicação de "*To make the punishment fit the crime*"[65] já havia obtido sucesso na implementação de suas propostas na elaboração das *sentencing guidelines*, em Michigan.[66] Apesar de ser o único autor que levou a teoria da *unfair advantage* às últimas consequências no âmbito da aplicação da pena, o autor sempre recusou o título de representante da teoria retributiva baseada no princípio de equidade, que lhe é amplamente atribuído pela doutrina.[67] *Davis* considera-se um autor exclusivamente preocupado com a questão do "quanto punir" e não "por quê" punir.[68] Sua proposta é diametralmente

---

65. Este livro é uma compilação de todos os principais artigos anteriormente publicados por *Michael Davis*, nos quais ele defende sua teoria.

66. Cf. DAVIS, Michael. *To make punishment fit the crime...*, pp. 182 e ss; 218 e ss.; *idem*, Criminal Desert and Unfair Advantage: What's the connection? *Law and Philosophy*, vol. 12, 1993, p.153; VON HIRSCH, Andrew. Proportionality in the Philosophy of Punishment: From "Why Punish?" to "How Much"? *Criminal Law Forum*, vol. 1, n. 2, 1990, pp. 264 e ss.; *idem*, *Censure and Sanctions*. Oxford: Clarendon Press, 1993, pp. 7-8. A despeito das divergências, é importante lembrar que *von Hirsch* chegou a defender a teoria da *unfair advantage* (*Doing Justice*, *op. cit.*, p. 47 e ss.), mas abandonou este fundamento mais tarde, passando a sustentar uma teoria expressiva da pena, amparada no conceito de censura e justo merecimento (*just desert*). Ao menos em duas obras, *von Hirsch* reconheceu um alcance limitado à teoria da *unfair advantage*, apontando que ela poderia ser útil para a determinação da pena em um certo tipo criminalidade, como a sonegação fiscal. VON HIRSCH, Andrew; JAREBORG, Nils. *Gauging Criminal Harm...*, *op. cit.*, p. 34, nota n. 54; VON HIRSCH, Andrew. *Proportionality in the Philosophy of Punishment...*, *op. cit.*, p. 269.

67. BOONIN, David. *Op. cit.*, p. 129, nota 47; SCHEID, Don. E. Davis, Unfair Advantage Theory and Criminal Desert. Law and Philosophy, 14, 1995, p. 376; DAVIS, Michael. *To make punishment fit the crime...*, p. 12.

68. Como *Hörnle*, *Davis* parte da ideia sustentada por *H. L. Hart* de que uma teoria de determinação da pena possui relativa autonomia com relação aos fins que justificam a pena. De toda forma, a proposta de *Davis* é coerentemente estruturada nas premissas da teoria retributiva baseada na equidade e isso é tomado, por muitos autores, como uma defesa a essa teoria, digna de lhe tornar um defensor dela. A respeito: BOONIN, David. *The problem of punishment*, *op. cit.*, p. 129, nota 47.

oposta à de *von Hirsch*: a mensuração da gravidade de um crime não deveria ser feita sob a perspectiva do dano, senão da *vantagem obtida pelo criminoso com o seu delito*.

O primeiro ponto que competia investigar na concepção de *Davis* é o conceito de vantagem injusta. Mas qualquer tentativa de encontrar uma definição definitiva oferecida por esse autor deve frustrar o investigador.[69] Seu opositor, *Scheid,* exaustivamente dedicou-se a essa empreitada e concluiu que *Davis* não fornece uma definição conclusiva.[70] Apesar disso, o autor dedicou-se a demonstrar que a vantagem tem um *valor* e, assim, propôs-se a fornecer parâmetros de *proporcionalidade entre fato e pena, de acordo com o valor da vantagem obtida pelo agente*.

Ao contrário de *Sher, Davis* atrela a importância da vantagem não ao valor da censurabilidade moral da infração, mas a um *valor de mercado*. Para qualquer infração penal, um potencial criminoso poderia se perguntar quanto de dinheiro ele estaria disposto a pagar em um mercado aberto de licenças para cometer crimes com direito a impunidade e, então, identificar o valor da liberdade para cometer aquele ato com o preço justo de mercado da licença para cometê-lo.

Parece, à primeira vista, que essa definição seria um significante aprimoramento da proposta de *Sher*. Ao invés de considerar que a gravidade da imoralidade de um delito deveria indicar o valor da liberdade de cometê-lo, seria mais plausível considerar que o seu valor seria melhor indicado pela quantidade de dinheiro que as pessoas estariam dispostas a pagar por uma liberdade em particular: as pessoas estariam certamente mais dispostas a pagar mais por liberdades mais valiosas, e menos por liberdades menos valiosas.[71] Neste sentido, a proposta de *Davis* parece oferecer um mecanismo mais razoável para determinar qual a pena aplicável para uma ofensa em particular. Veremos a seguir, em que essa proposta consiste.

Davis utiliza dois métodos para estabelecer penas de acordo com a gravidade do crime. Um é o que ele chama de "método de sete passos", cuja finalidade é elencar tipos penais e associá-los a penas, de acordo com sua gravidade.[72] Este

---

69. No inicio da década de 1980, *Michael Davis* refere-se à vantagem como "o prazer ilícito" presente em todo crime, mas não fornece uma definição mais clara. Cf. DAVIS, Michael. *How to make punishment Fit the Crime*, *op. cit.*, p. 743. Em outras publicações posteriores, ele se referiu à vantagem como sendo "uma liberdade de fazer o que os outros não fazem" (*idem*, *To make punishment Fit the Crime...*, *op. cit.*, p. 239) e, finalmente, parece ter assumido o significado de vantagem como "trapacear" em uma prática relativamente justa (*idem*, *Criminal Desert and Unfair Advantage: What's the Connection?*, *op. cit.*, p. 142).

70. SHEID, Don. *Davis and the Unfair-Advantage Theory: A Critique*, *op. cit.*, p. 145; DOLINKO, David. Mismeasuring "Unfair Advantage": A Response do Michael Davis. *Law and Philosophy*, vol. 13, n. 4, 1994, p. 499.

71. Cf. BOONIN, David. *The problem of punishment*, *op. cit.*, p. 129.

72. Cf. DAVIS, Michael. *How to make punishment Fit the Crime*, *op. cit.*, pp. 736 e ss; *idem*, *To make punishment fit the Crime*, *op. cit.*, p. 78; *idem*, *Criminal Desert and Unfair Advantage...*, *op. cit.*, p. 138.

método não nos interessa, na medida em que não se refere (ao menos não diretamente) à questão da vantagem como critério de gravidade da sanção.[73] O segundo é o seu discutido modelo de compra e venda de "licenças para cometer crimes". A combinação dos dois permitiria uma classificação de delitos de acordo com a importância da vantagem que o autor usufrui com o crime.

Para o segundo método, o autor propõe imaginarmos que o governo lance licenças em um mercado hipotético, com as quais seria possível a prática de um determinado crime, com direito a perdão absoluto.[74] Cada licença autorizaria apenas a prática de um delito, mas poderia ser revendida, de forma que também pessoas que não pretendam praticar delitos possam comprar e recomprar licenças. O número de licenças seria limitado de forma que não desestabilizasse o mínimo desejável de ordem social e seriam disponibilizadas no mercado dependendo da avaliação sobre o quanto a sociedade estaria disposta a tolerar determinado crime.[75] A questão central no modelo de *Davis* é como determinar os preços das licenças.

Um valor de mercado justo deveria ser um indicador do valor objetivo da vantagem que o criminoso obtém simplesmente por cometer um determinado crime. Quando *Davis* fala em valor objetivo significa que ele não reflete apenas o quanto os criminosos estariam dispostos a pagar (valor subjetivo), mas do quanto a sociedade teme este crime e dispõe de recursos para controlá-lo. Portanto, valor objetivo não é o quanto determinada coisa vale para nós, mas o quanto um comprador pagaria a um vendedor disposto a vender, em um mercado relativamente justo, eficiente e regulado.[76] O mercado levaria em conta a perspectiva do criminoso (demanda) e a perspectiva da sociedade (oferta).

---

73. Basta dizer que se trata de um método de estabelecer a gravidade de penas tipicamente retributivo, ou seja, ele não leva em conta qualquer necessidade preventiva no momento de estabelecer sanções para crimes a serem tipificados pelo legislador, mas tão somente a perspectiva de potenciais criminosos tratados como pessoas racionais: as maiores penas (ou seja, as penas que um criminoso menos gostaria de arriscar sofrer), seriam atribuídas aos crimes mais graves e as penais mais leves, aos crimes menos graves. Cf. DAVIS, Michael. *How to make punishment Fit the Crime*, *op. cit.*, p. 742. Ele esclarece melhor este método em: *Criminal Desert and Unfair Advantage...*, *op. cit.*, p. 146.

74. DAVIS, Michael. *How to make punishment Fit the Crime*, *op. cit.*, p. 744; *idem*, *To make punishment fit the Crime*, *op. cit.*, p. 84; *idem*, *Criminal Desert and Unfair Advantage...*, *op. cit.*, pp. 139 e ss.

75. Isso, por sua vez, dependeria do montante de lucro que as licenças para os crimes podem produzir e do quanto as pessoas temem determinado crime. Quanto mais a sociedade tema um crime, mais "retorno" a licença deverá oferecer. Para o autor, esses cálculos estariam presentes em qualquer sociedade: com o aumento da criminalidade, o policiamento e os meios de proteção precisam aumentar, mas os recursos policiais são limitados. Toda sociedade, portanto, teria o índice de criminalidade que está disposta a tolerar, de acordo com a distribuição de recursos disponíveis para conter aqueles crimes que ela teme mais. DAVIS, Michael. *Criminal Desert and Unfair Advantage...*, *op. cit.*, p. 146.

76. DAVIS, Michael. *Criminal Desert and Unfair Advantage...*, *op. cit.*, p. 140.

O preço das licenças seria um bom indicador da vantagem que criminosos em nossa sociedade obtêm ao cometer uma conduta penalmente proibida. As penas somente seriam justas quando elas corresponderem ao valor que uma licença para praticar aquele crime alcançaria em um mercado aberto. O preço do crime é a penalidade que a lei prevê para determinado delito e, dessa forma, as penalidades seriam atribuídas de acordo com aquele indicador.[77]

Parece que o complexo modelo de *Davis* chegaria às mesmas incoerências a que as demais propostas chegam. Imaginemos um crime de sequestro de uma vítima bilionária, cujo valor do resgate é de 10 milhões de reais, e um crime que consista em torturar essa mesma vítima até a morte.[78] Certamente as pessoas estariam dispostas a pagar mais pela licença que permita cometer o primeiro crime e menos pelo segundo e, portanto, as licenças para sequestrar alcançariam valores muito maiores no mercado do que as licenças para o crime de torturar até a morte. E, se de acordo com *Davis*, as penas devem ser determinadas de acordo com o valor de mercado da vantagem injusta, a punição por sequestro seria significantemente maior do que a punição por torturar até a morte.[79] O mesmo valeria para o exemplo do homicídio e o crime fiscal.[80] Ademais, haveria certamente delitos para os quais ninguém ofereceria valor algum para cometer ou, ainda, outros que as pessoas cometem sem visar vantagem alguma, como um crime de dano à coisa pública por um grupo de jovens arruaceiros.[81] Com isso voltamos aos mesmos problemas das demais definições de vantagem para extrair parâmetros de proporcionalidade para as penas.

Davis acredita ter elaborado uma solução a este problema ao inserir neste modelo a figura das associações de proteção dos cidadãos, que estariam livres a operar no mercado de licenças e fazerem suas ofertas para a compra, com o fim específico de *evitar* a compra por parte dos potenciais criminosos.[82] A maior parte das pessoas não tem desejo algum de molestar sexualmente crianças. Ao contrário, elas têm interesse em proteger suas crianças de atos como esses e, assim, elas fariam ofertas altas no mercado de licenças exatamente para evitar a compra por parte de criminosos. Com isso, os preços das licenças para todos crimes mais graves (homicídio, estupro contra vulnerável, tortura etc.) teriam um preço mais alto no mercado do que para outras ofensas, como crime fiscal ou dirigir sem licença.

Ocorre que a inserção dessa variável, ao contrário de solucionar o problema inicial, parece alterar o resultado de tal forma a desvirtuar suas premissas básicas:

---

77. DAVIS, Michael. *To make Punishment Fit the Crime, op. cit.*, p. 241.
78. Exemplo adaptado de: BOONIN, David. *The problem of punishment, op. cit.*, p. 130.
79. *Idem, ibidem, loc. cit.*
80. DUFF, R. A. *Auctions, Lotteries, and the Punishment of Attempts..., op. cit.*, p. 8.
81. BOONIN, David. *The problem of punishment, op. cit.*, p. 131.
82. DAVIS, Michael. *To make Punishment fit the Crime, op. cit.*, p. 112.

não seria mais o valor da liberdade para praticar os crimes que seria ranqueado, na medida em que aqueles que se restringem em sua liberdade também estão fazendo ofertas e aumentando a demanda por licenças.[83] Ademais, sem saber previamente qual o nível de gravidade de determinada pena, seria meramente especulativo supor que potenciais criminosos com grande capacidade financeira não continuariam a oferecer altos valores por licenças para praticar crimes financeiramente vantajosos.[84] Com isso, o modelo de *Davis* seria incapaz de realizar o que se propôs: oferecer critérios para determinar sanções penais proporcionais à vantagem obtida pelo agente.

Apesar do aparente fracasso de todas as definições mais frequentes em fornecer parâmetros de proporcionalidade a partir deste conceito, não estou convencida, ainda, de que não haja uma forma de manejar a vantagem do agente como critério para a pena. Mesmo porque, até o momento, as propostas encontradas na literatura pretendem oferecer parâmetros de fixação de proporcionalidade ordinal e destinadas a determinar o quanto um delito é mais grave que outro no plano legislativo – e não o quanto um fato é grave *em determinado caso concreto*.

A seguir, apontarei as críticas mais frequentes contra esta teoria e contra o modelo de *Michael Davis,* para, a seguir, analisar possíveis alternativas a um modelo dessa natureza.

4.4 Críticas à teoria da *unfair advantage*

4.4.1 Uma "falsa" teoria retributiva

Alguns autores apontam que a teoria da *unfair advantage,* apesar de concebida como uma teoria retributiva restauradora,[85] não seria nem verdadeiramente retributiva, nem capaz de promover retificação na forma que o princípio corretivo de justiça exige.[86]

Duff aponta que razões de equidade parecem plausíveis se camufladas na forma de *considerações consequencialistas*: o criminoso deve ser punido (e não apenas sentenciado) porque apenas assim seria possível assegurar a obediência à lei e reassegurar que quem a pretenda violar, estará sujeito à mesma punição criminal.[87] Quando *Morris* afirma que o perdão judicial deve ser utilizado de

83. BOONIN, David. *The problem of punishment..., op. cit.*, p. 133; DUFF, R. A. *Auctions, Lotteries, and the Punishment of Attempts..., op. cit.*, p. 9.

84. BOONIN, David. *The problem of punishment..., op. cit.*, p. 132.

85. DAVIS, Michael. *To make the punishment fit the crime..., op. cit.*, p. 8.

86. SCHEID, David. *Davis and the Unfair Advantage: A Critique..., op. cit.*, p. 158; DUFF, R. A. *Trials and punishment..., op. cit.*, p. 216.

87. DUFF, R. A. *Trials and punishment..., op. cit.*, pp. 216-217. Também: ZAIBERT, Leo. *Punishment and Retribution.* Aldershot: Ashgate, 2005, p. 119. *Kindhäuser* também

forma cuidadosa, porque poderia comprometer o equilíbrio entre benefícios e encargos, ele o faz sob argumentos consequencialistas: "*se todos forem indiscriminadamente perdoados, menos incentivo é fornecido aos indivíduos para que contenham suas inclinações*".[88] Assim, uma teoria que se apoia no princípio de equidade não ofereceria uma verdadeira justificativa retributiva para a punição criminal, mas sim um fundamento utilitarista.[89]

A *ausência de uma retificação à vitima*, no sentido de compensação, por sua vez, comprovaria que, na verdade, não há qualquer caráter restaurativo nessa abordagem. Se satisfação ou compensação é algo que deve ser medido em termos de dano, a teoria a *unfair advantage* não atenderia um pressuposto fundamental das teorias retributivas, que é promover satisfação àquele que é ofendido diretamente pelo crime.[90]

4.4.2 Vantagem em uma sociedade injusta?

A concepção de uma sociedade "relativamente justa" é fundamental para tomar como minimamente aceitável a ideia de *unfair advantage* como fundamento do direito de punir.[91] Porque esta abordagem é concebida em uma sociedade ideal, seus opositores não encontram dificuldades em levantar uma objeção quase intuitiva: em uma sociedade como a nossa, na qual a lei e as instituições produzem, elas próprias, injustiças contra alguns cidadãos, injustamente privando-lhes de direitos e de proteção que são concedidos a tantos outros, algumas pessoas estariam em desvantagem com relação às demais. As premissas em que se baseia uma teoria fundada na ideia de equidade estariam justificadas apenas em uma sociedade *mais equitativa*, na qual todos os benefícios e encargos estariam distribuídos de forma igualitária e justa entre os cidadãos.[92]

Ao contrário, na nossa realidade, onde as desigualdades sociais impedem afirmar que todos usufruem das mesmas condições sociais, seria difícil afirmar a existência de um direito absoluto de punir baseado na justa distribuição de

se afasta (não completamente) do argumento retributivo e sustenta uma versão preventiva e restauradora baseada na equidade. A pena não serviria diretamente para prevenção de bens jurídicos, mas, primeiramente, para a proteção *do direito penal*, da confiança na norma jurídica: KINDHÄUSER, Urs. *Strafe, Strafrechtsgut und Rechtsgüterschutz...*, pp. 29 e ss; *idem*, Personalität, Schuld und Vergeltung. *Goltdammer's Archiv für Strafrecht (GA)* 1989, p. 497.

88. MORRIS, Herbert. *Persons and punishment..., op. cit.*, p. 43.

89. DUFF, R. A. *Trials and punishment..., op. cit.*, p. 217.

90. SCHEID, David. *Davis and the Unfair Advantage: A Critique..., op. cit.*, p. 158; *idem*, Davis, Unfair Advantage Theory and Criminal Desert. Law and Philosophy, 14, 1995, p. 398. *Sadurski*, ao contrário, entende que a restituição da vitima afetada é um aspecto inerente ao ato de fazer justiça, tal como a punição, mas não desenvolve adiante essa ideia. SADURSKI, Wojciech. *Giving Desert Its Due..., op. cit.*, p. 227.

91. SADURSKI, Wojciech. *Giving Desert Its Due..., op. cit.*, p. 232.

92. DUFF, R. A. *Trials and punishment..., op. cit.*, p. 229.

benefícios e encargos, já que aquele que delinque pode não estar a se aproveitar deslealmente do cumprimento das leis por parte dos demais, mas pretendendo anular o desequilíbrio existente na fruição das condições gerais da vida em sociedade.[93] Ele não tomaria uma vantagem injusta para si com a prática do crime, já que aquele que não recebe de forma equitativa a sua parte nos benefícios, não "deve" a sua parte de obrigações.[94] Um Estado que trata alguém injustamente, não poderia cobrar o direito de punir em nome da equidade.[95]

4.4.3 Insuficiência na explicação da punição de determinados delitos

Uma crítica bastante privilegiada entre os opositores desta abordagem é sua limitação em explicar a punição de muitos delitos. Se a essência de um crime, segundo seus defensores, é que o autor obtém uma vantagem injusta sobre a obediência à lei por parte dos demais, então essa concepção falharia em explicar a punição de muitos crimes graves. Afirma-se que, em um delito como o estupro, espera-se de um juiz que, ao proferir a sentença, condene o réu por ter praticado um crime violento e degradante contra a vítima, causando-lhe danos e mostrando desprezo pelos seus direitos. Ao contrário, de acordo com a teoria da *unfair advantage*, esse juiz condenaria o réu por "ter se recusado em abster-se dos seus impulsos violentos e antissociais e por ter tomado uma vantagem sobre todos os demais que se contiveram".[96] Os resultados seriam visivelmente distorcidos. O estupro é crime porque ele fere a integridade e os interesses de uma outra pessoa, não porque quem o comete "obtém uma vantagem sobre os cidadãos que obedecem a lei".[97]

Assim, não é possível sustentar que para a maior parte das pessoas é um fardo abster-se da prática de crimes como o homicídio ou que elas exerçam uma penosa autorrestrição de seus impulsos por praticar tais delitos. Quanto mais grave um crime, é plausível pensar que a maioria das pessoas tenha internalizado o seu conteúdo de proibição e, com isso, que há uma menor tentação em praticá-los. Se deixar de cometer um homicídio não é, portanto, um exercício penoso de

---

93. MURPHY, Jeffrie G. *Kant's Theory of Criminal Punishment... op. cit.*, p. 437; *idem*, VON HIRSCH, Andrew. *Doing Justice..., op. cit.*, p. 144.

94. DUFF, R. A. *Trials and punishments..., op. cit.*, p. 209; 229.

95. *Idem, ibidem*, loc. cit. Veja-se sobre essa problemática a proposta de *Sadurski* à teoria utópica de *John Rawls* e suas hipóteses de tratamento preferencial em uma sociedade injusta: SADURSKI, Wojciech. *Giving Desert Its Due..., op. cit.*, p. 184 e ss.

96. Cf. DUFF, R. A. *Trials and punishments..., op. cit.*, p. 211.

97. DUFF, R. A. *Trials and punishments..., op. cit.*, pp. 211-212; *idem*, *Auctions, Lotteries and Punishment of Attempts..., op. cit.*, p. 8; DOLINKO, David. *Mismeasuring "Unfair Advantage"..., op. cit.*, p. 524; BOONIN, David. *The problem of punishment..., op. cit.*, p. 123; HUSAK, Douglas. *Overcriminalization. The Limits of Criminal Law.* Oxford: Oxford University Press, 2008, p. 104.

autocontenção, como, então, um homicida ou um estuprador estaria tomando uma vantagem sobre a obediência dessas pessoas?[98]

Como consequência, essa visão distorceria a forma de avaliar a gravidade dos delitos, ao descrever de forma artificial crimes tipicamente vitimizantes, como roubo armado, por exemplo, em termos da vantagem que o autor do crime obtém *sobre terceiros não envolvidos*, ao invés de descrevê-la na forma de violação aos direitos e interesses da vítima.[99]

Não seria possível, portanto, enxergar a essência de *todos os crimes* como o ganho de uma vantagem injusta sobre aqueles que se detém em obediência às exigências da lei, tampouco seria possível caracterizar o criminoso como um *free-rider* em todas as formas de violação à lei penal.[100]

4.4.4 Críticas à teoria de Michael Davis

Segundo um de seus principais opositores, *Scheid*, o método combinado de *Davis* para classificar crimes de acordo com a vantagem obtida pelo criminoso simplesmente não funciona. Em primeiro lugar, o método dos sete passos não teria, verdadeiramente, qualquer relação com o método de mercado de licenças. Este, de todo modo, seria incapaz de fornecer um conceito de vantagem.[101] Ainda, se o método de sete passos toma a perspectiva do criminoso racional para fornecer uma classificação de gravidade, não haveria qualquer razão plausível para supor que ele leva aos mesmos resultados que o método do mercado de licenças, segundo o qual os crimes são classificados de acordo com as vantagens esperadas que podem derivar da prática do crime.[102] Isso porque não é simplesmente evidente que o crime que uma pessoa mais teme é exatamente o crime que a ela poderia ser mais vantajoso: enquanto crimes violentos geralmente são mais temidos, outros crimes, como algumas espécies fraudes, podem render mais vantagens.

Isso conduz a uma outra crítica: se o valor das licenças depende, de um lado, do valor que um potencial criminoso está disposto a pagar pelo crime, o método geraria resultados inadmissíveis. Como vimos acima, supondo que, como é comum, todos estejam mais interessados em ganhar dinheiro do que matar pessoas ou violentá-las, as licenças para crimes como furto, estelionato e fraudes contra o sistema financeiro alcançariam valores muito maiores do que crimes

---

98. BURGH, Richard W. *Do the Guilty Deserve Punishment?..., op. cit.*, p. 209.

99. VON HIRSCH, Andrew. *Censure and Sanctions..., op. cit.*, p. 8; *idem, Proportionality in the Philosophy of Punishment..., op. cit.*, p. 269; BOONIN, David. *The problem of punishment..., op. cit.*, p. 123.

100. BURGH, Richard W. *Do the Guilty Deserve Punishment?..., op. cit.*, p. 214.

101. SCHEID, Don. E. *Davis, Unfair Advantage Theory and Criminal Desert..., op. cit.*, p. 380.

102. *Idem, ibidem*, p. 382.

como homicídio ou qualquer outro que envolva violência.[103] Com isso, as punições mais severas seriam atribuídas a crimes patrimoniais e não a crimes violentos praticados contra indivíduos.[104]

Uma outra crítica dirige-se à solução que *Davis* tentou fornecer para solucionar essa incoerência: à participação da sociedade na decisão sobre o número de licenças a serem vendidas, de acordo com o quanto elas estariam dispostas a tolerar crimes e à introdução das associações protetoras como ofertantes.[105] Para *Scheid*, o modelo de mercado teria alguma chance de refletir o valor da vantagem esperada com um delito se o número de licenças fosse igual para todos os delitos e se apenas aqueles que realmente pretendem praticar crimes pudessem fazer suas ofertas.[106] Se o número de licenças depende do julgamento da sociedade a respeito do quanto um crime é considerado grave, os preços no mercado irão refletir essa variação na oferta, de modo que o comportamento dos preços já não poderia mais ser explicado a partir das vantagens referidas aos delitos. E com a possibilidade de compra de licenças pelas associações protetoras no mercado, o preço final das licenças igualmente não refletiria apenas a avaliação dos potenciais criminosos, ou seja, a medida da vantagem.[107]

Grosse-Wilde levanta outras quatro objeções a este modelo, direcionadas à sua aplicabilidade prática. A dependência do número de licenças para crimes do "medo" da sociedade com relação a delitos correspondentes seria um parâmetro obscuro ("*trata-se de um medo empírico da sociedade ou do medo daquela pessoa racional?*").[108] Também seria pouco claro a partir de quais características de realizações de delitos, o medo deveria ser abstraído, se pudesse ser medido.[109] Ademais, a oferta em leilão de licenças para delitos seria uma fórmula circular, dependente de uma medida de pena já esperada, que pode ser evitada com a posse da licença (quando alguém espera que para um roubo grave receberá uma pena mínima de 5 anos, ele deve se comportar de forma diferente do que quando se trate apenas de um mês).[110] Por fim, não haveria evidência mínima para que a

---

103. SCHEID, Don E. *Davis and the Unfair Advantage: A Critique*, *op. cit.*, p. 164; DOLINKO, David. *Mismeasuring "Unfair Advantage"*..., *op. cit.*, p. 511.

104. *Sheid* atribui essa falha não apenas ao modelo de *Davis*, mas como uma deficiência geral da teoria da *unfair advantage*: mesmo que ela se utilizasse de um conceito de vantagem entendido como uma "satisfação pelo ilícito" ou outros similares, a satisfação do criminoso certamente seria maior em crimes menos graves e menor para crimes mais graves. SCHEID, Don E. *Davis and the Unfair Advantage: A Critique*, *op. cit.*, p. 164; *idem*, *Davis, Unfair Advantage Theory and Criminal Desert*..., *op. cit.*, p. 383.

105. SCHEID, Don. E. *Davis, Unfair Advantage Theory and Criminal Desert*..., *op. cit.*, p. 383.

106. *Idem, ibidem, loc. cit.*

107. SCHEID, Don. *Davis and the Unfair Advantage: A Critique*..., *op. cit.*, p. 149.

108. GROSSE-WILDE, Thomas. *Op. cit.*, p. 438.

109. *Idem, ibidem, loc. cit.*

110. GROSSE-WILDE, Thomas. *Op. cit.*, pp. 438-439. Também: SCHEID, Don. E. *Davis, Unfair Advantage Theory and Criminal Desert*, *op. cit.*, pp. 395-395: "O modelo

demanda por licenças para estupro, morte, abuso infantil etc. seja relativamente maior do que a demanda por licenças para crimes fiscais, fraudes etc., mesmo quando o número absoluto de licenças para os primeiros delitos for muito menor. Isso significaria que um preço de mercado justo para licenças para crimes fiscais poderia ser igual ou até maior do que um correspondente para licenças para estupro.[111]

Com todas essas objeções, seus críticos (um tanto convincentemente) concluíram pelo fracasso absoluto da proposta de *Davis* para fornecer respostas à questão a respeito do quanto de pena um delito deve merecer.[112]

4.5 Alternativas a uma pena proporcional baseada na teoria da *unfair advantage*

Eu entendo que as críticas brevemente resumidas acima, ao contrário de convencer pelo abandono completo dessa perspectiva, parecem reafirmar a intuição inicial de que, quando se trata de um *determinado tipo de criminalidade*, a vantagem do autor é o critério que deve ser utilizado para a medida da gravidade do injusto na determinação da pena. É a partir das próprias objeções que se dirigem à teoria, de maneira geral e, especificamente, à proposta de *Davis*, que podem ser extraídos os contornos de um modelo de pena proporcional que se baseie nessa perspectiva. Pretendo demonstrar isso a seguir.

4.5.1 Não aplicação a crimes contra bens jurídicos individuais

Falar em crime como obtenção de uma vantagem injusta ou desleal fora de condições que traduzam um contexto mínimo de equidade, como visto, é insustentável.[113] Mas essa objeção, se impõe um desafio aos defensores de uma teoria de justificação geral da pena, não constitui óbice a quem pretende sustentar o parâmetro da vantagem como perspectiva de determinação da sanção. Seria

de mercado foi concebido para fornecer um padrão de preços como um índice do nível de gravidade dos respectivos crimes de forma que possam ser atribuídos níveis apropriados de pena. Mas, antes de tudo, alguma pena deve estar pressuposta para cada um dos crimes de forma a motivar a oferta e a compra no mercado. Em outras palavras, o modelo de mercado não consegue avançar ao menos que as punições para os crimes envolvidos estejam pressupostas. No entanto, todo propósito do modelo era usar os seus preços para determinar como essas punições deveriam ser". Tradução livre.

111. *Idem, ibidem*, p. 439.

112. DOLINKO, David. *Mismeasuring "Unfair Advantage"..., op. cit.*, pp. 494, 508; DUFF, R. A. *Auctions, Lotteries, and the Punishment of Attempts, op. cit.*, pp. 9-10; VON HIRSCH, Andrew. *Censure and Sanctions..., op. cit.*, p. 9; *idem*, VON HIRSCH, Andrew. *Proportionality in the Philosophy of Punishment..., op. cit.*, p. 269; SCHEID, Don. E. *Davis, Unfair Advantage Theory and Criminal Desert, op. cit.*, p. 397; GROSSE-WILDE. Thomas. *Op. cit.*, p. 439.

113. Cf. item 4.4.2, acima.

necessário limitar essa perspectiva, dentro do universo das leis penais, a um núcleo determinado de delitos[114]

Diferentemente dos crimes responsáveis pela nossa majoritária população carcerária de réus pertencentes à subclasse da sociedade – onde a criminalidade está em estrita relação com a privação social, carência de recursos fundamentais e falta de condições mínimas para um bom desenvolvimento social e humano – em crimes fiscais, concorrenciais, contra o sistema financeiro, contra o mercado de valores mobiliários dentre outros semelhantes, parece possível enxergar um contexto completamente distinto. Nesses casos parece pouco questionável que se trata de *um contexto de iguais oportunidades, regulado por normas que beneficiam igualmente a todos* e, portanto, no qual é possível tratar o criminoso como um *free-rider.*[115]

Assim, diferentemente do que pretendem os defensores de uma teoria justificadora da pena a partir do princípio de equidade, é impossível afirmar que existe uma estrutura de cooperação mútua quando se trate de crimes contra vítimas individuais, como homicídio, lesões corporais, estupro, ou seja, crimes que afetam diretamente a esfera individual.[116] Não seria plausível afirmar que a maior parte das pessoas está predisposta à prática de homicídio e exerça uma "auto restrição", cujo aproveitamento pelo autor deste crime represente uma vantagem contra a obediência à lei pelos demais. Embora alguns autores tentem formular uma fundamentação nesse sentido, sem muito convencer, parece indefensável uma "inclinação" dos membros da sociedade à prática de crimes dessa natureza.[117] Ao contrário, parece perfeitamente plausível supor que a maior parte das pessoas paga seus impostos, mesmo sem desejar, porque a lei assim exige, em benefício de todos. As pessoas estão vinculadas, como cidadãos, ao cumprimento de um dever geral de cooperação mútua. Utilizando o exemplo mencionado acima, enquanto no crime de homicídio não é possível caracterizar o autor como um *free-rider*, no crime fiscal, por exemplo, todo aquele que sonega impostos é, inquestionavelmente, um.

---

114. Veja-se, especialmente: MURPHY, Jeffrie. Marxism and Retribution. *Philosophy and Public Affairs* 2, 1973, p. 240.

115. Veja-se, contudo, as críticas de *Husak* sobre a insuficiência dessa teoria para explicar crimes que representam uma mera infração a normas acessórias. HUSAK, Douglas. *Overcriminalization*..., *op. cit.*, p. 117.

116. BOONIN, David. *The problem of punishment*..., *op. cit.*, p. 123; DUFF, R. A. *Trials and punishments*... *op. cit.*, p. 213.

117. Contra uma crítica dessa natureza, seria possível objetar que, na medida em que existem pessoas que possuem uma inclinação a cometer homicídio, mas não o fazem, com relação *especificamente a elas*, o autor do homicídio cria uma distribuição desigual de benefícios e encargos. Esse argumento, contudo, apenas comprova como é necessário delimitar a incidência dessa ideia a determinados delitos. Cf. BURGH, Richard W. *Do the Guilty deserve Punishment?*..., *op. cit.*, p. 203.

O âmbito de aplicação de uma teoria que se baseie na vantagem injusta e no princípio de justiça não se aplicaria, portanto, a crimes contra bens individuais, nos quais não é possível falar em mútua cooperação, justa distribuição de benefícios e encargos nem na caracterização do autor do delito como um *free-rider*. Nestes crimes, como já visto, o critério do dano é o mais adequado para mensurar a gravidade do injusto.[118] Somente seria possível utilizar o critério da vantagem *quando se trate de um grupo determinado de delitos* que esteja em um contexto no qual esteja presente a mútua cooperação, consistente em uma justa distribuição de benefícios e encargos, e nos quais a conduta ilícita possa ser qualificada como a ação de um *free-rider*.

4.5.2 Restrição à criminalidade econômica

A ideia de *Davis* de utilizar um mercado de licenças para a prática de crimes é bastante coerente com a concepção de que o crime representa uma vantagem ao criminoso. É plausível supor que a quantidade de dinheiro que possíveis autores de crimes estariam dispostos a pagar por eles reflita a vantagem que estes potenciais autores esperam obter com a sua prática.[119] *Davis* é amplamente criticado por pretender uma aplicação generalizada dessa ideia a todos os crimes – hipótese já rejeitada. Mas se limitarmos a ideia originária à *criminalidade econômica*,[120] ao contrário, o modelo de *Davis* parece não apenas plausível, mas bastante realista.[121]

Tomemos um exemplo: em um seguimento de indústria no qual competem quatro grandes empresas, se três delas unirem-se em um cartel para manipular preços e dividir o mercado, a quarta empresa sofrerá as consequências da conduta desleal e ilícita das demais. A posição vantajosa na qual se colocam as três primeiras empresas, do ponto de vista de todas elas, tem certamente um valor econômico mensurável. Ele reflete tanto o quanto podem lucrar as três primeiras, como o quanto a quarta empresa pode perder. Se a quarta empresa resolver refletir

---

118. Cf. item, 3.1.2, Cap. 3.

119. SCHEID, Don. *Davis and the Unfair Advantage. A Critique..., op. cit.*, p. 147.

120. Aqui, adoto o conceito de direito penal econômico como uma especialidade da lei penal na proteção de bens jurídicos supraindividuais (bens jurídicos coletivos sociais e interesses públicos), e não de definições que associam essa categoria de delitos com características do agente. Cf. TIEDEMANN, Klaus. *Wirtschaftsstrafrecht, 5. Auflage.* München: Verlag Franz Vahlen, 2017, p. 29, Rn. 81. Sigo, portanto, o conceito amplo de criminalidade econômica defendido, na doutrina brasileira, por SILVEIRA, Renato de Mello Jorge Silveira; SAAD-DINIZ, Eduardo. *Repatriação e crime. Aspectos do binômio crise econômica e direito penal.* Belo Horizonte: Editora D'Placido, 2017, p. 48.

121. Mesmo os opositores de *Davis* e da teoria da *unfair advantage* reconhecem que essa espécie de delitos seria explicável nos termos que a teoria propõe: VON HIRSCH, Andrew. *Censure and Sanctions..., op. cit.*, p. 8; *idem*, *Gauging criminal harm..., op. cit.*, p. 34; DUFF, R. A. *Trials and punishments..., op. cit.*, p. 21 (especialmente sobre os crimes nos quais se pode falar no agente como um *free-rider*); BOONIN, David. *The problem of punishment..., op. cit.*, p. 123.

a respeito dos custos e benefícios de integrar o cartel e evitar prejuízos decorrentes do seu estrangulamento no mercado, esse cálculo será feito à semelhança do que supõe *Davis:* ela deverá calcular o quanto praticar o crime de abuso de mercado "vale a pena" (o que, por sua vez, pressupõe conhecimento das penas aplicáveis e das consequências decorrentes da prática o delito). De outro lado, como vítima, sua ponderação leva em conta a gravidade do dano que ela pode vir a sofrer, ou seja, o quanto ela teme as consequências danosas do delito. A partir deste exemplo, parece que podemos afirmar que o valor da vantagem, como coloca *Davis*, é um valor objetivo.

Ocorre que a fórmula de *Davis* falha por excesso de abstração.[122] Nem é possível saber o quanto a sociedade "teme" a prática do crime, nem se pode afirmar o quanto um potencial criminoso estaria disposto a pagar pela licença para praticá-lo. A busca pelo valor objetivo, já dificultada por esses obstáculos, fica ainda menos concretizável quando se imagina que o valor das licenças está sujeito a tantas variáveis que têm lugar em um mercado aberto, onde variações na oferta e na demanda por licenças também dependem de outros fatores (como o aumento da criminalidade, redução ou aumento do número de licenças lançadas ou o incremento do combate a determinado crime) alterando, consequentemente, o comportamento dos preços. A presença dessas variáveis faz a fórmula de *Davis* fracassar na tentativa de fornecer uma medida para a vantagem.[123]

Isso poderia não ocorrer se trouxéssemos essas ideias centrais para um plano mais realista. Em um crime econômico, a vantagem visada pelo agente é fundamentalmente *econômica*. E como tal, é possível mensurar, segundo as condições do beneficiário da vantagem (uma pessoa ou uma empresa), se ela pode ser considerada significativa, insignificante, indiferente ou praticamente inexistente, ou seja, é possível objetivar *distintos graus da importância da vantagem econômica*. Essa ideia bastante simples parece colocar as coisas em um plano mais concreto.

Essa delimitação coincide com a impressão quase intuitiva de que é no âmbito deste tipo de criminalidade – na qual está em jogo, essencialmente, a competitividade entre agentes e a finalidade de lucro,[124] de um lado, e os riscos sociais de uma atuação ambiciosa, de outro – que fica clara a importância do

---

122. VON HIRSCH, Andrew. *Proportionality in the Philosophy of Punishment..., op. cit.*, p. 268, quem reconhece que interpretar a vantagem de forma *não literal*, como *Davis*, leva a resultados inadequados.

123. SCHEID, Don. E. *Davis, Unfair Advantage Theory and Criminal Desert..., op. cit.*, p. 383.

124. "Indivíduos e organizações cometem esses atos para obter dinheiro, propriedade ou serviços; para evitar o pagamento ou perda de dinheiro ou serviços, ou para assegurar uma vantagem pessoal ou negocial". GREEN, Stuart P. *Lying, Cheating and Stealing..., op. cit.*, p. 15. Tradução livre. Também BAJO, Miguel; BACIGALUPO, Silvina. *Derecho penal económico*, 2. Ed. Madrid: Editorial Universitária Ramós Areces, 2010, p. 49, quem classifica os crimes econômicos como "crimes de enriquecimento".

princípio de equidade.[125] "*Fairness*" é uma exigência tanto entre os agentes do mercado (potenciais autores de delitos dessa natureza), como uma necessidade a ser garantida às potenciais vítimas, à sociedade e ao regular funcionamento do Estado.[126] Crimes contra o consumidor, contra o sistema financeiro e contra a ordem tributária são alguns exemplos de delitos que atentam contra instituições essenciais ao funcionamento do Estado e que possuem uma grande capacidade ameaçadora da *confiança necessária nos órgãos e instituições*, ao mesmo tempo que geram vantagens econômicas significativas a seus autores.

O princípio de equidade é um elemento ao qual se deve recorrer para contemplar o interesse da sociedade e justificar a imposição de uma pena que considere também a afetação social de alguns delitos.[127] Essa ideia se sustenta apenas quando se trate de crimes que se encontrem em um contexto no qual seja possível afirmar a mútua cooperação e justa distribuição de benefícios e encargos.[128] O critério da vantagem obtida pelo agente somente pode ser aplicado, portanto, à criminalidade econômica.[129]

4.5.3 Consideração de danos a vítimas individualizáveis

O argumento no sentido de que a teoria retributiva amparada no princípio de equidade não contemplaria os prejuízos da vítima não se sustenta quando se observa bem um dos principais aspectos da teoria de *Davis*. *Scheid* talvez seja o único autor que captou a importância do segundo elemento que *Davis* atribui como componente do valor objetivo da vantagem: *a perspectiva das potenciais vítimas*, ou seja, *da sociedade*.[130]

Quando *Davis* insere a figura da sociedade como uma variável, cujas ofertas irão interferir no valor das licenças, o que ele quer dizer é que *a vantagem perce-*

---

125. Assim também *Stuart Green*, quem justifica o conteúdo de reprovabilidade de determinados crimes econômicos com base no princípio de equidade. Trapacear, ou seja, "[...]violar uma norma justa, aplicada de forma justa, com a finalidade de obter uma vantagem sobre uma parte com a qual se está em uma relação cooperativa, normativamente vinculativa" traduziria o conteúdo de injusto de crimes como sonegação fiscal, corrupção, *insider trading* e outras infrações regulatórias, as quais corresponderiam às normas penais em branco ligadas à infração de normas administrativas. Cf. GREEN, Stuart. *Lying, Cheating and Stealing...*, *op. cit.*, p. 54 e ss.; 133 e ss.

126. Neste sentido: TIEDEMANN, Klaus. *Wirtschaftsstrafrecht...*, *op. cit.*, p. 70, Rn. 184.

127. HÖRNLE, Tatjana. *Straftheorien...*, *op. cit.*, pp. 54-55.

128. Sobre a aproximação entre os bens jurídicos coletivos supraindividuais com caráter social, sem um referente individual, e os delitos econômicos: MARTÍNEZ -BUJÁN PÉREZ, Carlos. Bien jurídico y Derecho Penal econômico. In: DEMETRIO CRESPO, Eduardo; CALATAYUD, Manuel Maroto. *Crisis financeira y Derecho Penal económico*, 2014, p. 320.

129. Veja-se: DOLINKO, David. *Mismeasuring "Unfair Advantage"...*, *op. cit.*, p. 500, quem assume que o sentido de vantagem injusta ganha coerência em um contexto não apenas colaborativo, mas competitivo.

130. DAVIS, Michael. *To make punishment Fit the Crime...*, *op. cit.*, p. 239.

bida pelo agente pressupõe, ao mesmo tempo, uma desvantagem à sociedade.[131] Isso demonstra que na valoração do injusto destes crimes – e essa parece ser a ideia central de *Davis* – há duas perspectivas a considerar: a vantagem do *autor* e a lesão ou o perigo de lesão à *sociedade* (representada por uma vítima individualizável). É por essa razão que *Scheid* acaba concluindo que o modelo de licenças de *Davis* é mais capaz de refletir o *valor social dos crimes* do que propriamente o valor da vantagem percebida pelo agente.[132]

A perspectiva da sociedade, na análise da gravidade de determinado crime, deve ser concretizada no plano da aplicação da pena segundo o quanto as respectivas condutas afetam os seus interesses.[133] Isso significa *considerar os danos causados a vítimas concretas atingidas por determinado fato.*[134] Essa ideia parece ter sido levada a cabo, na doutrina de aplicação da pena, por *Grosse-Wilde*, embora de uma forma um tanto assistemática.[135] Sem enfrentar a fundo seus fundamentos ou explorar o seu âmbito de aplicação, ele sugere que a teoria da *unfair advantage* poderia servir como um fundamento para considerar, no momento de determinação da pena, o caráter social que "todo delito" comportaria.[136] Com base nesta premissa, bastante simplificada, o autor pretende considerar na determinação da pena, por exemplo, danos a terceiros em crimes contra bens jurídicos personalíssimos (por exemplo, o trauma psicológico a familiares, em decorrência de um homicídio), com consequências agravantes da medida do injusto.[137]

Parece que *Grosse-Wilde* acerta quando recorre ao princípio de equidade como fundamento para contemplar, no âmbito do injusto, os danos causados a terceiros. Mas isso somente deveria ocorrer quando se trate de reconhecer esses terceiros *como membros da sociedade afetada por delitos dessa natureza.*

---

131. VON HIRSCH, Andrew. *Proportionality in the Philosophy of Punishment..., op. cit.*, p. 266.

132. SCHEID, Don. E. *Davis, Unfair Advantage Theory and Criminal Desert..., op. cit.*, p. 394.

133. VON HIRSCH, Andrew. *Proportionality in the Philosophy of Punishment..., op. cit.*, p. 267.

134. Aqui, não ingressarei na problemática da identificação de danos nestes crimes, ligados a problemas de causalidade típicos dessa espécie de criminalidade. A respeito, veja-se: TIEDEMANN, Klaus. *Wirtschaftsstrafrecht..., op. cit.*, pp. 131-132.

135. Enquanto este autor despreza, de um lado, qualquer potencial quantitativo que a teoria possa ter para determinação da pena, de outro, ele se utiliza dela para sustentar consequências danosas a terceiros. O problema é que *Grosse-Wilde* a maneja sem observar o contexto social de mútua cooperação que necessariamente deve ser delimitado e, com isso, pretende aplicá-la indistintamente a bens individuais e personalíssimos, sob o argumento de que todo crime seria um "*crime público*" e que toda condenação seria proferida "*em nome da sociedade*". GROSSE-WILDE. Thomas. *Op. cit.*, p. 405.

136. "Essa ideia (fairness) pode comprovar que um delito não pode ser entendido apenas como um injusto contra uma vítima individual". GROSSE-WILDE, Thomas. *Op. cit.*, p. 405. Tradução livre.

137. GROSSE-WILDE, Thomas. *Op. cit.*, p. 406.

4.6 Pena proporcional à vantagem nos delitos econômicos

Vimos até aqui que uma teoria da pena que pretenda justificar todos os delitos na ideia de equidade e do crime como obtenção de uma vantagem injusta exige mais destes dois elementos do que realmente eles podem oferecer. Nem todos os crimes se justificam sob os fundamentos do princípio de equidade e nem todo autor de um delito pode ser caracterizado como um *free-rider*. Mas a ideia de que a conduta do agente caracteriza uma vantagem obtida de forma desleal parece desempenhar um papel importante em crimes econômicos.[138] Com as delimitações feitas ao âmbito de aplicação da teoria da *unfair advantage* para a determinação da pena, concluí que *nestes delitos, a vantagem econômica pode ser um critério mais adequado para determinar a gravidade do fato*.

Essa constatação coincide com a afirmação inicial no sentido de que há crimes nos quais o critério do dano é inútil para a determinação da pena. Enquanto na criminalidade "comum" (homicídio, estupro, roubo etc.) o dano é focado e evidente, nos crimes econômicos a conduta é frequentemente não violenta, causa danos incorpóreos e ocorre em um período de tempo e em um lugar físico difíceis de precisar.[139] A própria identificação de uma vítima é muito mais complexa do que na criminalidade trivial: muitas vítimas de um crime econômico não têm conhecimento de que foram lesadas e, inclusive para o próprio autor, a identidade dessas vítimas é desconhecida.[140] De todo modo, quando uma vítima identificável for lesada com a conduta, estes danos devem ser valorados como consequências agravantes da pena.

As características que marcam determinadas figuras delitivas na criminalidade econômica, demonstram, no entanto, que muitos delitos não podem ser justificados apenas pelo princípio de equidade – quando conseguem encontrar uma justificação minimamente satisfatória.[141] Embora seja possível considerar na medida da pena a importância da vantagem do agente mesmo para delitos de mera conduta (por exemplo, no âmbito das consequências culpáveis) delitos de perigo abstrato e crimes de mera infração a normas administrativas, diante dos problemas de legitimidade que já são amplamente discutidos no âmbito da criminalização, poderiam encontrar dificuldades de justificação segundo essa abordagem.

Não é meu objetivo fazer um levantamento das figuras penais que constituem o universo de condutas delitivas que se pode denominar pertencentes à criminalidade econômica, nem estudar o conteúdo de injusto de cada um desses tipos penais. Meu escopo é bem mais modesto: fornecer um critério de valoração

---

138. Neste sentido também: GREEN, Stuart. *Lying, Cheating and Stealing...*, *op. cit.*, p. 75.

139. GREEN, Stuart. *Lying, Cheating and Stealing...*, *op. cit.*, p. 35.

140. *Idem, ibidem*, p. 36.

141. Veja-se, detalhadamente sobre a dificuldade de justificação de crimes de *mala prohibita*: HUSAK, Douglas *Overcriminalization...*, *op. cit.*, pp. 103 e ss.

da gravidade do injusto para alguns crimes contra bens jurídicos coletivos. E com isso estou ciente de que o critério da vantagem pode não ser aplicável a determinados casos. Isso, no entanto, parece menos um problema de uma teoria da pena proporcional ao fato, do que do excesso de criminalização de condutas no âmbito da criminalidade econômica.

Feita essa ressalva, veremos, a seguir, quais circunstâncias de valoração da medida do injusto podem ser consideradas na determinação da pena para os casos que se adequem às condições acima delimitadas, além daquelas já tratadas no Capítulo 3. Considerando a natureza do injusto nestes crimes, surgem algumas diferenças com relação à perspectiva do portador do bem jurídico, nos delitos contra bens jurídicos individuais.

4.6.1 Injusto de ação

a) Violação de dever

Conforme adiantei no Capítulo 3, em delitos que prevejam deveres típicos, a importância do dever funcional violado ou o maior significado que sua violação representa em termos de danosidade devem ser consideradas na dosimetria da pena. Em se tratando de deveres extratípicos, a violação de um dever, como elemento com capacidade de influir na valoração do injusto de ação, não se justifica em razão de qualquer posição ou cargo ocupado pelo agente. Também vimos que, em se tratando de bens jurídicos individuais, deve-se observar uma relação direta entre a infração do dever e a facilitação do crime pela quebra de confiança na relação com a vítima.

Aqui, outras considerações devem ser acrescentadas. Em muitos delitos econômicos, a quebra da confiança também é um elemento importante e muitas vezes inerente à própria natureza desses crimes.[142] O consumidor que adquire um carro confia que o veículo atende às normas de segurança, o investidor que opera no mercado de valores mobiliários confia nas informações divulgadas pelas companhias e na formação dos preços, assim como o Estado confia ao funcionário público o zelo com relação à gestão da coisa pública, em razão da ocupação de determinado cargo.[143] A relação de confiança não se refere, portanto, exclusivamente à vítima, e aquele que viola essa confiança, *tendo o papel específico de garanti-la*, age com violação de dever. Em crimes contra bens jurídicos coletivos ou supraindividuais, portanto, a relevância da infração ao dever e da quebra de confiança surge quando o agente esteja investido de funções que o coloquem em

---

142. Em sentido semelhante: SOUZA, Luciano Anderson de. *Direito Penal econômico. Fundamentos, limites e alternativas.* São Paulo: Quartier Latin, 2012, p. 62.

143. TIEDEMANN, Klaus. *Op. cit.*, p. 427, Rn. 1041.

uma *posição de garante do bem jurídico*, que não se limita a uma relação com uma vítima concreta.[144]

Uma posição de destaque em determinado contexto empresarial ou institucional, no entanto, pode não representar uma violação de dever. Ela surge quando, à semelhança dos deveres típicos previstos em lei, o agente, em decorrência das atribuições e funções exercidas, esteja em posição de garantir a proteção do bem jurídico e isso dependerá, em boa parte dos casos, das específicas atribuições do autor em determinado contexto institucional. Ser presidente, sócio ou presidente do conselho de administração de uma empresa ou companhia não é, em regra, fundamento suficiente para afirmar uma violação de dever a ser considerada como justificativa para um agravamento de pena.[145]

Nessa linha, parece acertado o entendimento expressado no julgamento analisado pelo Superior Tribunal de Justiça que confirmou a relevância do cargo exercido por diretor de finanças e relações com investidores, em caso que apurou a conduta de uso indevido de informação relevante (*insider trading*). Considerando as funções exercidas pelo agente e o papel que exerceu em transação envolvendo aquisição da empresa – fato relevante, cuja manutenção em sigilo era um dever específico ligado à posição que ele ocupava – é idôneo o agravamento de pena em razão da violação da confiança qualificada inerente à função.[146]

No entanto, ao contrário do que decidido pelo Tribunal, é inadequado considerar a violação do dever como elemento "agravante da culpabilidade". Culpabilidade em sentido estrito não é um elemento agravável e a violação do dever é matéria relativa à ilicitude e, portanto, ao injusto – único elemento da culpabilidade em sentido amplo com capacidade de agravamento. Ademais, a infração ao dever deveria ser considerada não entre as circunstâncias do artigo 59, na determinação da pena base, mas sim como circunstância agravante, diante da previsão expressa contida no artigo 61, inciso II, alíena "g", do Código Penal.

---

144. FRISCH, Wolfgang. *Gegenwärtiger Stand...*, *op. cit.*, p. 764.

145. Fartamente a respeito dos fundamentos dos deveres decorrentes do cargo, no contexto dos delitos omissivos praticados por dirigentes de empresas: ESTELLITA, Heloisa. *Responsabilidade penal de dirigentes de empresas por omissão: estudo sobre a responsabilidade omissiva imprópria de dirigentes de sociedades anônimas, limitadas e encarregados de cumprimento por crimes praticados por membros da empresa.* São Paulo: Marcial Pons, 2017, pp. 75 e ss.

146. Assim a fundamentação do acórdão que manteve a decisão condenatória: "Ao Diretor de Relações com Investidores cabe zelar pela divulgação e comunicação de fatos relevantes, inclusive sendo-lhe imposto o dever de inquirir as pessoas com acesso a atos ou fatos relevantes, com o objetivo de averiguar se estas têm conhecimento de informações que devam ser divulgadas ao mercado, nos termos dos artigos 3º e 4º da Instrução CVM n. 358/2002. Cabia a ele o dever de proteger a companhia e o próprio mercado de condutas contrárias ao seu bom funcionamento, notadamente aquelas atinentes ao aproveitamento ilegal de assimetrias informacionais. O acusado, porém, utilizou as informações em proveito próprio, agindo com elevada culpabilidade" (STJ, REsp 1.569.171/SP, trecho do acórdão recorrido).

Casos limítrofes podem surgir quando se trate de um delito contra bens jurídicos coletivos praticado por funcionário público em concurso com um *extraneus*. O advogado condenado por agir em concurso com um magistrado na venda de alvarás de soltura, inegavelmente ostenta uma relação de confiança com relação àqueles de quem cobra pela venda das sentenças, facilitando a prática do crime.[147] De outro lado, também age violando um dever de proteção ao bem jurídico. Ocorre que este dever, neste caso, decorre especificamente da previsão legal específica (art. 2º, § 2º, da Lei 8.906/1994) que lhe qualifica como profissional que exerce múnus público e função social, colocando-lhe, portanto, em uma posição de confiança qualificada quanto à proteção do bem jurídico.

b) Motivos (finalidade de lucro)

Uma importante consequência dessa abordagem para a determinação da pena é a *neutralidade da finalidade de lucro como motivação do agente*. Também nestes delitos este é um fundamento que *não tem capacidade para agravar a medida do injusto de ação* – quanto menos da culpabilidade em sentido estrito.

Se todo crime representa uma vantagem ao criminoso e, nos delitos econômicos, essa vantagem é econômica, a "finalidade de lucro", "cobiça", "ganância" seguem sendo elementos inerentes à própria conduta. Eles não agravam o injusto, senão o constituem e, portanto, não permitem justificar a conduta delitiva do agente.[148] Equivocado, portanto, o entendimento tradicional da jurisprudência que se vale do argumento da busca por lucro ou outros semelhantes, como fundamento utilizado, muitas vezes, para exasperar mais de uma circunstância judicial, em delitos dessa espécie[149] – especialmente, a culpabilidade ("reprovabilidade"),[150] os motivos[151] e a conduta social.[152]

---

147. Cf. STJ, AgRg no REsp 1284326/AM.

148. Cf. item 3.3.1, Cap. 3.

149. STJ, REsp 1. 102.183/RJ.

150. "A culpabilidade no delito mostrou-se intensa, ultrapassando a normalidade dos crimes de corrupção, uma vez que o fato criminoso não se restringiu às esferas individuais dos agentes políticos, mas um grande número de vereadores envolvidos, com o objetivo de elaborar novo Plano Diretor do Município de Natal, votando conforme os interesses de um grupo de empresários do ramo imobiliário e da construção civil, com grandes impactos urbanísticos e ambientais, ou seja, houve o abuso da atividade pública/legislativa em detrimento da exploração desordenada do meio urbano; com disfunção da legislação urbanística e ambiental para fins de lucro empresarial, o que constitui fundamento válido para o aumento da pena-base, visto que não faz referência a elemento inerente ao próprio tipo penal, aumentando o desvalor da conduta". (STJ, AgRg nos EDcl no REsp 1604434/RN).

151. STJ, HC 19.902/RS.

152. "*Habeas corpus. Crimes contra a ordem tributária. Dosimetria da pena.* Revela-se patente o descompasso da fundamentação utilizada de forma a concluir pela conduta social desabonadora atribuída ao réu, tendo em vista que a intenção de obter lucro facilmente é inerente ao próprio tipo penal, como o próprio magistrado sentenciante, contraditoriamente,

De outro lado, quando a conduta do agente puder ser justificada em razões que demonstrem a *inexistência de busca pela vantagem*, seria possível considerar uma redução de pena decorrente da motivação do autor. Assim seria o caso de quando o autor deixa de recolher tributos, na tentativa de salvar sua empresa da falência e evitar o perigo da perda de postos de trabalhos pelas pessoas empregadas.[153] A motivação do agente, neste contexto, encontra uma justificação que permitiria um certo grau de compreensão – embora não para excluir o injusto de forma completa – por tratar-se de situação análoga ao estado de necessidade exculpante (art. 24, § 2º, do Código Penal).[154]

4.6.2 Injusto de resultado

a) Consequências do crime

1- Danos a terceiros

Considerando que um crime contra bens jurídicos supraindividuais afeta, sobretudo, os interesses da sociedade como destinatários da proteção da norma, danos que atinjam terceiros e que estejam na esfera de previsibilidade e evitação do autor também devem ser considerados aptos a agravar a pena. Não se trata de impor uma pena sob fundamentos preventivos, justificados na necessidade de "restauração da confiança social na norma violada", mas sim de considerar a *afetação aos interesses de uma vítima concreta*, quando presente, no caso, material probatório suficiente para tanto.[155] Isso reflete a distinta dimensão qualitativa da natureza do injusto destes crimes.[156]

Mas também aqui são necessários limites, sob pena de irmos muito além do que uma pena proporcional ao fato poderia admitir. Se na determinação da pena em um crime fiscal todo magistrado pretender considerar as consequências nefastas da conduta para a sociedade, teríamos um agravamento irrestrito de pena: os prejuízos resultantes do agravamento do estado de saúde de uma pessoa que não tenha sido atendida em um hospital municipal sucateado e sem recursos, por falta de repasse de verbas, localizado no Município para o qual uma grande empresa deixou de recolher milhões em tributos, poderiam ser coerentemente apontados como consequências extratípicas a serem consideradas na aplicação da

assinalou quando da análise dos motivos que conduziram o agente à prática do ilícito" (HC 354.789/PE).

153. MEIER, Bernd-Dieter. *Op. cit.*, p. 212; GIANNOULIS, Georgios. *Studien zur Strafzumessung...*, *op. cit.*, p. 117; HÖRNLE, Tatjana. *Tatproportionale...*, *op. cit.*, pp. 322-323.

154. HÖRNLE, Tatjana. *Tatproportionale...*, *op. cit.*, p. 323.

155. Proximamente: GROSSE-WILDE, Thomas. *Op. cit.*, p. 406.

156. *Idem, ibidem, loc. cit.* Quem a denomina de "uma espécie de dimensão de *free-rider*".

pena pelo crime fiscal.[157] Mas a culpabilidade pelo fato, em uma situação como essa, estaria ameaçada.

Parece ser diferente se considerarmos o exemplo daquela empresa, cujas concorrentes em determinado seguimento resolveram unir-se em cartel, com a finalidade de ajustar preços e dividir entre elas o mercado. Após ponderarem as consequências de um processo criminal ou de sanções perante o CADE (Conselho Administrativo de Defesa Econômica), os dirigentes da quarta empresa resolvem recusar a proposta de ajuste, por configurar uma prática delitiva arriscada. Em alguns anos, a empresa se vê obrigada a encerrar suas atividades por não ter conseguido manter-se no mercado deslealmente controlado pelas demais. Os prejuízos financeiros incluem desde dívidas com fornecedores a débitos trabalhistas. Porque todos são, a um só tempo, destinatários e beneficiários da proteção da norma, as consequências da conduta delitiva de alcance social para uma *vítima determinável* bastam-se com o *risco criado pela conduta do agente e a previsibilidade do resultado, no momento do fato*. Era previsível aos membros do cartel que, ao se decidirem pelo ajuste ilegal, colocavam em risco a livre concorrência no mercado e, portanto, criavam um risco não permitido à quarta empresa que se recusou a integrá-lo – que certamente não se esgota na impossibilidade de concorrer livremente. O "âmbito de proteção ao bem jurídico" seria um critério que dificilmente permitiria contemplar consequências que são esperadas, previsíveis e ligadas à conduta incriminada.[158]

A jurisprudência parece já acenar em sentido semelhante, quando reconhece que em um delito fiscal de grande monta o prejuízo à concorrência seria consequência legítima a ser considerada na determinação da pena – mas o faz de uma forma ampla demais.[159] Tais consequências devem ser previsíveis, estar em um

---

157. Este apontamento vale também para interpretar a previsão contida na causa especial de aumento de pena no art. 12, inciso I, da Lei n. 8.137/1990 que prevê a consideração de "graves danos à coletividade" na aplicação da pena em crimes contra a ordem tributária, contra a ordem econômica e as relações de consumo.

158. Este entendimento parece encontrar compatibilidade com a previsão contida no artigo 47 da Lei 12.529/2011, que permite ao lesado pela prática anticoncorrencial requerer em juízo as perdas e danos sofridos em razão da prática ilícita de terceiros: "Art. 47. Os prejudicados, por si ou pelos legitimados referidos no art. 82 da Lei 8.078, de 11 de setembro de 1990, poderão ingressar em juízo para, em defesa de seus interesses individuais ou individuais homogêneos, obter a cessação de práticas que constituam infração da ordem econômica, bem como o recebimento de indenização por perdas e danos sofridos, independentemente do inquérito ou processo administrativo, que não será suspenso em virtude do ajuizamento de ação".

159. Assim entendeu o STJ, quanto à valoração das consequências em crime fiscal com grande valor sonegado: "o elemento mencionado pelo magistrado (influindo no aspecto desleal da concorrência de mercado no setor) é elemento concreto e apto a justificar o agravamento do referido vetor" (STJ, AgREsp 1.002.970). Veja-se o fundamento do acórdão recorrido: "As consequências são muito graves. O dano à coletividade (...) pode ser medido em função do volume de dinheiro sonegado, na casa dos milhões de reais, sem falar na

contexto probatório robusto e, sobretudo, *circunscritas a uma vítima concreta e individualizável.*[160] Assim seria o caso de uma escola particular que se insere no mercado de forma incisivamente predatória – falseia dados para obter imunidade tributária, terceiriza atividade fim não registrando seus professores, altera indevidamente sua forma de contabilidade, forja despesas, oculta receitas e não recolhe contribuições previdenciárias de funcionários – ciente de que, com os valores não recolhidos, poderá alcançar posição mais competitiva, praticar preços impossíveis aos seus concorrentes e, assim, "eliminá-los" do mercado. O prejuízo decorrente da ruína de determinada empresa do mesmo seguimento, desde que provado, previsível e conhecido pelo agente, é um dano que está ligado ao risco criado pela conduta e, portanto, considerar tais consequências lesivas ao concorrente na determinação da pena, no âmbito das consequências do crime, seria um agravamento de pena idôneo.

Já no exemplo da pessoa enferma não atendida no hospital, embora a lesão aos cofres públicos e o prejuízo que disso decorre para a população sejam consequências previsíveis de um delito dessa espécie, não é possível afirmar que era previsível ao agente, no momento do fato, que alguém poderia vir a sofrer danos à saúde em razão do não atendimento médico no hospital, nem seria possível afirmar, seguramente, que o risco criado pela conduta contribuiu diretamente para os danos sofridos.

Isso significa que danos a terceiros não podem ser considerados agravantes da medida da pena sob o fundamento genérico de "graves danos à coletividade". Somente prejuízos concretos e individualizáveis, que estejam na esfera de previsibilidade do autor e em relação com o risco proibido produzido pela conduta devem ser considerados como consequências culpáveis e agravantes da pena.

2- Danos a instituições privadas

Consequências danosas imediatas a instituições ou pessoas jurídicas são comuns em delitos econômicos. Mesmo tratando-se de crimes que protegem bens jurídicos coletivos, a conduta pode prejudicar instituições privadas como vítimas imediatas e, estas consequências, como visto, devem ser consideradas na determinação da pena.[161]

A dimensão do prejuízo patrimonial poderá, em alguns casos, corresponder à vantagem obtida pelo agente.[162] Mas mesmo em casos assim simplificados, ainda

concorrência desleal, principalmente em um mercado assolado pela voracidade do fisco brasileiro, porque tais condutas dificultam o crescimento sadio das empresas que mantêm em dia as suas obrigações".

160. Assim também: GROSSE-WILDE, Thomas. *Op. cit.*, p. 407.

161. Assim procede a jurisprudência quando considera o alto valor do prejuízo causado como elemento agravante das consequências do crime, em crimes contra o sistema financeiro nacional: STJ, 1.102.183/RJ; HC 180.683/DF; AgRg no REsp 1.242.129/PR.

162. Por exemplo, em casos de gestão fraudulenta mediante desvio: STJ, HC 351.960/SP.

é pertinente a questão sobre quais critérios devem ser manejados para considerar a gravidade do prejuízo patrimonial causado a uma pessoa jurídica. O problema, nestes casos, é como dimensionar a gravidade do dano, considerando que o critério de gravidade segundo a "afetação à qualidade de vida", aparentemente, perde sentido quando não se trate de uma pessoa natural.

À essa questão, *Hörnle* ofereceu como sugestão adaptar a teoria de *von Hirsch* e *Jareborg*, utilizando o conceito de qualidade de vida como *capacidade de trabalho da organização*. Este critério novamente remete a um significado altamente "antropocêntrico" da concepção de dano: ele dependeria do grau de afetação individual dos trabalhadores de uma empresa para mensurar a gravidade do prejuízo. Assim, "*o desvalor de injusto de um delito, que tem consequências graves para a capacidade de trabalho da organização seria menor, quando interesses humanos não vitais forem afetados*".[163] Essa visão, contudo, deixa de lado o ponto de vista mais importante a ser considerado: *o prejuízo concreto da própria vítima imediata*.

Parece-me que, ao contrário da relutância de *Hörnle* em manejar uma análise personalizada de mensuração do significado do dano, os perigos a ela ligados não estariam presentes, como quando se trata de uma pessoa natural. Sobretudo por se tratar de *prejuízo patrimonial*, e não lesões de outra natureza, que, se valoradas segundo uma perspectiva personalíssima da vítima, levaria a resultados que resvalariam em uma análise da sensibilidade do ofendido às consequências danosas do crime (como traumas, medos e estigmatizações).

Avaliar o prejuízo de uma pessoa jurídica impõe, portanto, trabalhar com parâmetros de gravidade *mais dependentes da situação concreta da vítima* (diferente, portanto, da perspectiva de um *standard* de gravidade de danos) sob pena de chegarmos a resultados distorcidos. Para um grande banco lesado em quantias milionárias desviadas, as consequências na disponibilidade patrimonial podem não ser consideradas significativas, diferente de quando se trate de uma pequena corretora, ainda que seu prejuízo seja em valores muito inferiores.[164] Para valorar o prejuízo patrimonial deve-se considerar o particular contexto financeiro da pessoa jurídica atingida com a conduta.[165]

De outro lado, a mera referência a atitudes que colocam em risco o patrimônio – por exemplo, a menção à quantidade de empréstimos concedidos sem

---

163. Assim, a autora propõe considerar o injusto mais grave, de acordo com a perda de postos de trabalho em uma pessoa jurídica ou outras perdas para as pessoas naturais ligadas ao ente coletivo. HÖRNLE, Tatjana. *Tatproportionale...*, *op. cit.*, p. 246; *idem*, *Kriterien...*, *op. cit.*, p. 111.

164. HÖRNLE, Tatjana. *Kriterien...*, *op. cit.*, p. 113.

165. O conceito de patrimônio e a mensuração do prejuízo patrimonial é, de todo modo, um tema que merece mais reflexões, que ultrapassariam os limites deste trabalho. Sobre essa discussão, veja-se: SCHÜNEMANN, Bernd. *Leipziger Praxiskommentar Untreue – §266 StGB*. Berlin: De Gruyter, 2017, Rn. 213-214, pp. 132 e ss.

garantias ou outras condutas que violem deveres que se refiram à administração do patrimônio de uma pessoa jurídica[166] – quando não correspondam a uma *real diminuição patrimonial*, não é um elemento idôneo para fundamentar um agravamento de pena. Afirmar a existência de um prejuízo patrimonial que deva ser considerado para agravar a medida do injusto de resultado na medida da pena dependerá de uma análise comparativa entre o patrimônio existente antes e o existente depois das condutas ilícitas.[167]

b) Vantagem econômica

1- Conceito de vantagem

Como visto, na valoração da gravidade do injusto em crimes contra bens jurídicos individuais, a perspectiva da vítima, segundo o *standard* da qualidade de vida, é um filtro pelo qual o conceito de injusto como danosidade social é concretizado, de forma que é possível manejar critérios práticos de determinação da medida da pena.

Essa perspectiva de valoração altera-se quando se trata de crimes contra bens jurídicos coletivos e supraindividuais. Nestes casos, nem a ideia de dano pode auxiliar na valoração da gravidade do injusto, nem o próprio conceito de injusto limita-se ao prejuízo causado aos interesses do portador do bem jurídico. De acordo com o princípio de equidade, o agente beneficia-se do cumprimento da norma por toda a sociedade e todo delito desta natureza é uma vantagem deslealmente obtida em prejuízo dos demais. *A vantagem reflete o prejuízo e é nesta medida que ela abarca o grau de danosidade social do crime.*[168] Essa vantagem somente pode ser concretamente mensurável quando se trate de delitos econômicos, como típicos delitos de enriquecimento. Ela é, portanto, *o critério de concretização da gravidade do injusto para estes crimes.*[169]

Vantagem econômica injusta ou indevida, para fins de determinação da pena proporcional ao fato, deve ser entendida como a importância em dinheiro ou bens, títulos e ativos com valor econômico que resultem de uma conduta ilícita, efetivamente percebida pelo autor. Expectativas de vantagem econômica ou vantagens

---

166. HC 338.636/SP.

167. SCHÜNEMANN, Bernd. *Leipziger Praxiskommentar Untreue..., op. cit.*, Rn. 216, p. 135 (especificamente sobre o delito de infidelidade patrimonial).

168. Assim, proximamente: "O dano à coletividade – à seguridade social, ao seguro desemprego, ao abono e à participação na receita dos órgãos e entidades para os trabalhadores privados – pode ser medido em função do volume de dinheiro sonegado, na casa dos milhões de reais" (STJ, AREsp 1.002.970, trecho do acórdão recorrido).

169. Este critério independe da natureza do crime, se de mera conduta ou de resultado. É possível considerar a importância da vantagem econômica tanto como um elemento do injusto de resultado, como no âmbito das consequências do delito – à semelhança do que já faz a jurisprudência em alguns crimes de mera conduta com prejuízo patrimonial.

de outra natureza, ainda que possuam um valor significativo para o agente – como uma posição vantajosa em uma determinada negociação que gerará lucros no futuro – não podem ser mensuráveis a partir de dados objetivos e, por isso, são ilegítimas para determinar a medida de gravidade do injusto.

2- Caráter personalizado da vantagem e proporcionalidade concreta

Nos crimes contra bens jurídicos individuais, demonstrei que a concretização da gravidade do injusto, sob a perspectiva da vítima, parte de um *standard* de gravidade de danos, associado a eventuais desvios de padrão, diante de alguma particularidade do ofendido. Aqui, ao contrário, a valoração da gravidade do injusto requer partir da *situação econômica particular do agente*, e não de critérios previamente estabelecidos. Somente a partir de uma análise individualmente centrada é possível determinar o quanto determinado delito é vantajoso *para o seu autor*. Qualquer critério de origem externa levaria a resultados distorcidos, que fogem à própria racionalidade desses fundamentos. Essa perspectiva significa, portanto, uma depuração da ideia de *proporcionalidade concreta*, na medida em que fundamenta a quantidade de pena merecida rigorosamente de acordo com a vantagem do autor e unicamente de acordo com a sua perspectiva. Isso significa que *diferentes autores que percebam distintas vantagens receberão penas de acordo com a importância delas*.

Mas seria possível propor, ainda, de acordo com o nível de importância das vantagens, faixas de pena preestabelecidas e assim, fornecer parâmetros para um processo de determinação da pena orientado na *proporcionalidade ordinal*. Vantagens insignificantes poderiam ser atreladas com determinada faixa de pena, vantagens em um nível médio, a penas em patamar médio, e assim por diante. Uma sugestão semelhante é esboçada por *Hörnle*: a autora propõe tomar os distintos níveis de gravidade de injusto e vincular cada uma das faixas de gravidade com medidas de pena previstas em lei, modificando os resultados de acordo com as circunstâncias atenuantes do injusto e da culpabilidade em sentido estrito.[170] Assim, para um nível de gravidade insignificante ou crimes bagatelares (sem afetação à qualidade de vida), uma pena pecuniária entre 5 a 30 dias-multa; um nível de gravidade baixo, uma pena pecuniária entre 31 e 180 dias-multa ou pena de liberdade até seis meses e assim em diante.[171]

Ocorre que uma sugestão dessa natureza significaria interferir em uma atividade exclusiva do magistrado. Enquanto é papel da doutrina fornecer critérios claros para a análise dos elementos de injusto e culpabilidade na medida da pena, parece uma tarefa que extrapola esses limites propor valores pré-determinados de pena. Cabe exclusivamente ao juiz fixar a quantidade, espécie e forma de

170. HÖRNLE, Tatjana. *Tatproportionale...*, *op. cit.*, pp. 362 e ss.
171. *Idem, ibidem*, p. 375.

cumprimento de penas criminais. Iluminar esse processo com critérios claros é a única tarefa que parece caber à doutrina. Um modelo que se centre em estabelecer proporcionalidade entre pena e o *fato concreto* esgota-se no fornecimento de fundamentos claros de análise, deixando a fixação da quantidade da pena à tarefa judicial.

Ademais, o centro das atenções deste trabalho foi analisar os critérios de determinação da pena-base. Um estudo que pretenda compreender todo o processo de determinação da pena necessita dedicar-se a todas as fases de fixação da sanção penal e fornecer propostas que considerem todas as circunstâncias atenuantes e agravantes que possam interferir em cada uma delas.

Meu objetivo, portanto, não se destina a reforçar a *proporcionalidade ordinal*, nem buscar por critérios preestabelecidos de gravidade segundo a importância da vantagem ou do dano.[172] Estes dois elementos são pontos de partida para a concretização da medida do injusto, mas o processo de determinação da pena irá considerar outros tantos fatores, de acordo com o caso concreto.

Parece que, se a jurisprudência racionalizar a análise dos critérios sobre os quais se baseia para a determinação da pena-base, já estará dando um grande passo no sentido de penas mais justas, com fundamentos racionais e fundada em elementos idôneos.

3- Mensuração da vantagem

Em alguns crimes a mensuração da vantagem, em regra, pode ser mais simples, pois o benefício do agente poderia ser identificado pelo montante de prejuízo apurado pelas autoridades no âmbito administrativo. Assim já se posiciona o entendimento consolidado do Superior Tribunal de Justiça, especialmente nos crimes contra a ordem tributária, nos quais a gravidade da pena é frequentemente atrelada ao montante de tributo suprimido ou reduzido.[173] Mas, novamente, é necessário cuidado com a perspectiva de análise. O que importa aqui é observar que *prejuízo e vantagem operam com perspectivas diferentes* que, se não forem observadas, podem levar a um resultado distorcido. A simples afirmação de que determinada quantia de tributos sonegados é "vultosa" é uma fórmula vazia. Tanto é assim que a jurisprudência afirma que 300 mil, 800 mil ou 11 milhões de reais são valores igualmente vultosos.[174] Do ponto de vista dos cofres públicos, um valor tido como "vultoso" pode ser, em realidade, insignificante quando observados os valores de arrecadação total do Erário, em determinado período.

---

172. Assim as fracassadas tentativas dos defensores da teoria da *unfair advantage*, em especial, *Michael Davis*. Veja-se item 4.3.1, acima.

173. STJ, AgRg no AREsp 553.294/SP; AgRg no REsp n.1.134.199/PR; AgRg no REsp n. 1.224.324/RJ; AgRg nos EDcl no REsp 1.413.548/MG; AgRg no REsp 1.412.522/RS; HC 102.936/PE.

174. Cf. STJ, HC 172.959/SC; REsp 1378555/DF; AREsp 1.002.970/MG.

Sem um parâmetro de medida, não é possível determinar uma pena proporcional à vantagem.

Para identificar a vantagem do agente é necessário observar a perspectiva concreta do acusado e extrair um segundo critério de medida que permita aferir, economicamente, *o quanto* aquele crime representou em termos de vantagem econômica e, ao mesmo tempo, oferecer um parâmetro que oriente, minimamente, a determinação da pena indicada dentre aquelas fornecidas nos marcos penais mínimo e máximo.

Essas delimitações também exigiriam tratamentos distintos em se tratando de um crime praticado com o fim de favorecer uma pessoa jurídica e aquele no qual a vantagem é destinada à pessoa física. Para pessoas jurídicas constituídas para fins lícitos e, portanto, que obtêm receita lícita da atividade empresarial, seria adequado distinguir o que representa a *formação do patrimônio lícito* e o que representa aquilo que é fruto da ilicitude. No caso de uma pessoa física, o valor consolidado de patrimônio lícito, à época do fato, representaria aquilo que é fruto da construção lícita do seu patrimônio, partindo-se do pressuposto de que não esteja maculado por outras condutas ilícitas anteriores.

A partir dessas bases, é possível demonstrar esse processo a partir de um caso hipotético:

> "Os representantes da empresa 'E', insatisfeitos com os resultados de faturamento desde a constituição da empresa, em 2013, período marcado pela crise econômica, decidiram alterar seus resultados de lucro líquido nas declarações de renda da pessoa jurídica do ano de 2014 e passaram a simular despesas, diminuindo o valor final de IRPF a ser recolhido. Com essa conduta, a empresa sonegou 1 milhão em tributos federais que deveriam ser pagos no exercício seguinte. O valor do patrimônio lícito da empresa antes da prática delitiva era de 15 milhões, resultado da sua atividade empresarial lícita."

Segundo o entendimento tradicional da jurisprudência, este caso poderia ser tido intuitivamente como de especial gravidade – isso, sobretudo, porque a jurisprudência considera valores muito inferiores a um milhão como "vultosos". Mas o fato é que o magistrado não tem como mensurar a gravidade da pena sem um ponto de referência a respeito da gravidade do delito, de acordo com a vantagem.

Por falta de parâmetros claros, o magistrado poderia observar que o valor sonegado, de um milhão de reais, denotaria uma reprovável finalidade de lucro fácil. A culpabilidade seria considerada agravada diante da atitude especialmente reprovável de aumentar o lucro anual, às custas de toda a sociedade e da justa distribuição de bens e serviços públicos. E nesse sentido, lhe pareceria adequado aplicar, ainda, o acréscimo decorrente do inciso I do art. 12 da Lei 8.137/1990, já que o valor sonegado lhe pareceria elemento apto a fundamentar um dano grave à coletividade. A análise tradicional, portanto, focada na ideia de um *dano difuso*, não se preocuparia sequer em analisar *o quanto a conduta foi realmente vantajosa para o agente*.

Se utilizarmos, contudo, um método que valorize a perspectiva do agente, poderíamos chegar a resultados mais precisos para a determinação de uma pena proporcional à gravidade do injusto:

> "Se o valor inicial do patrimônio da empresa 'E' antes da prática do crime era 15 milhões de reais e, ao final, 'E' tinha 16 de milhões de reais, a vantagem de 1 milhão resultante da prática do crime representa um ganho patrimonial no percentual de 6,67%. O 'preço' do crime para 'E' foi uma vantagem equivalente a 6,67% a mais em seu patrimônio."

Esse resultado parece orientar melhor a análise do magistrado. Diante do resultado obtido acima, poderia ser indicada uma pena em patamar mínimo, como reflexo da vantagem obtida. Não seria necessário recorrer à especial reprovabilidade ou à finalidade de lucro fácil. Nem a culpabilidade é um critério agravável, nem a finalidade de lucro é fundamento idôneo de agravamento de pena. Se todo crime econômico representa uma vantagem para o agente, a finalidade de lucro é inerente ao tipo de injusto. A mensuração do dano coletivo, de outro lado, dependeria da análise do valor de arrecadação federal anual para refletir, com mais precisão, se se está diante de um dano grave. Se a arrecadação da União Federal, em 2015, ano em que os valores deveriam ter sido recolhidos, foi de R$ 1.992.868.462.040,52[175] de reais, considerar 1 milhão de reais um "dano grave" parece equivocado.[176]

Apesar desses resultados mais precisos, poderia haver casos em que, quanto mais alto o patrimônio lícito, menos pena poderiam receber as pessoas responsáveis pela supressão fraudulenta de tributos em valores que não representem um grande acréscimo patrimonial. Se imaginarmos uma grande empresa com patrimônio liquido de 90 bilhões de reais, uma sonegação na ordem de 1 bilhão de reais representaria um acréscimo de apenas 1,11% no seu patrimônio e, portanto, uma pena mínima. Mas neste caso, se considerarmos a perspectiva do dano (artigo 12, inciso I, da Lei 8.137/1990) 1 bilhão de reais não pode ser mais considerado um valor inexpressivo, diante dos valores de arrecadação da União. Portanto, o dano também deve ser considerado e, neste caso, em razão de expressa previsão legal.

Tomemos agora o exemplo de um autor de crime de utilização de informação relevante (*insider trading*), em benefício pessoal, para demonstrar como

---

175. Cf. www.impostometro.com.br.

176. Isso não significa que o valor de tributo suprimido tenha pouca relevância para os cofres públicos, nem significa relativizar a importância dessa soma. Essa constatação, em realidade, é apenas uma consequência da dificuldade natural de se afirmar *o quanto* determinada conduta é grave quando se trata de um dano de natureza difusa. Apesar de representar um percentual pequeno da arrecadação, é evidente que é significativa para as finalidades do Estado.

a mensuração da vantagem na forma como aqui proposta orienta a gravidade do injusto em casos de crimes "sem danos":

> "O advogado 'A', grande especulador na bolsa de valores, acompanha, ao longo do ano de 2016, a negociação de aquisição de uma companhia 'C' por uma companhia estrangeira 'E', informação cuja manutenção em sigilo era fundamental para as partes, já que se trata de fato relevante com potencial de influenciar nos valores de ações das companhias na bolsa de valores brasileira. 'A' estava descontente com seu salário na banca de advogados e se considerava excessivamente explorado por não ganhar o suficiente por tanto trabalho. Movido pela finalidade de lucro fácil às custas da confiança dos clientes, quando a operação de compra estava certa, 'A' negocia a compra de papéis da companhia 'C' na bolsa de valores, antes da divulgação do fato relevante ao mercado. Com a divulgação, houve uma guinada no valor das ações de 'C' na bolsa. Com a alta dos papéis, 'A' vende seus ativos, o que lhe gera um lucro de 1 milhão de reais. O patrimônio lícito de 'A', no ano de 2016, era de um total de 5 milhões em capital, bens e ativos. Com o seu delito, 'A' conseguiu um acréscimo patrimonial de 20%, em um só dia, 'sem lesar ninguém'."

A jurisprudência tradicional trataria o caso de forma especialmente severa. O advogado que se vale de sua posição para negociar na bolsa de valores, ciente de que a operação conduzida com o seu auxílio se tratava de informação privilegiada, seria considerado alguém com culpabilidade elevada, já que se espera da conduta do advogado um maior dever de moralidade.[177] A motivação de lucro fácil, em "prejuízo" dos clientes, mereceria um acréscimo em razão dos motivos do crime. Além disso, ao utilizar-se da informação para a prática do delito, que tinha acesso em razão de sua profissão, violaria dever inerente ao cargo, o que ensejaria, ainda, a causa de aumento prevista no artigo 61, inciso II, alínea "*g*", do Código Penal.

Se observarmos a perspectiva do agente e os fundamentos que devem ser manejados para a determinação da pena nestes crimes, muito se altera nessa fundamentação. Em primeiro lugar, a vantagem econômica, principal critério de aferição da medida do injusto, aponta para um lucro de 20%, ou seja, um injusto de gravidade ainda baixa. Isso motivaria uma pena, considerando-se o marco entre 1

---

177. Neste sentido: STJ, HC 180.771/SP: "No caso em apreço, o magistrado singular reconheceu a incidência da mencionada agravante ao argumento de que o acusado violou dever ético-moral inerente à profissão, entendimento que restou confirmado pela Corte *a quo*, que julgou subsistentes as razões que levaram o Juízo sentenciante à aplicação da causa de aumento de pena em razão de uma culpabilidade mais grave, por ser advogado, pois, sendo advogado militante na comarca de São José do Rio Pardo/SP, com muito mais vigor lhe era exigida no exercício da advocacia uma atuação conforme as regras sociais de boa conduta e os ditames legais, dado conhecer a legislação, tendo ele violado o dever ético-moral inerente à sua profissão. Dessa forma, tendo as instâncias originárias asseverado que o paciente teria praticado o crime de estelionato mediante a violação dos deveres éticos inerentes à sua profissão de advogado, impossível afastar a aplicação da agravante em questão".

e 5 anos previstos para o tipo, um pouco acima da mínima, mas distante da metade. A culpabilidade, por sua vez, não é grandeza agravável para cima, portanto, não há acréscimos a serem considerados sob esse fundamento. A finalidade de lucro é inerente ao tipo de injusto e, portanto, não permite um novo agravamento. Por fim, o dever inerente ao cargo do advogado relaciona-se à relação entre o autor e seus clientes. Assim, embora isso configure uma relação qualificada de confiança, não se refere à proteção ao bem jurídico, como se exige para crimes dessa natureza. Embora possa ser imoral e contrária à ética da profissão, a conduta do agente não viola um dever funcional neste caso. Como se observa, a perspectiva do agente nestes crimes, fornece um critério mais preciso e uma orientação mais clara a respeito do quanto uma conduta pode ser considerada grave, quando se toma a vantagem econômica do agente como elemento de medida.

A perspectiva da vantagem também permite solucionar melhor hipóteses tomadas tradicionalmente pela jurisprudência como representativa de um falso prejuízo. Especificamente no crime de evasão de divisas, a jurisprudência majoritária impropriamente considera que o valor das operações de remessas ilícitas seria o que representa ou o prejuízo da União ou uma "consequência do crime". Na verdade, o valor das operações não é um, nem outro, é apenas a base para a incidência de tributos e taxas de câmbio que, com as remessas ilegais, são sonegados das autoridades federais porque feitos à margem do sistema financeiro.[178] Havendo dados indicados pelas autoridades administrativas referentes às taxas que deveriam incidir sobre as remessas e o valor de tributo que seria devido caso fossem declaradas, bastaria fazer a mesma operação para aferir o quanto realmente as remessas ilegais representaram para o universo financeiro do acusado:

> "O médico 'M', que nunca praticara algum delito antes, no ano 2002, inseguro com o cenário político-econômico do país, decide remeter ao exterior todo o valor recebido de uma herança (1 milhão de reais), à margem do sistema financeiro. As autoridades administrativas posteriormente apuraram que o valor devido a título de tributos e taxas que deveriam incidir sobre o valor das remessas, caso feitas legalmente, era de um total de 350 mil reais. À época do delito, o patrimônio total de 'M', fruto de seu trabalho e da herança, era de 5 milhões de reais em bens, títulos e ativos."

---

178. Veja-se: STJ, AgRg no REsp 1.388.497/PR; AgRg no REsp 1.484.986/RS; AgRg no AREsp 480.474/MG; HC 124.201/SP; HC 301.655/SP; AgRg REsp 1.292.505/PR. Por vezes, para contornar essa objeção, o alto valor das quantias remetidas é tomado como um fator exasperador da culpabilidade, diante da "maior reprovabilidade": "Asseverei que o montante evadido evidencia, sim, maior reprovabilidade dos agentes pela conduta delituosa praticada. Não há que se falar em ausência de risco excessivo ao sistema financeiro ou às reservas cambiais brasileiras, para avaliar o prejuízo causado, uma vez que o valor ilegalmente remetido ao exterior, no caso dos autos – US$ 318.440,00 – é suficiente para a elevação da pena-base acima do mínimo legal, pois revela a magnitude do esquema criminoso contra o sistema financeiro nacional, que exigiu, para sua deflagração, o trabalho de complexa operação perpetrada pelas instituições envolvidas" (STJ, EDcl REsp 1.497.041/PR).

Neste cenário, novamente, o critério da vantagem demonstra superioridade com relação à jurisprudência nacional. O valor remetido não representa o prejuízo do sistema financeiro ou tributário, ao contrário, ele pertence ao patrimônio lícito do acusado. Ele serve de base para calcular o quanto incidiria de impostos, taxas de câmbio e remessa que aqui considerei, hipoteticamente, como sendo o valor de 350 mil reais. Este é o valor total da vantagem do agente obtida com o delito, que representa um acréscimo de apenas 7% no seu patrimônio anterior. Assim, não se trata de conduta que mereceria pena acima do mínimo legal.

Uma hipótese com danos concretos que devem ser considerados na medida da pena, pois estão na esfera de previsibilidade e evitação do agente no momento do fato, poderia ser exemplificada com o seguinte caso hipotético:

> "Uma empresa 'E' possui um processo judicial em andamento contra a empresa 'X'. 'E' quer obter ganho de causa a qualquer custo e, para tanto, corrompe o juiz 'J', que aceita o valor de 2 milhões de reais para dar sentença favorável a 'E'. Com a condenação da empresa 'X', mediante uma sentença vendida por 'J', 'E' sai vencedora na ação judicial, obtendo, finalmente, o valor de 50 milhões de reais envolvido na disputa judicial."

A determinação judicial da pena pela prática do crime de corrupção ativa deverá levar em conta o quanto a vantagem de 50 milhões de reais obtida com o crime representa para a empresa "E". Assim, supondo que o patrimônio líquido e lícito de "E" seja no valor de 200 milhões de reais, o aumento de 50 milhões decorrente do crime representou uma vantagem no percentual de 25%. Isso indicaria uma gravidade em patamar ainda abaixo do nível médio, portanto, uma pena entre o mínimo e a metade prevista para o tipo penal.

A pena do juiz "J" deverá considerar o quanto o ganho de 2 milhões representou em termos de vantagem econômica. Supondo que o patrimônio lícito consolidado do magistrado antes do crime fosse de 15 milhões de reais, o aumento decorrente da corrupção passiva foi de 13,3%, indicando uma pena-base abaixo da pena a ser fixada para a empresa "E", em patamar mais próximo do mínimo legal – considerando que os crimes de corrupção passiva e corrupção ativa são apenas da mesma forma pelo Código Penal.

Contudo, considerando que um crime contra bens jurídicos supraindividuais também afeta os interesses da sociedade como destinatários da proteção da norma, danos que atinjam terceiros e que estejam na esfera de previsibilidade e evitação do autor *também são considerados aptos a agravar a pena*. A consideração das consequências da conduta delitiva de alcance social para uma vítima determinável basta-se com o *risco criado pela conduta do agente e a previsibilidade do resultado, no momento do fato*. Assim sendo, será necessário considerar os danos concretos causados a vítimas identificáveis. Neste caso, os danos causados pelas condutas criminosas à empresa "X" devem ser considerados tanto na pena do juiz "J" como na pena dos responsáveis pela conduta praticada em benefício da empresa "E".

A dimensão do prejuízo patrimonial, contudo, não pode simplesmente corresponder à vantagem obtida pelo agente. Como visto, avaliar o prejuízo de uma pessoa jurídica implica trabalhar com parâmetros de gravidade mais dependentes da situação concreta da vítima. Deve-se considerar, no exemplo da empresa "X", o real decréscimo patrimonial resultante da conduta criminosa. Se, por exemplo, com a condenação e execução judicial dos 50 milhões de reais, a empresa "X" teve um decréscimo patrimonial na faixa de 15%, o aumento deverá ser ainda em um patamar baixo. Se, de outro lado, vem à falência por conta da condenação milionária, o aumento deverá ser fixado em um patamar alto.

Casos problemáticos podem surgir no que se pode chamar de hipóteses de *especial gravidade*. Crimes financeiros engendrados de forma complexa podem gerar lucros bilionários a seus autores. Para realizar esquemas de grande complexidade, frequentemente, são utilizadas outras empresas que, por vezes, são de mera fachada. Nestes casos de grandes valores de vantagem e empresas constituídas exclusivamente para a prática de crimes, teríamos as hipóteses mais graves: uma empresa constituída unicamente com a finalidade de praticar crimes não tem faturamento lícito e, portanto, parte de um patrimônio lícito "zero". Isso significaria que os desvios em cifras bilionárias representariam percentuais acima de 1 milhão por cento de lucro. Aparentemente não haveria pena que atendesse a tamanha gravidade. O correto em hipóteses nas quais o benefício se volta para uma pessoa jurídica que não presta serviços, não tem empregados, não tem atividade ou vida econômica, é tratar como casos em que os beneficiários são as próprias pessoas físicas beneficiárias das vantagens. E mesmo quando valores bilionários de vantagem possam indicar um percentual de vantagem altíssimo, mesmo a pessoas físicas, outra solução não há senão respeitar a pena máxima, na fase de determinação da pena base.

Hipóteses de difícil constatação poderiam ocorrer em crimes contra o consumidor, nos quais a conduta ilícita pode consistir em alterações pontuais (por exemplo, fraudar preços mediante alteração em volume ou peso do produto) levadas a cabo, incessantemente, ao longo de anos. Seria necessário levantar o acúmulo das vantagens obtidas com as vendas, ao longo do período durante o qual a conduta delitiva foi praticada. Nestes casos, estudos econômicos sobre preços que existam na esfera administrativa podem servir ao processo penal para identificar a concreta dimensão da vantagem.

Em crimes praticados em continuidade delitiva, em que pequenas vantagens são acumuladas ao longo de anos, é necessário observar que utilizar o critério da vantagem significa considerar a soma das vantagens acumuladas naquele período. Assim, ao contrário de uma jurisprudência ainda relutante que se observa em crimes contra a ordem tributária, não caberá considerar a importância da vantagem na determinação da pena base e, novamente, aplicar o aumento decorrente da continuidade.[179]

Por fim, pode ser que a prática de um delito econômico, embora cause um prejuízo identificável significativo, não gere qualquer vantagem ao agente. Isso poderia ocorrer, por exemplo, no crime de gestão temerária. Quando há um dano identificado, mas a vantagem econômica do agente é inexistente, o critério do dano ou do prejuízo determinaria sozinho a gravidade da pena.[180]

Certamente haverá crimes dessa natureza que nem provocam dano, nem proporcionam vantagem. Como disse, as discussões que se levantam no âmbito da legitimação da criminalização de condutas nesta seara refletir-se-iam no âmbito de aplicação da pena. Nestes casos, *será necessário apoiar a determinação da pena em elementos do tipo que permitam extrair uma possibilidade de graduação* ou, ainda, no *maior ou menor perigo criado com a conduta*, a depender das características do tipo de injusto em questão.

4.6.3 Acréscimos de pena para "reestabelecer a confiança na norma"?

Os fundamentos aqui sustentados a respeito da *ratio* da tutela de bens jurídicos supraindividuais poderiam bem ser utilizados para reclamar, na determinação da pena, uma alegada necessidade de fortalecimento do valor da norma na sociedade. Neste sentido, na linha do que argumentam *Frisch* e *Feijoo Sanchez*, a pena a ser determinada concretamente pelo juiz teria a função também de "estabilizar a quebra de expectativa da sociedade provocada pela prática do delito" e a finalidade de "manutenção dos pressupostos necessários à confiança normativa".[181] Especialmente porque essa espécie de delitos é altamente degradante

---

179. "É entendimento consolidado desta Corte Superior que a valoração negativa das consequências do crime com fundamento consistente no valor do débito sonegado – R$ 388.700,54 (trezentos e oitenta e oito mil e setecentos reais e cinquenta e quatro centavos) – a demonstrar o elevado prejuízo causado aos cofres públicos, é motivação válida para a exasperação da pena. Precedentes. Não há *bis in idem* no aumento da pena-base pelo montante sonegado e da terceira fase da dosimetria pela continuidade delitiva, já que esta utiliza o critério da reiteração da conduta delituosa" (STJ, AgRg no AREsp 553.294/SP). No mesmo sentido: AgRg no REsp 1134070/ES; AgRg no AREsp 994.452/TO.

180. A jurisprudência do STJ considera como legítimo o alto valor do prejuízo como fator agravante das consequências do delito, também no crime de gestão temerária (HC 317.330/SP; REsp 1.613.260/SP, HC 347.364/PR, REsp 1.352.043/SP; HC 196.110/SP), o que parece evidenciar o acerto das críticas que apontam que a tipificação deste crime, na legislação brasileira, como delito de perigo abstrato contra bem jurídico coletivo, negligencia sua natureza de delito patrimonial e de dano, nomeadamente, de *infidelidade patrimonial*. Veja-se, detalhadamente, a este respeito: LEITE, Alaor; TEIXEIRA, Adriano. O principal delito econômico da moderna sociedade industrial: observações introdutórias sobre o crime de infidelidade patrimonial. *Revista do Instituto Brasileiro de Direito Penal econômico*, n. 1, Florianópolis: Empório do Direito, 2017, p. 46.

181. FRISCH, Wolfgang. *Unrecht und Schuld...*, *op. cit.*, p. 255; *idem*, *Gegenwärtiger Stand...*, *op. cit.*, p. 387; FEIJOO SÁNCHEZ, Bernardo José. *Positive Generalprävention...*,

para o regular funcionamento do Estado e de seus órgãos e, ao mesmo tempo, vantajosos para seus autores, exigiria um especial desincentivo com o fim de estimular a manutenção da mútua cooperação entre todos os membros da sociedade. O enfraquecimento da disposição do cidadão deslealmente tratado por aquele que obteve uma vantagem com o seu delito, poderia servir de argumento para exigir que a pena a ser estabelecida concretamente sirva àquelas necessidades.

Esse tipo de argumentação parece encontrar duas objeções: a primeira, é a impossibilidade empírica de se apontar o que é uma pena que atenda a essas necessidades preventivas, ou seja, o quanto de pena seria necessário para reestabelecer a confiança na norma.[182]

A segunda é o fato de que é a própria *inflição do mal da pena que representa a desvantagem que todos os cidadãos esperam seja imposta contra aquele que se comporta como um free-rider.*[183] Ela é o que finalmente serve de desincentivo à reiteração de condutas que representem uma desvantagem com relação aos cidadãos que respeitam as normas, representando a certeza de que tais condutas serão castigadas com um mal. Não fosse assim, a vantagem do agente poderia ser cobrada pelo Estado com outras medidas menos custosas – como penas pecuniárias ou de qualquer outra natureza. Só a inflição da pena pode servir de razão prudencial aos cidadãos para não praticarem delitos. E isso não parece ter verdadeira relação com uma finalidade de "fortalecimento do valor da norma", mas uma finalidade de *dissuasão*. Se é assim, na determinação da pena não há o que "acrescentar" a título de fortalecimento do valor ou da confiança na norma – que, de todo modo, não seria sequer mensurável em quantidades de pena.

Razões de equidade não servem apenas para sustentar uma teoria da pena retributiva. É da essência de um Estado que protege interesses e garante direitos que a equidade constitua um elemento importante de justificação para um *sistema penal preventivo.*[184] Se o Estado nos exige obediência às leis, ele deve, por razões de equidade e justiça, de outro lado, proteger todos aqueles que possam ser afetados pelas condutas criminosas de outros, ameaçando com a pena e impondo-a.[185]

Por essas razões, nada se altera na aplicação da pena a estes crimes, quanto à premissa fundamental de uma pena proporcional ao fato: não há qualquer seguimento de pena a ser imposto com base em fundamentos preventivos, em especial, com a finalidade de reestabelecer a confiança na norma.

---

op. cit., p. 88.; *idem, Individualización de la pena...*, *op. cit.*, p. 8.

182. WEIGEND, Thomas. *Sind Sanktionen zu akzeptieren...*, *op. cit.*, p. 119; FRISCH, Wolfgang. *Gegenwärtiger Stand...*, *op. cit.*, p. 365; HÖRNLE, Tatjana. *Tatproportionale...*, *op. cit.*, p. 91.

183. PUPPE, Ingeborg. *Strafrecht als Kommunikation*. In: SAMSON, Erich *et alii. Festschrift für Gerald Grünwald zum siebzigsten Geburtstag*. Baden-Baden: Nomos, 1999, p. 478.

184. Cf. DUFF, R. A. *Trials and punishment...*, *op. cit.*, p. 216.

185. *Idem, ibidem, loc. cit.*

4.7 Síntese do quarto capítulo

A teoria da pena proporcional ao fato, na forma como desenvolvida por *von Hirsch e Jareborg*, na literatura inglesa, e por *Tatjana Hörnle*, na literatura penal alemã, sofre de limitações reconhecidas pelos próprios autores: ela restringe-se a oferecer critérios de aferição concreta do dano, na determinação da medida do injusto de resultado, a partir da *perspectiva do portador do bem jurídico* e, portanto, não se aplica a bens jurídicos coletivos. Ela não oferece um critério de determinação da medida do injusto de resultado para crimes com vítimas não identificáveis, com danos remotos, contingentes ou mesmo inexistentes.

Para superar essa limitação, procurei investigar a natureza do injusto de crimes que tutelam bens jurídicos difusos e coletivos, na tentativa de obter um outro critério que pudesse servir a uma teoria da pena proporcional ao fato. Desta análise, constatei que a marca característica do injusto, nestes crimes é, sobretudo, a ideia de uma *cooperação mútua entre os cidadãos*. Isso implica, de acordo com o princípio de equidade (*fairness principle*), que sempre que uma conduta delitiva possa configurar uma exploração desleal da cooperação dos demais cidadãos (a conduta do *free-rider*), estaremos diante de *uma vantagem injusta.*

É precisamente sobre essas bases que a teoria da *unfair advantage* foi formulada como uma justificativa da sanção criminal. De acordo com seus defensores, todo crime representa uma vantagem do agente sobre os demais cidadãos e a pena seria a medida necessária para restaurar o justo equilíbrio entre benefícios e encargos na sociedade. Embora a teoria da *unfair advantage* tenha se mostrado insuficiente, em muitos aspectos, sobretudo na explicação da punição de alguns delitos, seus principais fundamentos serviram de base para sustentar, no âmbito da determinação da pena, *uma pena proporcional à medida da vantagem*: em alguns crimes contra bens jurídicos coletivos, nomeadamente, *em delitos econômicos*, observei que a vantagem econômica que o agente percebe com o seu crime parece ser o fator que melhor reflete a gravidade do injusto do fato, enquanto o critério do dano pouco auxilia nesta análise.

Com essa proposta, pude oferecer uma contribuição à teoria da pena proporcional ao fato – ainda que limitada à criminalidade econômica – permitindo sua aplicação também a alguns crimes contra bens jurídicos difusos e coletivos.

RESUMO DAS TESES APRESENTADAS

a) Compreender o significado e alcance do conceito de culpabilidade, previsto no artigo 59 do Código Penal, é fundamental para conferir ao processo de determinação judicial da pena a necessária e desejada *racionalidade*. Na doutrina e jurisprudência nacionais, o entendimento dominante, desde a Reforma da Parte Geral do Código Penal de 1984, concebe o conceito de culpabilidade para a medida da pena como sinônimo daquela mesma culpabilidade da teoria do delito, atribuindo-lhe ampla capacidade de agravamento. O elemento central de que se vale a prática judiciária para determinar a medida da culpabilidade do autor é a referência à *reprovabilidade*. Quanto mais intensa for considerada a reprovabilidade, maior quantidade de pena é aplicada.

Apesar da dominância deste entendimento, não há consenso a respeito do que constitui o conteúdo desta reprovabilidade. Minoritariamente, a jurisprudência busca em elementos concretos do delito aquilo que pode servir de fundamento para considerar um fato como mais reprovável. De forma majoritária, o objeto da censura de reprovabilidade é identificado com fatores inerentes à subjetividade do réu, especialmente, a atitude interior do agente e os sentimentos censuráveis supostamente expressados no fato. Neste cenário, o que se observa como quadro predominante é o preenchimento do critério da culpabilidade com um componente adicional, de natureza essencialmente subjetiva, de modo que o sentido do conceito de culpabilidade, no âmbito de determinação da pena, ultrapassa a ideia de simples atribuição do injusto ao seu autor.

b) Contra este entendimento é possível levantar ao menos três importantes objeções: a fórmula "*culpabilidade é reprovabilidade*", sem referência a respeito do que é reprovável e de quais são os critérios para determinar a sua medida, resulta em uma expressão vazia de conteúdo, que pode abrir caminho para a imposição de penas arbitrárias. Não há consenso sobre o que pode ou deve ser considerado mais ou menos reprovável. Em segundo lugar, a busca pelo conteúdo da reprovabilidade em elementos inerentes à subjetividade do agente carece tanto de uma justificação convincente, como de viabilidade prática. Se se toma a sério a ideia de *culpabilidade pelo fato,* qualquer imersão no mundo subjetivo do autor como recurso para a imposição da sanção penal viola os fundamentos de um Direito Penal cuja finalidade é a proteção de bens jurídicos, e não a imposição de moralidade por meio da inflição de penas. Ademais, é impossível ao juiz apreender a esfera subjetiva do agente, a formação da sua "vontade ilícita" ou os sentimentos que, supostamente, teriam sido expressados no fato. Finalmente, a alegada capacidade de agravamento da culpabilidade é uma ideia estranha às próprias disposições do Código Penal, que contempla apenas hipóteses de atenuação ou exclusão da responsabilidade penal, mas não de "culpabilidade agravada", capaz de fundamentar uma maior quantidade de pena.

Se se espera evolução no campo da determinação judicial da pena, é necessário um compromisso sério com o *princípio de culpabilidade pelo fato.* Ainda, é preciso dar ao critério da culpabilidade previsto no artigo 59 do Código Penal contornos precisos que lhe permitam exercer o papel fundamental que lhe cabe: *servir de garantia ao apenado, para que somente responda por aquilo que podia conhecer e evitar.*

Isso impõe dar passos mais incisivos no sentido do abandono definitivo do entendimento tradicional que confere ao conceito de culpabilidade para a medida da pena um sentido tipicamente moralizante, com o auxílio de referências vagas e sem fundamentos normativos. É imprescindível recusar interpretações que o tomem como um conceito a ser preenchido por finalidades preventivas, de que são exemplo as versões caracterológicas da culpabilidade, que tradicionalmente sustentam a necessidade de uma ampla análise da personalidade do autor para poder definir o conteúdo da culpabilidade do agente. Igualmente, é preciso abandonar a concepção que o concebe como expressão metafísica de uma "culpabilidade em si mesma", cuja presença impõe sua expiação e retribuição. Para conferir ao conceito de culpabilidade uma interpretação consentânea com um Direito Penal liberal e a possibilidade de manejo pela prática judiciária é necessário *recorrer exclusivamente às categorias que são inerentes ao próprio Direito Penal*, e não à Moral.

c) Quando se concebe o âmbito de determinação judicial da pena e o âmbito da análise dos pressupostos de punibilidade como uma unidade sistemática, fica claro que as categorias que importam para a graduação da medida da pena devem ser aquelas mesmas da teoria do delito: tipicidade, ilicitude e culpabilidade em sentido estrito são elementos com capacidade de graduação, que podem servir de orientação ao magistrado para determinar a medida da sanção. Se não há "culpabilidade em si mesma" e se o princípio da culpabilidade pelo fato impõe que o autor responda exclusivamente pelo ilícito praticado, na presença dos pressupostos de imputação, então o conceito de culpabilidade para a medida da pena deve ser entendido como um *conceito subordinado e referido ao injusto.* Trata-se de um conceito de caráter amplo, que não é idêntico ao conceito de culpabilidade como categoria sistemática, e que é composto pelos elementos de *injusto* e *culpabilidade em sentido estrito*. Ao injusto cabe um papel constitutivo da medida da pena, com ampla capacidade de atenuação e agravamento; à culpabilidade em sentido estrito cabe exclusivamente um papel atenuante, sempre que estiver presente uma eventual culpabilidade reduzida.

A partir dessa estruturação do conceito de culpabilidade do artigo 59 do Código Penal, os três principais problemas identificados no entendimento dominante são solucionados. Os óbices de legitimidade e viabilidade prática são superados, já que as categorias a que irá recorrer o magistrado, para adequar a pena à culpabilidade do autor, são aquelas mesmas categorias da teoria do delito, que serviram de fundamento para a condenação. Também o problema da impossível busca pela "pena na medida da culpabilidade" é resolvido: quando o conceito de culpabilidade para a medida da pena é concebido como um conceito mais amplo e subordinado ao elemento de injusto, é desnecessário buscar por um conteúdo de reprovabilidade ou de um objeto de censura que esteja presente na subjetividade do autor. Fica assegurada, de outro lado, uma concepção própria de um Direito Penal liberal, que parte de um conceito de culpabilidade em sentido estrito *moralmente neutro*.

d) Esta mudança de paradigma esclarece, definitivamente, que a ideia de uma "culpabilidade agravada", como sustenta majoritariamente doutrina e jurisprudência brasileiras, é equivocada. Como elemento que constitui o conceito amplo de culpabilidade contemplado pelo artigo 59 do CP a culpabilidade em sentido estrito (ou seja, a capacidade de poder agir de modo diverso) somente pode estar presente, no caso concreto, em sua forma completa ou, eventualmente, em forma reduzida. *Não existe uma forma agravada de culpabilidade que deva impor uma maior medida de pena.*

e) A partir destes fundamentos gerais é possível manejar, de forma mais objetiva, os critérios que devem servir de orientação ao magistrado no momento de determinar a medida da pena-base. Ao tomarmos como fundamento teórico a teoria da pena proporcional ao fato, nomeadamente, a principal versão dessa teoria sustentada na doutrina alemã, outros passos igualmente importantes podem ser dados, no caminho por um processo de aplicação de penas mais racional.

O primeiro deles é a *eliminação de fundamentos preventivos no momento da determinação judicial da pena*. No âmbito de aplicação da pena não se trata mais de legitimar os fins da pena estatal perante a sociedade, mas de legitimar a imposição da sanção *perante o apenado*. Trata-se de limitar o poder do Estado contra qualquer seguimento de pena que ultrapasse o limite conferido pelo princípio de culpabilidade pelo fato, ou seja, que supere os limites *da pena correspondente ao injusto culpável*. Desvios do marco determinado pela proporcionalidade com o fato podem ser admitidos em outras espécies de decisão, que não digam respeito à gravidade da pena. Esta solução permite conciliar o modelo de pena proporcional ao fato com as disposições legais do Código Penal brasileiro, especialmente, aquelas que tratam da possibilidade de suspensão condicional e substituição de penas.

O segundo passo é a possibilidade prática de concretização da "pena proporcional à medida do injusto culpável". Com o auxilio de critérios objetivos, o juiz, diante do caso concreto, não se ocupa com questões de natureza subjetiva e elementos inapreensíveis, mas com a valoração dos elementos próprios da teoria do delito, que permitem a graduação da pena proporcionalmente à gravidade do *injusto de ação* e de *resultado.*

f) Para tanto, é necessário partir de uma concepção concreta de injusto, que valoriza a *perspectiva da vítima* como filtro normativo capaz de delimitar o alcance da ideia de injusto como "danosidade social". Isso significa graduar a medida do injusto *de acordo com o critério do dano ao portador do bem jurídico lesado ou ameaçado.* Esta concepção tem o papel fundamental de reverter o foco da determinação da medida da pena, geralmente centrado na subjetividade do agente, para aquilo que se encontra no mundo exterior.

g) Determinar a pena proporcional à medida do injusto culpável implica assumir que aqueles fatores que não se deixam explicar a partir dessas duas categorias são critérios *ilegítimos* de determinação da pena. No caso do artigo 59 do Código Penal as circunstâncias judiciais relacionadas à condução de vida, à formação da vontade ou da personalidade não encontram, portanto, espaço legítimo de consideração. Os antecedentes, a personalidade do agente e a conduta social, por não exercerem influência sobre a medida do injusto ou da culpabilidade em sentido estrito, seja como atenuantes, seja como agravantes, *não devem ser manejados para a determinação da pena-base*, embora seja possível conceder-lhes um limitado espaço nas decisões a respeito da determinação de penas de igual gravidade, substituição de penas e suspensão condicional, desde que interpretados como uma referência do legislador às *condições pessoais do agente.* Aos motivos do agente é possível reconhecer apenas um papel atenuante da medida do injusto, a partir do entendimento que os concebe como elementos relevantes para caracterizar uma eventual causa de justificação.

h) A capacidade de rendimento da teoria proporcional ao fato, na forma como concebida originalmente, encontra limitações importantes. Porque ela parte de uma concepção de injusto fortemente ancorada na perspectiva de uma vítima concreta e nos resultados danosos ou perigosos para o portador de um bem jurídico, ela não se aplicaria a crimes contra bens jurídicos coletivos e supraindividuais. É necessário, portanto, conceber um *outro critério*, que não o dano, que permita determinar uma pena proporcional ao fato, levando em consideração a natureza de injusto daqueles crimes.

i) Em delitos que tutelem bens jurídicos coletivos, nos quais se possa afirmar um contexto social de mútua cooperação e na caracterização do autor como um *free-rider*, nomeadamente, *nos delitos econômicos*, é possível identificar a maior relevância da *perspectiva do autor*. Se em crimes contra bens individuais o critério do dano centrado na perspectiva da vítima é o elemento capaz de fornecer a medida de valoração da gravidade do injusto, em crimes econômicos é o critério da *vantagem econômica* obtida pelo agente que exerce tal papel. Esta perspectiva não ignora eventuais danos a vítimas concretas e identificáveis. Porque a vantagem injusta pressupõe um dano à toda coletividade, eventuais danos a vítimas individualizadas, desde que previsíveis e evitáveis pelo agente, no momento do fato, são igualmente considerados como fatores agravantes, na medida final de pena.

j) Com estes resultados, ficou demonstrado que o conceito de culpabilidade para a medida da pena é muito mais objetivo que subjetivo. É possível abandonar, definitivamente, o entendimento que se vale de incursões indevidas no mundo interior do autor de um delito para mensurar a medida da pena e, finalmente, trazer para a prática judiciária a luz da *objetividade*.

BIBLIOGRAFIA

ACHENBACH, Hans. Historische und dogmatische Grundlagen der strafrechtssystematischen Schuldlehre. Berlin: J. Schweitzer Verlag, 1974.

_____. Riflessioni storico-dommatiche sulla concezione dela colpevolezza di Reinhart Franck. *Rivista Italiana di Diritto e Procedura Penale,* Milano, vol. 24, p. 838-856, 1981.

_____. Individuelle Zurechnung, Verantwortlichkeit, Schuld. In: SCHÜNEMANN, Bernd. *Grundfragen des modernen Strafrechtssystems*. Berlin: Walter de Gruyter, 1984, pp. 134-151.

_____. Imputación individual, responsabilidad, culpabilidad. In: SCHÜNEMANN, Bernd; SILVA SÁNCHEZ, Jesús María. *El sistema moderno del derecho penal: cuestiones fundamentales*. Madri: Tecnos, 1.991, 159-178.

AGUIAR JÚNIOR, Ruy Rosado. *Aplicação da pena.* Porto Alegre: Livraria do Advogado/ AJURIS, 2013.

ALBRECHT, von Hans-Jörg. *Strafzumessung bei schwerer Kriminalität: eine vergleichende theoretische und empirische Studie zur Herstellung und Darstellung des Strafmaßes*. Berlin: Duncker und Humblot, 1994.

AMARAL, Claudio do Prado. *Princípios penais. Da legalidade à culpabilidade*. São Paulo: IBCCRIM, 2003.

ANDROULAKIS, Nikolaos. "Zurechnung", Schuldbemessung und personale Identität. *Zeitschrift für die gesamte Strafrechtwissenchaft (ZStW)* 108, 1996, pp. 492-522.

ARNESON, Richard J. Principle of Fairness and Free-Rider Problems. *Ethics*, vol. 92, n. 4, 1982, pp. 616-633.

BATISTA, Nilo; NASCIMENTO, André (org.). *Cem anos de reprovação: uma contribuição transdisciplinar para a crise da culpabilidade*. Rio de Janeiro: Revan, 2011.

BAURMANN, Michael. *Zweckrationalität und Strafrecht. Argumente für ein tatbezogenes Maßnahmerecht*. Opladen: Westdeutscher Verlag, 1987.

BECHARA, Ana Elisa Liberatore Silva. Delitos de acumulação e racionalidade da intervenção penal. *Boletim IBCCRIM*, São Paulo, v. 17, n. 208, p. 3-5., mar. 2010.

_____. *Bem jurídico-penal*. São Paulo: Quartier Latin, 2014.

BEDÊ JUNIOR, Américo; CAMPOS, Gabriel Silveira de Queirós (org.). *Sentença criminal e aplicação da pena. Ensaios sobre discricionariedade, individualização e proporcionalidade*. Salvador: Editora Jus Podivm, 2017.

BERNER, Albert Friederich. *Lehrbuch des deutschen Strafrechtes*. Leipzig: Tauchnitz, 1895.

BETTIOL, Giuseppe. Sobre o Direito Penal da atitude interior. *Revista dos Tribunais*. RT 442/1972, ago. 1972.

BITENCOURT, Cezar Roberto. *Manual de Direito Penal*. 5. ed. São Paulo: Editora Revista dos Tribunais, 1.999.

_____. *Código Penal comentado*. São Paulo: Saraiva, 2002.

BRITO, José de Sousa e. A medida da pena do novo código penal. *Boletim da Faculdade de Direito*, Coimbra, v. 3, p. 555-587, 1984.

BLOY, René. Die Berücksichtigungsfähigkeit außertatbestandlicher Auswirkungen der Tat bei der Strafzumessung. *Zeitschrift für die gesamte Strafrechtwissenchaft (ZStW)* 107, 1995, pp. 577-596.

BOONIN, David. *The Problem of Punishment*. Cambrige: Cambridge University Press, 2008.

BOSCHI, José Antonio Paganella. *Das penas e seus critérios de aplicação*. Porto Alegre: Livraria do Advogado, 2000.

BRAUNECK, Anne-Eva. Der Strafrechtliche Schuldbegriff. *Goltdammer's Archiv für Strafrecht (GA)*, 1959, pp. 261-272.

BRAUNS, Uwe. *Die Wiedergutmachung der Folgen der Straftat durch den Täter*. Berlin: Duncker & Humblot, 1996.

BRITO ALVES, Roque de. *Direito Penal, Parte Geral*. Recife: Intergraf Editora, 2004.

BRUNO, Aníbal. *Direito Penal. Parte Geral,* Tomo 2º. Rio de Janeiro: Editora Nacional de Direito, 1956.

BRUNS, Hans-Jürgen. Zur Revisionsgrund der – ohne sonstige Rechtfehler – "ungerecht" bemessenen Strafe. In: BOCKELMAN, Paul; KAUFMANN, Arthur; KLUG, Ulrich (Hrg.). *Festschrift für Karl Engisch zum 70.* Geburtstag. Frankfurt am Main: Vittorio Klostermann, 1969, pp. 708-723.

_____. *Strafzumessungsrecht*, 2 Auflage. Bonn: Carl Heymanns, 1974.

_____. "Stellenwerttheorie" oder "Doppelspurige Strafhöhenbemessung"? In: JESCHECK, Hans-Heinrich; LÜTTGER, Hans. *Festschrift für Eduard Dreher zum 70. Geburtstag*. Berlin, New York: Walter de Gruyter, 1977, pp. 251-264.

_____. *Das Recht der Strafzumessung. Eine systematische Darstellung für die Praxis*. München: Heymann, 1985.

_____. *Neues Strafzumessungsrecht? "Reflexionen" über eine geforderte Umgestaltung*. Köln: Heymann, 1988.

CAMPOS, Gabriel Silveira de Queirós. Discricionariedade judicial e sistema de aplicação da pena. In: BEDÊ JUNIOR, Américo; CAMPOS, Gabriel Silveira de Queirós (org.). *Sentença criminal e aplicação da pena. Ensaios sobre discricionariedade, individualização e proporcionalidade*. Salvador: Editora Jus Podivm, 2017, pp. 197-250.

CARVALHO, Salo de. *O papel dos atores do Sistema Penal na Era do Punitivismo (O exemplo privilegiado da aplicação da pena)*. Rio de Janeiro: Editora Lumen Juris, 2010.

_____. *Dos critérios de aplicação da pena no Brasil: análise doutrinária e jurisprudencial da conveniência da pena mínima*. Série Pensando o Direito: Ministério da Justiça, n. 02/2009. Disponível em www.justica.gov.br. Acesso em 04/01/2016.

_____. *Penas e medidas de segurança no Direito Penal brasileiro*. São Paulo: Saraiva, 2015.

_____. Critérios para cálculo da pena-base: ponto de partida, termo médio e regras de quantificação. In: BEDÊ JUNIOR, Américo; CAMPOS, Gabriel Silveira de Queirós (org.). *Sentença criminal e aplicação da pena. Ensaios sobre discricionariedade, individualização e proporcionalidade*. Salvador: Editora Jus Podivm, 2017, pp. 492-495.

COSTA, Helena Regina Lobo da. *A dignidade humana. Teorias de prevenção geral positiva*. São Paulo: Editora Revista dos Tribunais, 2008.

_____. *Proteção penal ambiental: viabilidade, efetividade, tutela por outros ramos do direito*. São Paulo: Saraiva, 2010.

BURGH, Richard. W. Do the Guilty Deserve Punishment? *The Journal of Philosophy*, vol. 79, n. 4, 1992, pp. 193-210.

BUSATO, Paulo César. *Direito penal: parte geral*. São Paulo: Atlas, 2013.

CAMARGO, Antônio Luís Chaves. Culpabilidade e reprovação penal. Tese apresentada à Egrégia Congregação da Faculdade de Direito da Universidade de São Paulo, para o Concurso de Professor Titular da Cadeira de Direito Penal, 1993.

_____. *Imputação objetiva e Direito Penal brasileiro*. São Paulo: Cultural Paulista, 2001.

_____. *Sistema de penas, Dogmática jurídico-penal e Política Criminal*. São Paulo: Cultural Paulista, 2002.

CAMARGO, Beatriz Corrêa. *O finalismo no direito penal brasileiro: uma abordagem crítica da ciência jurídico-penal no Brasil*. In: SILVEIRA, Renato de

Mello Jorge; SALVADOR NETTO, Alamiro Velludo; DE SOUZA, Luciano Anderson. *Direito penal na pós-modernidade. Escritos em homenagem a Antônio Luis Chaves Camargo.* São Paulo: Quartier Latin, 2015.

CEREZO MIR, José. Doppelstellung des Vorzates. *Zeitschrift für die gesamte Strafrechtswissenschaft (ZStW)* 93, 1981, pp. 1018-1022.

CHOCLAN MONTALVO, José Antonio. *Individualización judicial de la pena. Función de la culpabilidad y la prevención en la determinación de la sanción penal.* Madrid: Colex, 1997.

COUSO SALAS, Jaime. *Fundamentos del Derecho Penal de culpabilidad: historia, teoría y metodología.* Valencia: Tirant lo Blanch, 2006.

DARMIS, Johannis. *Die realen Strafzumessungsgründe des §46 Abs. 2 StGB in ihrem Verhältnis zu den Grundsätzen der Strafzumessung nach § 46 Abs. 1 StGB.* Heidelberg Universität. Dissertation, 1993.

DAVIS, Michael. How to make punishment fit the Crime. *Ethics*, vol. 93, n. 4, 1983, pp. 726-752.

_____. Setting Penalties: What does Rape Deserve? *Law and Philosophy* 3, 1984, pp. 61-110.

_____. Just Desert for Recidivists. 4. *Criminal Justice Ethics*, 29, 1985, pp. 29-49.

_____. Harm and Retribution. *Philosophy and Public Affairs*, vol. 15, n. 3, 1986, pp. 236-266.

_____. The Relative Independence of Punishment Theory. *Law and Philosophy* 7, 1989, pp. 321-350.

_____. *To make the punishment fit the crime: essays in the theory of criminal justice.* Boulder: Westview Press, 1992.

_____. Criminal Desert and Unfair Advantage: What's the connection? *Law and Philosophy*, vol. 12, 1993, pp. 133-156.

DEMETRIO CRESPO, Eduardo. *Culpabilidad y fines de la pena: con especial referencia al pensamiento de Claus Roxin.* Lima: Grijley, 2008.

_____. *Prevención general e individualización judicial de la pena.* Montevideo; Buenos Aires: Editorial B. de F., 2016.

DOLINKO, David. Some Thoughts about Retributivism. *Ethics*, vol. 101, n.3, 1991, pp. 537-559.

_____. Mismeasuring "Unfair Advantage": A Response do Michael Davis. *Law and Philosophy*, vol. 13, n. 4, 1994, pp. 493-524.

DOTTI, René Ariel. *Curso de Direito Penal. Parte Geral.* São Paulo: Editora Revista dos Tribunais, 2012.

DREHER, Eduard. *Über die gerechte Strafe.* Heidelberg: Schneider, 1947.

_____. Zur Spielraumtheorie als der Grundlage der Strafzumessungslehre des Bundesgerichthofes. *Juristenzeitung (JZ)* 1967, pp. 41-46.

DUFF, R. A. *Trials and punishments*. Cambridge: Cambridge University Press, 1986.

_____. Auctions, Lotteries, and the Punishment of Attempts. *Law and Philosophy*, 9, 1990, pp. 1-37.

_____. Was ist Tatproportionalität und warum ist dieses Prinzip wichtig? In: FRISCH, Wolfgang; VON HIRSCH, Andrew, ALBRECHT, Hans-Jörg (Hrsg). *Tatproportionalität. Normative und empirische Aspekte einer tatproportionalen Strafzumessung*. Heidelberg: C.F. Müller, 2003, pp. 23-46.

ELLSCHEID, Günter; HASSEMER, Winfried. Strafe ohne Vorwurf. Bemerkungen zum Grund strafrechtlicher Haftung. In: LÜDERSSEN, Klaus; SACK, Fritz (Hrgs.). *Seminar: abweichendes Verhalten II. Die gesellschaftliche Reaktion auf Kriminalität. Band 1*. Frankfurt am Main: Suhrkamp-Taschenbuch Wissenschaft., 1975, 266-292.

ELLSCHEID, Günter. Alternativen zur Strafmaßschuld. In: WADLE, Elmar (Hrsg.) *Recht und Gesetz im Dialog*. Köln: Carl Heymanns Verlag, 1982, p. 77-105.

ERBER-SCHROPP, Julia Maria. *Schuld und Strafe. Eine strafrechtsphilosophische Untersuchung des Schuldprinzips*. Tübigen: Mohr Siebeck, 2016.

ERHARD, Christopher. *Strafzumessung bei Vorbestraften unter dem Gesichtspunkt der Strafzumessungsschuld*. Berlin: Duncker und Humblot, 1992.

ESCHELBACH, Ralf. Grundsätze der Strafzumessung. In: SATZGER, Helmut (Hrsg). *Strafgesetzbuch Kommentar (SSW-StGB)*. Köln: Carl Heymanns, 2016.

ESTELLITA, Heloisa. *Responsabilidade penal de dirigentes de empresas por omissão: estudo sobre a responsabilidade omissiva imprópria de dirigentes de sociedades anônimas, limitadas e encarregados de cumprimento por crimes praticados por membros da empresa*. São Paulo: Marcial Pons, 2017.

FEIJOO SÁNCHEZ, Bernardo José. *Retribución y prevención general. Un estudio sobre la teoria de la pena y las funciones del Derecho Penal*. Buenos Aires: Editorial B. de F., 2007.

_____. *Individualización de la pena y teoria de la pena proporcional al hecho. El debate europeo sobre los modelos de determinación de la pena. InDret*, 01/2007, pp. 1-20.

_____. Positive Generalprävention. Gedanken zur Straftheorie Günter Jakobs. In: PAWLIK, Michael; ZACZYK, Rainer (Hrsg.). *Festschrift für Günther Jakobs zum 70. Geburtstag am 26. Juli 2007*. Köln; München (u.a.), 2007, pp. 75-95.

FEINBERG, Joel. *The Moral Limits of the Criminal Law. Harm to others*. New York; Oxford: Oxford University Press, 1984.

_____. *The Moral limits of the Criminal Law. Harmless Wrongdoing*. New York; Oxford: Oxford University Press, 1988.

FERREIRA, Luísa Moraes Abreu. Penas iguais para crimes iguais? Um estudo da individualização da pena com base em casos de roubo julgados pelo Tribunal e Justiça do Estado de São Paulo. Dissertação de mestrado. Universidade de São Paulo, 2014.

FIGUEIREDO DIAS, Jorge. *Questões fundamentais revisitadas.* São Paulo: Revista dos Tribunais, 1999.

FINNIS, John. The Restoration of Retribution. *Analysis*, Vol. 32, Issue 4, 1 March 1972, pp. 131–135.

_____. *Natural Law and Natural Rights.* Oxford: Clarendon, 1980.

FISCHER, Thomas. *Strafgesetzbuch mit Nebengesetzen. Beck'scher Kurz-Kommentare (StGB-Kommentar),* 64. Auflage. München: C.H. Beck, 2017.

FRAGOSO, Heleno Cláudio. *Lições de Direito Penal.* Rio de Janeiro: Forense, 1983.

FREUND, Georg. Straftatbestand und Rechtsfolgebestimmung. Zur Bedeutung der gesetzlichen Regelungstechnik und der "harmonisierten" Strafrahmen für die Strafzumessung. *Goltdammer's Archiv für Strafrecht (GA),* 1999, pp. 509-538.

FRISCH, Wolfgang. Die "verschuldeten" Auswirkungen der Tat. Zugleich ein Beitrag zur Irrtumsproblematik im Strafzumessungsrecht. *Goltdammer's Archiv für Strafrecht (GA)* 1972, pp. 321-347.

_____. *Vorsatz und Risiko.* Köhl, Berlin, Bonn, München: Carls Heymanns Verlag, 1983.

_____. Gegenwärtiger Stand und Zukunftsperspektiven der Strafzumessungsdogmatik. *Zeitschrift für die gesamte Strafrechtwissenchaft (ZStW) 99*, 1987, pp. 349-388; 751-805.

_____. Strafsystem und Strafzumessung. Zugleich ein Beitrag zur Struktur der Strafzumessungsentscheidung. In: WOLTER, Jürgen (Hrsg). *140 Jahre Goltdammer's Archiv für Strafrecht: eine Würdigung zum 70. Geburtstag von Paulo-Günter Pötz.* Heidelberg: V. Decker, 1993, pp. 1-38.

_____. Unrecht und Schuld im Verbrechensbegriff und in der Strafzumessung. In: BRITZ, Guido *et alii. Grundfragen staatlichen Strafens. Festschrift für Müller--Dietz zum 70. Geburtstag.* München: C.H. Beck Verlag, 2001, pp. 237-259.

_____. Maßstäbe der Tatproportionalität und Veränderungen des Sanktionenniveaus. In: FRISCH, Wolfgang; VON HIRSCH, Andrew, ALBRECHT, Hans-Jörg (Hrsg). *Tatproportionalität. Normative und empirische Aspekte einer tatproportionalen Strafzumessung.* Heidelberg: C.F. Müller, 2003.

_____. Zur Bedeutung von Schuld, Gefährlichkeit und Prävention im Rahmen der Strafzumessung. In: FRISCH, Wolfgang (Hrsg.). *Grundfragen des Strafzumessungsrecht aus deutscher und japanischer Sicht.* Tübigen: Mohr Siebeck, 2011, pp. 3-26.

FRISCH, Wolfgang; VON HIRSCH, Andrew, ALBRECHT, Hans-Jörg (Hrsg). *Tatproportionalität. Normative und empirische Aspekte einer tatproportionalen Strafzumessung.* Heidelberg: C.F. Müller, 2003.

GALLAS, Wilhelm. Zum gegenwärtigen Stand der Lehre vom Verbrechen. *Zeitschrift für die gesamte Strafrechtswissenschaft (ZStW)* 67, 1955, pp. 1-47.

GARCIA, Basileu. *Instituições de Direito Penal,* 4. ed. São Paulo: Max Limonad,1959.

GARCÍA ARÁN, Mercedes. *Fundamentos y Aplicación de Penas y Medidas de Seguridad en el Código Penal de 1995*. Pamplona: Aranzadi, 1997.

_____. El llamado principio de culpabilidad: no hay pena sin culpabilidad? In: QUINTERO OLIVARES, Gonzalo; MORALES PRATS, Fermín (Coord.). *El nuevo derecho penal español: estudios penales en memoria del profesor José Manuel Valle Muñiz*. Pamplona: Aranzadi, 2001, p. 401-415.

GIANNOULIS, Georgios. *Studien zur Strafzumessung. Ein Beitrag zur Dogmatik, Rechtstheorie und Rechtsinformatik mit Vertiefung in den Eigentums-und Vermögensdelikten*. Tübigen: Morh Siebeck, 2014.

GOMES, Mariângela Gama de Magalhães. *O princípio da proporcionalidade no Direito Penal*. São Paulo: Editora Revista dos Tribunais, 2003.

_____. *Teoria geral da Parte Especial do Direito Penal*. São Paulo: Editora Atlas, 2014.

GOMES, Luiz Flávio. Proporcionalidade e a tríplice função da culpabilidade no direito penal. *Boletim IBCCRIM*, São Paulo, v. 9, n. 107, p. 10-12, out. 2001.

GRASNICK, Walter. *Strafzumessung als Argumentation. Der "richtige" Weg zur "richtige" Strafe. Juristische Arbeitsblätter (JA)* 22, 1990, Heft 3, pp. 81-88.

GRECO, Alessandra Orcesi Pedro. Vítima e consentimento. In: SILVEIRA, Renato de Mello Jorge; RASSI, João Daniel (org.). *Estudos em homenagem a Vicente Greco Filho*, São Paulo: LibeArs, 2014, pp. 23-37.

GRECO, Luís. Dolo sem vontade. In: SILVA DIAS, Augusto *et alii*, *Liber Amicorum de José de Sousa e Brito*. Coimbra: Almedina, 2009, pp. 885-905.

_____. *Lebendes und Totes in Feuerbachs Straftheorie. Ein Beitrag zur gegenwärtigen strafrechtlichen Grundlagendiskussion*. Berlin: Duncker & Humbolt, 2009.

_____. *Um panorama da teoria da imputação objetiva*. São Paulo: Editora Revista dos Tribunais, 2013.

_____. Ehenmorde im deustchen Strafrecht. *Zeitschrift für Interationale Strafrechtdogmatik (ZIS)*, 2014, p. 318

_____. Schuldprinzip und Strafbarkeit juristischer Person. *Goltdammer's Archiv für Strafrecht (GA)* 162, 2015, pp. 503-516.

GRECO, Rogério. *Curso de Direito Penal, Parte Geral*. Rio de Janeiro: Editora Impetus, 2003.

GREEN, Stuart P. *Lying, Cheating and Stealing*. Oxford: Oxford Press, 2006

GRÉGIO, Grécio Nogueira. Dosimetria da pena: uma "DR" com Nelson Hungria. In: BEDÊ JUNIOR, Américo; CAMPOS, Gabriel Silveira de Queirós (org.). *Sentença criminal e aplicação da pena. Ensaios sobre discricionariedade, individualização e proporcionalidade.* Salvador: Editora Jus Podivm, 2017, pp. 299-310.

GROSSE-WILDE, Thomas. *Erfolgszurechnung in der Strafzumessung. Die verschuldeten Auswirkungen der Tat gemäß § 46 Abs. 2 StGB in einer regelgeleiteten Strafmaßlehre*. Tübingen: Mohr Siebeck, 2017.

GRÜNEWALD, Anette. *Das vorsätzliche Tötungsdelikt*. Tübingen: Mohr Siebeck, 2010.

GÜNTHER, Hans- Ludwig. Grade des Unrechts und Strafzumessung. In: KERNER, Hans-Jürgen; KAISER, GUNTHER (Hrsg.). *Kriminalität. Persönlichkeit, Lebensgeschichte und Verhalten. Festschrift für Hans Göppinger zum 70. Geburtstag*. Berlin (u.a.): Springer, 1990, pp. 453-462.

_____. Systematische Grundlagen der Strafzumessung. *Juristenzeitung (JZ)* 22, 1989, pp. 1025-1030.

HAAS, Volker. *Strafbegriff, Staatsverständnis und Prozesstruktur*. Tübigen: Mohr Siebeck, 2008.

HAFFKE, Bernhard; BIERBRAUER, Günter. Problemaufriß: Die Bedeutung der sozialpsychologischen Funktion von Schuld und Schuldfähigkeit für die strafrechtliche Schuldlehre. In: HASSEMER, Winfried; LÜDERSSEN, Klaus. *Sozialwissenschaften im Studium des Rechts*. München: Beck, 1978, pp. 153-180.

HART, H.L.A. Are There Any Natural Rights? *The Philosophical Rewiew*, vol. 64, n. 2, 1955, pp. 175-191.

_____. *Punishment and Responsibility. Essays in the Philosophy of Law*. Oxford: Claredon Press, 1968.

HART-HÖNIG, Kai. *Gerechte und zweckmäßige Strafzumessung. Zugleich ein Beitrag zur Theorie positiver Generalprävention*. Berlin: Duncker und Humblot, 1992.

HEGMANNS, Michael. Besprechung Tatjana Hörnle, Tatproportionale Strafzumessung. *Goltdammer's Archiv für Strafrecht (GA)* 2005, pp. 417-419.

HEINITZ, Ernst. Strafzumessung und Persönlichkeit. *Zeitschrift für die gesamte Strafrechtswissenschaft (ZStW)* 1951, pp. 57-82.

_____. Der Entwurf des Allgemeinen Teils des Strafgesetzbusches vom kriminalpolitischen Standpunkt aus. *Zeitschrift für die gesamte Strafrechtswissenschaft (ZStW)* 70, 1958, pp. 1-24.

HENKEL, Heinrich. Die "richtige" Strafe. Gedanken zur richterlichen Strafzumessung. *Recht und Staat in Geschichte und Gegenwart*, 1969, Heft 381/382, pp. 3-52.

HERZBERG, Rolf Dietrich. Überlegungen zum ethischen und strafrechtlichen Schuldbegriff. In: HELMANN, Uwe; SCHRÖDER, Christian. *Festschrift für Hans Achenbach*. Heidelberg, München, Landsberg, Frechen, Hamburg: C.F. Müller, 2011, pp. 157-187.

HETTINGER, Michael. *Das doppelverwertungsverbot bei strafrahmenbildenden Umständen*. Berlin: Duncker & Humblot, 1982.

HILLENKAMP, Thomas. *Vorsatztat und Opferverhalten*. Göttingen: Verlag Otto Schwartz & CO, 1981.

HIRSCH, Hans Joachim. Der Streit um Handlungs-und Unrechtslehre, insbesondere im Spiegel der Zeitschrift für die gesamte Strafrecthswissenschaft. *Zeitschrift für die gesamte Strafrechtswissenschaft (ZStW)* 93, 1981, pp. 831-863.

HORN, Eckhard. Tatschuld-Interlokut und Strafzumessung. Zeitschrift für die gesamte Strafrechtswissenschaft (ZStW) 1973, pp. 7-26.

_____. Wider der "doppelspurige" Strafhöhenzumessung. In: GRÜNWALD, Gerald; MIEHE, Olaf; RUDOLPHI, Hans-Joachim; SCHREIBER, Hans-Ludwig (Hrgs.). *Festschrift für Friedrich Schaffstein zum 70. Geburtstag am 28. Juli 1975.* Göttingen: Otto Schartz, 1975, pp. 241-254.

_____. Zum Stellenwert der Stellenwerttheorie. In: FRISCH, Wolfgang; SCHMID, Werner (Hrsg.). *Festschrift für Hans-Jürgen Bruns zum 70. Geburtstag.* Köln, Berlin, Bonn, München: Carl Heymanns, 1978, pp. 165-181.

_____. Grundsätze der Strafzumessung. In: WOLTER, Jürgen. *Systematischer Kommentar zum Strafgesetzbuch (SK-StGB).* Köln: Carl Heymanns Verlag, 2016.

HÖRNLE, Tatjana. *Tatproportionale Strafzumessung.* Berlin: Duncker und Humblot, 1999.

_____. Das antiquierte Schuldverständnis der traditionellen Strafzumessungsrechtsprechung und Lehre. *Juristenzeitung (JZ),* 1999, pp. 1080-1089.

_____. La concepción anticuada de la culpabilidad en la jurisprudencia y doctrina tradicionales de la medición de la pena. *Anuario de derecho penal y ciencias penales.* Madrid, v. 54, p.401-429, jan./dez. 2001.

_____. Kriterien für die Herstellung von Tatproportionalität. In: FRISCH, Wolfgang; VON HIRSCH, Andrew; ALBRECHT, Hans-Jörg. *Tatproportionalität. Normative und empirische Aspekte einer tatproportionalen Strafzumessung.* Heidelberg: C.F. Müller, 2003, pp. 99-127.

_____. *Determinación de la pena y culpabilidad. Notas sobre la teoría de la determinación de la pena en Alemania.* Buenos Aires: Fabián J. Di Plácido, 2003.

_____. Strafzumessungsrelevante Umstände der Tat. In: FRISCH, Wolfgang. *Grundfragen des Strafzumessungsrecht aus deutscher uns japanischer Sicht.* Tübigen: Mohr Siebeck, 2011, pp. 113-124.

_____. *Straftheorien.* Tübigen: Mohr Siebeck, 2011.

_____. Gegenwärtige Strafbegründungstheorien. In: VON HIRSCH, Andreas; NEUMANN, Ulfrid; SEELMANN, Kurt (Hrsg.). *Strafe-Warum? Gegenwärtige Strafbegründungen im Lichte von Hegels Stratheorie.* Baden-Baden: Nomos, 2011, pp. 11-30.

_____. Zur Relevanz von Beweggründen für die Bewertung von Tötungsdelikten am Beispiel sog. "Ehrenmorde". In: FREUND, Georg; MURMANN, Uwe; BLOY, René. *Grundlagen und Dogmatik des gesamten Strafrechtssystems. Festschrift für Wolfgang Frisch zum 70. Geburtstag.* Berlin: Duncker & Humbolt, 2013, pp. 653-676.

_____. *Kriminalstrafe ohne Schuldvorwurf. Ein Plädoyer für Änderungen in der strafrechtlichen Verbrechenslehre*. Baden-Baden: Nomos, 2013.

_____. Grenzen der Individualisierung von Schuldurteilen. In: HEFENDEHL, Roland; HÖRNLE, Tatjana; GRECO, Luís. *Streitbare Strafrechtswissenschaft. Festschrift für Bernd Schünemann zum 70. Geburtstag am 1. November 2014*. Berlin: De Gruyter, 2014, p. 93-106.

HUNGRIA, Nelson; FRAGOSO, Heleno Cláudio. *Comentários ao Código Penal*, vol. I, t. II. Forense: Rio de Janeiro, 1978.

HUNGRIA, Nelson. *Comentários ao Código Penal*. vol. I, t. 2°, 2. ed. Rio de Janeiro: Revista Forense, 1953.

HUSAK, Douglas. *Overcriminalization. The Limits of Criminal Law*. Oxford: Oxford University Press, 2008.

JESCHECK, Hans-Heinrich; WEIGEND, Thomas. *Lehrbuch des Strafrechts, Allgemeiner Teil*. Berlin: Duncker & Humbolt, 1996.

JESUS, Damásio E. de. *Comentários ao Código Penal: Parte Geral*. 2. Vol. São Paulo: Saraiva, 1986.

KAUFMANN, Arthur. *Das Schuldprinzip*. Heidelberg: Carl Winter Universität Verlag, 1976.

KERN, Eduard. *Grade der Rechtswidrigkeit*. *Zeitschrift für die gesamte Strafrechtswissenschaft (ZStW)* 64, 1952, pp. 255-291.

KINDHÄUSER, Urs. Personalität, Schuld und Vergeltung. *Goltdammer's Archiv für Strafrecht (GA)* 1989, pp. 493-507.

_____. Strafe, Strafrechtsgut und Rechtsgüterschutz. In: LÜDERSSEN, Klaus (Hrsg.) *Modernes Strafrecht und Ultima-ratio-Prinzip*. Frankfurt am Main u.a.: Lang, 1990, pp. 29-36.

KÖHLER, Michael. Über den Zusammenhang von Strafrechtsbegründung und Strafzumessung erörtet am Problem der Generalprävention. Heiidelberg: C.F. Müller, 1993.

KRÜMPELMANN, Justus. Vorsatz und Motivation. *Zeitschrift für die gesamte Strafrechtswissenschaft (ZStW)* 25, 1975, pp. 888-901.

KUHLEN, Lothar. Umweltstrafrecht – auf der Suche nach einer neuen Dogmatik. *Zeitschrift für die gesamte Strafrechtswissenschaft (ZStW)* 105, Heft 4, 1993, pp. 697-726.

LAMPE, Ernst-Joachim. *Das personale Unrecht*. Berlin: Duncker & Humblot, 1967.

LANG-HINRICHSEN. Bemerkungen zum Begriff der "Tat" im Strafrecht unter besonderer Berücksichtigung der Strafzumessung, des Rücktritts und der tätigen Reue beim Versuch und der Teilnahme (Normativer Begriff). In: BOCKELMANN, Paul; KAUFMANN, Arthur; KLUG, Ulrich (Hrgs). *Festschrift für Karl Engisch zum 70. Geburtstag*. Frankfurt am Main: Vittorio Klostermann, 1969, pp. 353-379.

LAPPI-SEPPÄLÄ, Tapio. Das Proportionalitätsprinzip in der finnischen Strafzumessungspraxis. In: FRISCH, Wolfgang; VON HIRSCH, Andrew; ALBRECHT, Hans-Jörg. *Tatproportionalität. Normative und empirische Aspekte einer tatproportionalen Strafzumessung*. Heidelberg: C.F. Müller, 2003, pp. 261-273.

LEITE, Alaor. *Dúvida e erro sobre a proibição no Direito Penal*. São Paulo: Atlas, 2012.

_____. Existem deveres gerais de se informar no Direito Penal? Violação de um dever, culpabilidade e evitabilidade do erro de proibição. *Revista dos Tribunais (RT)* 22, pp. 323-340.

LEITE, Alaor; TEIXEIRA, Adriano. O principal delito econômico da moderna sociedade industrial: observações introdutórias sobre o crime de infidelidade patrimonial. *Revista do Instituto Brasileiro de Direito Penal Econômico*, n. 1, Florianópolis: Empório do Direito, 2017, pp. 15-58.

MACHADO, Fabio Guedes de Paula. *A Culpabilidade no Direito Penal*. São Paulo: Quartier Latin, 2010.

MACHADO, Maíra Rocha. A complexidade do problema e simplicidade da solução: a questão das penas mínimas. *Revista Jurídica*, Brasília, v. 11, n. 94, jun./set. 2009, pp. 1-62.

MAIWALD, Manfred. Die Bedeutung des Erfolgsunwertes im Unrecht – Der Einfluss der Verletztenposition auf eine Dogmatische Kategorie. In: SCHÖCH, Heinz (Hrsg.). *Wiedergutmachung und Strafrecht*. München: Wilhelm Fink Verlag, 1978, pp. 64-73.

MARTÍNEZ- BUJÁN PÉREZ, Carlos. Bien jurídico y Derecho Penal econômico. In: DEMETRIO CRESPO, Eduardo; CALATAYUD, Manuel Maroto (org.). *Crisis financeira y Derecho Penal económico*, 2014, 290-337.

MARQUES, José Frederico. *Curso de Direito Penal*, vol. II. São Paulo: Edição Saraiva, 1956.

_____. *Tratado de Direito Penal*, vol. II. Campinas: Bookseller, 1997.

MEIER, Bernd-Dieter. *Strafrechtliche Sanktionen*. Berlin: Springer, 2015.

MELLO, Sebástian Borges de Albuquerque (Org.). *Culpabilidade e pós-finalismo*. Salvador: Juspodivm, 2016.

_____. *O conceito material de culpabilidade. O fundamento da imposição da pena a um indivíduo concreto em face da dignidade da pessoa humana*. Salvador: Editora Juspodivm, 2010.

MEZGER, Edmund. Die Straftat als Ganzes. *Zeitschrift für die gesamte Strafrechtswissenschaft (ZStW)* 57, 1938, pp. 675-701.

MIRABETE, Julio Fabrini; FABRINNI, Renato N. *Manual de Direito Penal. Parte Geral*. São Paulo: Atlas, 2011.

MONTENBRUCK, Axel. *Abwägung und Umwertung. Zur Bemessung der Strafe für eine Tat und mehrere Taten*. Berlin: Duncker & Humblot, 1989.

MONTENEGRO, Lucas. *Por que se qualifica um homicídio? um estudo sobre a relevância da motivação em direito penal por ocasião da lei do feminicídio (Lei 13.104/2015)*. São Paulo: Marcial Pons, 2017.

MORRIS, Herbert. Persons and punishment. *The Monist*, vol. 52, Issue 4, 1968, pp. 475-501.

MURPHY, Jeffrie G. Marxism and Retribution. *Philosophy and Public Affairs* 2, 1973, pp. 217-241.

_____. Kant's Theory of Criminal Justice. In: BECK, Lewis White. *Proceedings of the Third International Kant Congress – held at the University of Rochester, March 30-April 4, 1970*. Dordrecht: Reidel, 1972, p. 434-441.

MÜLLER-DIETZ, Heinz. Strafzumessung und Folgenorientierung. In: SEEBODE, Manfred (Hsg.). *Festschrift für Günter Spendel zum 70. Geburtstag am 11. Juli 1992*. Berlin: de Gruyter, 1992, pp. 413-433.

NAUCKE, Wolfgang. *Strafrecht. Eine Einführung*. Neuwied; Kriftel; Berlin: Luchternhand, 1995.

NEUMANN, Unfried. Zur Bedeutung von Modellen in der Dogmatik des Strafzumessungsrechts ("Punktstrafe", "Spielraumtheorie", "Normalfall"). In: SEEBODE, (Hrsg.). *Festschrift für Günter Spendel zum 70. Geburtstag*. Berlin: De Gruyter, 1992, pp. 435-449.

_____. Institution, Zweck und Funktion staatlicher Strafe. In: PAWLIK, Michael; ZACZYK, Rainer (Hrsg). *Festschrift für Günther Jakobs zum 70. Geburtstag am 26. Juli 2007*. Köln, München (u.a.): Carl Heymanns, 2007, pp. 435-450.

NOLL, Peter. Übergesetzliche Milderungsgründe aus vermindertem Unrecht. *Zeitschrift für die gesamte Strafrechtswissenschaft (ZStW)* 68, 1956, pp. 181-197.

_____. Schuld und Prävention unter dem Gesichtspunkt der Rationalisierung des Strafrechts. In: GEERDS, FRIEDRICH; NAUCKE, Wolfgang. *Beiträge zur gesamten Strafrechtwissenschaft. Festschrift für Hellmuth Mayer zum 70. Geburtstag am 1. Mai 1965*. Berlin: Duncker & Humbolt, 1966, pp. 219-233.

NUCCI, Guilherme de Souza. *Individualização da pena.* 5. ed. São Paulo: Revista dos Tribunais, 2013.

OTTO, Harro. Konzeption und Grundsätze des Wirtschaftsstrafrechts (einschließlich Verbraucherschutz). *Zeitschrift für die gesamte Strafrechtswissenschaft (ZStw)* 86, 1984, Heft 2, pp. 339-375.

PALLIN, Franz. *Die Strafzumessung in rechtlicher Sicht mit einer tabellarischen Kriminalstatistik.* Wien: Manz, 1982.

PAWLIK, Michael. Person, Subjekt, Bürger. Berlin: Duncker & Humblot, 2004.

_____. *Das Unrechts des Bürgers*. Tübigen: Mohr Siebeck, 2012.

PERALTA, José Milton. *Dogmática del hecho punible, princípio de igualdad y justificación de segmentos de pena. Revista Brasileira de Ciências Criminais,* São Paulo, v. 18, n. 82, jan./fev. 2010, pp. 88-128.

_____. Motive im Strafrecht. In: HEINRICH, Manfred (Hrsg.). *Strafrecht als Scientia Universalis. Festschrift für Claus Roxin zum 80. Geburtstag am 15. Mai 2011.* Berlin: Walter de Gruyter, 2011, pp. 257-271.

_____. Elementos subjetivos del ilícito en la determinación de la pena. *Anuario de Derecho Penal y Ciencias Penales.* Madrid, v. 63, 2011, pp. 251-275.

_____. *Motivos Reprochables. Una investigación acerca de la relevancia de las motivaciones individuales para el Derecho penal liberal.* Madrid; Barcelona; Buenos Aires: Marcial Pons, 2012.

_____. Homicidios por odio como delitos de sometimiento. Sobre las razones para agravar el femicidio, el homicidio por odio a la orientación sexual e otros homicidios por odio. *InDret*, 4/2013, pp. 1-28.

_____. Gesinnungsmerkmale als strafeinschränkende Faktoren? (Zugleich eine Kritik an einer strafrechtdogmatischen Methode) in: KUHLI, Milan; ASHOLT, Martin (Hrsg.) *Strafbegründung und Strafeinschränkung als Argumentationsmuster.* Baden-Baden: Nomos, 2017, pp. 123-140.

PÉREZ MANZANO, Mercedes. *Culpabilidad y prevención: las teorías de la prevención general positiva en la fundamentación de la imputación subjetiva y de la pena.* Madrid: Ediciones de la Universidad Autónoma de Madrid, 1990.

PUPPE, Ingeborg. *Idealkonkurrenz und Einzelverbrechen. Logische Studien zum Verhältnis von Tatbestand und Handlung.* Berlin: Duncker & Humblot, 1979.

_____. Die verschuldeten Folgen der Tat als Strafzumessungsgründe. In: SEEBODE, Manfred (Hrsg.). *Festschrift für Günter Spendel zum 70. Geburtstag am 11. Juli 1992.* Berlin; New York: de Gruyter, 1992, pp. 451-468.

_____. *Strafrecht als Kommunikation.* In: SAMSON, Erich *et alii. Festschrift für Gerald Grünwald zum siebzigsten Geburtstag.* Baden-Baden: Nomos, 1999, pp. 469-494.

_____. Der Aufbau des Verbrechens. In: DANNECKER, Gerhard *et all* (Hrsg.). *Festschrift für Harro Otto zum 70. Geburtstag am 1. April 2007.* München: Carl Heymanns Verlag, 2007, pp. 389-402.

PRADO, Luiz Regis. *Tratado de Direito Penal brasileiro,* vol. 3, Parte Geral. São Paulo: Editora Revista dos Tribunais, 2014.

_____. *Curso de Direito Penal brasileiro. Parte Geral e Parte Especial.* São Paulo: Editora Revista dos Tribunais, 2015.

RAWLS, John. *A theory of Justice.* Oxford: Oxford University Press, 1971.

REALE JÚNIOR, Miguel *et alii. Penas e medidas de segurança no novo código.* Rio de Janeiro: Ed. Forense, 1985.

REALE JÚNIOR, Miguel. *Teoria do delito.* São Paulo: Editora Revista dos Tribunais, 2.000.

_____. Tentativa de eliminação do critério da periculosidade. *Boletim IBCCRIM,* São Paulo, v. 12, 140 Esp., p. 2-3, jul. 2004.

_____. *Instituições de Direito Penal.* Rio de Janeiro: Forense, 2009.

REICHERT, Christoph. *Intersubjektivität durch Strafzumessungsrichtlinien – eine Untersuchung mit Bezug auf die "sentencing guidelines" in den USA*. Berlin: Duncker & Humblot, 1999.

RIVACOBA Y RIVACOBA, Manuel de. La dosimetría en la determinación legal de las penas. In: BAIGÚN, David *et alii*. *De las penas: homenaje al profesor Isidoro de Benedetti.* Buenos Aires: Depalma, 1997, pp. 159-169.

ROCHA, Ronan. *A relação de causalidade no Direito Penal*. Belo Horizonte: Editora D'Plácido, 2016.

RODRIGUES, Anabela Miranda. *A determinação da medida da pena privativa de liberdade.* Coimbra: Coimbra Editora, 1995.

ROIG, Rodrigo Duque Estrada. *Aplicação da pena: limites, princípios e novos parâmetros*. São Paulo: Saraiva, 2015.

ROXIN, Claus. A culpabilidade como critério limitativo da pena. *Revista de Direito Penal,* Rio de Janeiro, 11/12, p.7-20, jul./dez. 1973.

_____. *Strafrechtliche Grundlagenprobleme*. Berlin; New York: Walter de Gruyter, 1973.

_____. "Schuld" und "Verantwortlichkeit" als strafrechtliche Systemkategorien. In: ROXIN, Claus (Hrsg.). *Grundfragen der Gesamten Strafrechtswissenschaft. Festschrift für Heinrich Henkel zum 70. Geburtstag am 12. September 1973.* Berlin: Walter de Gruyter, 1974, pp. 171-197.

_____. Prävention und Strafzumessung. In: FRISCH, Wolfgang; SCHMID, Werner (Hrgs). *Festschrift für Hans-Jürgen Bruns zum 70. Geburtstag*. Köln, Berlin, Bonn, München: Carl Heymanns, 1978, pp. 183-204.

_____. Was bleibt von der Schuld im Strafrecht übrig? *Schweizerische Zeitschrift für Strafrecht*, Band 104, 1987, pp. 356-376.

_____. *Strafrecht. Allgemeiner Teil. Band I. Grundlagen der Aufbau der Verbrechenslehre*. München: C.H. Beck, 2006.

SADURSKI, Wojciech. *Giving Desert Its Due. Social Justice and Legal Theory.* Dordrecht; Bosto; Lancaster: Reidel, 1985.

SALVADOR NETTO, Alamiro Velludo. *Finalidades da pena, conceito material de delito e sistema penal integral*. São Paulo: Quartier Latin, 2009.

SANTOS, Juarez Cirino. *Direito Penal – Parte Geral.* Florianópolis: Conceito Editorial, 2010.

SCHÄFER, Gerhard; SANDER, Günther M.; GEMMEREN, Gerhard van. *Praxis der Strafzumessung*. München: C. H. Beck, 2012.

SCHAFFSTEIN, Friedrich. *Spielraum-Theorie, Schuldbegriff und Strafzumessung nach den Strafrechtsreformgesetzen.* In: LACKNER, Karl (Hrsg). *Festschrift für Wilhelm Gallas zum 70. Geburtstag am 22. Juli 1973.* Berlin: Walter de Gruyter, 1973, pp. 99-116.

SCHEID, Don E. Davis and the Unfair-Advantage Theory of Punishment: A Critique. *Philosophical Topics*, vol. 18, n. 1, 1990, pp. 143-170.

_____. Davis, Unfair Advantage Theory and Criminal Desert. *Law ad Philosophy* 14, 1995, pp. 375-409.

SCHMIDHÄUSER, Eberhard. *Gesinnungsmerkmale im Strafrecht*. Tübingen: J.C.B. Mohr, 1958.

SCHÖCH, Heinz. Grundlage und Wirkungen der Strafe. In: GRUNDWALD, Gerald. (Hrsg.). *Festschrift für Schaffstein zum 70. Geburtstag am 28. Juli 1975*. Göttingen: Otto Schwartz, 1975, pp. 255-273.

SCHREIBER, Hans-Ludwig. Juristischen Grundlagen. In: VENZLAFF, Ulrich (Hrsg.). *Psychiatrische Begutachtung. Ein praktisches Handbuch für Ärzte und Juristen*. Stuttgart: Gustav Fischer, 1986.

SCHÜNEMANN, Bernd. Die Funktion des Schuldprinzips im Präventionsstrafrecht. In: SCHÜNEMANN, Bernd (Hrsg.). *Grundfragen des modernen Strafrechtssystems*. Berlin: Walter de Gruyter, 1984, pp. 152-195.

_____. Plädoyer für eine neue Theorie der Strafzumessung. In: ESER, Albin; CORNILS, Karin (Hrsg.). *Neuere Tendenzen der Kriminalpolitk*. Freiburg: Eigenverlag Max-Plankt-Institut für ausländisches und internationales Strafrecht, 1987, pp. 209-238.

_____. Die Entwicklung der Schuldlehre. In: HIRSCH, Hans Joachim; WEIGEND. Thomas (Hrsg.). *Strafrecht und Kriminalpolitk in Japan und Deutschland*. Berlin: Duncker & Humblot, 1989, pp. 147-176.

_____. La función del principio de culpabilidad en el Derecho penal preventivo. In: SCHÜNEMANN, Bernd; SILVA SÁNCHEZ, Jesús-María. *El sistema moderno del derecho penal: cuestiones fundamentales*. Madri: Tecnos, 1991, pp. 147-178.

_____. Die Funktion der Abgrenzung von Unrecht und Schuld. In: SCHÜNEMANN, Bernd; FIGUEIREDO DIAS, Jorge de (Hrgs.). *Bausteine des europäischen Strafrechts. Coimbra-Symposium für Claus Roxin*. Köln; Berlin; Bonn; München: Carl Heymanns Verlag, 1995.

_____. Über die objektive Zurechnung. *Goltdammer's Archiv für Strafrecht (GA)* 1999, pp. 207-229.

_____. Zum gegenwärtiger Stand der Lehre von der Strafrechtsschuld. In: DÖLLING, Dieter. *Jus humanum. Grundlagen des Rechts und Strafrecht. Festschrift für Ernst-Joachim Lampe zum 70. Geburtstag*. Berlin: Dunker & Humbolt, 2003, pp. 537-559.

_____. Die Akzeptanz von Normen und Sanktionen aus der Perspektive der Tatproportionalität. In: FRISCH, Wolfgang; VON HIRSCH, Andrew, ALBRECHT, Hans-Jörg (Hrsg). *Tatproportionalität. Normative und empirische Aspekte einer tatproportionalen Strafzumessung*. Heidelberg: C.F. Müller, 2003, pp. 185-197.

_____. *Leipziger Praxiskommentar Untreue* – §266 StGB. Berlin: De Gruyter, 2017.

SEEBALD, Rudolf. Das missverstandene Doppelverwertungsverbot und seine Grenzen. *Goltdammer's Archiv für Strafrecht (GA)* 1975, pp. 230-236.

SHER, George. *Desert.* Princeton: Princeton University Press, 1987.

SILVA SÁNCHEZ, Jesús-María. Rationale Strafzumessung durch Straftatdogmatik. In: FELIX, Herzog; PETER-ALEXIS, Albrecht (Hrsg.). *Festschrift für Winfried Hassemer zum 70. Geburtstag am 17. Februar 2010.* Heidelberg: Müller, 2010, pp. 625-638.

_____. La actuación en una empresa como atenuante del delito. *InDret*, 05/2009, pp. 1-2.

_____. La teoría de la determinación de la pena como sistema (dogmático): un primer esbozo. *InDret*, 1/2007.

SILVEIRA, Renato de Mello Jorge. *Direito Penal supra-individual: interesses difusos.* São Paulo: Editora Revista dos Tribunais, 2003.

_____. *Direito Penal Econômico como Direito Penal de Perigo.* São Paulo: Editora Revista dos Tribunais, 2006.

_____. Os crimes de trânsito e a questão do elemento subjetivo. In: SILVEIRA, Renato de Mello Jorge; RASSI, João Daniel (org.). *Estudos em homenagem a Vicente Greco Filho.* São Paulo: LibeArs, 2014.

_____. *Direito Penal empresarial: A omissão do empresário como crime.* Belo Horizonte: Editora D'Plácido, 2016.

SILVEIRA, Renato de Mello Jorge; SAAD-DINIZ, Eduardo. *Repatriação e crime. Aspectos do binômio crise econômica e direito penal.* Belo Horizonte: Editora D'Placido, 2017.

SIMMONS, A. John. The Principle of Fair Play. *Philosophy and Public Affairs,* vol. 8, n. 4, 1979, pp. 307-337.

SIQUEIRA, Leonardo. *Culpabilidade e pena: A trajetória do conceito material da culpabilidade e suas relações com a medida da pena.* Belo Horizonte: Editora D' Plácido, 2016.

SPENDEL, Günter. *Zur Lehre vom Strafmaß.* Frankfurt am Main: Vittorio Klostermann, 1954.

_____. Die Begründung des richterlichen Strafmaßes. *Neue juristische Wochenschrift (NJW)* 1964, Heft 38/39, pp. 1760-1765.

SOUZA, Luciano Anderson de. *Direito Penal econômico. Fundamentos, limites e alternativas.* São Paulo: Quartier Latin, 2012.

_____. *Da aplicação da pena.* In: REALE JÚNIOR, Miguel (org.) *Código Penal Comentado.* São Paulo: Saraiva, 2017.

STAHL, Dominik. *Strafzumessungstatsachen zwischen Verbrechenslehre und Straftheorie. Zugleich ein Beitrag zur Strafzumessungsrelevanz des Vor-und Nachverhaltens.* Berlin: Duncker & Humbolt, 2015.

STOCO, Tatiana de Oliveira. *A personalidade do agente na fixação da pena*. Dissertação de mestrado apresentada à Faculdade de Direito da Universidade de São Paulo, 2013.

_____. *A personalidade do agente na fixação da pena*. São Paulo: Revista dos Tribunais, 2014.

STRATENWERTH, Günter. Tatschuld und Strafzumessung. *Recht und Staat in Geschichte und Gegenwart*, 1971, Heft 406/407, pp. 3-37.

_____. Culpabilidad por el hecho y medida de la pena. In: *El futuro del Derecho Penal de culpabilidad*. Madrid: Publicaciones del Instituto de criminología de la Universidad Complutense de Madrid, 1980.

STREE, Walter; KINZIG, Jörg. Grundsätze der Strafzumessung. In: SCHÖNKE, Adolf *et alii*. *Strafgesetzbuch Kommentar (Schönke/Schröder Strafgesetzbuch)*. 29. Auflage. München: C.H. Beck, 2014.

STRENG, Franz. *Strafzumessung und relative Gerechtigkeit*. Heidelberg: v. Decker, 1984.

_____. Grundfälle zum Strafzumessungsrecht. *Juristische Schulung (JuS)* 1993, Heft 11, pp. 919-927.

_____. Kommentar zu „Kriterien für die Herstellung von Tatproportionalität". In: FRISCH, Wolfgang; VON HIRSCH, Andrew, ALBRECHT, Hans-Jörg (Hrsg). *Tatproportionalität. Normative und empirische Aspekte einer tatproportionalen Strafzumessung*. Heidelberg: C.F. Müller, 2003.

_____. *Strafrechtliche Sanktionen. Die Strafzumessung und ihren Grundlagen*. Stuttgart: Kohlhammer, 2012.

TANGERINO, Davi de Paiva Costa. *Apreciação crítica dos fundamentos da culpabilidade a partir da Criminologia: contribuições para um Direito Penal mais crítico*. Tese de doutorado apresentada à Faculdade de Direito da Universidade de São Paulo, 2009.

TAVARES, Juarez. *Teoria do crime culposo*. Rio de Janeiro: Editora Lumen Juris, 2009.

_____. *Teoria do injusto penal*. Belo Horizonte: Del Rey, 2002.

TEIXEIRA, Adriano. Culpabilidade e proibição de dupla valoração na determinação judicial da pena na APn 470/MG do STF (Caso Mensalão). *Revista Brasileira de Ciência Criminais*, São Paulo, ano. 22, v. 106, jan./fev. 2014, pp. 26-27.

_____. *Teoria de aplicação da pena. Fundamentos de uma determinação judicial da pena proporcional ao fato*. São Paulo: Marcial Pons, 2015.

_____. Aplicação da pena, dogmática penal e teoria do delito. In: BEDÊ JUNIOR, Américo; CAMPOS, Gabriel Silveira de Queirós (org.). *Sentença criminal e aplicação da pena. Ensaios sobre discricionariedade, individualização e proporcionalidade*. Salvador: Editora Jus Podivm, 2017, pp. 23-42.

THEUNE. Werner. Grundsätze und Einzelfragen der Strafzumessung; aus der Rechtsprechung des Bundesgerichtshofs. *Strafverteidiger* 4, 1985, pp. 162-168; 205-210.

TIMM, Frauke. *Gesinnung und Straftat. Besinnung auf ein rechtsstaatliches Strafrecht*. Berlin: Duncker & Humblot, 2012.

TOLEDO, Francisco de Assis. *Princípios básicos de Direito Penal.* São Paulo: Saraiva, 2010.

VEGA GUTIÉRREZ, José Zamyr. Concurso entre el delito de estafa y el uso de información privilegiada bursátil. In: DEMETRIO CRESPO, Eduardo; CALATAYUD, Manuel Maroto. *Crisis financiera y Derecho Penal económico*, 2014, pp. 879-906.

VIANA, Eduardo. *Dolo como compromisso cognitivo.* São Paulo: Marcial Pons, 2017.

VON HIRSCH, Andrew. *Doing Justice: The choice of punishments (Report of the Committee for the study of incarceration).* Boston: Northeastern University Press, 1986.

_____. *Censure and Sanctions.* Oxford: Clarendon Press, 1993.

_____. Begründung und Bestimmung tatproportionaler Strafen. In: FRISCH, Wolfgang; VON HIRSCH, Andrew, ALBRECHT, Hans-Jörg (Hrsg). *Tatproportionalität. Normative und empirische Aspekte einer tatproportionalen Strafzumessung.* Heidelberg: C.F. Müller, 2003, pp. 47-82.

_____. *Fairness, Verbrechen und Strafe: Strafrechtstheoretische Abhandlungen.* Berlin: Berliner Wissenschafts-Verlag, 2005.

_____. *Deserved Criminal Sentences. An Overview.* Oxford; Portland: Hart Publishing, 2017.

VON HIRSCH, Andrew; ASHWORTH, Andrew. *Proportionate sentencing. Exploring the principles.* Oxford: Oxford Univ. Press, 2005.

VON HIRSCH, Andrew; ASHWORTH, Andrew; ROBERTS, Julian. (org.). *Principled Sentencing. Readings on Theory and Policy.* Oxford: Hart Publishing, 2009.

VON HIRSCH, Andrew; JAREBORG, Nils. *Strafmaß und Strafgerechtigkeit. Die deutsche Strafzumessungslehre und das Prinzip der Tatproportionalität.* Bonn: Forum Verlag Godesberg, 1991.

_____. Gauging criminal harm: a living-standard analysis. *Oxford Journal of Legal Studies,* vol. 11, n. 1, 1991, pp. 1-38.

VON HIRSCH, Andreas; NEUMANN, Ulfrid; SEELMANN, Kurt (Hrsg.). *Strafe--Warum? Gegenwärtige Strafbegründungen im Lichte von Hegels Stratheorie.* Baden-Baden: Nomos, 2011.

WEIGEND, Thomas. Zum Verhaltensunrecht der fahrlässigen Straftat. In: DÖLLING, Dieter; ERB, Voller (Hrsg.). *Festschrift* für Karl Heinz Gössel zum 70. Geburtstag am 16. Oktober 2002. Heidelberg: C.F. Müller Verlag, 2002, pp. 129-144.

_____. Sind Sanktionen zu akzeptieren, die sich am Maß der Tatschuld orientieren? In: FRISCH, Wolfgang; VON HIRSCH, Andrew, ALBRECHT, Hans-Jörg (Hrsg.). *Tatproportionalität. Normative und empirische Aspekte einer tatproportionalen Strafzumessung*. Heidelberg: C.F. Müller, 2003, pp. 199-207.

WELZEL, Hans. Persönlichkeit und Schuld. *Zeitschrift für die gesamte Strafrechtwissenchaft (ZStW)* 60, 1941, pp. 428-474.

WOHLERS, Wolfgang. *Delikstypen des Präventionsstrafrechts – zur Dogmatik "moderner" Gefährdungsdelikte.* Berlin: Duncker und Humblot, 2000.

ZAIBERT, Leo. *Punishment and Retribution.* Aldershot: Ashgate, 2005.

ZIELINSKI, Diethart. *Handlungs-und Erfolgsunwert im Unrechtbegriff.* Berlin: Duncker & Humblot, 1973.

ZIFFER, Patrícia S. *Lineamientos de la determinación de la pena.* Buenos Aires: AD-HOC, 1996.

_____. El sistema argentino de medición de la pena: art. 41 del código penal argentino. *Cuadernos de Doctrina y Jurisprudencia Penal,* Buenos Aires, v. 2, 1/2, 1996, p. 185-198

_____. La discusión en torno al concepto de culpabilidad. *Revista Peruana de Ciencias Penales*, Lima, v. 2, n. 3, p.259-290, jan/jun. 1996.

ZIPF, Heinz. *Die Strafzumessung. Eine systematische Darstellung für Strafrechtpraxis und Ausbildung*. Heidelberg: C.F. Müller Juristischer Verlag, 1977.

ZIPF, Heinz; DÖLLING, Dieter. In: MAURACH, Reinhart *et alii. Strafrecht Allgemeiner Teil. Teilband 2. Erscheinungsformen des Verbrechens und Rechtsfolgen der Tat.* 8. Auflage. Heidelberg: C.F. Müller, 2014.